비고츠키 선집 12

비고츠키 청소년 아동학 IV

인격과 세계관

• 표지 그림

이 그림이 언제 그려졌는지는 알 수 없지만, 보그다노프-벨스키가 체호프의 희곡 「세 자매」의 등장인물들의 청소년기를 보여 주고자 했을 가능성은 충분하다. 「세 자매」는 스타니슬랍스키가 모스크바 극장의 초연을 제작하고 연기했으며, 비고츠키나 보그다노프-벨스키는 아마 이를 관람했을 것이다. 체호프의 희곡에서처럼, 큰언니 올가는 사회문화적으로 가장 성숙해 보인다. 그녀는 거의 어머니 같은 포즈를 취하고 있다. 체호프의 희곡처럼 녹색과 파란색 옷을 매력적으로 차려입고 성적으로 가장 성숙해 보이는 것은 둘째 마샤이다. 이에 반해 셋째 이리나는 아기 얼굴이지만 사실 둘째보다 조금 더 키가 크다. 이 책에서 비고츠키는 인간의 청소년기가, 동물에서처럼 일반 해부학적 성장에 성적 성숙을 단순히 덧붙인 것이 아니라는 것을 보여 준다. 비고츠키는 사회문화적, 성적 또는 일반 해부학적 성숙에 다른 우선순위를 부여하는 것은 자매간 출생 순서의 차이가 아니라 계급의 차이라고 주장한다. 사회문화적 교육, 사람들 간의 관계, 일반적인 개인적 성장, 이 세 가지 성숙 노선은 하나의 '인격과 세계관'의 외적, 내적 측면일 뿐이다.

비고츠키 선집 12
비고츠키 청소년 아동학 Ⅳ
인격과 세계관

초판 1쇄 인쇄 2023년 3월 9일
초판 1쇄 발행 2023년 3월 18일

지은이 L. S. 비고츠키
옮긴이 비고츠키 연구회
펴낸이 김승희
펴낸곳 도서출판 살림터

기획 정광일
편집 조현주
북디자인 꼬리별

인쇄·제본 (주)신화프린팅
종이 (주)명동지류

주소 서울시 양천구 목동동로 293, 2215-1호
전화 02-3141-6553
팩스 02-3141-6555
출판등록 2008년 3월 18일 제313-1990-12호
이메일 gwang80@hanmail.net
블로그 http://blog.naver.com/dkffk1020

ISBN 979-11-5930-252-7 93370

비고츠키 선집 12

비고츠키 청소년 아동학 IV

인격과
세계관

살림터

세계관은 어떻게 인격이 되는가?
인격은 어떻게 자신을 드러내고
세계관을 형성할 수 있는가?

　2차 세계대전 직후, 바실 번스타인은 런던의 한 지역에서 노동자 계급을 가르치고 있었다. 그의 학생들은 상상력이 풍부하고 창의적이었지만, 그들이 이미 차를 운전하고, 유지하며, 수리하는 일을 하고 있었기 때문에 그들의 흥미와 사고방식은 실제적인 것에 기울어 있었다. 이것은 번스타인에게 큰 문제를 안겨 주었다. 그는 기계적인 기술이 거의 없는 언어 전공자였기 때문이다. 그래서 대담하게도, 그는 학생들을 근처 놀이터로 이끌었고, 그곳에서 그는 학생들에게 자신의 지식을 과시하지 않겠으니 정지 거리 측정과 커브 돌기, 타이어 유지와 엔진 튜닝의 문제, 그리고 (이러한 것들을 잘못 판단한 사람들을 위한) 사고와 수리 문제에 대한 그들의 기술을 보여 달라고 말한다(Bernstein 1973: 21).

　그들은 번스타인의 영어 수업 시간에 보여 준 것보다 훨씬 더 큰 열정으로 그들의 기술을 보여 주었다. 그 결과, 학습자 입장에서 훨씬 더 큰 노력을 기울이게 되었고, 교사 입장에서는 노력을 덜 기울이게 되었다. 하지만 수업이 끝나고 그가 학생들에게 이제 자동차의 달인이 되었다는 수료증을 수여했을 때, 한 소년이 웃으며 물었다. "이걸로 무엇을 할 수 있을까요, 보스?" "보험회사에 보여 주게. 아마 자네 보험료를 낮추어 줄지도 모르지." 번스타인이 농담으로 받았다.

　몇 년 후, 런던대학교의 교육사회학 교수인 번스타인은 의아한 생각이 들었다. 직업을 규정하는 사회적, 담론적 힘은 어떻게 미래의 직업인을 가르치고 평가하는 그러한 사회적, 담론적 통제가 될 수 있을까? 좀 더 구체적으로 말하면, 직업으로의 접근을 제한하는 통제는 어떻게 외적 자질로 (나타나지 않거나) 나타나는가? 더 일반적으로는, 번스타인 자신이 말했듯이, "외적인 면은 어떻게 내면이 되고, 내면은 어떻게 그 자신을 드러내고 외적인 면을 형성하는가?"(Bernstein, 1987: 563).

번스타인이 비고츠키의 작품을 발견하고 비고츠키의 미망인에게 감사 편지를 쓴 것은 이 무렵이다(Daniels, 2016: 320). 번스타인은 비고츠키의 『생각과 말』에서 '내부'는 사고를 나타내며 '외부'는 말을 나타내므로, 말은 언어 사용, 혼잣말과 내적 말을 통해 사고가 되고, 사고는 언어가 의존하는 의사소통과 공동일반화를 통해 자신을 드러내고 사회 세계를 형성한다는 것을 발견했다. 비고츠키는 『역사와 발달』에서 내적 개인적, 심리적 발달과 외적 사회문화적 역사 사이의 관계를 다음과 같이 기술하고 있다.

> 우리가 '외적' 과정을 논한다고 할 때 이 말이 의미하는 바는 그것이 '사회적'이라는 것이다. 모든 고등정신기능은 이전에는 사회적이었으므로 한때 외적이었다. 내적, 즉 심리 기능이 되기 전에 그것은 한때 두 사람 사이의 사회적 관계였다. 자신에게 작용하는 수단은 원래 다른 사람에게 작용하는 수단이었거나 아니면 다른 사람이 그 개인에게 작용하는 수단이었다(비고츠키, 2013: 5-57).

이들은 단순히 하나의 동일한 발달의 내적이자 외적인 노선으로, 하나의 동일한 신형성으로 이어진다. 즉 외적으로는 청소년들의 세계관으로, 내적으로는 인격의 형성으로 이끄는 것이다.

그러나 이 관계를 조금 더 구체적으로 자세히 살펴보면 외적인 것이

내적인 것으로 되는 과정과, 내적인 것이 외적인 것으로 실현되는 과정
은 상당히 다름을 알 수 있다. 비고츠키가 『성애와 갈등』의 시작 부분
에서 청소년기 위기를 설명하는 가설로 내세운 세 가지 형태의 발달
(일반 유기체적 성숙, 성적 성숙, 사회문화적 성숙)의 불일치(비고츠키, 2019,
5-1-1)를 떠올려 보자. 환경이 해부학적 성숙을 통해 청소년의 신체를
형성하는 방식과 신체가 하나의 인격으로서 그 환경에 스스로를 나타
내는 방식은 다르다. 이는 성적 행동이 성적 심리가 되는 방식이 청소
년의 성적 정체성이 자신의 성적 행동으로 드러나는 방식과 다른 것
과 마찬가지다. 사회문화적 성숙이 직업 선택이 되는 방식과 직업 선
택이 일하는 청소년의 사회문화적 성숙으로 드러나는 방식은 더욱 다
르다.

　이러한 내적, 외적 발달 노선에 대한 비고츠키의 설명은 전체적인 동
시에 또한 분석적이다. 『청소년 아동학 강의』 I, II, III권에서 예를 들면,
다른 이와의 갈등은 인격의 갈등이 되고 인격의 갈등은 다른 이와의
갈등으로 드러난다. 흥미의 외적 발달 노선은 개념의 내적 발달 노선이
되며, 심지어 창조와 상상도 동일한 발달의 외적, 내적 노선으로 설명될
수 있다. 이 책에서 비고츠키는 인격과 세계관을 (비고츠키가 제5장에서
제시한 일반 해부학적 성숙, 성적 성숙, 사회문화적 성숙의 세 봉우리 중 세 번
째를 이루는) 문화적 성숙이라는 동일한 과정의 내적, 외적 발달 노선으
로 제시한다. 인격은 세계관이 내면화되는 방식이며 세계관은 인격이
외부 세계에 스스로를 드러내는 방식이다(비고츠키, 2018~2020).

　이 서문에서 우리 역시 이 책의 다섯 장을 전체적인 동시에 분석적인
방식으로 제시하고자 한다. 각 장에 대해 우리는 특정한 질문을 제기하
고 그에 답할 것이다. 먼저 제11장에서 제시하는 '고등정신기능'이란 무
엇이며, 이들은 (단순 지각, 비의지적 주의, 직관상 기억과 같은) 저차적 심
리기능, 그리고 인격 및 세계관과 각각 어떻게 연관되는가? 제12장은 이

책에 포함되지 않았다. 이미 비고츠키 선집 5권으로 출간되었기 때문이다(비고츠키, 2014 참조). 그러나 상상과 창조가 어떻게 연결되어 있는지, 그리고 이들이 인격과 세계관과 맺는 관계가 무엇인지는 질문할 만한 가치가 있다. 이들이 앞뒤의 장과 어떻게 연결되는지에 관한 질문도 중요하다. 상상과 창조의 발달 노선은 고등정신기능의 형성에서, 또 청소년의 직업 선택에서 어떠한 역할을 하는가?

다음 세 장을 통해 우리는 일반적인 인격, 성적 동반자 관계 및 계급 정체성의 발달이 청소년기에 일치하지 않는다는 것이 무엇을 의미하는지 정확히 알 수 있다. 이 모든 선택이 동등하게 자유로운 것은 아니다. 제13장에서 비고츠키는 (슈프랑거와 함께) 많은 경우에 청소년이 직업을 선택한다고 말하는 것보다는 직업이 청소년을 선택한다고 말하는 것이 더 옳다고 언급한다. 청소년이 실제로 직업을 선택할 수 있게 교육받는다는 것은 무엇을 의미할까? 제14장에서 비고츠키는, 발달은 주로 아동의 사회적 지평을 사회적 행동으로 확장하는 문제라는 블론스키에 동의하는 듯 보이며, 이러한 과정은 '사회화'라는 피아제에 동조하는 듯 보인다. 발달이 세계관의 확장이라는 주장과 아동의 자기중심적 인격의 축소라는 주장이 어떻게 서로 상응하며, 이들은 이러한 개념에 대한 비고츠키 자신의 비판과 어떻게 상응하는가? 제15장에서 비고츠키는 소비에트 학교에서도 생산자는 생산 과정을 위해서만 존재할 뿐 생산자를 위해 생산물이 존재하지 않는다고 언급한다. 우리는 다시 한번, 어떤 종류의 교육이 생산자의 이익을 위하는 새로운 생산의 위계질서를 가능하게 할 것인지 (그리고 어떤 종류의 교육이 생산자가 생산의 필요에 종속되는 기존의 위계질서를 단순히 재생산하는 것인지) 물어야 한다.

고등정신기능: 이들 기능에서 무엇이 '고등'한가?

'위계'는 현대에는 별로 인기 없는 개념이다. 진보 교육자들 사이에서는 특히 그렇다. 진보 교육자들은 모든 학생이 절대적으로 평등한 권리와, 심지어 평등한 잠재력을 발휘할 가능성을 지니고 있다고 (옳게) 생각한다. 그러나 진보적 교수들은, 또한 모든 인간에게 공통된 심리 기능, 우리가 어린이, 유아, 심지어 동물과도 공유하는 심리 기능들이 질적으로 유사한 수준의 기능을 가능하게 한다고 (잘못) 가르쳤다. 예를 들어 P. E. 존스가 2012년에 편집한 『*Language and Education*』에서 존스는 번스타인이 어떤 언어적 코드는 추상적인 논리와 언어적 의미를 지향하는 반면 다른 코드는 가시적이고 구체적인 현재를 지향한다고 주장한 것에 대해 비판했다. 존스는 이렇게 함으로써 낮은 수준의 기능에 대한 책임이 환경에서 아동으로 전가되었다고 주장한다. 비고츠키 시대의 뷜러 부부와 같은 진보적 교수들은 청소년기에는 새로운 기관이 나타나지 않으며, '기능'이란 단순히 기관의 작용이므로 새롭고 더 고등한 기능도 나타날 수 없다고 가르쳤다.

비고츠키는 새로운 기관은 물론 새로운 뇌 중추조차 출현하지 않는다는 데 동의한다. 그러나 이러한 새로운 기능 양식들은 적어도 세 가지 방식에서 고등하다. 첫째, 그것들은 문자 그대로 고등하다(더 높다). 척수(반사 관련)나 뇌간(심장박동이나 호흡과 같은 소위 '식물적' 기능 관련) 또는 중뇌(공포나 분노와 같은 단순 감정 관련)에 위치하는 대신, 그것들은 대뇌피질의 가장 높은 층 또는 그 사이에서 발견된다. 둘째, 그것들은 고등(더 높은) 수준의 복잡성을 지닌다. 왜냐하면 고등정신기능에서 작동하는 것은 해부학적 기관이 아니라, 기관 간의 또는 심지어 체계 간의 전적으로 새로운 관계이기 때문이다. 항상 성장을 유지하고 모니터링하는 내분비기관에서 생식기관이 새롭고 지배적인 위치를 차지하는 것처럼, 언어와 언어를 통한 사회적 관계와 연결된 대뇌피질 영역은 항상 지각, 주의, 실행적 생각을 유지하고 모니터링하는 뇌 중추에서 새롭게 지배적 위치를 차지한다. 그러나 세 번째로, 아마도 가장 비유적으로, 고등심리기능은 우리의 DNA가 아니라 우리의 언어와 문화 속에 각인되어 있는 우리 조상들의 모든 학습과 발달의 어깨 위에 서 있다.

이러한 세 가지 의미에서 고등심리기능은 고등하고 심리적이다. 그리고 이 세 가지는 '기능'의 의미를, 하나의 특정 기관이 아니라 더욱 체계적인 것에 연결된 것으로 재정의하는 것과 관련이 있다. 이러한 세 가지 방식을 통해 고등정신기능은 학생들에게 질적으로 더욱 풍부하고 양적으로 더욱 긴 삶이 가능하게 한다. 그것은 실제로, 기능적으로, 기관 그리고 동물 및 유아와 공유되는 기관의 활동(예컨대 단순 지각, 비자발적 주의, 직관상적 기억)과 관련이 있다. 그러나 그것은 성숙하고 있는 청소년의 인격과 성숙한 성인의 세계관과 같은 복잡한 심리적 형성물에 훨씬 더 단단히 연결되어 있다.

켈로그(Kellogg, 2017)에서 가져온, 초등학교 1학년 학생과 6학년 학생이 자신들의 주말 활동을 기술하는 다음의 두 구절을 비교해 보자.

1학년: 친구네 사촌 친구랑#####안양에 갔다가###사촌 친구랑 같이 먹고자###어릴 때##고 싶어서 공원에 나가서 놀다가 어른들을 찾아서 사촌 친구들 집에 가서 엄마 아빠랑 이모가 저녁 준비를 할 동안 집에서 집 안에서 놀았어요.

6학년: 내가 꼭 먹고 싶은 치킨 1위가 굽네치킨에서 파는 볼케이노다. 다른 것보단 EXO 오빠들이 CF 찍어서… 게다가 브로마이드까지 줘서….

매우 짧은 이 구절만으로도 세계관의 차이를 보는 것은 어렵지 않다.

하나는 일차적으로 사건이나 일화에 몰두하며, 부차적으로만 지각이나 감각에 몰두한다. 다른 하나는 우리에게 욕망과 바람, 이유와 결과를 제공한다. 두 어린이 모두 음식을 묘사하고 있으나, 1학년은 음식을 둘러싼 실천적 행위에 몰두하는 반면, 6학년은 음식을 홍보하는 아이돌 그룹에 대한 자기 생각과 느낌에 더 관심이 있다. 따라서 우리는 한 경우에서 시간 순으로 나열된 사건의 연속을 보게 되는 반면, 다른 경우에서는 음식을 먹는 것으로 시작하여 음식 광고로 끝나는, 사실상 이야기를 거꾸로 말하는 방식에 내재된 생각과 느낌을 보게 된다. 이러한 시간 순서와 공간 표상으로부터의 자유는 고등심리기능을 발달시키는 원인이자 결과이다.

상상과 창조: 어린이는 어른보다 더 창조적인가?

청소년의 심리적 기능이 고등한 것과 저차적인 것으로 분명하게 나뉜다는 이 인기 없는 아이디어는 상상과 창조에 대한 세 가지 인기 없는 아이디어와 연결된다. 이들 역시 고등하고 저차적인 발달 단계를 가져야 하기 때문이다. 먼저, 어린이가 어른보다 상상력이 더 풍부하다는 루소식의 낭만적 아이디어를 비고츠키는 거부한다. 반대로 비고츠키는 어린이의 상상은 빈약한 경험, 기초적이고 아주 구체적인 생각 형태, 단순하고 문자 그대로인 말의 형식으로 특징지어진다고 말한다. 따라서 어린이는 하루 종일 말이 수레를 끄는 것 같은 단순한 사건을 관찰하고, 재연하고, 이야기하면서 시간을 보낼 수 있다. 이와 대조적으로 청소년은 야코프 바서만Jacob Wassermann의 소설 『마우리티우스 사건』에서 소년의 아버지가 무고한 남성에게 선고한 18년의 징역형과 같은 부당한 사건을 포착하는 데에서 직접적인 경험, 구체적인 생각 형태, 문자 그대로의 말하기 형식이 완전히 무능함을 발견하는 중이라고 비고츠키는 말한다. 둘째, 비고츠키는 청소년기가 희석되지 않은 정서와 구속되지 않은 환상의 시기라는, 인기 있는 '질풍노도' 개념을 거부한다. 반대로 비고츠키는 청소년은 느낌에 대해 생각하고, 처음으로 정서를 합리적인 흥미, 현실적인 계획, 진정한 개념으로 경험한다고 말한다. 셋째, 비고츠키는 이런 진개념의 기원이 원초적이거나 시각적이라는 아이디어를 거부한다. 이 아이디어는—헤겔의 세계 '정신' 형태가 어떻게 살로 만들어진 신체에서 발생할 수 있는지를 입증하는 데 관심이 있었던—독일 심리학자들 사이에 널리 퍼져 있었다. 대신 비고츠키는 이렇게 말한다. 상상은 창조적인 활동에서 나오며, 창조적인 활동은—어린이의 기억, 주의, 실행 지성이 너무 빈약하여 정확하게 사건을 재생산할 수 없을 때— 먼저 비자발적으로 발생한다. 청소년기에 자발성 형성과 함께 창조는 진정 자발적인 것이 되며, 자발적인 창조만이 이 책 앞에 나오는 고등심리기능뿐 아니라 이어지는 일과 집단행동에 관한 장과도 연결된다.

15세기 이탈리아에서 미술 교사에게 성폭행을 당한 청소년이었던 아르테미시아 젠틸레스키의 그림에 관해 이야기 중인 18세 청소년을 생각해 보자(이 작품에 관한 논의는 비고츠키(2019)의 서문 참조, 아래 자료에 대한 논의는 켈로그(D. Kellogg, 2020 참조). 그는 그림이 그를 불쾌하게 만든다는 것과 강간 이야기는 더 그렇다는 것을 인정한다.

"지금이 포스트 아포칼립스, 이런 세상이 멸망한 그런 시대도 아니고, 서부 개척 시대도 아니고… 그냥 문명화된 사람이면 그냥 그거에 대해서 불편함을 느끼는 게 지극히 정상 아닌가? 그냥 무정부 상태일 때 일어나는 살인, 강도, 약탈, 강간 이런 거."

기술된 내용은 다소 공허하다. 아마도 그것은 이 청소년이 봤던 영화에 바탕을 두고 있을 것이다. 그러나 그 언어 형식은 의도적이고 뚜렷하게 창조적이다. 과거와 현재, 서부 개척 시대와 동양을 구분하기 위해 부정을 사용하는 것에 주목하자. '그냥'의 반복과 상세화에 주목하자. 이는 이 그림의 기저에 있는 정서적 밑그림을 보여 주려 했던 미국 작가의 상상적 재창조만큼이나 인상적이다.

K. 길예(Kathleen Gilje), 수잔나와 장로들(왼쪽: 복원, 오른쪽: X-레이 복원), 1998.

직업 선택, 사회적 행동, 그리고 일하는 청소년: 생산이 생산자를 위한다는 것은 무엇을 의미하는가?

이어지는 일과 집단행동에 관한 장—직업 선택, 사회적 행동, 그리고 일하는 청소년—은 상상과 창조라는 꿈으로부터, 우리 사회의 악몽 같은 복잡성과 모순에 대한 자유의지의 주체로 우리를 갑자기 일깨운다.

직업 선택에서 청소년의 창조적 잠재성은 더 커졌을지 모르지만 실제 직업적 가능성은 마차를 끄는 말보다 때로는 더 크지 않다. 전염병과 원격수업은 함께 작동하여 청소년의 사회적, 집단적 행동을 저지한다. 처음으로 이력서를 넣고 면접을 보는 구직자의 경우, 비고츠키가 말했던 것처럼, 청소년이 직업을 선택하는 것이 아니라 직업이 청소년을 선택하는 것처럼 보인다. 심지어 한국은 '인적자원부'가 있었고 교육을 경제정책의 일환으로 보는 우리 교육 시스템의 핵심 문제는, 교육받은 노동력인 '인적 자원'이 석탄이나 석유처럼 믿을 수 있지만 점점 줄어들고 있는 자원인지, 태양광이나 풍력처럼 재생 가능하지만 검증되지 않은 자원인지 여부로 보인다.

비고츠키는 청소년을 '인적 자원'으로 보지 않았다. 그는 청소년이 직업에 의해 선택되는 것이 아니라 스스로 직업을 선택해야 한다고 믿었을 뿐 아니라, 마르크스와 같이 사회적 생산 과정은 생산자를 위해 재조직되어야 하며 생산자가 생산물을 위해 존재해서는 안 된다고 주장했다. 따라서 청소년을 매일 똑같은 방식으로 마차를 끄는 말처럼 훈련시키는 교육 대신 비고츠키는 진정한 의미의 종합기술교육을 꿈꿨다. 이는 고등한 인간 기능 체계 전체를 발달시키는 교육이자 (실행적) 창조로부터 (이론적) 상상을, 그리고 상상으로부터 창조를 도출하는 교육이다. 엥겔스는 일찍이 다음과 같이 표현했다.

"교육은 젊은이들이 전체 생산 체계에 신속히 익숙해지도록 하고, 사회적 필요나 스스로의 성향에 따라 한 생산 분야에서 다른 생산 분야로 옮겨 갈 수 있도록 해야 한다. 따라서 교육은 오늘날의 노동 분업이 모든 개인에 낙인찍는 편향적 특성으로부터 자유롭게 해야 한다"(1963: 93).

마르크스 자신은 한 걸음 더 나갔다. 일단 자본주의가 희소성의 문제를 해결하고 공산주의가 불평등의 문제를 해결한다면, 종국에는 하나의 직업만을 갖는 것이 어떤 정당성도 얻을 수 없다. 오히려, 개인은 광범위한 종류의 직업을 심지어 하루 일과 동안에도 수행할 수 있을 것이다.

"노동 분화가 발생하자마자 개별 인간은 특정한 배타적 영역을 갖게 되고, 이는 그에게 강제되어 그는 결국 이로부터 탈출할 수 없다. 그는 사냥꾼, 어부, 목동, 비판적 비평가이며 생계 수단을 유지하기 위해서는 그렇게 남아 있어야만 한다. 반면 공산주의 사회에서는 어느 누구도 하나의 배타적인 활동 영역에 있지 않고 각각은 그가 바라는 분야에서 성취할 수 있다. 사회는 일반 생산을 규제하여, 내가 오늘 한 가지 일을 하고, 내일 다른 일을 하는 것, 아침에 사냥하고, 오후에 낚시하고, 저녁에 소를 치고, 밤에는 비평하는 것을 가능하게 한다. 나는 사냥꾼도, 어부도, 목동도, 비평가도 될 필요가 없이 내가 마음먹은 대로 할 수 있다"(1969: 35, 36).

마르크스가 직업 목록에 스스로의 노동, 즉 비평가를 포함시켰다는 것에 주목하자. 비고츠키 역시 이런 자유로운 선택과는 거리가 먼 사회에서 글을 쓰고 있었지만, 그는 또한 교육에서 자신의 직업을 실천적 활동과 이론적 노동이 (어느 한쪽이 다른 쪽을 제한하지 않고) 통합될 수 있는 분야의 노동이라고 생각한다. 따라서 반 데 비어와 발시너(1994: f262)의 주장과 반대로, 청소년 아동학은 단순히 인간 발달에 대한 비고츠키의 최신 이론적 아이디어를 배포하려는 시도가 아니다. 많은 과제와 엄격한 시험 문제를 증거로 볼 때 우리는 비고츠키가 예비 교사 교육에 실질적인 기여를 하고자 했음을 알 수 있다. 그러나 그것은 교육사회학이 젊고, 미래를 바라보던 시기에 기술된 것으로, 단순히 역사적 문서나 유토피아적 공상이 아니라 오늘날에도 실천적인 책이다.

뒤르켐 시대 이래로 우리는 모든 인간관계를 구조(반복되고 규칙화된 필수적 인간 행동 패턴)와 주체성(개인의 비판적, 창조적, 자유로운 선택)의 미묘한 균형으로 볼 수 있게 되었다. 번스타인 역시 이런 뒤르켐의 관점으로 교육사회학을 생각했다. 예를 들면 번스타인은 과학이—중고등학교(청소년기)나 대학과 대학원(전문직 시기)에서 볼 수 있는— 자연과학과 인문과학 간의 잘 정의된 경계에 따라 엄격하게 분류될 수 있다고 생각했다. 그러나 그는 과학이 또한 유치원이나 초등학교(전-청소년기)와 인문과학, 응용과학, 기술 분야에서 아주 일반적으로 나타나는 간학문적이고 초학문적인 분야(언어학, 교육학, 공학, 의학)에서의 모호한 경계에 따라 약하게 분류될 수도 있다고 본다. 청소년에게, 엄밀한 분류와 같은 강력한 구조를 숙달하는 것은 특정한 제한적 주체성 형태를 부여하고, 그 주체성은 다시 내적 구조, 즉 명확하게 정의된 과학 개념으로 스스로를 드러낸다. 청소년의 경우 강하게 분류된 체계는—직업 진입 조건으로 자격이 엄격히 특정되고, 이에 따라 교실에서 교사와 학생 간의 역할이 분명히 구분됨으로써— 강력하게 프레임화된다.

그러나 위기와 혁명의 시대에 직업은 약하게 프레임화될 수도 있다. 예를 들어 비고츠키 자신도 변호사로 교육받았고, 예술 심리학으로 학위논문을 썼고, 새로운 두 가지의 '자연적 온전체의 과학'인 아동학과 손상학을 가르쳤다. 이런 총체적인 과학은 약하게 분류되고 약하게 프레임화되었다. 이런 새로운 과학은 완전히 새로운 형태의 구조를 가져왔고, 주체성의 거대한 변화를 가능하게 했다. 먼저, 아동학과 손상학은 화학, 생물학과 같은 분야를 인문과학과 통합할 수 있다. 엥겔스가 말했던 것처럼 모든 과학, 즉 자연과학과 인문과학은 발달에 관한 역사적 과학으로 볼 수 있다. 둘째, 아동학과 손상학은 응용과학과 이론과학 간의 구분을 거부할 수 있다. 데이터와 방법론은 서로 끊임없이 대화할 수 있다. 셋째, 이들은 새로운 과학이기 때문에 교수와 실천자를 결합할 수 있다. 모든 과학자는 연구자(학습자)이면서 교사가 될 수 있다.

수업 과목이 서로 약하게 분류될 수 있는 것처럼 교사와 학생의 역할 역시 약하게 프레임화될 수 있고, 나아가 교실에서 상호 교환도 가능하다(예컨대 일상 대화에서 질문자와 답변자의 역할이 약하게 프레임화되고 상호 교환이 가능하게 되는 방식으로). 그러나 수업과 과목 간의 이동성에 대한 장벽이 단순히 직업이나 정치의 문제가 아닌 것처럼, 교실 안에서의 약한 프레임에 대한 장벽도 교사의 전문적 훈련이나 정치적 헌신의 문제가 아니다. 번스타인은 다음과 같이 결론짓는다. 한편으로 이런 장벽들은 학교의 담장 너머에 있는 계급 관계, 즉 소유권, 재산, 타인을 고용하고 해고할 수 있는 권한과 전체 공동체가 맺는 관계의 결과이다. 그러나 번스타인은 다른 한편으로 이런 장벽은 의미론적 코드의 차이, 즉 의미 생성 방향에서의 차이에서 기인한다고도 보았다.

이러한 의미론적 코드의 차이는 매우 일찍 시작된다. 예를 들어, 비고츠키가 '3세의 위기'라고 부르는 것을 보자. 이것은 어린이도 부정의 힘을 가지고 있다는 사실의 발견이다. 어린이가 거절의 결과를 진정으로 원하지 않을 때도 어린이는 '싫어'라고 말할 수 있다. 비고츠키에게 이 위기는 우리가 청소년기에서 볼 수 있는 자유의지의 시작이다. 즉, 하나의 목적을 다른 목적에 희생하는 능력의 시작인 것이다. 하지만 엄마에게는 어린이의 '싫어'에 대응하는 두 가지 방법이 있다. 하나는 단순히 사회적 위치와 관련된다. 이는 '안 돼'라고 강고하게 말할 수 있는 능력이며, 어머니의 역할에 한정되어 결코 어린이에게 속할 수 없다. 다른 하나는 개인적인 것이다. '안 돼'라고 말할 수 있는 능력이, 어른들의 뛰어난 추론 능력 덕분에 비록 잠시 어른들의 것이라고 할지라도 이는 약하게 프레임화되고 상호 교환될 수 있다.

우리는 전자의 엄마가 명령문과 범주적 평서문("그거 해. 내가 그러라

고 했으니까. 나는 네 엄마니까.")을 많이 사용할 것이며 후자의 엄마는 의
문문과 조건문("먼저 청소를 하면 더 좋을 것 같지 않니?")을 많이 사용할
것이라고 예상할 수 있다. R. 하산이 보여 주었듯 전자는 '자율성 낮은
직업—가장이 고용주, 재산, 고용-해고 권한과 맺는 관계가 강하게 프레
임화되어 있다—'에서 수입을 얻는 집에, 후자는 '자율성 높은 직업—고
용주, 재산, 고용-해고 권한과 맺는 관계가 훨씬 약하다—'에서 수입을
얻는 집에 소속될 가능성이 크다(Hasan, 2009: 75-118).

번스타인과 하산은 종종 학교에서, 노동 계층 아이들이—중산층 아
이들은 마주치지 않는— 언어 사용의 불일치를 마주한다고 지적했다.
그러나 번스타인과 하산은 아이들이 부모처럼 말하는 것을 멈추고 대
신 서로의 말을 따라 하기 시작함에도, 학령기에 이러한 차이가 작아지
지 않고 더 커지게 되는 이유는 설명하지 않았다. 비고츠키는 이 책의
마지막 장에서 이러한 차이는 어린 시절 내내 작아지는 것이 아니라 커
진다고 하면서, 유년기 막바지에 형성되는 강한 프레임은 어른이 되어서
야 형성되는 계급 체계 내의 강한 프레임만큼이나 강력하다고 지적한다.

구조와 역동: 청소년기의 어떤 부분을 기억할 수 없는가?

뒤르켐은 사회 구조를 노동의 기능적 분업을 통해 설명하는 '구조적
기능주의자'로 알려져 있다. 예를 들어 사회의 계급적 분할은 이러한 계
급들이 전체적으로 사회생활에서 담당하는 다양한 기능들(농업, 공장
노동, 자본의 분배와 교환)로 설명될 수 있다. 그러나 뒤르켐은 또한 사회
학과 심리학을 강하게 분류된 것(연결되기보다 더 구분되는)으로 보았다.
예를 들어 뒤르켐은 자살에 관한 그의 책(1897)에서 상이한 자살률을
설명하는 데에서 종교와 국적의 사회학적 차이가 심리학적 차이보다 훨

씬 더 중요하다고 제안했다. 그는 심지어 경찰 기록에 보관된 유서가 사람들의 동기를 이해하는 것과 관련이 없기 때문에 폐기되어야 한다고 주장했다. 뒤르켐에 따르면 결혼 선물을 주는 것은 개인적 감정을 표현할 필요가 아니라, 사회적 불평등을 제거하고 사회적 이동성을 증가시킬 필요로 설명될 수 있다.

이 책의 제11장에서 보듯이 비고츠키는 뒤르켐처럼 기능을 통해 청소년의 인격 구조를 설명하고자 한다. 그러나 뒤르켐과 달리 비고츠키는 사회학과 심리학을 아주 약하게 분류된 것으로 본다. 심리학은 무엇보다 생각에서 일어나는 집단적 행동의 내적 발달 노선에 관한 연구인 반면, 사회학은 무엇보다 집단적 행동에서 일어나는 인간 생각의 외적 발달 노선에 관한 연구이다. 뒤르켐처럼 비고츠키는 집단을 필요에 대한 청소년의 인식(예: 개인 윤리 형성)의 핵심으로 본다. 그러나 뒤르켐과 달리 비고츠키는 집단은 개인들의 행위(예: 직업 선택, 성 문제에서 자유로운 선택에 대한 이해, 온전체로서의 인격 형성)와 분리되어 존재할 수 없다는 것을 이해한다. 뒤르켐과 달리 비고츠키는 자유 선택의 행위가 진화를 통해 구조를 바꿀 능력을 지니며, 무엇보다 발달의 위기적 시기에는 혁명을 통해 구조를 바꿀 수 있다고 믿었다.

이것은 비고츠키의 구조 및 기능과 같은 용어 사용이 뒤르켐의 용어 사용과 동일할 수 없음을 의미한다. 예를 들어, 비고츠키는 '구조'라는 낱말을 사용하여 시각적-도식적 생각이 청소년 인격의 개념적 생각으로 대체되는 방식을 나타낸다. 앞서 언급했듯이 비고츠키는 '기능'을 단순히, 유기체 기관의 작용이라고 말한다. 따라서 고등심리기능은 결코 기능이 아니라 기초 기능의 전체 체계 속 관계이다. 기호와 같은 '인공 기관'이나 심지어 문화적 기호와 같은 인공지능도 인간 심리 체계로 통합될 수 있으며, 이제 우리는 더 이상 (유기체의 활동은 그 구조의 기능이라는) '제닝스의 원칙'에 종속되지 않는다.

'발달'의 경우는 이보다 훨씬 차이가 크기에 비고츠키는 마지막 장에서 '역동'이라는 용어를 사용한 것으로 보인다. 뒤르켐의 발달 개념은 물론 개체발생적이라기보다는 사회발생적인 개념이다. 사회발생은 현재의 사회 구조를 역사적 기능을 위해 진화한 것으로 설명하고, 현재의 기능을 과거의 기능을 참조하여 설명한다. 대조적으로, 비고츠키는 청소년의 인격 변화를 기술하면서 아직 청소년의 미래에 있는 기능을 참조한다. 사춘기의 미래 직업, 성생활, 그리고 사춘기의 성숙한 페르소나는 여전히 진행 중이며, 상상력과 창의력, 그리고 순수한 환상을 광범위하게 필요로 한다.

비고츠키는 "우리가 영아기나 언어 습득 이전의 유아기를 기억하지 못하듯 청소년기를 기억하지 못한다"라는 매우 당황스러운 진술로 이 책을 끝맺는다. 물론 모든 이들이 잊지 못할 청소년기의 기억을 하나씩은 지니고 있다. 이는 첫사랑이 될 수도 있고 중고등학교 친구와의 우정이 될 수도 있으며, 학창 시절 이후 펼쳐질 광범위한 삶에 대한 불안감일 수도 있다. 사실 (다른 이가 말해 준 유아기 일화와 무관한) 언어 습득 이전 유아기의 시각적 심상도 누구나 하나씩은 지니고 있다. 그럼에도 불구하고 비고츠키의 지적이 타당한 매우 중요한 측면이 있다. 언어 이전의 기억에서 언어적 기억으로의 이행을 기억하지 못하듯이, 우리는 시각도식적 기억으로부터 개념적 기억으로의 이행 과정을 기억하지 못한다. 두 경우 모두 우리가 기억하는 사람이 기억을 떠올리고 있는 바로 그 사람이라고 말하기 어렵다.

그러나 세계관의 변화가 세계의 변화를 가져오는 일이 있는가?

세계관이 어떻게 인격에 영향을 미치는지를 알기는 쉽다. 왜냐하면 우리는 세계의 변화와 (인격을 발생시키는) 세계관의 변화를 관찰할 수 있기 때문이다. 우리는 인구의 10%가 참여한 촛불시위가 정치적 변화를 가져왔으나 사회적 또는 경제적 변화는 가져올 수 없었으며, 이것이 실망과 분노를 만들어 내어서 수동적 혹은 능동적 인격으로 이어질 수 있었음은 알 수 있다. 그러나 그 반대의 움직임, 즉 인격에서 세계관으로의 움직임은 그리 쉽게 알기 어렵다. 그 근원을 관찰하기가 훨씬 어렵기 때문이다. 그러나 바로 이 움직임이야말로 (단순히 개체발생적일 뿐이 아닌) 사회발생적 진보의 가능성을 포함하는 것이다. 언어를 예로 들면—언어는 학교에서 모든 변화의 주요 수단이다— 우리는 주변 사람들과 우리 자신이 사용하는 언어가 모종의 방식으로 미래 언어 사용에 영향을 미친다는 것을 알 수 있다. 중학생이나 고등학생이 새로운 단어를 사용할 때, 그들이 다시 그 단어를 사용할 가능성이 클 뿐만 아니라, 그들의 주변 사람들도 그 단어를 사용할 가능성이 더 커진다. 학생들이 새로운 세상을 상상할 때마다, 엄청나게 다른 규모로 같은 일이 일어난다.

번스타인의 자동차 수리반의 한 소년은 실제로 자신의 새 수료증을 보험회사에 제출했고, 더 낮은 보험료를 받았다. 아마도 2차 세계대전 이후 자동차 보험료는 오늘날보다 다소 약하게 분류되고 약하게 프레임화되어 있었을 것이다. 우리 학생들에게는 불행하게도, 우리 사회와 같이 완전히 성숙한 자본주의 사회에서는 직업에 대한 범주가 더 강하게 프레임화되고 더 강하게 분류되는 경향이 있다. 우리 학생들에게는 다행히도, 이는 비고츠키가 자신의 작업가설의 일부로 만든 다른 두 성숙의 정점에는 해당되지 않는 것으로 보인다. 어쨌든 성적 동반자와 공적 페르소나의 선택은 더 약하게 프레임화되고 분류되는 것처럼 보인다. 개체발생 내내, 사람들 사이의 관계는 항상 사회적, 경제적 관계보다 더 우리의 직접적 통제하에 있다. 옷을 입고, 말하고, 춤추는 새로운 방식을 상상하고 창조하는 것이 새로운 직업을 찾는 것보다 언제나 더 쉽다. 그러나 미래의 인격, 미래의 관계, 심지어 미래의 직업은 과거의 작업일 뿐 아니라, 현재의 작업이기도 하다. 자유롭게 선택된 인격과 평등주의적 세계관이 아직 청소년기에 머물러 있는 것은, 단지 우리의 젊은이에게만 해당되는 일이 아니다.

● 참고 문헌

Bernstein, B.(1973). *Class, Codes and Control*, Vol. 1. St. Albans. Paladin.

Bernstein, B.(1987). Elaborated and Restricted Codes: An overview 1958-1985. In U. Ammon, N. Dittmar, & K. J. Mattheier(Eds.). *Sociolinguistics/Soziolinguistik: An international handbook*, Vol. 1. Berlin: de Gruyter.

Daniels, H.(2016). Learning in Cultures of Social Interaction. *Revista de Investigación Educativa*, 34(2), 315-328. DOI: http://dx.doi.org/10.6018/rie.34.2.252801

Durkheim, E.(1897/1967). *Le suicide. Étude de sociologie*. Paris: Les Presses universitaires de France.

Kellogg, D.(2017). Thinking of feeling: Hasan, Vygotsky, and some ruminations on the development of narrative sensibility in children, *Language and Education*, 31: 4, 374-387. DOI: 10.1080/09500782.2017.1306074

Kellogg, D.(2022). Vygotsky's pedology of the adolescent: the discovery of sex and the invention of love, *Mind, Culture, and Activity*. DOI: 10.1080/10749039.2022.2030362

Hasan, R.(2009). *Semantic Variation*. London: Equinoz.

Jones, P. E.(2013). Bernstein's 'Codes' and the Linguistics of 'Deficit'. *Language and Education*, 27(2), 161-179, http://dx.doi.org/10.1080/09500782.2012.760587

Marx, K. and Engels, F.(1969). *Selected Works*, Volume One. Moscow: Progress.

Pelaprat, E. and Cole, M.(2011). "Minding the Gap": Imagination, Creativity and Human Cognition Integrative *Psychological and Behavioral Science* 45, 397-418. DOI 10.1007/s12124-011-9176-5

van der Veer, R. and Valsiner, J.(1994). *The Vygotsky Reader*. Oxford and Cambridge: Blackwell.

비고츠키, L. S.(2011). 『생각과 말』. 서울: 살림터.

비고츠키, L. S.(2013). 『어린이 자기행동숙달의 역사와 발달 I』. 서울: 살림터.

비고츠키, L. S.(2014). 『어린이의 상상과 창조』. 서울: 살림터.

비고츠키, L. S.(2018). 『분열과 사랑』. 서울: 살림터.

비고츠키, L. S.(2019). 『성애와 갈등』. 서울: 살림터.

비고츠키, L. S.(2020). 『흥미와 개념』. 서울: 살림터.

차례

제11장
이행적 연령기의 고등심리기능 발달

이스탄불의 그랜드 모스크(아야 소피아)에 있는 회문(回文) 모자이크, 4세기.

이 그림을 반으로 접으면, 새의 꼬리, 몸통, 발, 머리가 일치하며 문자들도 같은 방식으로 일치한다. 회문이라고 불리는 이 대칭 패턴은 자연에서 널리 발견된다. 게놈의 두 가닥, 나비의 날개, 그리고 인체 자체도그렇다. 그것은 또한 음악, 어린이의 발화("Wow", "Aha!", "Oh no!") 그리고 이 장에서도(예컨대, "어린이는 기억으로 생각하지만, 청소년은 생각으로 기억한다") 발견된다. 사실, 비고츠키는 이 장 전체를 회문으로 구성한다. 전반부는 지각, 기억, 생각에서 고등심리기능이 어떻게 건설되는지 보여 주며, 후반부는 거꾸로 그 고등심리기능들이 히스테리, 자폐증, 정신분열증에서 어떻게 붕괴되는지 보여 준다. 모자이크가 보여 주듯, 문해와 언어의 기능은 공간적 배치에서의 의미가 아니라, 자연적이고 선천적인 기능들의 전체 체계를 포괄한다는 의미에서 고등하다. 바로 그 이유로 그것들은 기초 기능들보다 더 취약하다. 그리스 문자 *NIΨON ANOMHMATA MH MONAN OΨIN*는 다음과 같다. "당신의 얼굴뿐 아니라, 당신의 죄를 씻으라."

수업 내용

고등심리기능의 기본 구성 법칙, 지각과 시각도식적 사고의 고등 형태—이행적 연령기의 기억 발달—청소년의 주의 발달—이행적 연령기의 실행 지성 발달—고등심리기능의 발달과 붕괴 과정에 대한 비교 연구 문제—히스테리 학설에 비추어 본 이행적 연령기 심리학—실어증 학설에 비추어 본 이행적 연령기 심리학—정신분열증 학설에 비추어 본 이행적 연령기의 문제—이행적 연령기의 인격과 세계관 발달을 위한 심리적 전제 조건

학습 계획

1. 교재를 읽고 본문 내용을 개관, 요약한다.

2. 여러 연령대의 어린이와 청소년에게 그림의 내용을 설명하게 하는 실험을 수행하고, 얻어진 자료를 이 장에서 설명된 이행적 연령기의 지각 발달과 비교한다.

3. 고등심리기능의 발달에 대한 자료를 청소년 교육에 적용하는 것을 고려해 본다.

1

11-1-1] 이행적 연령기의 고등심리기능 발달은 신경계와 행동 영역의 발달 과정을 특징짓는 기본 법칙을 매우 뚜렷하고 분명하게 보여 준다.

11-1-2] 신경계와 행동 발달의 기본 법칙 중 하나는 다음과 같다. 고등 영역이나 고등 형태가 발달함에 따라 저차적 영역이나 저차적 형태는 이전 기능에서의 본질적 부분을 새로운 형성에 내주게 된다. 저차적 발달 단계에서 저차적 영역, 혹은 저차적 기능에 의해 수행되던 적응 과업은 고등한 단계로 상향 이동하면서 고등 기능에 의해 수행되기 시작한다.

11-1-3] 그러나 동시에 크레치머에 따르면, 저차적 영역은 "단순히 고등 영역의 점진적 형성과 더불어 옆으로 밀려나는 것이 아니라, 고등 영역(발달의 역사에서 더 젊은 영역)에 의해 통제되는 공동 연합의 종속 요소로 계속 작동한다. 따라서 온전한 신경계에서 하위 영역은 대개 따로 구분할 수 없다."

> *크레치머에 대해서는 『역사와 발달 I』 1-125 참조

11-1-4] 오직 병적인 상태에서만, 즉 고등 영역이 기능적으로 손상되었거나 종속된 하위 영역들로부터 분리되었을 때만 "신경 기관의 일반적 기능은 단순히 중단되는 것이 아니라 종속되었던 요소가 자율적이 되면서 종속 요소에 남아 있던 원시적 유형의 기능을 보여 준다." 크레치머는 이 보편적인 신경생물학적 법칙을 다음과 같이 규정했다. "정신 운동 영역 안에서 고등 단위의 작용이 기능적으로 약화되면, 근접한 하위 단위가 그 자체의 원시적인 규칙을 따르며 독립적이 된다."

크레치머가 말하는 '단위'란 무엇을 의미하는가? '근접한 하위 단위'
란 무엇인가?

크레치머가 사용하는 독일어 용어는 'Instanz'이며, 그것은 '사례
instance'나 '사건case' 또는 심지어 '순간instant'과도 같은 의미를 지닌다.
크레치머는 의사였다. 의학은 신체에 관해 이야기할 때 잘 작동하는 위
계적 용어 체계를 이미 갖추고 있다. 신체의 근접 하위 단위는 기관계
(소화계, 신경계 등)이며, 기관계의 근접 하위 단위는 기관(위, 소장 등)이
고, 기관의 근접 하위 단위는 조직(근육 조직, 상피 조직 등)이며, 조직의
근접 하위 단위는 세포이다.

크레치머는 기능이 사실상 작용 중인 신체(기관계, 기관, 조직)일 뿐임
을 인식했기 때문에, 동일한 전체론적 방법을 기능에 적용하고자 했다.
그러나 우리는 대상을 묘사할 때, 보통 시간을 무시한다. 즉 신체, 기관
계, 기관, 조직, 세포가 모두 시간상 같은 순간에 존재할 수 있는 것이
다. 하지만 기능을 묘사할 때는 이것이 적용되지 않는다. 단순하고 직
관적인 지각과 같은 저차적 기능조차 시작, 중간, 끝이 있다. 말이나 개
념적 생각과 같은 고등 기능은 다양한 기능들의 시간에 따른 복잡한
조합이다. 우리는 어떤 기능의 '계기'들을 다른 기능들의 계기들과 분
리된 것으로 다룰 수 없다. 그러나 말과 생각에서 시간이 다르게 전개
되기 때문에(이것이 혼자 읽을 때, 더 빨리 읽는 이유이다), 우리는 그것들
을 같은 것으로 다룰 수도 없다. 우리는 신체 전체의 행위를 계기로 나
눌 수 있으며, 그 각각은 영화의 프레임과 같이 복잡한 전체를 이룬다.
그러나 영화와 달리 각 계기 내에 시작, 중간, 끝이 존재한다. 우리는 이
를 '사례들instances' 또는 '순간들instants'로 묘사할 수 있다. 이 사례나
순간들은 어떤 기능의 일부로서 계기보다는 작지만 그럼에도 여전히
전체이다.

크레치머가 지적했듯이, 보통 사람은 고등 기능과 저차적 기능을 따
로따로 경험하지 않는다. 이 때문에 청소년들(그리고 다른 사람들도!)은
낭만적 사랑과 성적 욕망의 차이를 구분하기 어려워한다. 그러나 사람
이 손상을 입으면, 저차적 기능들은 고등 기능들에게 넘겨주었던 기능
들을 돌려받는다. 그것은 저차적 기능이기 때문에, 동일한 방식으로 작

동하지 않는다. 낭만적 사랑의 계기에 비해 성적 욕망의 사례나 순간은 글자 그대로 순간적이다.

11-1-5] 신경계 발달에서 관찰된 이 세 가지 기본 법칙, 즉 각 단계에서 저차적 영역의 보존, 기능의 상향 이동, 병적인 상태에서 저차적 영역의 해방에 상응하는 것을 심리 기능 발달의 역사에서 모두 찾을 수 있다. 특히 이행적 연령기의 모든 심리 발달은 이 세 가지 기본 법칙이 구체적으로 표현된 예들을 보여 준다.

11-1-6] 우리가 이미 말했듯이, 이 연령기 발달의 기본 내용은, 기초적이고 저차적인 과정으로부터 고등 기능 성숙으로의 이행으로 이루어진, 청소년 인격의 심리적 구조에서의 변화에 있다. 이러한 고등 기능은 기초적이거나 저차적인 기능과 완전히 다른 법칙에 따라 발달한다. 이미 말했듯이, 고등 기능의 발달은 뇌의 발달이나 새로운 뇌 영역의 출현, 낡은 영역의 성장과 나란히 진행되는 것이 아니다. 고등 기능은 다른 유형의 발달, 다른 유형의 심리적 진화를 보여 준다. 행동 발달 역사의 산물인 고등 기능은 청소년의 사회문화적 발달을 이루는 환경에 직접적으로 의존하며 이행적 연령기에 나타나고 형성된다. 고등 기능은 기초 기능과 같은 수준의 새로운 일원으로 그 옆에 나란히 건설되거나, 뇌의 하부 층 위에 있는 상부 층처럼 기초 기능들 위에 세워지는 것이 아니다. 고등 기능은 기초 기능의 새롭고 복잡한 결합의 출현 유형에 따라, 복잡한 종합의 출현을 통해 세워진다.

11-1-7] 우리는 고등 기능의 토대에 놓인 모든 복잡한 심리적 기능들이, 크레치머의 표현에 따르면, 그들을 이루는 요소들의 총합 이상이라는 것을 알고 있다. "그것은 심리적으로 볼 때, 기본적으로 새로운 것이며 완전히 독립적인 심리적 형성이고 그 구성 요소로 환원될 수 없

는 확고한 통합체이다. 더 고등한 종합이 독립성을 가진다는 이 법칙은 단순 반사 과정에서부터 생각과 언어에서의 추상 형성에 이르기까지 발견되는 신경생물학의 기본 법칙이다." 고등심리기능을 그러한 종합의 산물로 간주하면서 비로소 우리는 성적 성숙의 시작에 이미 그 발달이 획득된 저차적 혹은 기초적 과정과 고등한 기능이 맺는 관계를 올바르게 이해하기를 배우게 된다.

11-1-8] 이 연결은 이중적이다. 한편으로, 고등 기능은 저차적 기능을 토대로 하는 것 외에는 다른 방식으로 나타나지 않는다. 결국 그들은 새로운 형태의 생리학적 과정이 아니며, 기초 과정의 복합적인 통합, 복합적인 종합이다. 이런 점에서, 많은 현대 심리학자들이 고등 기능과 저차적 기능의 연결을 무시하고 심리학으로부터 기초 기능들의 운명과 발달을 특징짓는 법칙을 제거하려는 시도는 잘못된 것으로 보인다. 크레치머의 정확한 지적에 따르면, "연합 개념의 필요성은 예를 들어 어린이 생각의 심리학, 지성의 기원, 관념화의 흐름 등 고등 심리학의 많은 문제를 다루는 데에서 분명해진다. 연합적 토대 없이 고등한 정신적 삶을 구축하는 이론은 결코 생각할 수 없다."

11-1-9] 손다이크처럼 고등 기능을 단지 양적으로 증가하는 단순 연합으로 환원하는 것 역시 잘못된 것이다. 고차적 종합의 독립성의 법칙에 대한 무지도 마찬가지로 잘못된 것이다. 우리가 청소년기에 확인할 수 있는 모든 심리적 신형성들은 그 본질상 이중적인, 기초 과정과 고차적 과정 간의 이런 복잡한 관계에 토대한다.

11-1-10] 현대 정신 신경학에서 경험적으로 발견되고 신경계 발달 연구로 촉진된 이 관계는 변증법적 관점에서 볼 때 본질적으로 새로운 것을 보여 주지 못한다. 헤겔은 독일어 낱말 '지양'이 지닌 이중적 의미를 떠올린다. 그는 말한다. "이 낱말은 (1) '제거하다' 혹은 '폐기하다'를 의미한다. 따라서 법칙이 제거되었다, 혹은 법칙과 규칙이 폐기되었다고

말할 수 있다. (2) '유지하다' 혹은 '저장하다'를 의미한다. 어떤 것을 잘 둔다고 말할 때 이런 뜻으로 사용한다. 이런 이중적 언어 사용(⋯-K)은 우연이 아니다." 이는 발달 과정의 토대에 놓인 실제 객관적 관계, 즉 모든 고등한 단계가 저차적 단계를 부정하되 이를 전적으로 폐기하며 부정하는 것이 아니라 그 속에 저차적 단계를 보존된 범주나 구성 계기로 포함하는 관계를 반영한다.

> 위 문단은 헤겔의 다음 책에서 인용되었다(『역사와 발달』 3-78 참조).
> Hegel, G. W. F.(1830/1976). Hegel's Shorter Logic. Oxford: Oxford University Press, p. 142.

11-1-11] 이행적 연령기의 심리 발달 역사는 기능의 상향 이동과 자율적인 고등한 종합의 형성으로 이루어져 있다. 이런 의미에서 청소년의 심리 발달 역사는 엄격한 위계에 지배된다. 주의, 기억, 지각, 의지, 생각과 같은 다양한 기능들은 꽃병에 꽂힌 나뭇가지들처럼 나란히 발달하는 것이 아니며, 심지어 같은 나무의 줄기에서 뻗어 나온 가지들처럼 발달하지도 않는다. 발달 과정에서 이 모든 기능은 복잡한 위계적 체계를 형성한다. 이 체계 안에서 중심적 혹은 선도적 기능은 생각의 발달, 즉 개념 형성 기능이다. 다른 모든 기능은 이 새로운 형성물과 함께 복합적으로 종합된다. 이 기능들은 지성화되고, 개념적 생각을 토대로 재구조화된다.

11-1-12] 본질적으로 기초적인 전 단계의 기능과 다른 법칙을 가지는 완전히 새로운 기능이 눈앞에 나타난다. 저차적 기능이 그 활동 부분을 고등하게 상향 이동시킨다는 상황만이 연구자들에게 논리적 기억을 기계적 기억의 단순한 연장으로 보면서 이 둘을 동일한 발생적 노선 위에 놓인 것으로 간주하여 모든 논리적 기억을 기초적인 기계적 기억

과 동일시하도록 했다. 이와 동일하게 기능의 상향 전이는 연구자들이 고등한 또는 자발적 주의를 저차적, 비자발적 주의와 동일한 것으로 간주하도록 했으며 이를 후자의 단순한 연장으로 보도록 했다.

11-1-13] 우리는 일련의 전체적인 새로운 고등 종합인 새로운 고등 기능들이 어떻게 생겨나는지 보여 주고자 노력할 것이다. 이 새로운 고등 기능들은 그에 상응하는 기초 기능들을 종속 단위이자 지양된 범주로 포함하며, 상향 이동된 자기 활동의 일부를 후자로부터 받아들인다.

2

11-2-1] 지각 기능에 대해서 앞서 논의했던 것으로부터 시작해 보자. 어떤 의미에서 이 기능은 일반적으로 어린이의 심리 발달 역사에서 가장 이른 것으로 간주된다. 어린이는 주의를 기울이거나, 기억하거나, 생각할 수 있게 되는 것보다 더 먼저 지각하기 시작한다. 그래서 가장 이른 이 기능은 대개 기초적 기능으로 간주되어, 그 진화 과정은 보통 직접적인 관찰에서 눈에 잘 띄지 않는다. 한편 새로운 심리학에서는, 지각은 전혀 발달하지 않으며, 맨 처음부터, 즉 이미 유아기에도 성인기처럼 기능하고, 심리 기능들의 일반적 변화 과정에서도 특별히 지각만은 발달하거나 변하지 않고 그대로 남는다는 전설이 점점 무너지고 있다. 사실 유아와 성인의 두 발달 단계의 기억과 생각이 거의 닮지 않은 것처럼, 유아의 지각은 성인의 지각과 거의 닮지 않았다.

11-2-2] 각각의 새로운 연령기에서 지각은 질적으로 변화하며, 이행적 연령기에서 이 복잡한 변화, 즉 지각의 영역에서 일어나는 복잡한 재구조화는 과학적 분석을 통해 드러난다. 지금 우리는 지각 발달의 가장 주요한 계기들의 역사를 심지어 도식적으로도 묘사할 수 없다. 우리

의 목적에 비추어 볼 때, 이 기능의 발달 과정에서 이 기능에 일어나는 두 가지 기본 유형의 변화 모습을 간단하게 지적하는 것으로 충분하다.

11-2-3] 우리는 첫 번째 유형의 변화를 지각의 일차적 통합 혹은 일차적 가공이라고 부른다. 여기에는 지각된 대상의 크기, 형태, 색깔의 상대적 안정성 같은 속성의 발달이 포함된다. 이런 모든 계기들은 우연한 여러 지각 조건에 따라 변화하며, 지각의 안정성은 느리게 발생한다. 이(안정성-K)는 지각 과정과 기억 과정의 복잡한 합금으로 인해 나타나게 되는 것이다.

11-2-4] 먼저 연필을 눈앞에 두고 그다음 10배 더 멀리 가져가서 연필을 보면, 망막에 맺힌 심상도 똑같이 10배 줄어들 것이다. 그것은 10배 작은 연필을 같은 거리에서 보았을 때의 심상과 똑같을 것이다. 그러나 우리는 눈으로부터 10배 떨어진 거리에 둔 연필이 10배 작아졌다고 생각하지 않는다. 우리는 그 크기를 바로 눈앞에 놓인 10배 작은 연필의 크기와 구분할 수 있다.

11-2-5] 특히 헤링이 언급했듯이, 한낮의 석탄 덩어리는 새벽의 분필 덩어리보다 세 배나 많은 빛을 반사하는 것처럼 보인다. 그럼에도 불구하고 새벽의 분필은 흰색이고 한낮의 석탄은 검은색이다. 따라서 우리가 동일한 대상을 완전히 다른 측면과 다른 시각에서 지각한다는 사실에도 불구하고, 비록 망막에 비친 그 대상의 실제 모습은 끝없이 변한다 하더라도 그 대상의 형태는 일정해 보이는 것이다.

*K. E. K. 헤링(Karl Ewald Konstantin Hering, 1834~1918)은 페히너의 제자로서, (다음 문단에서 논의할) 헬름홀츠의 앙숙이었다. 헤링은 색 인식과 양안시에 대한 이해가 획기적으로 진보하는 데 기여했다. 오늘날 헤링 착시로 잘 알려져 있다.

11-2-6] 지각의 항상성, 즉 무작위적인 조건의 변화로부터의 독립성은 어디서 비롯되는 것인가? 헬름홀츠는 여기에 무의식적 추론이 작용한다고 주장했다. 최근의 연구들은 현재 자극과, 기억으로부터 재생산된 자극의 복잡한 통합, 결합 과정이 작용한다는 것과 실제 지각 과정은 언제나 기억이 도입한 특정한 수정을 포함한다는 것을 보여 주었다. 물체를 바라볼 때 우리는 단순히 지각할 뿐 아니라 기억한다. 지각 과정 뒤에는 현재의 감각과 직관적 심상의 본질적으로 복잡한 결합 과정이 있다.

*H. 헬름홀츠(Herman Helmholtz, 1821~1894)는 생리학자이자 물리학자였다. 그는 앙숙이었던 헤링과 마찬가지로 눈의 구조와 크기, 색, 모양을 감지하는 기능에 흥미가 있었다. 그는 아버지의 친구였던 피히테에게 철학적으로 영향을 받았고, W. 분트에게 심리학을 가르쳤으며 M. 플랑크에게 물리학을 가르쳤다. 그는 신호가 신경에서 전파되는 속도를 정확히 측정했으며(초속 24~36미터), 높낮이가 다른 모음 소리들을 혼합해서 인공적인 소리를 만들었다(이것이 오늘날 사이렌의 기초가 되었다). 그는 또한 근육이 에너지를 만들어 내는 것이 아니라 화학적 과정을 통해 에너지를 얻는다는 것을 입증했다.

11-2-7] 이 과정들은 이행적 연령기보다는 유년기의 특징이기 때문에, 우리는 지각의 이러한 항상성 발달 기제를 당장 고찰하지는 않을 것이다. 일반적으로 그것은 성적 성숙이 시작되기 전에 완료되며, 청소년의 심리학은 거기, 이미 주어진 데에서 출발할 수 있다. 우리는 지각이 겪게 되는 다른 변화 과정들을 이러한 과정에 비유하여 이차적 가공 또는 지각 영역에서의 이차 종합 과정이라 부를 수 있다. 여기서 지각과 생각의 수렴, 지각과 말의 연결이 일어난다.

11-2-8]　심리학은 최근에서야 언어 과정이 인간의 시각적 지각에 미치는 복잡한 영향을 연구하고 있다. 사실상, 말과 말로 하는 생각의 발달 과정은 어린이의 시각도식적 지각을 새로운 토대 위에 재구조화하면서 복잡한 형태로 가공한다. 특히 이행적 연령기에는 개념 형성과 더불어 지각 영역에서의 시각적 계기와 비시각적 계기, 구체적 계기와 추상적 계기가 차지하던 예전의 비율과 낡은 상호관계가 변화한다.

11-2-9]　지각 영역에서 말과 말로 생각하기의 역할을 명료하게 하려면 우리는 앞에서 언급했던, 그림 묘사 방법을 사용한 청소년 지각에 관한 연구와 밀접하게 연결된 우리의 실험을 인용할 것이다. 알다시피 이 방법은 이미 오래전에 심리학에 도입되었으며 현실에 대한 어린이의 지각 발달을 확립하기 위해 사용되었다. 어린이는 그림에서 자신과 친숙한 현실의 일부가 표현된 상황을 본다. 어린이가 그림을 지각하고 묘사하는 방식을 통해 우리는 어린이가 어떻게 전체로서의 현실을 지각하는지, 어떤 규칙이 어린이의 지각 영역을 지배하는지에 대한 윤곽을 얻을 수 있다. 알려진 바와 같이 스턴과 다른 저자들은 어린이의 그림 묘사를 통해 판단할 수 있는, 어린이 지각 발달의 네 가지 주요 단계를 확립했다. 처음에 어린이는 그림에 표현된 여러 대상을 단순히 열거한다. 그런 다음 어린이는 이런 대상들로 수행되는 동작을 명명하기 시작한다. 그 후 그의 서술에는 그가 해석한 (대상의-K) 특징이 나타나기 시작한다. 이 덕분에 그는 그가 보는 것과, 묘사되는 것에 대해 그가 아는 바를 그림 묘사에서 연결하게 된다. 그리고 마침내, 이 과정은 그림 전체에 대한 묘사와 그림의 부분들 간의 연결 확립으로 끝맺는다. 이에 따라 우리는 어린이 지각 발달을 대상성, 동작성, 특징성, 관계성의 네 단계로 구분한다. 이 명제에 따르면, 3세 어린이는 세계를 서로 떨어진 대상들의 모음으로 지각한다. 그 후에 어린이는 현실을 움직이는 대상과 사람들의 모음으로 지각한다. 그다음에 어린이는 상호 연결된 생각

으로 나아가며, 현실을 연결된 전체로서 지각한다. 이것이 수많은 동시대 심리학자들이 어린이 지각 발달 과정을 그리는 방법이다. 만약 우리가 그림 묘사하기 방법에 토대하려고 한다면, 완전히 똑같은 결론에 도달할 수밖에 없다. 그러나 이런 결론은 우리가 다른 자료를 통해서 어린이 지각 발달에 대해 알고 있는 것과 심각하게 모순된다. 우리는 아주 어린 어린이가 활동과 행위를 지각하며, 그에게 이 활동과 행위는 다른 모든 지각의 더미로부터 두드러진다는 것을 알고 있다. 움직이는 대상은 어린이 지각에서 매우 일찍 추출된다. 그러기 때문에 어린이가 현실을 대상들의 모음으로 지각하며, 그런 다음에 주의를 기울이기 시작하고 움직임을 지각한다는 것은 말이 안 된다.

11-2-10] 나아가, 지각 심리학에서 지각의 발달이 부분에서 전체로 진행된다는 생각, 벽돌이 모여 집이 되듯이 지각 발달이 개별적인 요소들로 이루어진다는 생각은 오래전에 무너졌다. 원시적인 동물의 지각조차 그 발달에서 이와 반대되는 경로를 보여 준다. 주어진 상황 전체에 대한 원초적, 확산적, 전체적 지각이 개별 부분들에 대한 뚜렷한 지각에 우선한다. 마찬가지로 폴켈트의 새로운 실험은 매우 이른 나이의 어린이에게서 전체의 지각이 부분의 지각을 앞선다는 것을 보여 준다. 전체가 개별적인 감각들로 구성되는 것이 아니라 개별적인 감각이 원초적인 전체적 지각으로부터 분화되고 추출된다. 여기서도 어린이의 지각이 개별적인 대상으로부터 전체를 파악하는 것으로 움직인다는 주어진 도식과 뚜렷한 모순이 나타난다.

*H. 폴켈트(Hans Volkelt, 1886~1964)는 분트, 크뤼거, 그리고 H. 페르부르트(남아프리카공화국 아파르트헤이트 설립자)가 속한 라이프치히 심리학파의 일원이었다. 폴켈트는 유명한 신칸트학파 철학자인 요하네스의 아들이다. 그는 동물의 선개념에 대해 박사 학위를 받

왔다. 비고츠키는 『흥미와 개념』 10장에서 죽은 파리를 외면하고 살아 있는 것을 먹는 거미에게 '삶'과 '죽음'의 전개념이 있는지에 대한 폴켈트의 연구를 인용했다. 폴켈트는 적극적인 나치 일원이었으며 나치를 위한 '정치적 교육'을 자신의 임무로 여겼다. 그는 독일에서 프뢰벨 교육의 수장이었으며 '어려움을 찬양하라!'는 나치의 구호를 내건 학술지 〈Kindergarten(유치원)〉의 편집자였다. 그는 프뢰벨의 '은물'과 매우 유사한 유아 교육 자료를 개발하려고 했다.

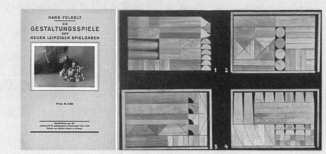

11-2-11] 끝으로, 엘리아스버그를 비롯한 여러 사람의 특별 연구는 어린이가 아주 어릴 때부터 모든 연결성과 의존성, 관계성을 확립할 수 있음을 보여 준다. 마찬가지로 어린이 생각의 혼합성에 관한 연구 또한 어린이의 생각의 가장 초기 단계를 특징 짓는 것이 생각 요소의 파편성이 아니라 생각의 연결 없는 연결성, 뒤얽힌 인상들의 연결망, 복잡한 구성의 혼합적 심상이라는 것을 보여 준다. 이 모든 것을 다 고려하면 우리는 전통 심리학이 확립한 어린이의 지각 발달 경로가 실제와 들어 맞는지 의심하게 된다.

> *W. G. 엘리아스버그(W. G. Eliasberg, 1887~1969)는 의사이자, 철학자, 심리치료사였다. 그는 의사로서는 A. 크론펠트, 철학자로서는 K. 야스퍼스와 함께 연구했으며, 심리치료사로서는 프로이트, 아들러, 융의 동료였다. 비고츠키는 '자율적 말'에 관한 저술에서 이 용어의 명명

자인 엘리아스버그를 인용하며, 어린이에게 두 장의 종이 가운데 어느 쪽에 담배가 숨겨져 있는지 맞히는 그의 추측 놀이 실험을 적용한다.

11-2-12] 우리는 다음과 같은 방법으로 이 도식을 실험적으로 확인하고자 했다. 우리는 실험에서, 어린이들에게 첫 번째는 그림에 무엇이 그려졌는지 말하게 하고, 두 번째는 그림에 그려진 것을 말하지 않고 행동으로 표현하도록 했다. 같은 어린이가 그림의 내용을 말을 통해 전달하는 것과 행동을 통해 전달하는 것을 비교함으로써 우리는 (말로는-K) 그림의 개별 부분을 단순히 열거하는 대상 단계의 어린이가 행동으로 그림을 묘사할 때는 내용을 전체로써 전달했음을 확립할 수 있었다. 이처럼 우리는 지각의 발달이 전체에서 부분으로 나아간다는 일반적 법칙에서 그림에 대한 지각 또한 예외가 아님을 확립할 수 있었다.

11-2-13] 그러나 동시에 우리는 지극히 흥미롭고 복잡한 또 다른 질문과 마주하게 되는데, 그 해답 또한 청소년의 지각에서 일어나는 변화에 대한 올바른 이해를 결정한다. 그 질문은 다음과 같다. 그림을 전체로 지각하고 이 전체를 행동으로 전달하는 어린이는, 자신의 그림 지각에 말이 합류하게 되면, 어째서 분석과 부분에 대한 열거의 길로 접어드는가? 이 질문에 대한 답은, 어린이의 시각적 지각 과정에 참여하고 있는 말이 주선율에 동반되는 반주처럼 일련의 부수적 반응으로 이 과정과 나란히 진행하지 않는다는 데 있다. 오히려 말은 시각적 지각 과정과 엮이면서 새롭고 복잡한 종합을 형성하고 새로운 토대 위에서 이 과정들을 재구조화한다.

11-2-14] 가장 엉성한 분석조차 말이 우리의 지각을 바꾼다는 것을 확인하기에 충분하다. 말은 지각이 특정한 방향을 향하도록 하며, 지각된 것에 대한 속기록과 같은 것을 제공함으로써 지각된 상황을 극

도로 압축한다. 최종적으로 말은 지각된 것을 자동적으로 분석하여 대상과 행동으로 구분한다. 더 나아가 말은 언어적 판단의 형태로 시각적 연결을 반영함으로써 지각한 것을 종합한다. 어린이가 달리는 소년에 관한 그림을 보고 "소년이 달려요"라고 말할 때, 이 말로 그는 시각적 상황을 무한히 압축하며 분석한다. 왜냐하면 어린이는 소년과 소년이 달린다는 것을 따로따로 지각하는 것이 아니기 때문이다. 이 낱말들을 판단해서 모음으로써 어린이는 지각된 것에 규정된 의미를 부여한다.

11-2-15] 생각 과정과 지각 과정은 이처럼 병합되고, 지각은 이처럼 지성화되며, 지각은 이처럼 시각도식적 생각으로 변형된다. 이런 의미에서, 뷜러가 말과 생각 간의 밀접한 연결을 주장하고, 어떤 말의 도식이 어떻게 동시에 생각의 도식이 되는지 보여 준 것은 완전히 옳다. 그는 "말이 사람 속에서 생각한다고 주장하는 것은 완전히 옳다"라고 말한다. 분리된 지각 대상들은 생각 덕분에 연결을 획득한다. 지각 대상들은 정돈되고, 의미 즉 과거와 미래를 획득한다. 이런 식으로 말은 의미 있는 지각, 현실에 대한 분석, 기초적인 기능 대신 고등 기능의 형성을 이끈다.

11-2-16] 성인의 지각으로 눈을 돌리면, 우리는 그것이 현재의 인상과 기억의 심상의 복잡한 통합을 나타낼 뿐만 아니라 그 기저에 생각 과정과 지각 과정의 복잡한 종합이 있다는 것을 알 수 있다. 우리가 보는 것과 우리가 아는 것, 우리가 지각하는 것과 우리가 생각하는 것은 하나로 통합된다. 내가 나의 방을 채우는 여러 물체를 본다고 할 때, 내가 지각하는 것과 실제로 보는 것을 동일시하는 것은 단순한 환상이다. 나는 물건들의 크기, 모양, 색깔을 볼 수 있지만 이것은 벽장, 이것은 탁자, 이것은 사람이라는 것은 볼 수 없다.

11-2-17] 말로 하는 생각과 연결된 질서 있고 유의미한 지각은 시각도식적 인상과 생각 과정이 하나의 합금처럼 혼합된 새로운 종합의

복잡한 산물로서 이것을 우리는 아주 타당하게 시각도식적 생각이라고 부를 수 있을 것이다. 성인의 발달된 생각과 달리, 어린이의 생각은 지각한 것을 완전히 다른 방식으로 결합하고, 질서 짓고, 의미를 만들어 낸다.

11-2-18] 따라서 어린이가 성인과 다르게 본다는 클라파레드의 입장과 어린이가 우리 성인들과 다른 세상에 살고 있다는 코프카의 주장은 어떤 면에서 사실이라고 할 수 있다. 발달된 형태의 성인의 지각은 지각된 현실에 질서정연한 논리적 범주 영역을 덮어씌운다. 그것은 항상 의미 있는 지각이다. 지각에서 시각도식적 생각으로의 이러한 이행은 우리가 앞서 말한 상향 이행의 특별한 경우다.

*É. 클라파레드(Édouard Claparède, 1873~1940)는 스위스 신경과 의사이자 아동심리학의 창시자 중 한 명이다. 제네바에 있는 루소 연구소의 설립자 겸 소장으로서 그는 피아제의 상사이자 멘토였다. 또한 연구소장으로서 그는 어린이는 단순히 작은 어른이 아닌 고유한 존재라고 주장하는 루소의 견해를 옹호했다.

*K. 코프카(Kurt Koffka, 1886~1941)는 C. 스텀프의 제자이자 독일 게슈탈트 심리학의 창시자 중 한 명이다. 비고츠키는 코프카가 모스크바에 왔을 때 그의 강연을 통역했으며 루리야는 코프카를 데리고 두 번째 우즈베키스탄 원정(그는 그곳에서 진드기와 이 때문에 심한 열병에 걸렸다)에 올랐다. 코프카는 『마음의 성장(Growth of the Mind)』에서 어린이 생각의 오묘한 특성을 지적하고 총체적인 '구조적' 심리학을 주장했다.

11-2-19] 지각 기능의 상향 이행은 즉각적으로, 한 번의 도약으로 일어나지 않는다. 그것은 유년기 매우 이른 시기부터 시작된다. 뷜러는

어린이의 그림을 분석하여, 대상들이 이름을 획득하는 순간 어린이의 의식에서 개념 형성이 시작되며, 이때 개념이 구체적인 심상을 대체하고, 말을 통해 형성된 개념적 지식이 기억을 주관하기 시작한다고 주장한다. 어린이의 그림이 보여 주듯 어린이는 이미 매우 초기부터 자기가 본 것이 아니라 알고 있는 것을 반영하고 나타낸다. 이미 어린이의 기억은 각 심상들의 저장 창고가 아니라 지식의 기록물 저장고이다. 바로 이를 통해 때때로 어린이가 눈에 보이는 대상을 전혀 돌아보지 않고 그리는, 종종 엑스레이 그림과 같은 어린이의 도식적 그림을 설명할 수 있다. 바로 이것으로 초기 연령기 어린이의 생각과 동물의 생각이 구별된다.

11-2-20] 뷜러는 다음과 같이 말한다. "현대의 논리학자와 심리학자들이 개념을 고등 척추동물의 특성으로 여기는 경향이 있다고 말하면서 개가 다른 옷을 입고 다른 상황에서 마주친 주인을 알아보며, 외형의 차이에도 불구하고 모든 토끼를 토끼로 (알고-K) 추격한다는 것을 예로 든다. 그러나 기껏해야 우리는 여기에서 인간 개념의 선행물에 대해 이야기할 수 있을 뿐이다. 동물에게는 가장 중요한 것, 즉 이름이 부재하기 때문이다."

11-2-21] 이처럼 우리는 어린이의 지각이 말의 영향을 받아 비교적 일찍 복잡한 재처리를 겪는다는 것을 본다. 이행적 연령기가 얻는 새로운 것은 무엇인가? 이 측면에서 청소년의 지각을 어린이의 지각과 구분해 주는 것은 무엇인가? 우리는 최근 베르거가 실시하여 발표한 몹시 흥미로운 연구를 얻게 되었다. 이 연구는 범주적 지각과 그 교육학적 의미에 대한 것이다. 이 연구의 중요한 결론은 성적 성숙이 시작되어야만 심리적 범주의 지각적, 정돈적 기능이 어린이의 체험과 기억에서 비로소 충분하게 뚜렷이 나타난다는 것이다. 베르거는 모든 다양한 내적, 외적 인상의 정돈과 상호관계가 지각에서 어떻게 발달하는지 설명하는

것을 목표로 삼았다.

*H. 베르거에 관해서는 『흥미와 개념』 10-2-9 참조.

11-2-22] 그는 10세에서 17세 사이의 어린이들에게 음성 설명이 없는 영상을 보여 주었다. 이를 통해, 각기 다른 연령 어린이들의 내용 인식 과정이 조사되었다. 베르거는 10세 어린이들은 아직 다른 이의 정신적 삶의 내용을 외적이고 미분화된 방식으로 지각하며, 12세에서 13세가 되어서야 비로소 어린이들이 다른 이의 심리를 이해하기 위한 중요한 발걸음을 내디딘다는 것을 성공적으로 확립하였다. 크로에 따르면, 이것은 타인의 정신적 삶을 지각하는 데 필요한 범주가 초등 학령기 이후에만 기능하기 시작한다는 것을 보여 준다.

*O. 크로(Oswald Kroh, 1887~1955)는 O. 퀼페, P. 나토르프, E. 옌쉬의 제자로서, K. 홀츠캄프(문화-역사적 활동 이론), R. 베르지우스(평화 교육), G. 카민스키(스포츠 심리학)의 스승이었다. 그는 또한 G. E. 뮐러와 E. 크레치머의 동료였으며, 비고츠키가 관심을 가졌던 독일 인지 심리학의 한가운데 있었다고 할 수 있다. 베르거와 마찬가지로 크로도 색의 항상성에 관심이 있었으며 형태주의적 관점을 취했다. 그는 교원 교육에 깊이 관련되어 있었고, 결국 그의 스승인 옌쉬의 뒤를 이어 나치 심리학의 지도자가 되었다.

11-2-23] 이 연구 결과 중 하나로 어린이가 학교에 입학하기 훨씬 전에도 각각의 대상뿐 아니라 대상의 속성, 변화, 발현을 관찰할 수 있다는 사실을 지적하는 것은 흥미롭다. 이러한 사실은 어린이에게 어떤 그림 하나를 주고 설명하라고 했을 때는 거의 나타나지 않는다. 이 경

우 어린이는 마치 대상의 구체적 물질적 특징만을 지각하고, 그의 지각에서 행위, 성질, 관계 영역은 오직 점진적으로만 습득하는 것 같은 인상을 준다. 우리가 보았듯이, 바로 이것이 스턴의 결론이다. 그는 전前학령기가 대상 단계에 의해 지배된다고 생각했지만, 새로운 연구는 어린이가 아주 이른 나이에 이미 성질, 관계, 행위를 지각한다는 것을 보여준다.

11-2-24] 그럼에도 불구하고 크로는 스턴의 도식을 정당화하기 위해 노력한다. 크로는 본질적으로 훨씬 일찍 관찰되었을 수도 있는, 특히 어린이의 실천적 행동에서 나타나는 특정한 지각 형태가 스턴이 지적한 특정한 시기에 전면적으로 특히 두드러지게 나타난다는 사실에서 그 정당화를 찾는다. 이를 통해 우리는 현실 범주 조직에 대한 언어적 숙달이 어떻게 발달하는지 판단할 가능성을 얻게 된다.

스턴과 마찬가지로, 크로는 지각 발달이 스턴이 제시한 범주에 따라 추적될 수 있다고 믿는다. 즉 '대상-행동-속성-관계'라는 범주에 따라 순서대로 발달한다는 것이다. 이에 대해 비고츠키는 회의적인데, 이런 범주들이 실험에서 어린이들에게 역할극을 요청할 때는 반영되지 않기 때문이다. 비고츠키에게 '대상-행동-속성-관계'는 지각의 범주가 아니라 명사, 동사, 형용사, 그리고 ('왜냐하면'과 '비록'처럼) 관계를 나타내는 말의 범주이다. 크로는 이러한 지각 형태들이 더 일찍 관찰될 수 있고 행동으로 표현될 수 있지만, 스턴이 지적한 시기에 뚜렷하고 명확하게 나타난다고 말함으로써 이 반대에 대응하려 한다.

*W. L. 스턴(Wilhelm Louis Stern, 1871~1938)은 H. 에빙하우스의 학생이었다. 그는 아내와 함께, 그림 묘사법뿐 아니라 매일의 관찰을 사용하여 광범위한 관찰 연구를 수행했다. 그는 아동 심리학의 거의 모든 분야에서 선구적인 일을 했고 우리에게 오늘날에도

여전히 사용되는 연령 표기법과 IQ 개념을 남겼다. 그러나 비고츠키는 그의 '인격주의'가 주지주의적이고 관념적이라고 여겼다. 스턴의 관찰 연구에 대한 비고츠키의 비평은 『생각과 말』 3장에서 찾을 수 있다. 비고츠키는 『역사와 발달』 11장에서 스턴의 그림 묘사 실험에 대해 비평한다.

11-2-25] 이렇게 우리는 현실에 대한 체계적으로 정돈된 범주적 인식이 성적 성숙의 시기에야 비로소 출현함을 보게 됨과 동시에, 어린이가 특성, 관계, 행위에 대한 지각을 학교에 입학하기 훨씬 전에 숙달한다는 것을 확립할 수 있다. 다시 한번 우리 앞에 똑같은 질문이 생겨난다. 이와 관련하여 어린이의 지각, 즉 시각도식적 생각과 청소년의 지각을 구분하는 것은 도대체 무엇인가? 여기서 새로운 것은 지각이 처음으로 말에 가까워져 시각도식적 생각으로 변형된다는 데 있지 않다. 우리가 보았듯이 이는 비교적 일찍 발생한다.

11-2-26] 새로운 것은, 청소년의 말로 하는 생각 자체가 복합체적 유형에서 개념적 생각으로 이행하며 이와 동시에 말로 하는 생각이 청소년의 지각에 참여하는 특성이 급진적으로 변화한다는 것이다. 이것을 우리는 어린이의 낱말과 청소년의 낱말이 하나의 동일한 대상의 무리를 나타낸다는 생각을 논의하며 앞에서 이미 보았다. 그들의 대상 관계는 일치한다. 그러나 그 뒤에는 완전히 다른 의미가 놓여 있다. 어린이에게 낱말의 의미는 사실적 연결로 엮인 구체적 대상들의 복합체로 실현된다. 청소년에게 낱말 의미는 개념으로, 대상이 실제와 맺는 연결 관계 즉 그 본질을 반영하는, 대상에 대한 정교한 상상으로 실현된다.

11-2-27] 이처럼 청소년의 시각도식적 생각은 추상적 생각과 개념적 생각을 포함한다. 청소년은 자신이 지각한 현실을 의식하고 이해할

뿐 아니라 그것을 개념으로 이해한다. 그의 시각도식적 지각 작용에 추상적, 구체적 생각이 종합되는 것이다. 그는 이전에 확립된 복합체와 연관 짓지 않고, 개념적 생각으로 재처리된 것을 통해 눈에 보이는 현실에 질서를 부여한다. 범주적 지각은 이행적 연령기에서만 나타난다. 우리는 어린이와 청소년이 모두 지각된 것과, 낱말 뒤에 있는 연결 체계를 연관 짓는다고 말할 수 있지만, 지각된 것을 포함하는 이 연결 체계는 복합체와 개념이 다르듯이 어린이와 청소년에게 있어 매우 다르다. 대략으로 말하면, 어린이는 더 많이 지각하고 기억하며 청소년은 더 많이 생각한다.

11-2-28] 이런 의미에서 겔브는 인간의 지각과 동물의 지각을 매우 생생하게 대조한다. 그는 동물에게 존재하는 것은 대상의 세계가 아니라 자신의 행위의 대상의 세계라고 말한다. 각각의 상황에서 동물에게 각 행위의 대상에 대한 연결은 완전히 다르게 나타날 것이다. 마시기 위한 그릇과 바닥에 구르고 있는 그릇은 별개의 두 대상이다. 이 두 경우에서 그것들은 각 상황의 일부이기 때문이다.

*A. M. M. 겔브(Adhémar Maximilian Maurice Gelb, 1987~1936)는 C. 스텀프의 제자이자, K. 골드슈타인의 동료이자 공동 저자였으며, 예술비평가인 T. 아도르노, 철학자인 M. 호르크하이머, 형태주의 심리학자 L. 펄스의 스승이다. 그는 전쟁 중에 골드슈타인과 뇌병변에 대해 연구했으며, 그 후 심리학 학회로 이동하여 M. 베르트하이머를 비롯한 형태주의자들과 함께 작업했다. 그는 색色 항상성이 판단의 문제가 아니라 장場에 기반한 관계에 의존한다는 것을 실험적으로 재현했으나, 다른 형태주의자들과는 달리 언어에 특별한 위치를 부여했다. 비고츠키와 같이 그는 헤르더와 훔볼트로부터 강한 영향을 받았다. 그는 유태인이라는 이유로 나치에게 해고되어 병을 이유로 스웨덴으로 추방되었다가 요양소로부터 다시 추방되어 다

11-2-29] 쾰러의 실험에서 우리는 서로 다른 구체적 상황에 따른 이러한 대상 의미의 변화를 명확하게 확인한다. 여러 번 상자를 발판 삼아 과일을 딴 원숭이는 다른 원숭이가 누워 있는 상자를 이용하지 않고 대신 땅에서 직접 과일을 따기 위해 헛되이 노력한다. 원숭이가 헛된 시도에 지쳤기 때문에 상자를 알아차리지 못한다고 가정하는 것은 옳지 않은데, 그가 상자에 여러 번 다가갔고 심지어 그 위에 앉았다가 떠났기 때문이다. 마찬가지로 어떤 이유로 상자를 사용하는 평소 방식을 잊었다고 가정하는 것도 옳지 않을 것이다. 친구가 상자에서 일어나자마자 그것을 가져다가 적절한 장소에 두고 상자를 이용해서 과일을 얻기 때문이다. 코프카는 다음과 같이 말한다. "유인원의 행동은 보통의 상황에서 벗어난 물건이 또 다른 상황으로 옮겨지려면 커다란 어려움을 겪어야만 한다는 인상을 준다. 유인원이 누운 상자는 눕기 위한 것이지 과일을 얻기 위한 것이 아니다."

11-2-30] 동물에 대한 실험적 연구는 유사한 사례로 가득하다. 대상은 구체적 상황 밖에서는 의미를 갖지 않는다. 동일한 대상이 다양한 상황에서 다양한 의미를 지닌다. 대상의 의미는 대상의 효과적 기능에 의해 규정된다. 이와 동일한 일이, 대상을 이용한 조작에 따라 그 대상을 명명하는 어린이의 규정에서도 오랫동안 두드러진다. 오직 개념만이 직접적 상황으로부터 자유롭게 해 주며 대상에 대한 이해를 형성할 수 있게 해 준다. 나중에 보게 될 바와 같이, 개념적 생각에 장애가 생김과 동시에 대상 지각의 세계가 붕괴된다. 우리는 어린이가 오직 낱말을 통해 사물을 이해하고, 오직 개념을 통해 대상에 대한 실제의 이성적인

지식에 다가간다고 말할 수 있다.

11-2-31] 하지만 동물이나 말 발달 이전의 어린이, 농아 어린이는 어떨까? 이들은 현실에 대한 지식을 가질 수 있을 것인가? 삶의 첫해에 있는 어린이는 상황을 보기는 하지만 알지 못하며, 분석, 규정하거나 이해하지 않고 상황을 체험한다. 그의 이해는 즉각적 적응과 뗄 수 없는 그 일부이며, 행위와 식욕으로부터 분리되지 않는다. 아래에서 우리는 목마름이나 배고픔의 상태에서는 대상들의 의미를 알고 그에 합당한 행동을 하지만, 그 외의 상황에서는 그 대상들을 인식하지 못하는 환자에 대해 논할 것이다.

11-2-32] 질서를 부여하는 범주적 지각이라는 의미에서 볼 때, 인식은 말없이 획득될 수 없다. 낱말은 전체 적응 과정, 즉 상황으로부터 대상을 떼어 내어 인식의 대상으로 만든다. 물론 인식의 흔적, 인식의 뿌리는 동물에게도 있다. 인식의 흔적은 개념 이전에 존재하며, 혼합적 심상이나 복합체적 생각으로 존재한다. 그러나 이성적 인식은 개념을 숙달한 사람에게만 도달 가능할 수 있다. 겔브는 실제를 유의미하게 지각하기 위한 이 개념의 역할을 다음과 같이 정리했다. "동물에게는 주위 환경Umwelt이 있다. 하지만 인간에게는 세계Welt가 존재한다."

3

11-3-1] 이행적 연령기에 청소년의 기억에서 유사한 변화가 발견된다. 기억 발달의 문제는 심리학에서 가장 난해하고 복잡한 문제 중 하나이다. 저차적 기능 발달 역사와 고등 기능 발달 역사를 구별하지 않는 심리학은 기억 발달과 관련한 모순적 진술들로 채워진다. 어떤 연구자들은 기억이 이행적 연령기에 강력한 발달을 겪는다는 주장을 견지하는

반면 어떤 연구자들은 현저한 감소가 나타난다고 주장하며, 마지막으로 또 다른 이들은 기억 발달의 정점이 훨씬 이른 시기임을 확립하고 기억은 이행적 연령기 동안 어림잡아 동일한 수준에 머무른다고 가정한다.

11-3-2] 루빈슈타인은 말한다 "기억 발달의 문제는 청년기에 대개 쟁점이 된다. 설리를 비롯한 많은 이들은 기억이 12세경 정점에 도달하고 더 이상 상승하지 않는다고 주장한다. 다른 이들은 발달의 일반 법칙에 기억 발달을 포함시켜, 기억력의 발달이 일반적 규칙에 대한 예외가 아니며 성년기에 그 정점에 다다른다고 여긴다. 이것은 청년기에도 기억의 발달이 일어난다는 것을 의미한다."

*M. M. 루빈슈타인(Рубинштейн, Моисей Матвеевич, 1878~1953)은 시베리아에서 태어났다. 그는 카잔, 프라이부르크, 베를린에서 철학을 공부했고, 헤겔의 역사철학으로 박사 학위를 받았다. 후에 그는 교육학에 관심을 갖게 되었고, 비고츠키의 스승인 G. G. 슈페트와 함께 연구했다. 혁명 기간에 그는 시베리아에 임시 정부를 조직했다. 그는 1920년대에 모스크바에서 연구했으나 『청소년 아동학』이 집필되는 시기에는 시베리아에서 교편을 잡았다.

*J. 설리(James Sully, 1842~1923)는 헬름홀츠의 제자였으며, 따라서 A. 베인과 T. 리보와 비슷한 기계론적, 연합주의적 심리학자였다. 이 문단에서 루빈슈타인이 가리키는 것은 1901년에 러시아어로 번역된 설리의 저작인 『아동기에 대한 연구(Studies of Childhood)』(1896)로 보인다.

11-3-3] 루빈슈타인은 두 번째 관점을 지지한다. 그는 다음과 같이 말한다. "비록 기억 자체가 실제로 12세에 그 발달의 정점에 있다 하더라도 실제 삶에서 살펴볼 때 그것은 확장된 흥미, 연합적 풍부화, 더욱

큰 의지적·정서적 안정성, 더 일관된 논리 등(삶의 과정에서 이 모두는 근본적인 중요성을 지닌다)에서 많은 지지를 얻기 때문에 결과적으로 청년의 기억은 특별한 이유 없이는 약화될 수 없고 오히려 커다란 힘을 얻는다."

11-3-4] 우리는 심리학이 이행적 연령기에서 기억 발달의 문제에 대한 사실적 대답보다는 일반적인 서술에 제한되었음을 알 수 있지만, 그 문제의 설정 자체는 옳은 것으로 보인다. 기억의 가장 유기체적인 기초, 즉 기억의 기초적 기능은 이행적 연령기에 그 어떤 주목할 만한 발달을 거의 겪지 않는다. 기초적 기억 기능은 12세보다 훨씬 일찍 정점에 도달하며, 우리가 관심을 가진 시기에는 본질적으로 전진적 움직임을 보이지 않는다. 그러나 지성과 기억의 종합에 기초하여 발생하는 고차적 또는 논리적 기억은 이행적 연령기의 진정한 성취이다. 여기서 우리는 지각 발달과 유사한 현상을 다룬다.

11-3-5] 우리가 볼 때 한 가지는 분명하다. 청소년의 기억 발달을 이해하는 열쇠를 기억에서 일어나는 변화 속에서 찾을 것이 아니라, 기억이 다른 기능과 맺는 관계의 변화에서, 심리적 과정의 일반적인 구조 속에서 기억이 차지하는 위치의 변화 속에서 찾아야 한다는 것이다. 청소년 기억의 가장 본질적인 변화를 규정하기 위해서 우리는 비교발생적 절단법을 통해 초등 학령기와 청소년기의 기억과 생각의 관계를 고찰할 수 있다. 이 비교 연구는 이 두 기본적 과정—기억과 지성—의 관계가 초등 학령기에서 이행적 연령기로 이행하면서 거꾸로 변한다는 것을 보여 준다.

11-3-6] 초기 유년기와 같이 초등 학령기에 지성은 기억에 크게 의존한다. 아직 생각은 주로 기억을 통해 일어난다. 생각 작용의 분석은 생각보다는 기억 활동의 특징인 법칙들을 드러낸다. 최근 우리는 생각 과정에서 기억의 이런 중요한 역할을 드러내는 많은 훌륭한 실험 연구

들을 볼 수 있다.

11-3-7] 우리는 개체발생과 계통발생에서 발달 초기 단계에서의 원시적 사고는 본질적으로 단지 기억 기능에 불과하다고 과장 없이 이야기할 수 있다. 더욱이, 원시적인 단계에서 기억은 세 가지의 다른 기능, 즉 회상, 상상, 생각을 미분화된 형태로 포함한다.

11-3-8] 시각도식적 생각에 대한 특별 연구에서, 슈미츠는 지성과 직관상적 성향(구체적 기억의 가장 명백한 형태) 사이에 존재하는 관계와, 어린이의 시각도식적 생각에서 기억의 역할을 밝히는 것을 과업으로 설정했다. 슈미츠는 뚜렷한 직관상적 성향과 높지 않은 지능은 물론, 더 나아가 강력한 직관상적 성향과 정신박약 사이에 존재하는 특정한 관계를 확립했던 질리크의 자료에서 출발한다. 다른 연구들은 높은 정신적 재능 또한 직관상적 소질과 양립한다는 것을 보여 주었다. 크로는 지성과 직관상 사이에는 그 어떤 일정한 상관관계도 존재할 수 없다는 것을 처음으로 지적했으며, 실제로 슈미츠의 연구는 그것들 간에 그 어떤 일정한 연결도 존재하지 않으며 직관상은 매우 다양한 정도의 정신적 재능과 양립할 수 있음을 보여 주었다.

> 이 문단은 다음을 참조한 것으로 보인다.
>
> Schmitz, K.(1930). Über das anschauliche Denken und die Frage einer Korrelation zwischen eidetischer Anlage und Intelligenz(직관상적 성향과 지성의 상관관계의 문제와 구체적 생각에 대하여). Zsch. f. Psychol., 1930, 114, …
>
> 질리크의 자료는 아마 다음을 참조한 것으로 보인다.
>
> Zillig, M.(1917). Über eidetische Anlage und Intelligenz(직관상적 성향과 지성). Forsch. Psychol. 4.
>
> 맥그라스의 1932년 연구에 따르면, 질리크와 키렉은 직관상과 지성 간에 상관관계가 존재한다는 것을 발견했으며, 슈미츠와 본테는 존재

하지 않는다는 것을 발견했다.

O. 크로에 대해서는 **11-2-22** 참조.

11-3-9] 시각도식적 생각과 비시각도식적 생각의 관계에 대한 문제를 밝히는 데에서 지성과 기억의 관계에 대한 문제는 매우 흥미롭다. 지적 재능과 직관상적인 경향 사이의 직접적인 연관성이 성립될 수 없다면, 훨씬 더 흥미로운 문제가 남는다. 아이데틱에게서 명확하게 나타나는 시각도식적 심상과 그들의 생각 사이에 특정한 관계는 전혀 존재하지 않는가?

11-3-10] 슈미츠의 연구는 이 문제를 해결하는 데 전념한다. 연구는 서로 다른 수준의 학교 교수-학습 상황에 있는 수많은 학생을 포괄했으며, 기억과 지성 간의 아주 흥미로운 관계를 관찰했다. 우리가 보기에 이 연구는 우리가 서술했던 아이디어, 즉 이런 직관상들이 기억, 상상, 생각이라는 미래의 세 가지 독립적인 기능의 기초를 미분화된 형태로 포함한다는 착상을 확증한다. 이 모두는 아직 통합체로 작동하기 때문에 이후에 독립적인 기능을 이룰 세 과정 간의 뚜렷한 경계는 이 사이에 표시될 수 없다. 질리크가 당대에 확립했던 직관상적 성향과 공상적 활동 간의 연결은 슈미츠의 연구에서도 확증된다. 그러나 아이데틱의 지적 활동이 지성의 기원과 지성의 원시적 단계를 밝혀 준다는 것이 드러난다.

11-3-11] 10세에서 11세까지의 소년들이 있는 학급 가운데 하나를 다룬 연구에 대해 잠시 살펴보자. 이 학급은 53%의 아이데틱으로 이루어져 있다. 어린이들은 비네-보베르타크의 등급에 따라 10세를 위해 고안된 시험 문제를 받았다. 답과 오류에 대한 질적 분석은 이 단계의 생각과 기억 사이에 밀접한 관계가 존재한다는 것을 보여 주었다. 슈미

츠에 따르면, 연구는 모든 경우에서 어린이가 마음속으로 구체적인 상황을 염두에 두고 질문에 대답한다는 사실을 드러냈다.

직관상(Eidetic imagery)이란 묘사하는 사람이 대상을 보면서 말하는지 보지 않고 말하는지 알 수 없을 정도로 아주 생생하게 이미지를 떠올리는 능력이다. 다시 말해 대상이 눈앞에 없을 때도 마음의 눈으로 대상을 '보는' 능력이다. 때로 이를 '사진' 기억이라고 하지만, 이 둘 사이에는 중요한 차이가 있다. 비고츠키와 루리야가 연구했던 솔로몬 베니아미노비치 세레셰프스키(Luria, 1968)의 '사진' 기억은 낱말과 사실상 언어적 이미지를 이용한 작업을 포함한다. 반면 어린이들은 일반화와 추상화로 생각하는 능력이 발달하자마자 정확한 이미지를 기억하는 능력을 잃는 것으로 보인다.

오늘날, 직관상으로 기억하는 아이데틱은 6~12세 사이 어린이들의 대략 2~10% 정도이며(Haber, 1979), 성인 개념이 발달함에 따라 점차 사라지는 것으로 여겨진다. 종종 어린이들이 짧은 대화를 글자 그대로 기억하는 반면, 어른들은 그 의미만을 기억하는 것은 이 때문이다. 대부분의 사람이 너무 생생하여 거의 잔상과 같은 기억의 느낌을 가져 본 적이 있기 때문에, 직관상은 아마도 결코 완전히 사라지지는 않을 것이다. 아마도 이 때문에 슈미츠는 반 이상의 어린이가 아이데틱인 학급을 찾을 수 있었을 것이다. 어떤 집단의 '아이데틱'의 비율은 대개 연구자가 사용한 검사 도구의 인위적 산물이다.

비네-보베르타크 검사는 그림 묘사를 사용하는 비네 검사의 한 형태이며, 그 원리는 스턴과 비슷했다. 그림으로부터 대상, 행위, 관계를 넘어 얼마나 많은 것을 추론해 낼 수 있는가로 어린이의 정신 발달을 판단한 것이다. 예를 들어 오른쪽 그림은 전보를 배달하기 위해 자동차를 세우고 있는 전신 소년이다. 오늘날 우리 중 누구도 그리 높은 점수를 얻지는 못할 것이다.

Haber, R. N.(1979). Twenty years of haunting eidetic imagery: where's the ghost?. Behavioral and Brain Sciences, 2(4), 583-594.

Luria, A. R.(1989/2000). The Mind of a Mnemonist. Cambridge MA and London: Harvard.

〈그림 1〉 전신(電信) 소년

11-3-12] 어린이는 어떤 이야기, 일화, 그림, 혹은 체험을 회상했다. "이처럼 내가 이 검사를 통해 연구할 수 있었던 것은 회상 복합체로 보인다. 어린이는 이 회상 복합체로부터 자기 답변에 맞는 구성 요소를 선택한다. 예를 들어 기차를 놓쳤을 때 어떻게 해야 하는지라는 질문에 어린이는 '역에서 밤을 보내야 한다'라고 대답한다. 이 대답은 생각이라

는 관점에서는 틀린 것으로 보이지만 그것은 회상에 근거한 것이다. 이 어린이는 부모와 함께 여행 중 카셀로 갔었다. 마부르크행 마지막 기차가 이미 떠나 버려서 그들은 역에서 아침 첫 기차가 올 때까지 기다려야 했다." 이 사례에서 어린이의 생각이 회상에 의해 인도된다는 것과 어린이에게 지적 과업의 해결은 새로운 상황에 상응하는 자신의 회상 요소에서의 선택을 의미한다는 것이 명확해진다.

11-3-13] 저자는 말한다. "이 연구는 10~11세 어린이가 보통 시험을 볼 때 그러하듯이, 일반적 형태로 제시된 문제에 대하여 일반적 특성을 가진 판단이 아니라 거의 언제나 구체적 판단으로 답한다는 의심의 여지 없는 결과를 보여 준다. 문제는 어린이에게 외적 유사성 혹은 언어적 유사성만을 가지는 어떤 특정한 체험을 촉발한다. 어린이는 이러한 회상을 떠올리고 이를 토대로 종종 이 체험에서 가장 본질적인 것을 담지 않고, 다만 느낌으로 채색되었거나 다른 요소들과 연결된 덕분에 지배성을 획득하는 어떤 하나의 요인을 추출한 대답만을 할 뿐이다."

11-3-14] 이처럼 그러한 지적 활동에서 궁극적으로 전면에 부각되는 것은 본질적으로 어떤 체험을 이끌어 내는 기억의 활동이다. 따라서 저자에 따르면, 우리는 검사를 통해 어린이의 지성에 대한 결론을 도출할 수 없고, 단지 어린이 기억의 활동에 관한 결론을 내릴 수 있을 뿐이다.

11-3-15] 이 자료의 확증은 아이데틱의 연구에서 획득되었다. 이들이 대답할 때 자신의 시각도식적 심상에 의지하는지 여부와 이 심상이 그들의 대답의 기저에 있는 기초적 요소인지 여부를 밝히는 것이 관심의 초점이었다. 연구는 28명의 아이데틱을 대상으로 11, 12, 13세 어린이용 검사를 함으로써 수행되었다. 어린이는 '동정심', '의존성', '정의'의 개념을 정의하고, '금, 불행, 구제'와 같은 세 낱말을 이용하여 문장을 짓도록 요청받았다.

11-3-16]   심지어 대답하기도 전에 이미, 어린이들이 생각하는 동안의 표정과 외적인 자세를 통해 시각적 심상이 어린이의 생각에 참여하는지 아닌지 알 수 있었다. 참여하는 경우, 어린이의 반짝이는 시선이 벽, 책상 위, 공책 표지에 따라 움직였다. 반대의 경우 아이의 시선이 뚜렷한 방향 없이 방안을 배회했다. 많은 어린이의 대답이 심상의 참여 없이 제시되었고, 대답 이후 자세한 질문을 받은 경우에만 어린이들은 그에 상응하는 심상을 떠올렸다. 그런 경우들은 일반적인 합산에서 제외되었다. 이와는 대조적으로 다른 어린이들에게서는, 모든 지적 과제의 해결이 구체적인 시각적 심상을 불러일으킨다.

11-3-17]   '동정심'의 개념을 설명할 때, 학생은 그가 어제와 오늘 환자의 침대 곁에 머물러야 했음을 생각하고 시각도식적 표상으로 침대를 본다. 같은 단어를 설명할 때 다른 어린이는 자기 앞에 두 가지 심상, 즉 거지에게 빵 조각을 주는 엄마와 놀이터에서 동생에게 빵을 나누어 주고 있는 자기 자신의 심상을 본다. 그는 설명에서 다음과 같이 덧붙인다. "왜냐하면 큰 아이는 작은 아이보다 배고픔을 더 잘 참을 수 있기 때문이에요." 이러한 심상으로부터 '누군가에게 빵이 없으면, 그에게 빵을 준다'는 동정심에 대한 그의 설명이 나타난다.

11-3-18]   예시는 개념 정의의 기저에 구체적인 심상이 놓여 있으며 개념의 언어적 정의가 이러한 심상적 개념으로부터 언어적 정의로의 이행임을 다시 한번 분명히 보여 준다.

11-3-19]   전체 수치에 따르면 109개의 응답 중 어린이들의 시각도식적 심상을 기반으로 한 응답이 28개(25%)를 차지하였다. 그러므로 제기된 질문에 대한 대답에서 우리는 감각 기억에 큰 의미를 부여해야 한다. 109개의 응답 중 33개(30%)가 모종의 표상의 영향 아래에서 응답한 것이며, 나머지 경우에서는 응답의 기저에 시각적 심상, 표상을 확립할 수 없었다. 어린이들은 그들이 단순히 그것에 대해 생각했다고 말했다.

새로운 연구는 이 결과를 확증하였다. 오직 20개(18%)의 응답에서만 어린이들이 그 어떤 특정한 것에 대해서도 생각하지 않았다고 설명했음이 드러났다. 특정한 구체적인 경우와 관련된 89개의 응답에서 65개는 어린이의 특정한 체험과, 24개는 독서와 관련되어 있고, 오직 5개만이 학교에서의 교수-학습과 관련되어 있었다.

11-3-20] 이 저자는 학령기 어린이의 기억과 지성의 밀접한 연결이, 지성이 아닌 기억 활동을 포괄하는 영재성 검사를 전혀 적용 불가하게 한다는 결론을 이끌어 낸다. 그러나 우리는 이 연구에서 어린이의 원시적 지성이 기억에 매우 의존한다는 명확한 확증을 봄으로써 더 넓은 결론을 이끌어 낼 수 있다. 어린이의 생각은 아직 기억으로부터 분리되지 않는다. 그의 지성은 주로 기억에 의존한다. 따라서 직관상적 기억(아이데티즘)과 영재성의 상관관계에 관한 근본적인 질문에 대한 답은 하나가 아니다. **왜냐하면** 발달 과정에서 기억과 지성의 관계가 변하고, 두 유형의 과정의 기능 간 연결과 관계의 **이러한 변화**가 이행적 연령기의 기억 발달의 기본 내용을 이루기 때문이다. 우리가 발전시킨 일반적 입장에 비추어, 정적이 아니라 동적으로 제기된 이 동일한 질문은 고등한 심리기능의 연령기 관련 변화의 기저에 놓인 **기능 간 연결의 진화**라는 의미에서 가장 명확하고 잘 규정된 해답을 획득한다.

11-3-21] 이러한 점에서 매우 흥미로운 것은 저자가 지적한 역동적, 실행적 부분들이 어린이의 시각도식적 생각에 참여하는 것이다. 연구가 드러내듯이 시각도식적 생각은 이러한 역동적, 효과적, 추동적 계기들과 하나의 복합체를 형성하며 이들과 밀접하게 연결되어 있다. 메츠가 드러냈듯이 이 시각-역동적 과정은 직관상적 현상의 등가물이다. 우리 저자의 올바른 지적에 따르면 초기 발달 단계 어린이의 개념은 운동적, 역동적 심상과 매우 가까우며 이에 따라 민감한 반응성을 일으키고 본질적으로 실행적 행동의 특별한 형태를 나타낸다.

11-3-22] 기억에 기반한 원시적 생각의 토대에는 상호 간에 서로를 뒷받침하는, 시각도식적으로 실천적-역동적인 요소들의 이러한 불가분한 결합이 놓여 있다. 이 관찰은 문명화된 유럽 사람들이, 쿠싱이 원시적 사람들에게서 관찰했던 소위 손 개념의 존재에 주의를 돌려야 한다고 말할 근거를 저자에게 제공한다.

'손 개념'은 무엇을 뜻하는가? 협주곡을 외워서 연주하는 바이올린 연주자를 상상해 보자. 그 음악은 손 자체가 무엇을 할지 아는 것처럼 보일 때까지 연습이 되었다. 표면적으로 이는 거미가 하는 일과 유사해 보인다(예컨대 살아 있는 파리와 죽은 파리를 구별할 때나 거미줄에 걸려 있는 살아 있는 파리를 공격하여 능숙하게 거미줄로 휘감을 때). 두 경우 모두, 반응 시간은 어떤 개념의 사용도 시사하지 않는 듯 보이지만, 경험적 결과는 개념이 사용되고 있음을 시사한다. 오직 발생적 분석(개념이 원래 어떻게 형성되어 어떻게 '전달되는지' 보여 주는)만이 바이올린 연주자는 실제 개념을 이용하고 있지만 거미는 잠재적으로만 개념(수억 년에 걸친 인간으로의 진화와 수천 년에 걸친 문명화가 진행된 후에야 진정한 개념이 되는)이라 할 수 있는 구별을 이용하고 있음을 보여 줄 것이다.

＊F. H. 쿠싱(Frank Hamilton Cushing, 1857~1900)은 오늘날의 뉴멕시코에서 주니족과 함께 살았던 미국의 인류학자이다. 그는 인류학자들이 수년간 '원시적 사람들'과 함께 생활하고 나서 자신의 문화를 소개하기 위해 그 사람 중 일부를 데려가는 '호혜적 방법'을 고안했다. 그러나 '자신의 문화'가 주니 족의 영토를 강탈하고 주니족 형제가 그를 비난하면서 이 방법은 실패했다. 쿠싱은 이를 바로잡으려 했지만 실패했고 그의 연구는 사라졌다.

주니족 의상을 입은 쿠싱

11-3-23] 이와 함께 우리는 아이데틱의 생각은 시각도식적 심상을 통해 일어나며 역동적, 실행적, 시각적 요소가 하나로 결합된다는 것을 실험적으로 드러낸 옌쉬의 매우 흥미로운 연구를 상기하지 않을 수 없다. 이 저자는 14명의 아이데틱에게 목표물(사과, 돌, 공, 초콜릿 조각)과 끝이 구부러진 막대의 심상을 떠올리도록 제안하였다. 막대와 대상은 공간을 두고 떨어져 있다. 아이데틱은 그가 목표물을 얻고자 한다는 생각을 하라는 지시를 받자 피실험자 14명 중 10명의 시각적 심상의 공간이 아래의 그림에서 보이다시피 과업의 해결을 제공하는 방식으로 변한다. 도구와 목표가 결합되고 어린이의 시각장에서는 그가 나중에

손으로 할 일이 나타난다.

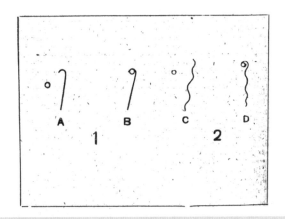

엔쉬의 실험에서 아이데틱은 A를 보지만, 그것을 묘사하거나 그릴 때는 B로 표현한다. 비슷하게 아이데틱이 C를 보더라도, 그림으로 묘사하거나 떠올릴 때는 D처럼 표현한다.

비고츠키에게는 왜 이 연구가 흥미로울까? 비고츠키는 네 종류의 인간 행동(선천적 본능, 습관적 기능, 지적 창조, 자유 선택)이 모두 동시에 (어떤 형태로든, 심지어 유아에게도) 존재한다고 믿었음을 기억하자. 이는 지각과 같은 저차적 심리 기능에도 고등심리기능의 요소가 어떤 형태로든 언제나 존재한다는 것을 의미한다. 엔쉬의 자료는 초기 유년기 어린이에서 볼 수 있는 감정적으로 채색된 지각(비고츠키는 이것이 그 시기의 지배적 기능이라고 말한다)에도 창조적 지능은 물론 자유의지의 요소 조차도 포함한다는 것을 보여 준다.

지각은 감정적으로 채색될 뿐 아니라, 지적으로 심지어는 의지적으로 채색될 수도 있다. 예를 들어 비고츠키와 동시대의 네덜란드 만화가 G. 베어벡의 만화를 보자.

이 그림에서 숙녀 러브킨은 거대한 새에게 잡혀 있다. 그러나 그림을 위아래를 뒤집어 보면 다른 이야기를 볼 수 있다. 늙은 남자 머파루는 꼬리로 카누를 뒤집으려고 하는 큰 물고기한테 공격을 받고 있는 것이다.

여기서 독자는 그림을 뒤집는 신체적 행동을 통해 등장인물과 이야

8.The largest of the Rocs picks her up by the skirt.

기를 고를 수 있다. 그러나 이런 종류의 의지적 지각은 완전히 내적으로 이루어질 수도 있다. 예컨대 다음의 이중적 그림을 보자.

네커 큐브   루빈의 꽃병   슈뢰더 계단

네커 큐브는 위에서 보느냐 아래에서 보느냐를 선택할 수 있다. 루빈의 꽃병은 선택에 따라 꽃병으로 볼 수도 있고 마주 보는 두 얼굴로 볼 수도 있다. 슈뢰더의 계단은 계단을 바라보는 시점에 따라 A를 전경, B를 배경으로 또는 B를 전경, A를 배경으로 삼음으로써 서로 다른 두 계단의 그림을 선택하도록 한다.

이처럼 우리는 매우 고등한 형태의 인간 행동인 자유의지의 흔적이 동물과 공유된 매우 단순하고 가장 기초적인 형태로 존재함을 알 수 있다. 인간 행동은 '왕국 속의 왕국'이 아니라 자기를 의식하고 자유의지를 지니게 된 자연의 일부이다. 유사하게, 고등 기능의 창조는 전적으로 어떤 전례도 없는 기능을 창조하는 문제가 아니라, 저차적 발달 단계에 주어져 있는 기능들을 완전히 새로운 전례 없는 결합으로 조직하는 문제이다.

11-3-24] 이 실험이 원숭이를 대상으로 한 쾰러의 유명한 실험과 매우 유사하며 그 실험에 대한 올바른 이해의 열쇠를 준다는 것을 우리는 쉽게 알 수 있다. 옌쉬의 의견에 의하면 이 실험의 논의는 동물이 시각장에서의 어떤 공간적 변화를 통해 먼저 지각의 영역에서 그리고 후에 실제로 막대와 목표를 한데 모은다는 사실로 이루어진다. 어떤 목표를 보고 대상의 공간을 변화시키는 것은 그러한 시각적 요소와 역동적 요소의 결합을 나타내며 이러한 형태에서 우리는 분명 동물의 가장 원시적인 지적 작용을 보게 된다.

11-3-25] 우리가 볼 때 옌쉬는 이러한 실험들을 토대로 침팬지의 이성의 존재를 부정했다는 의미에서, 헛된 결론을 내린 것으로 보인다. 그의 생각으로는 동물들이 맹목적으로 행동하지 않고, 시각적 지각과 모으기에 의해 인도된다는 사실이 동물들이 지능적으로 행동한다는 결론으로 이어질 수 없다는 것이다. 그의 의견으로는 원숭이에게서 우리의 기하학적-시각적 착시, 주의의 지향, 사물이 움직이는 듯한 느낌 등을 상기시키는 무언가가 나타난다는 것이다. 우리는 이 논쟁이 아직 지각으로부터 분리되지 않은, 그리고 그 안에 시각적, 효과적 계기들이 하나의 종합으로 포함된, 지성의 가장 원시적인 시각적 형태를 다루고 있다는 점에서 해결된다고 믿는다.

11-3-26] 어린이의 개념에 관한 다른 연구들이 유년기 개념의 작용은 본질적으로 기억이 기능한 것임을 가리키는, 본질적으로 동일한 결론을 이끌어 낸 것은 매우 흥미로워 보인다.

11-3-27] 우리가 보았듯이 그로스는 어린이의 잠재적 개념을 습관의 작용, 유사한 일반적 인상을 향한 태세로 간주하였다. 그는 이를 전前지성적 개념이라고 부르면서 그것이 진정한 의미에서의 지성과 공통성을 아직 전혀 갖지 않는다는 것을 지적했다. 흔히 그 토대에 효과적 특성을 갖는 이 잠재적 개념은 그 속에 실행적 계기를 포함하며, 넓은 의

미에서 손 개념이다.

11-3-28] 흥미롭게도 어린이에 의한 소위 개념의 기능적 정의는 낱말로 번역된 손 개념, 즉 일반적인 실천적 태세에 지나지 않는다. 이와 관련하여 처음에는 더 일반적이고 종국에는 더 구체적이 되는 어린이의 개념은 흥미로운 진화를 겪는다. 그로스는 다음의 사례를 제공한다. 의자가 무엇이냐는 질문을 받은 8세 반의 소녀는 "그것은 앉는 가구다" 라고 대답한다. 개념에 대한 이러한 정의는 지나치게 광범위한데, 그것은 벤치도 포함하기 때문이다.

11-3-29] 탁자가 무엇인가라는 질문에 대한 12세 발달 수준의 소녀의 훨씬 더 특징적인 대답은 다음과 같다. "다리 4개를 가진 사각형의 판이다." 바로 이 어린이는 8년 전에 타원형이나 원형 또는 3개의 다리가 있는 모든 탁자를 탁자라고 했을 것이다. 만약 소녀가 더 성숙한 나이에 위의 불만족스러운 대답을 했다면, 이것은 그녀의 이전 판단이 명확한 개념에 의존한 것이 아니라 다만 어떤 일반적인 인상에 대한 태세에 의존한 것임을 보여 준다.

11-3-30] 위의 예는 많은 어린이의 정의의 한 가지 특징을 보여 준다. 분명히, 소녀는 이 정의가 모든 탁자에 적합한지 오랫동안 생각하지 않고 의식에 떠오른 기억을 가리키는 것에 만족했다.

11-3-31] 학령기 어린이의 개념 정의는, 곧 살펴보겠지만, 거의 대부분 회상의 재생산이다. 그로스는 주장한다. "이와 같이, 어린이는 자신이 타당한 정의를 내렸다고 생각했음에도 불구하고, 사실은 하나의 예를 묘사했을 뿐이었다." 우리는 이 방법이 명확하게 드러나는 초등 학령기 어린이의 개념 정의를 자주 발견한다. 여기서 우리는 그룬발트로부터 어린이의 정의의 몇 가지 예를 빌려 보자. "물건이란 무엇이니?" "탁자예요." "장張이란 무엇이지?" "한 장의 압지예요." 1학년이 말한 이성의 개념을 다룬 메서의 예는 앞에서 이미 언급했다. "이성이란 내가

더워도 (더러운-K) 물을 마시지 않는 거예요" 이러한 정의의 기저에는 구체적 인상이 놓여 있다. 그로스는 말한다. "이 인상은 개별 특징들로 나뉘는 개념이 아니라, 단지 주어진 낱말과 연결된 하나의 태세이다. 현명한 행동이란 무엇인지 말해 달라는 요구를 어린이는 단순히 그와 비슷한 일반적 인상을 향한 전前지성적 태세를 보이는데, 이것이면 판단을 통한 논리적 해결에 아주 충분하다."

러시아어 선집에서는 이 문단에서 언급된 그룬발트가 H. 그룬발트일 수 있다고 말한다. H. H. 그룬발트(Hans Heinrich Grunwaldt)는 후설의 제자였으며, 1927년 현상학을 갈릴레오의 개념에 적용한 연구를 출판한 사람이다. 그러나 비고츠키가 말하는 그룬발트는 C. 그룬발트(Clara Grunwald, 1877~1943)의 1920년 연구일 가능성도 있다. C. 그룬발트는 몬테소리가 파시즘을 지지하면서 서로 돌아서기 전까지 몬테소리의 협력자였다. C. 그룬발트는 독일의 몬테소리 방법에 관한 논문과 책을 썼는데, 이는 어린이의 개념에 대해서 많은 일화와 설명을 제공하는 내용이었다. 후에는 몬테소리 학교와 실험적인 어린이 농장을 설립했고, 퀘이커 교도들과 함께 반히틀러 저항군을 결성했다. 그녀는 유태계 어린이들을 집에 숨겨 주었으며 아우슈비츠에서 그들과 운명을 함께했다.

*W. A. 메서(Wilhelm August Messer, 1867~1937)는 베르트하이머, 뷜러, 쾰러, 코프카와 함께 뷔르츠부르크 학파의 일원이었다. O. 퀼페의 영향으로 관념론적 관점을 포기한 메서는 급진적 현실주의자가 되었다. 그의 예는 목이 말라도 깨끗하지 않은 물은 마시지 않는 어린이에 관한 것이다.

11-3-32] 그로스는 그러한 예시들이 성인들의 행동 역시 잘 조명한다고 옳게 주장하였다. 그는 말한다. "예시가 정의보다 더 강력하게 작

용한다."

11-3-33] 어린이의 정의에서 두드러지는 마지막 특징은 '일반적으로는 행동, 특히 의지적 행동에의 선호'가 관찰된다는 것이다. 이처럼 어린이의 정의의 토대에는 효과적 손 개념이 관찰된다. 비네의 실험에서 어린이는 칼은 고기를 자르는 것이고 모자는 머리에 쓰는 것이라고 설명한다.

11-3-34] 뷜러는 어린이의 개념과 기억의 이러한 연결에 대해 고찰한다. "우리의 정의는 우리가 어떤 것을 그것이 다른 개념과 갖는 법칙적 연결을 통해 규정한다는 것으로 이루어진다. 원칙적으로 유아도 같은 식으로 행동하지만 다만 그의 대상 연결은 어떤 다른 흔적을 유지한다." 낱말로 번역된 손 개념의 토대에는 대부분 목표와의 연결, 실행적 사용과의 연결이 놓여 있다. 비네의 실험에서 우리는 어린이가 "달팽이는 무엇이지?"라는 질문에 다음과 같이 대답한 것을 본다. "그것은 짓눌러야 해요. 그것이 상추를 먹지 못하도록. 모두." "그것은 상추를 먹어요. 사람들은 그것이 정원을 먹지 않도록 짓눌러요"(5세). 마치 어린이가 정원을 보고 행동에 옮길 지시를 하면서 자신의 지식을 드러내는 것처럼 보인다. 그러나 손 개념을 언어적 정의로 번역하는 일반적 도식인 "그것은 무엇을 위한 것인가 하면…"이라는 공식에서도 어린이는 작은 일화나 어린이의 일회적 관찰을 전면에 내세웠던 때에 머물러 있다. "마차란 무엇이지?" "남자가 거기에 타요. 채찍으로 말을 치면 말이 달려요." "승합마차는 무엇이지?" "그것은 마을의 많은 부인들을 위한 거예요. 거기에는 푹신한 좌석이 있어요. 말 세 마리. '땡' 하면 말이 달려요."

11-3-35] 다시 한번 우리는 어린이 개념의 토대에 인상 혹은 일반적인 동적 태세가 있다는 것을 본다. 이와 더불어, 개념 정의의 과정 자체에서 나타나는 구체적 상황은 정의 과정에서 어린이가 어른들이 하듯이 주어진 개념과 다른 개념과의 규칙 관계를 확립하거나, 우리가 이

제 막 보았던 사례와 같이 회상과의 구체적 연결을 확립하는 것이 아니라, 자신에게 주어진 낱말이 지니는 완전히 우연적이고 조건적인 순서에 의해 연결을 확립하도록 영향을 미친다. 뷜러는 다음과 같이 말한다. "우리의 주의를 예컨대 다음과 같은 보존 현상에 기울여 보자. 먼저 말이 제시된다. 말은 물어요. 다음엔 램프가 제시된다. 램프는 안 물어요. 그다음에 집이 제시된다. 집은 안 물어요. 등등."

뷜러는 어린이가 '사물', '생물', '말'과 같은 추상적 개념을 형성할 수 있는지 알아내고자 했다. 그가 사용한 한 방법은 우리가 앞서 보았듯이 어린이에게 말 사진을 주고 말을 정의하라고 묻는 것이다. 비고츠키는 이 책 10장에서 이 방법을 비판했다. 여기서 우리가 보았듯이, 어린이는 보통 이런 질문에 대해 예를 들면서 답을 한다("사물은 뭐죠?" "램프나 집이요.", "생물은 뭐죠?" "말이요.").

그러자 뷜러는 실험을 뒤집는다. 뷜러는 그 어린이에게 사물에 대한 정의를 묻는 대신 집 사진, 램프 사진, 말 사진을 준다. 뷜러는 어린이에게 그들의 공통점이 무엇인지, 그들이 모두 어떤 가족에 속해 있는지 묻는다.

그러나 어린이는 뷜러가 말하는 '보존'으로 반응한다. 어린이는 "말은 물어요", 즉 말의 속성을 말한다. 어린이에게 말과 램프의 공통점이 무엇이냐고 묻자, "램프는 물지 않아요"라며 다시 '문다'라는 속성에 대해 생각한다. 그리고 집은 말과 램프와 어떤 공통점이 있냐고 물으면, 어린이는 집에 대해 '문다'라는 단일 기준을 보존하며 판단하려고 한다.

11-3-36] 어린이 개념의 이러한 특징들을 요약하면서 뷜러는 일반적으로 목적의식이 지배적이라고 말한다. "이 연령대 전체를 실행적인 목표를 지향하는 연령대로 지명하는 것은 전형적이며 적절하다. 어린이가 이 범주를 통해 마음대로 할 수 있는 사물과 사건의 범위는 물론 그리 넓지 않다. 그리고 목표를 향한 연결망은—이 연결망 속 근접한 구

성 요소들로 인해 단절되므로— 아직 견고한 견인줄을 갖지 않는다. 그럼에도 불구하고, 이 작은 왕국에는 명료함과 질서가 있다." 덧붙이자면 이 단계 어린이의 생각 속에 지배적인 명료함과 질서는 여전히 어린이의 생각이 전적으로 실행적, 효과적, 습관적 태세와 구체적, 시각도식적, 심상적 회상에 의존한다는 사실 덕분에 만들어진다. 여기서 지성은 습성과 기억이 기능한 결과로 나타난다. 개념의 토대에는 낱말로 번역된 동적 태세와 시각적 심상이 있다.

11-3-37] 학령기 어린이 생각의 특징과, 그것이 기억과 맺는 연결에 관한 연구의 측면을 따라가는 여정은 청소년의 기억에 어떤 변화가 일어나는지를 분명히 확립하기 위해 필요했다. 이를 위해 다시 우리는 두 발생적 단면을 비교하는 연구에 의존해야 한다. 우리는 이 연구의 기본 결론을, 청소년 기억 발달에서 일어나는 기본 변화는 학령기에 존재했던 지역과 지성의 관계 역전이라는 생각을 위에서 말하면서 가설적 형태로 미리 제시하였다.

11-3-38] 어린이에게 지성은 기억의 기능이라면 청소년에게 기억은 지성의 기능이다. 어린이의 원시적 생각이 기억에 의지하는 것과 마찬가지로 청소년의 기억은 그의 생각에 의지한다. 어린이에게는 외견상 개념의 언어적 형태 뒤에 구체적-형상적, 실행적-효과적 내용이 숨어 있듯이 청소년 기억의 형상의 외적 모습 뒤에 진개념이 숨어 있다. 이는 기억 발달의 전체 역사에서 중심적인 사실로서, 지금까지 심리학이 충분히 연구하지 않았던 것이다.

11-3-39] 발달 심리학은 지금까지 기능들의 연령에 따른 변화를 개별적으로 각각, 병렬적으로 연구했으며, 마치 기능들이 서로 나란히 나아가는, 상대적으로 자율적이고 독립적인 요소들로 이루어진 계열을 형성하고 있는 듯이 심리 기능의 발달에 일반적으로 접근해 왔다. 그 토대에는 심리 기능의 진화가 한 용기에 담긴 잘린 나뭇가지 묶음과 비

숫하다는 가정이 숨겨진 형태로 놓여 있다. 매 연령 단계에서 이루어지는, 개별 기능들 간 배열에 부합하는 과정들 사이의 기능적, 구조적 관계에는 거의 주의를 기울이지 않았으며, 이에 따라 이행적 연령기에 그토록 풍부하게 출현하는 복잡한 결합, 고등한 종합도 충분히 고려되지 않았다. 생각의 독립성과 생각이 연합 과정으로 환원될 수 없음을 언급한 심리학 학파조차 문제를 심도 있게 파악하지 못했으며, 발달 과정에서—논리적 기억이라고 부를 수 있는— 본질적으로 새로운 기능, 과정들의 새로운 결합, 새로운 독립적 종합이 생겨난다는 기본적 사실을 드러내지 못했다.

11-3-40] 뷜러의 오래된 실험들은 생각의 기억과 낱말이나 표상들의 기억이 다른 유형의 규칙성을 보인다는 것을 드러냈다. 퀼페는 이 실험에 대해 다음과 같이 말한다. "만약 생각이 표상과 다르지 않다면, 전자는 후자와 동일한 난이도로 기억되어야 한다." 생각들의 연합은 낱말들의 연합과는 비교할 수 없이 빠르고 강하게 형성된다. 20~30개의 낱말을 한 번에 듣고 기억하여 그중 하나를 들으면 짝이 되는 낱말을 빠르게 응답할 수 있는 사람이 있겠는가? 만약 누군가 그렇게 할 수 있다면, 우리는 그런 비범한 사람을 경이로운 기억의 소유자로 생각할 것이다. 그러나 실험 연구에서 나타나듯, 그런 결과는 생각의 쌍들을 기억할 때 쉽게 달성될 수 있다.

11-3-41] 뷜러는 피실험자에게 짝을 이루는 일련의 생각을 제공하고 그들 사이의 유의미한 연결을 확립하도록 했다. 이것이 얼마나 쉽게 달성될 수 있는지, 그리고 짝을 이루는 두 생각이 얼마나 오래 유지될 수 있는지 분명하게 드러났다. 다음 날에도 그 생각들은 오류 없이 재현될 수 있었다. 이어지는 또 다른 실험에서 이 저자는 15개의 문장 또는 의미 구절을 제시했고 휴식 후 미완성된 의미를 지닌 두 번째 일련의 문장 또는 구절을 주었다. 이런 식으로 하나의 의미가 분리된 형태

로, 즉 첫째 부분은 첫 번째 집합에 그리고 둘째 부분은 두 번째 집합에 주어졌다. 첫째 부분과 둘째 부분이 제시된 순서 또한 일치하지 않았다. 피실험자는 둘째 부분을 듣고 그에 상응하는 부분을 첫 번째 집합에서 찾아 유의미하게 보완해야 했다.

빌러 테스트는 예컨대 다음과 같이 짝을 이룰 수 있는 문장들을 제시한다.

민수는 배가 고팠다. 미나는 자전거에서 떨어졌다.
수민이는 화가 났다. 어머니는 점심을 만들었다.
길이 미끄러웠다. 남동생이 거짓말을 했다.
…

연합 법칙은 우리가 서로 근접한 사실이나 생각을 보거나 들었을 때 더 잘 기억한다는 것이다.

그래서 연합 법칙에 따르면 어린이는 위 문장들을 "민수는 배가 고팠고, 미나는 자전거에서 떨어졌다", "수민이가 화가 나서 어머니가 점심을 만들었다", "길이 미끄러웠고 동생이 거짓말을 했다"라고 기억할 것이다.

그러나 아이들은 "미나가 자전거에서 떨어졌다"라는 말을 듣자마자 "길이 미끄러워서"라고 답한다. "어머니가 점심을 만들었다"라는 말을 듣는 순간 "민수가 배가 고팠기 때문"이라고 답하고, "남동생이 거짓말을 했다"라는 말을 듣는 순간 "그래서 수민이가 화가 났다"라고 답한다.

비고츠키는 두 가지 결론을 도출한다.

첫 번째는 생각(원인 '왜냐하면', 결과 '그래서')이 이미지보다 기억하기 쉽다는 것이다.

그렇기 때문에 우리는 연결되고, 일관되고, 응집력 있는 이야기 속에 포함된 20개의 새로운 단어를 쉽게 기억할 수 있지만, 따로 떨어진 소리나 그림만으로는 그것을 다 기억할 수 없는 것이다.

두 번째로 연합 법칙은 그림의 전경과 배경에 적용될 수 있고, 가락의 첫 음표와 다음 음표, 심지어 낯선 외국어의 마지막 세 음절에도 적용될 수 있지만, 지적이고, 의미 있고, 이치에 맞는 생각을 설명할 수 없다. 그것은 모국어가 해야 할 일이다.

11-3-42] 이 과업은 모든 대상에게 성공적이었다. 이 일련의 실험에서 짝이 되는 부분들이 여러 문장으로 분리되었지만, 모든 재료를 유의미하게 다시 떠올리는 것이 가능하다는 것이 드러났다. 이는 표상 영역에 적용되는 법칙인 연합 법칙과 모순된다. 이처럼 이 실험은 개개의 생각들이 유독 쉽게 유지되고 보존될 뿐 아니라, 생각들이 기억의 법칙을 위배하며 서로 통합된다는 사실을 보여 준다.

11-3-43] 이와 같이 생각을 기억하는 것은 표상을 기억하는 것과 완전히 다른 법칙에 종속된다는 사실이 실험을 통해 확립됨을 알 수 있다. 시각도식적 생각으로부터 추상적 생각으로 이행하는 동안 청소년의 기억 활동에 일어나는 근본적인 질적 변화를 이해하기 위해서는 이 사실만으로도 충분하다. 우리는 어린이의 생각이 특히 구체적 심상, 시각도식적 표상에 토대하고 있음을 보았다. 이제 청소년이 개념적 생각으로 이동할 때 그가 지각한 것과 개념적으로 이해한 것에 대한 그의 회상은 학령기의 기억을 특징 짓는 규칙과 완전히 다른 규칙을 드러낸다.

11-3-44] 기제에 따르면 기억의 지성화, 즉 기억과 지성의 점진적 수렴은 이 연령기의 기억 발달을 토대로 한다. 연속된 20~30개의 낱말을 한 번만 듣고 기억하는 사람은 특출한 기억력을 가진 사람이라고 퀼페는 분명히 보여 주었다. 그러나 이와 동일한 조작은 우리가 일련의 낱말들을 개념적으로 기억할 때도 가능하다. 기억 영역에서 어떤 진전이 일어났는지, 이와 함께 최고 수준의 기억으로 어떤 상승이 성취되었는지 분명하다. 퀼페의 생생한 비교를 이어 나가면, 우리는 청소년이 개념적 기억으로 이행하면서 심상적 기억에서는 의심의 여지 없이 특출하고

경이로운 기억의 결과를 성취한다고 말할 수 있을 것이다.

11-3-45] 그러나 이러한 논리적 기억의 성장은 양적 측면이나 내용의 측면에서만 일어나는 것이 아니다. 이러한 기억은 구체적 대상들의 심상보다는 그들의 개념, 연결, 관계로 가득 차 있을 뿐 아니라, 회상 기능 자체의 질적 성격도 그 구성, 구조, 작용 방식의 측면에서 성장하며, 그 발달의 후속 경로는 근본적으로 변화한다.

11-3-46] 『학령기 아동학』에서 우리는 이미 비매개적, 직관상적, 자연적 기억에서 매개적, 문화적, 기억술적인 기억으로의 이행을 구성하는 기본적인 면모를 밝힌 바 있다. 거기서 우리는 역사적 기억 발달 과정에서 인류 전체가 이루었던, 인공적 기호를 통한 자기 기억의 숙달로의 이행 자체, 기억의 이용으로부터 지배로의 이행 자체, 기억력으로부터 기억술로의 이행 자체를 어린이가 이 경우 이룬다는 것을 보았다.

11-3-47] 그러나 이런 이행이 갑자기 발생하지 않는 것은 당연하다. 그것은 어린이 발달 과정에서 오랫동안 준비되어 왔고, 우리는 발생적 단면과 그 단면들의 비교 연구의 도움을 받아 다시금 이 영역에서 이행적 연령기에 새롭게 나타나는 것이 무엇인지를 찾아내고 입증하는 과제를 발견하게 된다. 우리는 어린이의 첫 낱말이 등장하는 순간부터 개념 형성 과정이 그에게서 시작되고, 어린이가 초기 연령기에 그린 그림들은 이미 그의 기억이 심상의 창고가 아니라 지식의 보관소임을 증명한다고 이미 말했다. 유년기에 이미 기억 과정에서의 말의 참여, 기억 자체의 언어화는 매우 중요해진다. 어린이는 종종 직접적인 구체적 상황이나 이런저런 사건이 아닌, 말하자면 이 사건의 언어적 기록을 회상한다. 기호로 기억하는 것, 말로 기억하는 것은 이미 초기 유년기의 특징이다.

11-3-48] 생각을 말의 습관으로 환원하는 몇몇 심리학자들은 기억 활동의 가장 구체적인 표현을 우리의 언어적 습관 측면의 기능으로 보

는 경향이 있다. 따라서, 예컨대 왓슨은 기억을 특정 체험과 행위에 대한 언어적 기록의 재생산으로 간주한다. 그러나 우리는 학령기 어린이의 낱말 의미, 낱말을 일군의 대상을 가리키는 기호로 사용하는 방식, 낱말을 통해 성취된 일반화의 토대에 놓여 있는 지적 조작 방식의 유형이 청소년과 본질적으로 다르다는 것을 안다. 따라서 언어적 기록에 의한 기억의 언어화, 회상의 언어화는 학령기로부터 이행적 연령기로 이행하면서 본질적 변화를 겪는 것이 분명하다.

11-3-49] 우리는 이 모든 변화의 중심 계기를 다음과 같이 공식화할 수 있다. 청소년의 기억은 직관적이고 시각도식적인 심상으로부터 해방된다. 재료의 의미화, 분석, 체계화와 직접 연결되어 있는 언어적 기억, 개념적 회상은 전면으로 나온다. 심상에서 개념으로 이행할 때 언어적 회상을 통해 재료를 재처리하는 특성은 일반적 생각을 거치게 된다. 마침내 청소년의 언어적 기억은 내적 말의 왕성한 발달과 내적 말과 외적 말 차이의 궁극적 소멸에 따라, 지적 기능의 하나로 바뀌면서 내적 말에 주로 의존한다.

11-3-50] 이처럼 우리가 발달의 더 이른 단계에서 확립할 수 있었던 것과 완전히 반대되는 관계가 나타난다. 거기서 개념의 정의는 본질적으로 구체적 대상이나 운동 태세를 낱말로 번역하는 것이었다면, 여기서는 구체적 심상과 운동 태세의 회상이 그에 상응하는 개념의 습득으로 대체된다. 거기서는 생각하는 것이 기억하는 것을 의미했다면, 여기서는 기억하는 것이 생각하는 것을 의미한다.

11-3-51] 이것을 한 문장으로 표현하면 어린이가 청소년이 되면서 보통 논리적 기억 또는 내적 형태의 매개적 회상이라고 불리는 내적 기억술로 옮겨 간다고 말할 수 있다. 그러나 내적 말의 강력한 발달과 관련된 외부에서 내부로의 이러한 이행은 이행적 연령기 모든 지적 기능 발달에 공통된 면모이며, 기억만큼 주의와 관련되어 있기 때문에 더 자

세한 설명이 필요하다. 그러므로 우리는 청소년 주의 발달에 일어나는 주요한 변화를 살펴볼 때까지 외부로부터 내부로의 기능 이행 법칙을 설명하는 것을 보류해야 할 것이다.

4

11-4-1] 성적 성숙기에 일어나는 주의의 변화는 오늘날까지 연구자들의 주의를 전혀 끌지 못했다. 대부분의 저자는 이 문제를 침묵으로 지나치거나 이에 몇 줄을 할애하면서 대부분 이를 통해, 청소년에게서 두드러지는 주의의 안정성과 활동성의 양적 성장을 엉성하고 전반적으로 지적하는 데 머물렀다. 우리가 볼 때 그 어떤 저자도 이행적 연령기 주의 과정에서 일어나는 근본적이고 원칙적인 변화를 드러내지 못한다. 그렇다고 해서 이 변화가 지각과 기억에서 일어나는 유사한 변화에 비해 덜 중요하거나 덜 본질적인 것은 아니다.

11-4-2] 간단히 말하자면, 우리는 보다 높은 종합의 등장과 일련의 더 기초적인 기능들의 결합 작용의 문제, 즉 나름의 고유한 법칙으로 특징지어지는 새롭고 복잡한 결합, 새롭고 복잡한 구조의 문제를 마주한다.

11-4-3] 따라서 우리는 다시 한번 주의와 다른 기능들, 무엇보다 생각과의 상호관계와 상호의존성 속에서 이 문제에 대한 이해의 열쇠를 찾아야 한다. 우리는 이 시기 주의 발달이 우리가 지각과 기억의 관계 속에서 앞서 확립했던 것과 유사한 규칙성을 드러낼 것임을 이미 예견했다. 이 규칙성들의 본질적 특성은, 이러한 변화들이 기초적인 주의 기능의 내적 구조 자체나 심지어 이 기능 내에 어떤 새로운 속성의 출현과 관련 있는 것이 아니라, 해당 기능과 다른 기능 간의 관계 변화에 놓

여 있다는 데 있다.

11-4-4] 초기 연령기에 가장 순수하게 나타나는 기초적 주의 기능은 지적 과정과의 새롭고 복잡한 종합에서 종속적 단위로 편입된다. 주의는 기억이 그렇듯 지성화된다. 유년기에 가장 특징적인 게 주의에 관한 생각의 의존적 관계라면 여기서는, 블론스키의 적절한 지적에 따르면, 자발적 주의의 지배가 시작되면서 이 관계가 정반대로 바뀐다. 의지적 주의는 무엇보다 생각과의 연결로 특징지어진다. 다시 한번, 이 변화가 단번에 일어난다고 가정하는 것은 잘못일 것이다. 그것은 물론, 주의의 모든 앞선 발달에 의해 준비된다.

* П. П. 블론스키(Павел Петрович Блонский, 1884~1941)는 비고츠키와 매우 가까운 동료로, 소비에트 연방에서 아동학을 설립한 사람 중 하나이다. 혁명 이전의 그는 관념주의자였으나, 이후 그는 심리학적 연구 방법으로서의 '내관'(자신의 생각을 기록하는 것)에 대해 매우 강하게 반대했으며 그 결과 행동주의자가 되었다. 비고츠키는 감탄과 존경을 담아 그를 언급하고 있으나, 그의 생물학적 견해(블론스키는 어린이의 환경을 음식이나 쉴 곳을 제공하는 것과 같은 비사회적인 요소로 설명했고, 치아 교체가 유년기의 주요 신형성이라고 생각했다)는 거의 언급하지 않고 있다. 비고츠키와 같이 그는 질병에 시달리면서도 위대한 용기를 잃지 않은 사람이었다. 그는 1936년 아동학에 대한 공격에 저항한 몇 안 되는 아동학자 중 한 사람이었으나, 결국 결핵으로 사망했다.

11-4-5] 블론스키는 다음과 같이 말한다. "능동적 주의에 대해 말할 때, 우리는 사실상 감각 기관의 태세를 생각이 규정함을 의미한다. 가장 발달한 주의는 주로 생각에 의해 규정된다(자발적 주의)." 그러한 능동적인 자발적 주의는 의심의 여지 없이 발달의 후기 산물이다. 블론

스키는 자발적 주의가 문명화의 산물이라는 생각을 처음으로 언급한 리보를 인용한다. 사실, 리보의 주의 이론은 자발적 주의가 심리적 기능의 문화적 발달의 산물이라는 생각을 처음으로 발전시켰다. 자발적 주의는 동물이나 유아의 특성이 아니다.

*T. 리보(Théodule-Armand Ribot, 1839~1916)는 A. 콩트와 H. 스펜서와 가까운 연합주의 심리학자였다. 비고츠키와 달리 그들은 자연 과학과 사회 과학은 엄격하게 다르다고 믿었다. 그들에 따르면 인간은 자연 법칙이 아닌 인간의 법칙을 가진 '왕국 속의 왕국'이었다. 리보는 인류 자체를 다시 구분한다. 그의 박사 논문은 지능의 유전성에 관한 것이었고, 그는 그가 생각하기에 가르치거나 배울 수 있는 것임에도 배움이 일어나지 않는 경우들을 비교함으로써 이를 증명하고자 했다. 이는 그가 '인격'과 '감정'이라고 부른 것에 대한 흥미를 이끌었다. 그러나 그는 인격과 감정 역시도 가르치거나 배울 수 있는 것들을 배제함으로써 규정했다. 리보와 같은 심리학자에게 '고도의 문명'이란 역사와 교육의 결과가 아니라 생물학적으로 고등한 인종의 표시였다. 물론 비고츠키는 이것을 전혀 수용하지 않는다. 비고츠키는 문화적 주의 형태의 형성에서 노동과 사회적 분화의 역할에 대한 리보의 이해는 높이 사지만, 그와는 매우 다른 결론을 끌어낸다. 고등 형태의 정신 기능에 도달할 수 있는 사람들은 노동하는 사람들이지, 노동하지 않는 프랑스의 군주가 아니다.

11-4-6] 리보는 이러한 주의의 형태를 자연적인 비자발적 주의와 구별하여 인공적 주의라고 부르며 그 차이를, 인공적인 것은 스스로의 과업을 수행하는 데 자연적인 힘을 이용한다는 것에서 찾는다. 그는 다음과 같이 말한다. "바로 이러한 의미에서 그러한 주의의 형태를 인공적 주의라고 부른다." 리보는 주의가 어떻게 복잡한 발달 과정을 거쳐 가

는지를, 그것이 원시적 황무지로부터 조직된 사회의 상태로 이어져 온 인류의 문화적 발달의 연쇄에서 하나의 고리에 지나지 않음을 보여 준다. 그는 다음과 같이 말한다. "바로 이 과정이 정신 발달의 영역에서 인간이 비자발적 주의의 지배로부터 자발적 주의의 지배로 나아가도록 했다. 후자는 문명화의 결과인 동시에 원인으로 기여한다."

11-4-7] 특히, 리보는 노동과 자발적 주의의 심리적 친족성을 지적한다. 그의 의견에 따르면 "노동의 필요성이 대두되자마자, 자발적 주의는 그 자체로 이 새로운 형태의 삶을 위한 투쟁에서 가장 중요한 요소가 되었다. 본질적으로 매력적이진 않지만, 삶에서 필요한 수단인 노동에 참여할 수 있게 되는 순간, 사람에게는 자발적 주의가 나타난다. 문명의 등장 이전에는 자발적 주의가 존재하지 않았거나 혹은 갑작스러운 번개의 번쩍임처럼 단지 순간적으로만 나타났다는 것은 쉽게 증명할 수 있다. 노동은 가장 엄밀하고도 구체적인 형태의 주의를 구성한다".

11-4-8] 끝으로 리보는 이런 추론의 결과를 다음과 같이 공식화한다. "자발적 주의는 사회학적 현상이다. 이렇게 간주할 때 우리는 그것의 발생과 취약성을 더 잘 이해하게 된다. 우리는 자발적 주의가 더 높은 사회적 삶의 조건에 대한 적응임을 입증했다고 생각한다."

11-4-9] 리보의 이 입장은 자발적 주의의 기원을 계통발생에서 드러낸다. 물론 개체발생에서, 우리는 동일한 발달 경로의 완전한 반복을 기대할 권리가 없다. 우리는 두 발달 과정 간에 평행성이 없고, 발달 과정에서 개인은 인류 발달에서 나타났던 것과 동일한 형태를 완전히 다른 경로를 이용하여 숙달한다는 것을 알고 있다. 그러나 리보의 분석에 의해 자발적 주의의 심리적 본성이 완전히 드러났고, 이러한 본성은 이미 우리에게 어린이의 자발적 주의의 발전을 이해하는 열쇠를 건네준다. 여기서 우리는 그것을 어린이의 문화적 발전의 산물로 접근해야 한다. 우리는 그것에서 더 높은 사회적 삶으로의 적응 형태를 봐야 하고,

그것이 문화적 행동 발달의 전체 경로에 전형적인 법칙을 보여 줄 것으로 기대해야 한다.

11-4-10] 그리고 실제로, 이 기대는 우리를 실망시키지 않는다. 전통적인 견해는 이행적 연령기의 주의 발달을 대체로 어떻게 특징짓는가?

11-4-11] 루빈슈타인은 다음과 같이 말한다. "개개인의 다양성에도 불구하고 이 시기 주의는 그 살아 있는 형태에서 더 큰 영역과 안정성을 가질 수밖에 없는데 이는 흥미가 광범위하고 안정적이 되었을 뿐 아니라 그 사실의 뿌리, 즉 의지가 더 확고하고 견고해지기 때문이다. 청년의 주의에서 가장 명확한 면모를 이루는 것은 그가 더욱 오래, 의지적으로 능동적 형태를 지속할 수 있다는 것이다. 한편 청년은 추상적 내용에 더 확고하게 머무는 능력을 획득하고 주어진 재료의 내적 논리에 의해 인도되며, 재료의 외적 인상, 즉 다양한 형태의 재료의 자극을 덜 필요로 한다."

11-4-12] 이것이 우리의 관심을 끄는 문제에 대해 전통적 청소년 심리학이 말해 주는 것의 전부이다. 그것은 주의의 범위 확대, 주의의 강도 증대, 주의의 자발성과 능동성의 성장 그리고 끝으로 주의의 방향 변화, 흥미와의 연결, 추상적인 생각과의 연결에 대한 동일한 생각을 다양한 변이와 판본으로 반복해 왔다. 그러나 이 다양한 형태의 증상들을 연결하는 것, 이들을 하나의 유의미한 그림의 부분으로 나타내는 것, 이러한 변화가 특정한 연령기에 일어나야 하는 필연성과 그들이 하나의 원천, 원인에서 유래함을 드러내는 것, 끝으로 이러한 변화들을 청소년 지성 발달의 일반적 변화와 연결 짓는 것—이 모두는 전통적 심리학이 하지 못한 것들이다. 그러나 단 하나만큼은 의심의 여지 없이 옳았는데, 이는 바로 전통적 심리학이 청소년 주의의 특별한 변화를 다른 기능과의 관계의 영역에서, 구체적으로는 주의와 생각의 수렴에서 찾았

다는 점이다.

11-4-13] 우리는 우리가 이미 선택한 길을 따라가면서 이행적 연령기의 주의 발달과 개념 형성 기능 사이에 존재하는 밀접한 연결을 실제로 발견한다. 이러한 연결은 우리가 보기에 이중적 특성을 지님을 상기하자. 한편으로, 특정한 정도의 주의력 발달은 다른 지적 기능과 마찬가지로 개념적 생각 발달에 필요한 필수 조건이다. 다른 한편으로 개념적 생각으로의 이행은 주의를 최고 수준으로 끌어올려 보다 새롭고, 더 높고, 더 복잡한 형태의 내적인 자발적 주의로 옮겨 가는 것을 의미하기도 한다.

11-4-14] 우선, 어린이 발달의 각 단계에서 어린이의 개념의 특징과 주의 사이의 내적인 기능적 연결에 대해 생각해 보자. 어린이가 논리적 개념에 도달할 수 없는 이유를 어린이의 불충분한 주의에서 찾아야만 한다는 생각을 피아제가 처음으로 표현한 것처럼 보인다. 아흐는 낱말이 이행적 연령기에서 주의를 끌기 위한 적극적인 수단의 역할을 한다는 것을 지적했으며 청소년기의 개념 형성에서 낱말에 본질적인 역할을 부여했음을 기억하자.

11-4-15] 우리가 말했듯 피아제는 어린이 생각이, 하나의 개념을 이루는 다양한 요소 간의 논리적 체계의 부재와 종합의 부재로 특징지어진다는 사실에 마주쳤다. 우리는 동시에, 즉 일시에 종합적으로 개념의 모든 구성 요소들을 생각하는 반면 어린이는 그것들을 동시에 생각하지 않고 한 가지 특징 다음에 다른 특징을 교대로 생각한다. 피아제의 정의에 따르면, 어린이의 개념들은 특정한 개수의 요소들의 종합이 아니라 병치의 산물로서, 그들 간의 상호관계라는 점에서는 아직 분산적이고 비규정적인 것이다. 피아제의 말처럼, 이런 개념 혼합물들은 개념을 구성하는 다양한 특성들이 서로 다른 계기에서 의식의 장을 관통하고, 이러한 이유로 어린이는 각각의 특성을 다른 모든 특성과 종합하

지 않고 따로따로 취한다는 점에서 주로 우리의 개념들과 다르다. 어린 이는 각각의 특성을 분리해서 받아들이지만, 성인에게 있어 개념의 기반은 요소들의 종합, 위계이다.

11-4-16] 일련의 여러 특징을 동시에 생각하는 것을 허락하지 않는 어린이의 주의의 협소함은 어린이의 개념이 작동하는 것을 볼 때나 어린이의 논리적 생각을 연구할 때 나타난다. 어린이는 동시에 고려해야 하는 모든 재료를 다 포괄하지 않고 이럴 때는 이런 조건을, 또 다른 때는 다른 조건을 교대로 고려한다. 이 때문에 그의 결론은 언제나 어떤 특정한 측면에서는 옳게 나타난다. 둘이나 그 이상의 조건을 동시에 고려해야 하는 바로 그곳에서 그의 생각은 넘을 수 없는 난관에 봉착한다.

11-4-17] 따라서, 어린이 생각의 기본 형태는 스턴이 초기 유년기 어린이의 생각 형태에 대해 칭한 전환이다. 이것을 피아제는 학령기 어린이의 말로 하는 생각으로 확장하였다. 어린이의 생각은 일반적 생각에서 부분적 생각으로 움직이지 않으며, 부분적 생각에서 일반적 생각으로 움직이지도 않는다. 어린이의 생각은 항상 부분적인 것에서 부분적인 것으로, 하나에서 다른 하나로 움직인다. 우리는 어린이의 개념의 독특한 특징, 개념의 구조와 연결된 독특한 생각의 특징이 바로 어린이의 주의가 지니는 협소함에 있음을 본다.

11-4-18] 우리는 피아제가 심리적 측면에서 고찰하여 개념 혼합물이라고 부른 것이 복합체적 생각에서 개념적 생각으로의 이행적 형태에 불과하다는 것을 지적하고자 한다. 본질적으로 이는 개념이 아니라 사실적 유사성에 토대하여 서로 연결된 특정한 특징들의 복합체로, 진정한 개념을 특징짓는 통합성을 아직 보여 주지 못한다. 개념 혼합물은 본질적으로 말해 의사개념 혹은 복합체이다. 어린이는 이 개념의 한 특징에 부합하는 모든 대상을 모두 이 개념과 연결 짓기 때문이다.

11-4-19] 이처럼 주어진 개념의 매우 다양한 특성에 부합하는 매우 다양한 대상들이 그 개념과 내적 친족성은 전혀 갖지 않으면서 사실적 친족성을 가질 수 있다. 그러나 이는 우리가 위에서 기술한 복합체적 생각의 가장 특징적인 면모이다. 이러한 어린이 생각의 고유한 특징을 설명하기 위해 이미 말했듯이 피아제는 어린이 주의의 장場의 협소성을 언급한다.

11-4-20] "관계에 관해 판단하기 위해서는 서술적인 판단을 위한 것보다 더 광범위한 주의의 장, 혹은 르보 달론느가 말했듯 더 복잡한 '주의의 도식'이 필요하다. 모든 연결은 최소한 두 대상을 한 번에 의식하는 것을 요구한다. P. 자네는 이 생각에 자주 주의를 환기시켰다. 어린이 주의의 장이 더 협소하다고, 즉 우리보다 덜 종합적이라고 상정해 보자. 이는 어린이가 시험의 모든 자료를 한 번에 파악하지 못할 것임을 의미한다. 그는 대상을 전체로서가 아니라 부분적으로 하나씩 살펴볼 것이다. 이것 하나만으로도 관계적 판단을 일련의 서술적인 판단으로 변형하는 데 충분하다."

11-4-21] 피아제는 말한다. "어린이가 우리보다 더 좁은 주의의 장을 갖는 이유에 대해서는 여전히 설명이 필요하다. 우리는 이 장의 마지막 절에서 어린이가 자기의 생각과 판단 과정에 대해 의식적으로 파악하는 것은 우리보다 희미하다는 것을 보여 주었다. 그러나 이것이 외부 세계를 향하는 주의(지각, 언어의 이해 등에 대한 주의)가 동일한 법칙에 복종해야 함을 뜻하지는 않는다. 어린이의 주의는 어린이의 기억이나 지적 장애인의 기억과 같이 우리의 주의보다 훨씬 더 가소성이 클 수 있다. 그렇다면 차이는 조직의 정도, 주의의 도식 구조에 있을 것이다." 어린이 주의의 구조나 조직은 무엇보다 그것이 어린이의 자기중심적 생각과 맺는 연결로 특징지어진다. 어린이의 생각 방법은 어린이의 주의의 특징을 결정한다.

비고츠키는 피아제의 저서 『어린이의 판단과 추론』을 광범위하게 인용한다. 우리는 비고츠키의 러시아어 번역을 다시 한국어로 번역하는 대신, 피아제의 다음 책(1923)의 218~219쪽을 직접 참조했다.

Piaget, J.(1923/1966). Judgement and Reasoning in the Child. Boston: Littlefield, Adams & Company.

피아제는 다양한 연령의 어린이를 대상으로 한 C. 버트 경의 악명 높은 인종주의적 IQ 검사를 이용한다. 그 검사는 다음과 같은 질문으로 이루어져 있다.

"세 자매가 있다. 첫째는 둘째보다 피부색이 밝고 셋째보다 어둡다. 세 사람 중에 가장 어두운 사람은?"

어린이는 첫째와 둘째는 밝고, 첫째와 셋째는 어둡다고 응답한다. 따라서 셋째가 가장 어둡고, 둘째는 가장 밝으며, 첫째는 그 중간이다.

피아제는 이 어린이의 대답을 다음과 같이 설명한다. 어린이는 한 번에 하나의 비교만 다룰 수 있으므로 첫 번째 비교에서 첫째가 밝고, 첫째가 셋째보다 어둡다는 두 번째 비교에서 둘째가 가장 밝다고 대답한다는 것이다.

또 다른 설명은 어린이들이 '밝다'가 여기서 '희다'를 의미함을 아직 모른다는 것이다. 피아제는 나중에 언어가 어린이 생각을 보여 주는 지표가 아니라고 가정했다. 비고츠키는 동일한 자료에서 이 가정과 정확히 반대되는 결론을 끌어냈다.

11-4-22] 따라서 어린이에게는 직접적인 구체적 지각과 추상적 생각 사이에 엄밀한 차이가 존재한다. 그는 사물 간의 내적 관계로 사물을 바라보지 않고 언제나 그에게 직접적인 지각을 제공하는 관계로만 바라본다. 그는 사물들을 하나씩 차근차근 바라보는 것이 아니라 종합하지 않고 단편적으로, 혹은 모호한 혼합물로 바라본다(혼합성).

11-4-23] "여기에 어린이 주의의 장의 협소함이 있다. 어린이는 매우 많은 사물을, 흔히 우리보다 더 많이 본다. 그는 특수한 것들, 우리

가 지나치는 온갖 세부 사항들을 보지만 그의 관찰을 조직하지 않는다. 그는 한 가지 이상의 대상을 생각하지 못한다. 따라서 그는 자신의 자료를 종합하는 대신 이를 낭비한다. 그의 '다중적 주의'(⋯-K)는 그의 통각적 주의에 전혀 비할 바가 못 된다. 이는 그의 기억의 조직이 그의 회상의 가소성에 비할 수 없는 것과 마찬가지다. 따라서 생각의 자기중심성이 협소한 주의의 장을 포함한다고 말하기는 어렵지만 자기중심성과 그러한 주의의 도식적 배치는 서로 밀접하게 연결되어 있다고 말할 수는 있을 것이다. 이 둘 모두 직접적인 개인의 지각을 절대적인 것으로 간주하는 원시적 생각의 습관에서 생겨나며 이 둘 모두 논리적 관계에 대한 무능력으로 이끈다."

> 이 문단은 피아제의 다음 책에서 인용된 것이며, 중략된 부분(⋯-K)에는 '다중적 주의'가 르보 달론느의 용어임을 밝히고 있다.
>
> Piaget, J.(1923/1966). Judgement and Reasoning in the Child. Boston: Littlefield, Adams & Company, pp. 220~221.

11-4-24] 이처럼 피아제는 사태의 다음 측면을 드러낸다. 그는 어린이의 혼합적 생각과 주의의 특성 사이에 의심의 여지 없이 존재하는 연결을 보여 준다. 그러나 이 연결은 우리가 어린이 주의 발달에 대해 일반적으로 알고 있는 것에서 완전히 확증된다. 가장 기초적인 주의 기능인 비자발적 주의는 기억과 마찬가지로 우리보다 어린이에게서 더 가소성이 크고 풍부하다. 어린이의 주의 영역의 협소함은 어린이가 사물을 더 적게 지각하는 데 있지 않다. 어린이는 어른보다 더 많은 것을 지각하며 양적으로 훨씬 더 풍부한 세부 사항들을 지각하지만, 이 주의는 완벽하게 다른 방식으로 조직된다. 그에게는 주의 기제 자체의 통제, 이 과정의 숙달, 이 과정을 자기 의지에 종속시키는 힘이 부족하다.

11-4-25] 이러한 의미에서 피아제는 직접적 주의와, 주의가 향하는 대상과 생각하는 사람 사이에 다른 구성원이 있다는 사실, 즉 이 사람의 흥미를 직접 유발하지 않고 그의 주의를 직접 이끌지 않지만 그럼에도 그가 자신의 주의를 기울이고자 하는 대상에 자신의 주의가 능동적으로 향하도록 도와주는 수단이 있다는 사실로 특징지어지는 간접적 주의 혹은 도구적 주의라는 두 가지 기본적인 주의의 형태를 구분하는 르보 달론느의 연구를 정확하게 인용한다. 우리는 지금 무엇이 이수단의 역할을 하는지 길게 고찰할 수 없다. 다만 기호, 낱말, 특정한 도식이 이러한 수단의 역할을 하는 것이 명백하다고 말할 수는 있을 것이다. 이 저자의 지적에 따르면, 이 덕분에 전체 활동은 간접적, 도구적 성격을 획득하고 주의의 전 과정이 완전히 새로운 구조 즉 새로운 조직을 갖게 된다. 우리의 주의가 예컨대 개념이든 무엇이든 상징을 통해 지향하는 무언가에 대해 우리가 고찰할 때면 언제나 자발적 주의가 일어난다.

11-4-26] 따라서 우리의 논의를 다음과 같이 요약할 수 있을 것이다. 어린이의 생각은 주의의 원시적 조직으로 특징지어진다. 어린이의 주의는 비매개적이며 비자발적이다. 외부에 의해 좌우되는 것이다. 대상이 어린이의 주의를 끌거나 끊는다. 청소년의 경우에는 생각의 성숙, 개념적 생각으로의 이행과 더불어 고등한 형태의 주의, 즉 매개된 주의가 발달한다. 이 매개된 주의와 비자발적 주의의 관계는 기억 기술과 기계적 기억의 관계와 같다. 지각과 이행적 연령기의 지각 변화에 대해 말하면서 이미 우리는 이러한 주의의 역할을 언급할 수 있었다.

11-4-27] 쾰러는 인간의 지각 문제에 관한 새로운 연구에서, 사람은 큰 노력 없이 주의를 기울일 수 있기 때문에 주어진 구조에서 추출되어야 하는 대상에 별 어려움 없이 몰두할 수 있는 반면, 같은 상황에서 동물은 지향성을 잃고 혼란스러운 반응을 보임을 지적한다.

11-4-28] 이 저자는 말한다. "나의 원숭이들에게서 여러 번 관찰한 바와 같이, 이 동물들 역시 의지의 노력으로 주어진 감각 조직을 바꿀 능력이 없는 것처럼 보인다. 그들은 사람보다 훨씬 더 강하게 자기 감각 장의 노예로 남는다."

11-4-29] 이는 동물의 주의가 시각장의 조직에 의해 결정된다는 것을 의미한다. 그러므로 동물은 그 행동에서 시각장의 노예가 된다. 동물은 자신의 주의를 통제할 능력이 없기 때문에 시각장 구조의 지배적인 영향으로부터 자유로워질 수 없다. 어느 정도의 주의 사항을 덧붙인다면, 아마도 어린이가 청소년보다 훨씬 더 큰 정도로 감각 장의 노예라고 우리는 말할 수 있을 것이다. 어린이가 기억의 영역에서 스스로 회상하는 것보다 회상되는 것이 더 많듯이, 주의의 영역에서 스스로 주의를 통제하는 것보다 사물이 그의 주의를 더 많이 통제한다.

11-4-30] 주의에 대한 고찰을 마무리하기 위해 우리에게는 모든 고등정신기능, 즉 논리적 기억, 자발적 주의, 개념적 생각의 발달을 특징 짓는 극도로 중요한 발생적 법칙을 살펴보는 일이 남아 있다. 이처럼 이 법칙은 주의의 영역뿐 아니라 그보다 훨씬 더 넓은 의미를 지닌다. 이 때문에 우리는 이 강좌의 마지막 장에서 청소년 인격의 구조와 역동을 논의하면서 이 법칙을 자세히 설명할 것이다. 이 법칙을 모른다면 주의를 비롯하여 우리가 고찰 중인 기능의 발달에 대한 일반적 그림에 본질적인 결핍이 생긴다는 것을 지금도 이미 감지할 수 있을 것이다.

11-4-31] 이 법칙의 본질은 다음과 같다. 이것은 모든 고등정신기능 발달이 거치는 네 개의 기본단계를 규정한다. 우리는 이미 고등한 형태의 기억, 주의 그리고 다른 기능들이 즉시 또는 이미 주어진 형태로 생겨나지 않는다고 여러 번 논했다. 그 기능들은 특정한 순간 뚝 떨어지지 않는다. 그들은 스스로 형성되기까지의 긴 역사를 가진다. 자발적 주의 또한 그러하다.

11-4-32] 그 발달은 본질적으로 성인이 어린이의 주의를 돌리기 시작하는 최초의 가리키는 몸짓을 통해, 그리고 어린이 자신이 타인의 주의를 끄는 최초의 독립적인 가리키는 몸짓을 통해 시작된다. 후에 무한히 더 발달된 형태로 어린이는 타인의 주의를 끄는 수단의 전체 체계를 숙달한다. 이러한 수단의 체계는 의미를 지닌 말이다. 더 나중에 어린이는, 타인이 그에게 적용하고 그가 타인과의 관계에 적용한 것과 동일한 행동 방식을 자기 자신에게 적용하기 시작하며, 그에 따라 그는 자신의 주의를 조절하고 자신의 주의를 자발적 국면으로 이행하는 법을 배운다.

11-4-33] 전반적인 주의 발달 과정을 이루는 모든 단계를 언급하면서 지금 우리는 오직 두 개의 기본적인 단계를 자세히 살펴볼 것이다. 이 중 첫 번째는 학령기를, 두 번째는 이행적 연령기를 포함한다. 오직 이 두 개의 발생적 단편만이 이행적 연령기의 주의의 특징을 확립하는 데에서 우리의 흥미를 끌 수 있다. 이 두 단계 중 첫 번째는 자신의 정신 기능, 즉 기억, 주의의 외적 숙달 단계라고, 두 번째는 동일한 과정의 내적 숙달 단계라고 일반적 형태로 말할 수 있다. 외적 숙달에서 내적 숙달로의 이행은 청소년과 어린이를 구분 짓는 가장 본질적인 특징적 모습을 이룬다.

11-4-34] 우리는 이미 학령기 어린이는 외적인 기억술, 청소년은 내적인 기억술로 특징지어진다는 것을 보았다. 이와 똑같이 학령기 어린이는 외적인 자발적 주의로, 청소년은 내적인 자발적 주의로 특징지어진다. 우리가 비유적으로 내적 변혁이라고 부르는 이러한 내부에서 외부로의 이행은, 리보가 말하듯, 고등한 사회적 삶에 적응하면서 나타나는 고등한 행동 형태가 어린이의 사회문화적 발달 과정에서 이루어지며 어린이가 이를 주변 사람들로부터 습득하게 된다는 사실로 이루어진다. 이 때문에 그것은 필연적으로 처음에는 외적 조작이 되며 외적 환경

의 도움으로 일어나게 된다. 다른 사람들은 낱말을 통해 어린이의 주의를 시각장의 한 요소에서 다른 요소로 전환시키거나 심지어 내적 생각 과정으로 돌리면서 어린이의 주의를 방향 짓는다. 여기서 수단은 외부에 남아 있으며, 조작 자체는 아직 다른 두 사람 사이에 나뉘어 있다.

11-4-35] 이렇게 지향된 주의는 이미 자발적으로 지향된 주의지만, 어린이 자신의 관점에서 보면 비자발적인 것이다. 이러한 형태의 주의의 숙달을 습득하면서, 어린이는 처음에는 순수하게 외적인 조작을 숙달하고, 사람들 사이에서 전개되는 형태로 그것을 자신의 행동 영역으로 옮긴다. 그는 이전에 자신과 주변 어른들로 나뉘었던 조작의 두 부분을 한 사람 안에서 결합한다.

11-4-36] 그러므로 모든 고등 기능 발달의 시작 단계는 내적 수단을 통해 수행되는 외적 조작의 단계이다. 그런 다음 점진적으로 이 조작은 어린이에 의해 수행되며, 그 어린이 행동의 기본 조작의 집합에 들어가 어린이 생각의 일반적 구조로 성장하여 필연적으로 그 외적 특징을 상실하고, 외부로부터 내부로 이행하며 주로 내적 수단을 통해 수행되기 시작한다. 외부로부터 내부를 향한 이 조작의 변형 과정을 우리는 내적 변혁вращивания의 법칙이라고 칭한다.

11-4-37] 우리의 동료 A. H. 레온티예프는 서로 다른 연령대 아동들의 매개된 주의 발달과 관련된 특별한 연구를 수행하였다. 이 연구에서 어린이들은 특정한 과제를 부여받았다. 과제의 해결을 위해 어린이들은 한편으로는 지시에 따라 일련의 계기들을 주의의 장에 유지해야 했으며 다른 한편으로는 연합적 생각의 관습적인 경로가 아닌 간접적 생각의 우회적인 경로에 따라 주의를 기울여야 했다.

11-4-38] 어린이는 일련의 질문을 받는데 그중에는 여러 가지 색깔의 이름을 답하는 것이 있다. 그러나 '흰색이나 검은색은 사지 마세요' 놀이처럼 어린이가 언급하면 안 되는 두 가지 특정 색깔이 있다. 또한

어린이는 같은 색깔을 두 번 불러서는 안 되고, 동시에 그에게 제시된 질문에 올바른 답을 제시해야 한다. 예를 들어 빨간색과 파란색을 말하면 안 되는 일련의 질문에서 어린이는 "토마토 색깔은 무엇인가요?"라는 질문을 받게 된다. 어린이는 "토마토가 익지 않았을 때는 초록색입니다"라고 대답한다. 이 과업에서 해결책은 능동적으로 주의를 지향시키면서 동시에 주의의 장에 일련의 계기들을 유지하는 능력이 있을 때만 가능하다.

11-4-39] 연구 결과가 보여 주듯이, 우리가 어린이에게 색깔 카드 형태로 보조 도구를 주고, 그것을 자기 앞에 늘어놓고 자기의 주의의 지지대로 사용하도록 하지 않는다면, 이런 과제는 학령기 어린이도 풀 수 없다. 어린이가 외부의 여러 많은 대상을 동시에 지각할 수 있지만 그의 주의의 내적 조직은 아직 매우 취약하다는 것을 우리는 이미 알고 있다.

11-4-40] 실험에서 여러 발달 단계의 어린이와 성인이 동일한 외적 수단을 통해 동일한 과업을 해결하는 방법이 어떻게 변하는지 추적하는 데 성공하였다. 이 연구의 양적 결과는 표로 제시되었다. 이 표에서 쉽게 볼 수 있다시피 어린이가 외적 수단을 이용할 때와 이용하지 않을 때 저지른 오류의 수를 통해 측정되는 동일한 과업에 대한 두 해결 방법 사이의 차이는 특정한 발달의 법칙성을 보여 준다.

11-4-41] 이 법칙성은 전학령기 어린이의 비자발적 주의와 자발적 주의의 차이가 지극히 미미하다는 사실로 표현된다. 학령기 어린이에게서 그 차이는 더 커져, 초등 학령기의 끝으로 가면서 최고점에 이르고 전학령기에 비해 거의 10배가 많아진다. 마침내 그 차이는 성인에게서 다시 하락하여 전학령기에 상응하는 지수에 가까워진다.

11-4-42] 이러한 양적 특성은 매개된 주의 발달의 세 가지 기본 단계를 보여 준다. 우선 전학령기 내내 지속되는 자연적인 직접적 행위의

단계가 있다. 이 발달 단계에서 어린이는 특별한 자극-수단의 조직함으로써 자신의 주의를 조절할 수 없다. 조작에 일련의 카드를 도입한다고 해서 과업 해결의 성공률이 증가하지 않으며, 어린이가 그것을 기능적으로 사용하지 못한다는 것이 드러난다. 다음 발달 단계는 두 기본 계열 지표의 날카로운 차이로 특징지어진다. 보조적인 외적 자극 체계로 이용되는 카드를 도입함으로써 어린이의 조작 능력은 매우 현저하게 증가한다. 이는 외적 기호가 지배적 가치를 갖는 단계이다. 마지막으로 우리는 성인 피험자에서 두 계열 지표 간의 차이는 다시 사라지고 그 계수는 비슷해지지만 이미 새로운 고등 토대 위에 있음을 보게 된다.

11-4-43] 이것은 성인의 행동이 다시 비매개적이고 자연적인 행동으로 변형된다는 것을 의미하지 않는다. 이러한 고등한 발달 단계에서, 행동은 여전히 복잡하게 남지만 이와 동시에 외적 기호로부터의 해방 과정이 일어난다. 우리가 외적 수단의 내적 변혁 과정이라고 조건부로 명명한 것이 일어나는 것이다. 외적 기호는 내적인 것으로 변형된다.

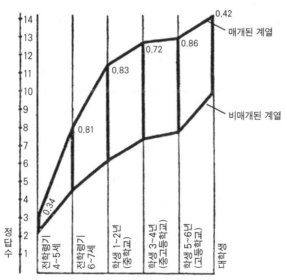

〈표 6〉 매개된 기억과 직접적 기억의 발달(A. H. 레온티예프의 연구에서 인용)

11-4-44] 애초에 선택 반응에 관해 실험적으로 확립된 이 법칙은 천 명이 넘는 대상을 실험한 주의 연구와 기억 연구에서 확인되었다(A. H. 레온티예프).

11-4-45] 만약 우리가 어떤 고등 행동 기제의 문화적 발달과 구성 과정에서 이러한 각 단계가 변하는 법칙을 생생하게 설명하자면, 가정적인 그래프 그림에서 오목한 면이 서로 마주 보고 상한선과 하한선이 수렴되는 두 개의 곡선을 얻을 수 있을 것이다. 우리의 삽화에 나타나는 이 도식은 고등 지적 과정의 발달 경로를 명확하게 표현하고 있으며 우리는 이를 발달의 평행사변형이라고 부른다(A. H. 레온티예프). 우리가 사람의 말 없는 생각에 대해 논의하며 인간 고유의 말 없는 생각 능력이 오직 말을 통해서 주어진다는 것을 확립하려 한 언어적 공식화에서 이미 발달의 평행사변형을 한 번 마주친 적이 있음을 기억하자.

11-4-46] 여기서도 성인의 자발적 주의는 외적 측면에서 전학령기 어린이와 마찬가지로 외적 기호에 대한 비의존성을 보여 준다. 그러나 우리 앞에 놓인 것은 내적 측면에서 완전히 다른 두 개의 과정이다.

11-4-47] 우리는 고등한 형태의 자발적 주의와 기초적 형태의 비자발적 주의 사이의 외적인 유사성에 대한 문제가 심리학자 티치너에 의해 처음으로 매우 명백하게 발전되었음을 강조할 필요가 있다고 생각한다. 그의 이론에서 우리는, 완전히 다른 연구 과정을 통해 규명된, 우리가 발견한 규칙에 대한 확증뿐만 아니라 주의의 발생적 혹은 역사적 이론이라 불릴 만한, 자발적 주의에 대한 이론의 예비적 형태가 우리 눈앞에서 만들어지는 것을 본다.

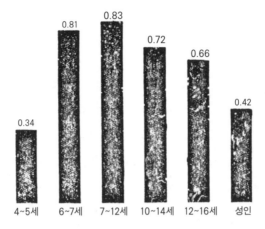

〈표 7〉 매개된 기억의 발달(보조적 외적 수단을 사용한 경우와 사용하지 않은 경우
낱말 기억의 백분율, A. H. 레온티예프의 연구에서 인용)

11-4-48] 티치너는 다음과 같이 말하며 주의의 두 형태를 구분한다. "주의는 수동적이면서 비의지적일 수도 있고, 능동적이면서 의지적일 수도 있다. 주의의 이러한 형태들은 실로 정신 발달의 다양한 단계의 특징이다. 그것들은 초기 형태와 후기 형태로서 오직 복잡성에서만 서로 다르다. 그리고 그것들은 다만 우리 정신 발달의 다른 시기에 나타나는 같은 유형의 의식을 우리에게 보여 준다. 수동적이거나 비자발적 주의는 그러므로 일차적 주의라고 부를 수 있다. 그것이 발달의 특정 단계, 즉 주의력 발달의 가장 초기 단계를 나타내기 때문이다. 그러나 주의력은 이 발달 단계에서 지체되지 않는다. 만약 이 단계의 특징이 바로 인상 그 자체가 우리의 주의를 끌고 유지하게 한다는 점이라면 두 번째 단계는 정반대의 관계, 즉 우리 스스로 노력해서 그 인상에 대한 우리의 주의를 유지한다는 점으로 특징지어진다."

11-4-49] 티치너는 말한다 "기하학 문제는 천둥이 그러하듯 강력한 인상을 우리에게 주지 않는다. 천둥은 우리와는 완전히 독립적으로 우리의 주의를 사로잡는다. 문제를 풀면서 역시 우리는 계속해서 주의

를 집중하지만 스스로의 주의를 유지해야 한다. 그러한 대상으로의 주의는 일반적으로 능동적 혹은 자발적 주의라고 불린다. 우리는 이를 이차적 주의라고 부를 것이다. 이차적 주의는 복잡한 신경조직의 불가피한 결과이다." 그것은 일차적 주의의 갈등으로부터, 그들의 충돌로부터 그리고 우리가 이 투쟁, 이 갈등에서 승리자가 된다는 사실로부터 나타난다. 저자는 말한다. "이차적 주의는 일차적 주의의 갈등, 외적 주의의 경쟁, 양립할 수 없는 운동 자세의 투쟁으로부터 유래한다. 이 갈등의 어떤 흔적이라도 우리에게 남아 있는 한 우리의 주의는 이차적 혹은 능동적 주의가 될 것이다."

*E. 티치너(Edward Titchener, 1867~1927)는 W. 분트(Wilhelm Maximilian Wundt, 1832~1920)의 제자이며, 이후 코넬대학교 교수를 역임했다. 티치너의 '피아노 실험'은 『역사와 발달』 3장에 기술된다. 실제 실험에 사용된 도구는 피아노라기보다는 10개의 건반 세트다. 처음에 피실험자는 불빛에 반응해 건반을 누르라는 지시만 받는다. 불빛을 기다리다가 아무 건반이나 가능하면 빠르게 누르면 되는데 이것을 '일차적 주의'라 한다. 그런 다음에 피실험자는 선택적 반응을 요청받는다. 파란빛에 반응해 새끼손가락으로 건반 하나를 누르고, 초록빛에 반응해 약지로 다른 건반을, 노란빛에는 중지로 세 번째 건반을, 주황빛이면 집게손가락으로 네 번째 건반을 누르는 식이다. 반응 시간은 이제 상당히 느려진다. 티치너가 말했듯 이는 아무 건반이나 되도록 빨리 누르려는 '일차적 주의'와의 충돌, 주황빛과 노란빛의 미묘한 색의 차이로 인한 현상 인식의 갈등, 동시에 움직일 수 없는 운동 자세 사이의 충돌 때문이다.

비고츠키는 티치너의 '선택 반응' 실험이 '일차적 주의'와 '매개된 고등한 주의'를 구분할 수 없다는 점에서 비판적이다. 이를테면, 어린이가 자극 하나에 건반 하나로 반응하는 것보다 전문 연주자가 실제 피아노로 한 면에 인쇄된 복잡다단한 음표에 훨씬 빠르게 반응하는 것은 설명할 수 없다. 이에 대한 티치너의 설명은 선택이 더 이상 작동하지 않는다는 것이다. 비고츠키는 '선택'이 여러 체계, 심지어 체계들의 체계를 포괄하는 고등한 심리 체계로 상향 이동되었다고 설명한다. 비고츠키의 설명은 어린이가 오류와 같은 '비자발적 창조성'에서 진정 '자발적인 창조성'으로 어떻게 이행하는지 이해하는 데 도움이 된다.

11-4-50] "그러나 주의 발달의 세 번째 단계가 아직 남아 있다. 그것은 첫 번째 단계로의 회귀일 뿐이다. 우리가 기하학 문제를 풀 때 우리는 점차 문제에 흥미를 느끼다가 그에 완전히 몰두하게 된다. 곧 문제는 천둥이 치는 순간 우리 의식이 그에 사로잡히는 것과 마찬가지로 우리 주의를 지배한다. 난관은 극복되고 경쟁자는 제거되며 산만함은 사라진다. 이차적 주의가 끊임없이 일차적 주의로 변환된다는 일상적 경험으로부터의 사실보다, 이차적 주의가 일차적 주의로부터 발생한다는 것을 보여 주는 더 견고한 증거는 없을 것이다."

11-4-51] 그러나 티치너의 분석은 주의력 발달 과정의 이 세 단계를 확립한 것에서 멈추지 않는다. 그는 이 세 단계를 인간의 발달 연령과 관련지어 다루고자 한다. 그는 말한다. "주의력의 심리적 과정은 처음에는 단순하지만 점차 복잡해진다. 주의력 발달이 고도로 복잡한 단계에 이르게 되는 것은 바로 망설임과 숙고의 경우이다. 마지막에 그것은 다시 단순해진다. 대체로 인생을 곰곰이 생각해 보면, 교수-학습과 양육 기간은 이차적 주의의 기간이고 그다음에 오는 성숙과 독립적인 활동 기간은 결국 일차적 주의에서 파생한 기간임을 알 수 있다.

11-4-52] 티치너의 이러한 정의는 완전히 정확하지 않음에 주의하자. 주의 발달의 후기 단계에서 오직 외적 모습에서만 단순화되고 초기 단계에 지배적이었던 행태로 돌아간다고 말하는 편이 더 옳을 것이다. 내적 구조에서 그것은 두 번째보다 훨씬 더 복잡해진다. 다만 갈등

은 내적으로 전환되며, 이 갈등을 극복하도록 도와주는 수단 역시 인격 내부로 성장한다.

11-4-53] 티치너의 언급에 대한 두 번째 첨언은 그가 성인의 성숙한 삶과 교수-학습과 양육의 시기를 날카롭게 구분하면서 이 둘 사이의 결합 고리인 이행적 연령기를 잊었다는 것이다. 우리가 그의 고찰에 이 수정을 도입한다면 우리는 바로 이행적 연령기가 주의 발달의 두 번째 단계에서 세 번째 단계로의 이행의 계기, 혹은 외적 주의로부터 내적 주의로의 이행임을 보게 된다. 우리는 이러한 이행을 내적 변혁의 과정이라고 칭한다. 점진적 내면화, 즉 이행적 연령기에 일어나는 고등심리기능의 점진적 내적 이행의 질서 정연한 모습이 나타난다. 우리는 바로 이 연령기에 내적 말 발달 과정이 최종적으로 완료된다는 것을, 첫 번째 연령기에는 매우 두드러지게 나타나는 외적 말과 내적 말의 괴리가 해소된다는 것을 보았다.

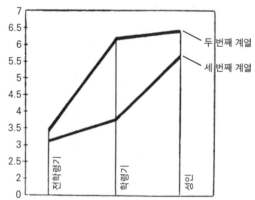

〈표 8〉 주의의 발달(A. H. 레온티예프의 연구에서 인용, 오류의 수)

> 본문에는 〈표 8〉의 인용 출처가 명시되어 있지 않다. 이 그래프는 레온티예프의 저서인 『정신 발달의 문제』 355쪽 〈그림 35〉에 제시되어 있는 발달의 평행사변형을 나타낸다. 두 개의 선은 상이한 연령대의 피실험자들(전학령기 아동, 학령기 아동, 성인)이 기억 과업에서 나타

낸 수행 수준을 보여 준다. 연구자는 어린이들에게 (무의미 낱말을 포함한) 긴 낱말 목록을 제시하고 외우게 하였다. 상단의 그래프는 어린이들이 낱말에 어울리는 그림카드를 이용한 경우의 성취 수준을 보여 준다. 하단의 그래프는 보조적 도움 없이 과업을 수행한 정도를 보여 준다. 평행사변형이 만들어지는 것은 학령기에 기억 보조물로 촉발된 급격한 과업 성취의 향상 때문이다. 전학령기 아동들에게서는 바닥효과가 나타난다. 그림카드는 그들의 낮은 과업수행도를 향상시키는 데 별로 도움이 되지 않고 어떤 경우에는 오히려 기억의 부담을 가중하는 요인으로 작동한다. 성인에게서는 천장효과가 나타난다. 성인들은 보조물 없이도 과업을 훌륭히 수행하기 때문에 그림카드의 도입은 차이를 만들지 않는다.

Leontyev, A. N.(1981). Problems of the Development of the Mind. Moscow: Progress.

러시아어 선집은 이 표가 자고로프스키의 저서 143쪽을 인용했다고 기록한다. 선집은 스미르노프가 확립했다고 알려진 기술적 형상화의 3단계와 성적 성숙 간 직접적 연관성을 비고츠키는 받아들이지 않았다고 덧붙인다. 하지만 비고츠키는 스스로 이에 대해 밝힐 것이다(5-10 이하 참조).

11-4-54]　우리는 내적 기억 기술, 혹은 논리적 기억이 이행적 연령기의 경험 축적의 주된 형태가 된다는 것을 이미 보았다. 마지막으로, 우리의 흥미를 끄는 이 시기 동안 이 기능의 전체 진화의 가장 두드러지는 특징이 의지적 주의의 내적 변혁임을 확인했다. 이것은 우연의 일치의 결과일 수 없다. 청소년 인격 형성의 더욱 심오하고 보편적인 법칙에 그 원인이 있다. 청소년기 인격 형성에 관해서는 강좌의 마지막 장에서 더 상세히 다룰 것이다.

11-4-55]　이제 우리는 우리가 발견한, 각각의 부분적 기능의 발달

을 특징짓는 부분적 법칙들을 그들의 일반적이고 심오한 근원으로 환원하지 않을 것이다. 우리는 이러한 개별 계기들 사이에 존재하는 내적인 기능적 구조적 연결을 확립한 것만으로도 만족할 수 있다. 사실 기억과 주의가 지성과 수렴한다는 것이 이행적 연령기의 가장 특징적이고 차별적인 면모라는 것을 우리는 이미 지적한 바 있다. 이 기능들은 지각 체계로부터 사고 체계로 이행한다.

11-4-56] 우리는 학령기 어린이의 원시적 개념, 즉 혼합적 개념 혹은 복합체와 협소한 주의의 장 사이에 밀접한 연결이 있다는 것을 이미 보았다. 나아가 우리는 진정한 의미에서의 개념적 사고로의 이행은 단순히 주의의 장의 양적 확대가 아니라 이 장의 새로운 형태의 조직으로의 이행임을 보았다. 어린이의 다양한 주의는 종종 어른보다 적지 않고 오히려 풍부하게 드러난다. 그는 주의의 장 안에 더 많은 대상과 훨씬 더 많은 세부 사항을 포함할 수 있다. 성인의 주의는 다른 특성, 다른 유형의 활동으로 특징지어진다.

11-4-57] 우리는 이 변화가 주의 발달의 초기 단계에 나타나는 직접적이고 기초적인 주의로부터 일련의 보조적인 내적 수단의 도움으로 활동을 실현하는 매개적 주의로의 이행을 이룬다는 것을 발견했다. 여기서 우리는 개념적 사고와 이 고등한 주의 형태 사이의 심오한 인과적 연결을 드러내는 것으로 나아가지 않고 다만 이 두 활동 형태는 또다시 밀접한 발생적, 기능적 의존성과 연결을 보여 준다는 정황만을 지적하고자 했다.

11-4-58] 비의지적 주의가 복합체적 생각과 밀접함이 드러난 것처럼 개념적 생각과 내적인 의지적 주의는 서로 간의 조건으로 작용한다. 이 연결은 생각과 기억의 연결과 마찬가지로 이중적 특성을 갖는다. 한편으로 특정한 주의 발달 단계에 도달하는 것은 개념이 나타나기 위한 필수적인 전제 조건이다. 바로 주의의 장이 협소하기 때문에 어린이들

은 모든 개념기호를 위계적으로 종합하여 생각하지 못하는 것이다. 그러나 다른 한편으로는 주의 발달 자체, 즉 더 고등한 형태로의 주의의 이행이 가능해지는 것은 오직, 기억과 마찬가지로 주의 기능이 지성화되어, 즉 생각과 연결되어 본질적으로 새로운 기능인 새롭고 고등하며 복잡한 형성의 종속적 단위로 편입되기 때문이다.

11-4-59] 우리가 이 기능에 동일한 명칭을 입혀 주의라고 부른다면 우리는 이를 오직 외적 특성에 기반하여, 이 활동의 결과가 기초적 주의 활동의 결과와 동일하게 나타난다는 것에 기반하여, 주의의 저차적 형태와 고등한 형태가 동등하다는 기능적 관계에서, 즉 고등한 기능이 그 속에 저차적 기능을 보존하고 있으며 이(저차적 기능-K)를 수행하기 시작한다는 사실에만 기반하여 그렇게 하는 것이다. 우리 앞에 있는 것은 우리가 위에서 말한 바 있는 기능의 상향 전이의 일반 법칙의 부분적 사례일 뿐이다. 따라서 엄밀히 말하면 기능에 대한 심리학적 명명과 분류는, 저차적 발달 단계와 고등 발달 단계에서의 기능이 기본적으로 동일하다는 것을 오직 기능의 상행 전이에 기반하여 아마도 절대 인정하지 않을 것이다.

11-4-60] 고등하고 새롭게 구성된 영역으로의 일련의 기능의 이행은, 이 영역을 이전까지 같은 기능을 수행했던 저차적인 영역과 동일한 것으로 보는 것을 허용하지 않는다. 이처럼 이 고등심리기능은, 그 이전에 작동하던 기능을 없애는 것이 아니라 지양하는, 그것의 단순한 지속이 아닌 더 고등한 형태이다.

11-4-61] 뇌 발달의 역사에서 발생한 새로운 영역은 비록 그것이 옛 영역과 공통된 몇 가지 기능을 가지고 있으며, 그와 복잡한 통합체로 기능함에도 불구하고 단순히 옛 영역을 정교화한 것이 아니다. 마찬가지로 주의의 새로운 기능은 이 활동의 옛 형태의 단순한 정교화와 발달이 아니라 질적으로 새로운 형성으로서, 그 안에 더 저차적 혹은

기초적인 주의의 과정을 복잡한 종합 속 하나의 계기로, 부차적인 형태로 포함한다.

11-4-62] 피아제의 장점은 주의의 활동 유형과 사고 유형 사이의 내적 연결을 찾을 수 있었다는 점이다. 하지만 피아제는 자신이 발견한 이 연결을 현상에 대한 고정적이고 순전히 기술적인 정의라고 명명한다. 그는 함께 발달하는 두 가지 심리 기능들 사이의 유사성을 서술하지만 이러한 연결의 기제는 드러내지 않는다. 게다가 그는 여기서 어떤 인과 관계를 확인하려 해서는 안 되며, 이 두 계기가 하나의 공통된 원인으로부터 나타난다고 추정한다.

11-4-63] 우리는 주의 발달 과정을 밝히면서 여기에서의 연결이 주의뿐 아니라 지각, 기억 등과 같은 다른 기능에서도 특징적인 더 복잡하고 더 일반적인 특성을 가짐을 보여 주고자 했다. 여기에는 한 기능의 다른 기능에 의한 이중 조건성이 있다. 여기서 원인이 효과가 되고 그 효과가 원인이 된다. 더 고등한 형태로의 생각 발달을 위한 전제 조건으로 작용하는 것이 새로운 형태의 생각의 영향하에 변형되어 더 높은 수준으로 고양되는 것이다. 우리의 논의 과정에서 개념적 생각과 내적인 자발적 주의 간에 밀접한 연결이 있다는 점을 주목하는 것이 중요하다. 이 연결은 개념적 생각에 의해 안내되는 주의가 이미 고유한 방식에 의해 특정한 대상을 향한다는 사실에 놓여 있다.

11-4-64] 개념 자체가 대상에 대한 직접적 생각이 아니라 매개된 생각인 것처럼, 개념에 의해 안내된 주의 또한 원시적 발달 단계에서 나타날 때와는 다른 형식으로, 복잡한 구조적 통합체 속에서 개념을 구성하는 특징의 총체를 포괄한다. 내적인 자발적 주의 속에서, 새롭고 복잡한 메커니즘, 즉 우리 주의의 새로운 방식modus operandi이 생겨남에 따라 우리의 지성은 이렇게 새로운 기능, 새로운 활동 양식, 새로운 행동 형태를 획득한다.

뱅크시(Banksy), 그라피티는 범죄다, 2013, 뉴욕.

여기서 비고츠키는 '모두스 오페란디modus operandi'를 라틴어 원어로 쓴다. 이는 사실 수사 중 범죄 수법을 지칭할 때 쓰는 용어이다. 경찰은 모두스 오페란디, 즉 범죄자의 침입 방법, 사용 흉기, 선호 시간대 같은 범죄 기밀을 공개적으로 드러내지 않으려 한다. 이렇게 경찰과 살인범만 알 수 있는 세세한 사항을 이용해 용의자에게 충격을 주어 압박을 가하고, 자백한 내용의 참, 거짓을 구분하기도 한다(루리야는 『인간 갈등의 본질(Nature of Human Conflicts)』에서 이 방법으로 간단한 거짓말 탐지기를 고안한다). 비고츠키는 그의 첫 방법론적 논문인 「반사, 심리 조사법(Methods of Reflexological and Psychological Investigation)」(1997: 49)에서 "심리학자는 목격하지 못한 범죄를 밝혀내는 형사처럼 군다"라고 평한다. 뱅크시의 모두스 오페란디는 잘 알려져 있다. 그는 야밤에 대개 번잡한 거리에서 후드티로 얼굴을 가린 채 작업하며, 보통 벽 앞에서 판화 판을 움직이며 스텐실을 찍는다. 그렇게 해도 뱅크시는 절대 잡히지 않았다. 짐작건대 피해자들이 실제로는 그가 잡히지 않았으면 하기 때문일 것이다.

5

11-5-1] 청소년의 고등심리기능 발달의 역사와 기능적 관점에서 본 청소년의 문화적 발달의 역사를 마무리 짓기 위해서 이행적 연령기의 한 가지 마지막 기능의 진화에 대한 고찰만이 남아 있다. 우리가 염두에 두고 있는 것은 실천적 활동, 실행 지성 혹은 소위 활동 지성이다.

11-5-2] 구심리학은 문화화된 성인의 생각 형태의 발달을 고려하면서 일반적으로 생각 문제로의 역사적 접근을 무시했다. 이로 인해 구심리학은 생각의 실제 역사적 발달 경로를 깊이 왜곡하거나 때로는 완전히 거꾸로 제시했다. 그것은 생각의 일차적인 초기 형태를 최종적 발달과 연결 지었으며 또한 최종적 형태는 발달의 최초에 배치하였다. 실행 지성의 문제에서도 마찬가지였다. 주로 내관內觀으로부터 출발하는 구심리학은 말과 표상과 연결된 내적 생각의 발달을 일차적인 것으로 보았으며, 실천적이고 합리적 작용에서는 오직 내적 생각 과정의 구현과 연속만을 보았다. 문화화된 성인은 대개 먼저 생각하고 그다음에 행동하기 때문에 심리학은 이로부터 생각 발달의 역사에서도 먼저 생각이 있었으며, 그다음 행동이 있다고 결론지었다. 이와 관련하여 구심리학은 어린이의 합리적이고, 합목적적인 실천적 활동의 성숙을 상대적으로 먼 시기에 두었으며, 이 현상을 아동기의 끝, 즉 이행적 연령기의 시작과 연결하고자 했다.

11-5-3] 많은 거짓의 근거와 같이 여기에도 실재에 상응하는 몇몇 진실의 낱알이 있다. 무엇보다 먼저 우리는 잘못된 해석의 뒤에 감추어진 이 진실의 낱알을 드러내는 시도를 해야만 한다. 이행적 연령기는 실천적이며 합목적적인 인간 활동의 발달에서 최고 중요한 도약을 이루며, 여기에서 처음으로 전문적(직업적) 과업의 실재적 숙달의 가능성, 즉 실행적 생각의 구체적인 구현이 드러난다는 것을 현실이 말해 준다. 더

새로운 연구 또한 실행적 생각의 영역에서 이행적 연령기가 분수령이 됨을 보여 주고 있다.

11-5-4] 실행 지성에 관한 최근 연구는 첫 학령기를 마치는 시기가 기술적技術的 놀이에서 기술적 지성으로의 전환과 일치함을 보여 주었다. 이 전환기는 10~11세에 걸쳐 있으며, 오직 이 후에만 진정한 의미에서 기술적 생각의 시기가 시작된다. 자고로프스키(마이어와 팔러, 리프만과 노이바우어)는 말한다. "여러 독일 연구자들은 초등 학령기에는 기술 영재가 일반 영재보다 적지만, 일반적으로3~4학년 사이에 기술적 능력 발달로의 전환이 관찰되며, 13~15세에 이르는 청소년들은 이미 소박한 물리학의 단계를 벗어나 있다고 말한다. 마이어와 팔러의 실험은 12~14세 어린이가 기술적 문제를 스스로 해결할 수 있음을 보여 주었다."

러시아어 선집은 자고로프스키가 다음을 인용하고 있다고 밝힌다 (자고로프스키에 대해서는 **9-6-8** 참조).

Meier, H. and Pfahler, G.(1926). Untersuchung des technisch-praktischen und des technisch-theoretischen verhaltens bei schulkindern(학령기 아동의 기술적-실용적, 기술적-이론적 행동 조사). Zeitschrift für angewandte Psychologie("Journal of Applied Psychology"), 27, 92-130.

노이바우어 연구는 다음을 지칭하는 것으로 보인다.

Neubauer, V.(1927). Über die Entwicklung der technischen Begabung bei Kindern(어린이의 기술력 발달에 대하여). Zeitschrift für angewandte Psychologie, 29, 289-336.

자베르시네바와 반 데 비어(2018: 477-478)에 따르면, 이는 나무 블록을 끼워 물건이나 기계를 만드는 나무막대로 구성된 장난감 구조물 '마타도어'와 관련된 연구에 대한 인용이다. 매년 아이들이 블록을 정성껏 만들고 그 작품을 그림으로 그려 주최 측에 보내면 부상으로 추가 세트를 시상하는 대회가 있었다. 어린이가 무엇을 만들지, 어떻게 그릴지 선택한 것을 보면서, 노이바우어는 그리기를 3단계로 분석했다. 그러나 자베르시네바와 반 데 비어는 그의 연구가 그리기에만 의존할 뿐, 실제 조립된 모형은 관찰하지 않았다고 비판하였다. 우리는 어린이가 모형을 만들지는 않고 그림만 그려서 보냈는지 아닌지 알 수 없다. 그림은 실행 지성이 아니다.

11-5-5] 노이바우어의 연구는 이러한 결론들을 대체로 확증했다. 노이바우어는 다양한 연령의 어린이들에게, 다양한 사물을 만들 수 있는 재료를 주고 만든 사물을 스케치하도록 하였다. 그는 어린이가 무엇을 어떻게 만드는지, 어린이가 무엇을 어떻게 스케치하는지 조사하였다. 전체로서 이 작업의 모든 결론 중에 우리는 이 활동 발달의 기본 도식에만 집중할 것이다. 왜냐하면 그것은 우리의 흥미를 끄는 청소년의 기술적技術的 생각의 발달을 보여 주기 때문이다. 5~9세 사이는 어린이 그림에서 도상적 그리기가 우세를 차지하는 연령이다. 9~12세 사이는 입체적 표현의 우세로 특징지어지는 이행적 시기이다. 12~13세부터 진정한 기술적 그리기의 발달이 시작된다. 만들기와 그리기 사이에 존재하는 관계의 측면에서, 노이바우어는 서로 다른 세 가지 생각 양식을 구

분한다.

11-5-6] 첫 번째 특징은 다음과 같다. 어린이는 만들어진 대상의 차별적 특징, 예컨대 풍차의 날개를 그림으로 나타낸다. 여기서 그림은 대상의 외양을 시사하며, 대상 확인을 위한 목적에 기여한다. 두 번째 단계는 대상의 형태나 외양에 대한 상세한 묘사로 이루어진다. 어린이는 일반적으로 하나의 특징적 특성을 묘사하는 것으로 만족하지 않는다. 그는 만들어진 대상의 일반적인 윤곽선, 일반적인 외양을 어느 정도 충실하게 전달한다. 마지막으로 어린이의 그림은 완전히 새로운 기능을 획득한다. 어린이는 주어진 대상의 내적 역동, 기능 방식, 구성 원칙의 묘사로 나아간다. 다음 표에서 우리는 노이바우어의 연구 결과를 볼 수 있다. 이행적 연령기의 시작에서만 그리기 묘사의 세 번째 형태가 우세해진다는 것을 보는 것은 쉽게 확인할 수 있다.

〈표 9〉 노이바우어: 연령에 따른 세 가지 묘사 방법의 분포

연령기	특징적 속성		형태의 현실적 묘사		기능적 묘사	
나이	남아	여아	남아	여아	남아	여아
5	100	100	–	–	–	–
6	100	100	–	–	–	–
7	100	100	–	–	–	–
8	63	82	25	18	12	–
9	65	70	20	15	15	15
10	47	70	10	17	43	13
11	50	67	12	4	38	29
12	35	36	6	12	59	32
13	38	69	7	12	55	19
14	35	37	5	30	60	33
15	34	40	–	–	66	69

11-5-7] 노이바우어는 자신의 연구의 각 부분에 대한 분석을 요약하면서 어린이의 기술적 생각 발달의 기본 세 단계를 제시한다. 첫째 단계(5~9세)는 기술적 이해가 아직 배아적으로 나타난다는 특징이 있다.

어린이의 그림은 대상과 더욱 즉각적으로 연결된다. 어린이는 도식적 형태로 대상의 특징적 특성만 표현한다. 여러 대상을 하나의 이미지로 묘사하는 것은 순수한 기계적 결합, 순전히 외적 결합에 불과하다. 둘째 단계에서 어린이가 묘사하는 대상의 범위가 확장되고, 기계가 포함되어 나타난다. 어린이는 그림에서 더 자세하게 외적 형태를 표현한다. 개별 대상의 조합은 이제 더 연결되고, 더 복합적인 특성을 띤다.

위의 두 그림을 비교해 보자. 모두 어린이가 기억하여 그린 작품이다. 왼쪽 그림은 자전거의 특성을 더 잘 나타내고 있다. 바퀴살이 잘 묘사된 바퀴나 사람이 앉을 수 있는 안장, 방향을 조종할 수 있는 핸들이 특징적이다. 어린이는 이러한 특징을 사람, 태양, 잔디와 함께 하나의 이미지로 묘사하고 있다. 이러한 병치는 물론 외적이다. 태양, 잔디, 자전거, 사람이 각자의 기능을 위해 혹은, 심지어 그림 속 각자의 배치를 위해 서로 갖는 그 어떤 의존성도 없다.

얼핏 보면 오른쪽의 자전거는 대상의 무리들을 확장시키지 않는다. 태양도, 잔디도, 사람도 없으며 심지어 바퀴살도 대충 그려져 있다. 그러나 우리가 자전거를 만들려고 한다면 오른쪽 그림이 훨씬 유용할 것이다. 그림을 통해 어린이는 외형을 좀 더 상세하게 묘사하고 있으며 개별 대상의 조합이 더욱 연결되고 복잡한 특성을 갖는다. 이러한 의미에서 어린이가 나타내는 대상의 무리는 사실상 확장된 것이다. 어린이는 페달, 스프로킷, 체인, 전조등, 후방등을 그림 속에 포함시키고 있다. 이러한 부분들은 배치와 기능을 위해 서로 절대적으로 상호의존적 관계를 맺는다.

러시아어 선집에는 단락이 나뉘어 있지 않지만, 비고츠키 생전에 출판된 교과서인 저자본에는 단락이 나뉘어 있다. 우리는 저자본을 따랐다.

11-5-8] 마지막, 세 번째 단계에서 어린이는 주로 기계를 그린다. 어린이의 주의는 각 부분 간 내적 연결의 표현, 기능을 향한다. 부분들과 요소들의 조합은 주로 기술적 특징을 띤다. 세 번째 단계는 어린이 스스로의 유기체 기능이 특별히 선명하게 체험되는 기능적 재구조화의 성숙과 상응한다고 스미르노프는 말한다.

11-5-9] 이처럼 우리는 청소년의 실행적 생각에서 몇 가지 중대한 변화가 성적 성숙 시기에 실제 발생함을 알 수 있다. 그러나 우리는 이런 변화의 내용과 그 원인이 무엇인지 더 정확하게 정의하기 위해 노력해야 한다. 순전히 부정적인 정의로 시작할 수 있을 것이다.

11-5-10] 첫째, 우리는 이러한 변화가 유기체 자체의 기능 변화와 연결되어 있다는 것을 타당한 설명으로 거의 받아들일 수 없다. 이 설명은 극도로 부자연스럽고 그럴듯해 보이지 않는다. 청소년 자신의 신체가 기능하는 방식이 변화하고, 이에 힘입어 그의 주의가 기능에 끌린다는 것에 기반하여 청소년이 그 어떤 메커니즘의 기능 묘사로 이행한다고 인정하는 것은, 우리가 보기에 청소년 발달에서 가장 멀리 떨어진 계기들—실제 그들 사이에는 그들을 연결하는 엄청나게 많은 연결고리가 존재한다—을 곧장 함께 놓는 것으로 보인다.

11-5-11] 둘째, 우리가 관심을 갖고 있는 현상에 대해 발생적 분석도, 이 현상의 기저에 놓인 인과-역동적 연결의 해명도 없이 사실에 대한 순전한 경험적 진술로 접근하는 이러한 순전히 기술적記述的 연구는 진정한 의미에서의 실행적 생각이 이행적 연령기에만 나타난다는 잘못된 결론으로 우리를 이끌게 될 것으로 보인다.

11-5-12] 우리는 이 질문에 대한 진정한 이해의 단서를 팔러의 연구에서 찾는다. 크로에 따르면, 팔러의 연구는 낱말과 행동의 내적 연결, 행동의 내적 복합체를 이해하고 적절하게 재생산하는 능력은 오직 심리적 고찰을 토대로, 오직 이행적 시기에 가능하게 된다는 것을 입증했다. 우리는 이행적 연령기의 이런저런 기능 변화를 설명하면서 우리가 반복적으로 시도했던 방법을 다시 가져온다. 실행적 활동의 영역에서 우리는 이행적 연령기에, 이전의 어린이에게는 알려지지 않았던 새로운 기초적 행동 형태의 출현을 만나지 않을 것이라고 기대할 수 있다.

11-5-13] 게다가 실행적 생각의 기능 자체 내에서 본질적인 변화나 본질적으로 새로운 형성이 발견될 것이라고 기대하기는 어렵다. 청소년에게 특징적인 변화는 이 기능과 다른 기능들 사이, 특히 이 기능과 모든 심리적 발달을 이끄는 중심 기능, 즉 개념적 생각 사이의 상호관계, 상호 연결의 영역에서 발견될 것임을 우리는 예상해야 한다.

11-5-14] 실제로 이런저런 변화를 겪는 것이 특정한 기능 그 자체가 아님을, 기능과 다른 기능들과의 관계가 변하며, 개념적 생각에 근접하여, 각각의 특정한 기능과 중심적 기능 간의 이중적 상호의존성이 다시 한번 드러난다는 것을 연구는 보여 준다. 특정 기능은 새롭고 복잡한 통합에 포함된다. 이는 개념적 생각의 출현을 위한 전제 조건이면서 동시에 그 영향력 아래에서 더 고등한 수준으로 상승하게 된다. 그 자체의 고유한 법칙을 가지는 새로운 독립적 통합체의 형성, 본질적으로 새로운 활동 형태, 새로운 기능, 새로운 작동 방식modus operandi의 출현이 여기서 발생적 과정의 진정한 내용이다. 이것이 실제 어떻게 발생하는지 더 자세히 살펴보자.

11-5-15] 현대 심리학에서 실행적 생각의 문제는 우리 과학 모두의 중심적인 원칙적 문제 중 하나가 되었으며, 유인원을 대상으로 한 퀼러의 유명한 실험은 고등한 유인원이 도구를 발명하고 합리적으로 사용

할 수 있다는 것을 보여 주었다. 이렇게 발생적으로 가장 이른 생각 형태가 연구되었다. 이 형태는 말과는 완전히 독립된, 실행적이고, 효과적인 생각 형태로 판명되었다.

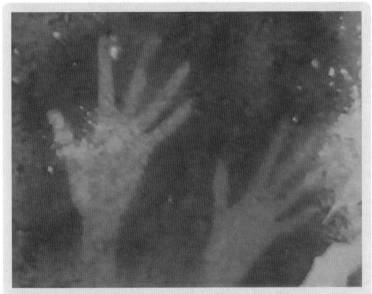

(기원전 40000년 무렵 인도네시아의 한 동굴에서 나온 오른손 스텐실. 이것이 실행적 생각의 사례인지 순수한 개념적 사고의 사례인지는 불분명하다. 아무튼 예술이 주술적 목적을 갖는다면 그러한 구분조차 의미가 없을 것이다.)

'부정적인 정의로 시작할 것'(11-5-9에서)이라는 의미는 청소년의 실행적 생각이, 말하자면 어린이와 성인의 실행적 생각과 구분되지 않는 부분을 먼저 지적하겠다는 것이다. 예컨대 그는 어린이가 자신의 신체의 기능적 변화를 알아차리기 때문에, 그림을 그릴 때 마타도어 기계장치의 기능적 측면을 알아차리기 시작한다는 스미르노프의 설명이 청소년의 실행적 생각을 구분하는 것일 수는 없다고 말한다. 즉 두 현상이 일치했다는 이유로 이 두 변화를 한데 묶을 수는 없다(11-5-10). 게다가 그것이 사실이라면 청소년기까지는 실행적 생각이 출현하지 않을 것이며, 실제로 청소년기의 실행적 생각에는 진정한 신형성이 전혀 존재하지 않는다(11-5-11~13).

비고츠키가 옳다. 우리는 청소년들이 화장실 벽에 가슴이나 성기를 그리기 시작하는 것과 같은 이유로 갑자기 자동차와 풍차가 어떻게 작동하는지 그리기 시작하는 것은 아님을 알고 있다. 우리는 또한 예를 들어 음악이나 미술 교육에서 실행적 생각이 아주 어릴 때 시작할 수 있지만, 개념적 생각(예컨대 독창적인 음악을 작곡하고 주제에 따라 그림을 그릴 수 있는)은 훨씬 나중에 시작된다는 것을 알고 있다.

그러나 여기서 비고츠키는 실행적, 기계적 생각이 '발생적'으로(계통발생적, 사회발생적, 개체발생적, 즉 발달적으로) 가장 이르다고 말한다. 계통발생적으로 개미, 거미, 그리고 벌(마르크스가 지적했듯이)은 기술적 생각을 가진다. 사회발생적으로 석기(돌 도구)는 석조 예술 작품보다 먼저 나타난다. 물론 개체발생적으로 어린이는 기호를 다루기 전에 대상(사물)을 가지고 논다. 따라서 비고츠키는 우리의 발생적으로 가장 이른 생각 형태는 실행적 생각이라고 말한다.

이는 아마도 약간 오해의 소지가 있다. 계통발생적으로 우리는 개미의 실행적 생각이 다른 개미와의 의사소통과 구별될 수 있는지 실제로 모른다. 사회발생적으로 우리는 실제로 도구가 예술 작품보다 먼저 출현했는지(예술 작품을 만들기 위해서는 도구가 필요하다는 명백한 사실은 제외하고) 모른다. 그리고 우리는 아기가 젖병이나 가슴을 도구로 생각하는지 아니면 기호로 생각하는지 실제로는 모른다. 그러나 우리는, 소비에트 사회와 우리 스스로의 사회 모두가 도구와 상품 생산이 인류 발생의 뿌리라고 생각하기를 바랄 것임은 알고 있다.

11-5-16] 이런 실험은 행동에서의 실행적, 효과적 생각이 심리 발달의 역사에서 가장 원초적인 생각 형태라는 믿음의 모든 토대를 제공해 준다. 이 원초적 생각 형태의 첫 번째 발현은 더 복잡한 활동 유형과는 독립적이지만 이 복잡한 활동 유형을 가능성과 미발달된 형태로 포함한다. 퀼러의 연구는 인간 어린이로 확장되었고, 10~12개월의 인간 어린이에서 처음으로, 뷜러의 말에 따르면 침팬지의 행동과 완전히 유사한 행동이 관찰된다는 것이 밝혀졌다.

11-5-17] 이 때문에 뷜러는 이 연령기를 침팬지와 유사한 연령기라고 지칭하였으며, 이로써 여기서 말과 완전히 독립적으로, 원숭이의 특징인 가장 원시적인 형태로 어린이의 실행적 생각이 처음 나타남을 지적하고자 했다. 이후 실험들은 좀 더 성숙한 연령기의 어린이로 확장되었다. 이 연구들은 실행적 생각이 언어적 생각에 앞서, 대체로 그와는 독립적으로 먼저 발달함을 보여 주었다.

11-5-18] 유인원을 대상으로 실험을 수행했던 이 모든 연구는 보육실까지 확장되어 기본적으로 기존 경로를 따라 진척되었다. 이 모든 연구는 하나같이 인간 어린이가 유인원의 생각과 근접하게 되는 계기를 모색하였다. 이것으로 이 저자들은 인간과 동물에게 있어 원칙적으로 다른 실험 구조와 실행적 생각의 발달을 간과하였다. 뷜러의 올바른 표현에 따르면, 현대 아동심리학은 방법론에서 동물 심리학 방법을 광범위하게 사용하기 때문에, 아동심리학은 이러한 원칙적 차이를 알아채지 못했다. 아동심리학은 뷜러가 위에서 제시한 진술로 특징지어진다.

11-5-19] 퀼러의 책 전체를 관통하는 주된 경향이 침팬지의 지성이 인간과 유사하다는 것을 증명하려는 의도라면, 아동 심리학의 경향은 반대로 어린이의 지성이 침팬지와 유사하다는 것을 증명하려는 경향이다. 퀼러는 자신의 실험이 침팬지에게서 인간과 같은 유형과 부류의 지성을 드러냈다고 말한다. 뷜러는 어린이 쪽에서 나아가 이를 확증한다.

"이것은 침팬지의 행동과 완전히 유사한 행동이었다. 그런 이유로 나는 어린이 삶의 이 국면을 침팬지와 유사한 연령이라고 불렀다."

11-5-20] 많은 저자들은 다양한 경로를 통해 인간 어린이의 특별한 차이점을 파악하고자 노력하였다. 그러나 우리는 이 모든 시도를 자세히 분석하지 않고, 다만 리프만과 같은 몇몇 저자들이 이러한 특별한 차이점을, 인간 어린이가 가진 원숭이에 비해 더 발달된 생물학적 가능성에서 찾으려 했음을 지적하고자 한다. 원숭이가 주로 시각적 상황의 구조에 인도된 반면 리프만이 드러냈듯이 인간 어린이의 경우, 침팬지에게서는 대단히 덜 발달된 '소박한 물리학'이 비교적 일찍 전면으로 대두된다.

11-5-21] 리프만은 이 명칭으로, 어린이 삶의 첫해에 이루어지기 시작하는 스스로의 몸과 주변 대상의 물리적 속성에 대한 소박한 무의식적 경험을 모두 의미한다. 시각적 장의 구조가 아닌, 자기 신체와 다른 대상의 물리적 속성에 대한 바로 이러한 소박한 경험이 어린이의 실행 지성을 규정한다. 이처럼 리프만은 어린이를 인간생물학(의 특성-K)을 가진 침팬지로 간주하여 접근한다.

11-5-22] 다른 저자들은 이 경로를 따라 더 나아간다. 이들은 샤피로와 게르케가 그러했듯, 그들 스스로의 표현에 따르면 쾰러의 방법을 아동학으로 전이하면서 그것을 인간화하려 한다. 이런 인간화는 소박한 물리학이나 대상의 물리적 속성에 대한 더 완벽한 지식이 아닌, 어린이의 사회적 경험을 어린이의 실행적 생각을 인도하는 기본 요인으로 설명하려는 시도로 이루어진다.

> 샤피로와 게르케가 제안한 것처럼, 어린이의 사회적 경험을 포함하는 것이 쾰러와 뷜러가 제안한 소박한 물리학의 길에서 그리 멀리 나아가지 못할 것으로 비고츠키가 생각하는 이유는 무엇인가?

쾰러와 뷜러는 어린이의 실행 지성이 환경에 적응하는 길을 따라 발달한다고 제안했다. 어린이/침팬지는 과일이 손에 닿지 않는 곳에 있다는 것을 발견한다. 어린이/침팬지는 이를 소박한 물리학의 문제로 설명한다. 나는 너무 작아, 또는 내 팔은 충분히 길지 않아. 이런 식으로 어린이는 도구(사다리나 막대기)를 사용하여 소박한 물리학의 문제를 해결할 수 있다.

샤피로와 게르케는 쾰러/뷜러의 실험을 복제했지만, 사회적 경험을 포함시켰다. 그들은 장난감(기차 모형)을 어린이의 손이 닿지 않는 높이에 걸어 놓고 도구(사다리와 장대)를 제공했다. 전학령기 어린이의 일부는 실험자가 도구를 지적해 줄 때조차 기차를 획득하지 못했으며, 어떤 아이들은 쾰러 실험의 침팬지처럼, 도구를 사용하기는 했으나 창조적으로 사용하지는 못했다.

이런 상황에서 어린이의 실행 지성은 사회적 환경에 적응하는 길을 따라 발달한다. 사회적 경험은 실제로 포함되기는 하지만, 환경의 일부로만 포함된다. 여기서 말은 무시되지 않지만, 여전히 사회적 환경에 적응하는 수단이다. 비고츠키의 요점은 실제로 말이 계획 기능을 통해, 달성되어야 할 환경을 예상하고 심지어 그 환경을 창조할 수도 있다는 것이다.

하나의 그림, 시각적 예시가 비고츠키의 요점을 보여 줄 것이다. 침팬지는 그림을 그리고 색을 칠하는 실제 동작을 쉽게 배울 수 있다. 예를 들어 다음 그림은 런던 동물원에 있는 침팬지 콩고의 작품이다. 콩고의 그림 중 하나는 피카소의 스튜디오에 걸려 있고, 다른 하나는 약 2만 5,000파운드에 팔렸다.

콩고는 400점 이상의 그림을 그렸지만, 그중 우리가 **11-5-7** 글상자에서 보았던 묘사적인 자전거 그림과 같은 것은 하나도 없었다. 인간 어린이와 달리 침팬지는 그림과 색을 사용하여 현실을 묘사하거나 창조하지 못한다. 침팬지의 '낱말word'은 '세계world'를 만들지 못한다.

S. A. 샤피로와 E. D. 게르케는 레닌그라드 과학 교육학 연구소에서 미하일 바소프와 일했다. 언급된 것은 아마도 다음 논문일 것이다.

Shapiro, S. A., & Gerke, E. D.(1991). The process of adaptation to environmental conditions in a child's behavior(어린이 행동에서 환경 조건에 적응하는 과정). Soviet Psychology, 29(6), 44-90.

11-5-23] 이 저자들이 바르게 지적한 것처럼, 어린이의 모든 과거 경험은 침팬지의 과거 경험과는 완전히 다른 유형을 따라 구성된다. 따라서 원숭이 우리와 유치원에서의 동일한 실험이 심리적 구조의 동일성을 보존할 수 있고, 이러저러한 대상의 운동 장치에 똑같이 대응될 수 있지만 어린이의 과거 경험이 시야에서 벗어나 버린다면 획득된 결과의 전망이 근본적으로 왜곡된다. 이러한 과거 경험은, 어린이의 실행 지성에서 나타나듯, 어린 시절의 환경이 어린이에게 현재 상황에서 부여된 수단은 물론 과거 경험의 자원 또한 함께 적응 과정에서 도움을 이끌어 내도록 가르친다는 사실에 무엇보다 잘 드러난다. 그 결과 점점 나이가 들면서, 유사한 반응을 통해 적응하는 특정한 구체적 조건과 무관하게, 습관이 된, 지정된 유형의 활동을 포괄하는 일반화된 도식이 발

달한다.

11-5-24] 어린이의 행동은 그와 같은 사회적 경험의 결정화된 도식으로 가득 차 있다. 매일의 자기 생활과 놀이에서 온갖 대상을 활용하면서 어린이는 특정한 행동의 패턴을 발달시키며, 그 결과 특정 활동의 원칙 자체를 습득한다. 예컨대 가는 끈, 리본, 줄의 사용은 연결의 원칙을 습득하도록 하는 결과를 낳는다. 그 결과 어린이는 사회적 환경으로부터 전수된 적응 수단으로 온전히 물들게 된다.

11-5-25] 우리는 이 저자들이 실험에 도입한 모든 변화에 대해 더 언급하지 않을 것이다. 이 사례에서 우리가 관심을 갖는 것은 어린이 실행 지성에 대한 원칙적인 접근이다. 이 실험의 결과는 어린이의 실행적 생각이 이용 가능한 사회적 도식의 보유고에 직접 의존함을 보여 준다. 게다가 이 저자들은 어린이의 적응 과정이 주로 사회적 환경으로부터 물려받은 이러한 기존의 도식 덕분에 일어난다고 말한다. 이처럼 우리는 인간 고유의 실천적 지성에 대한 탐색이 새로운 요소를 끌어들이는 경로를 따랐고, 인간에게서 이 기능의 구성이 다층 구조와 진정한 복잡성을 보여 줌을 알 수 있다. 실험이 보여 주듯이, 소박한 물리학과 사회적 도식의 보유고는 의심의 여지 없이 인간에게서 이러한 과정의 고유성을 결정짓는 강력한 요인이다.

11-5-26] 그러나 이 모든 연구는 가장 중요하고 주요한 것, 인간의 실천적 생각과 유인원의 동일한 생각을 구별하는 것, 즉 주어진 행동 형태와 모든 다른 기능 사이에 존재하는 연결을 지적하지는 않는 것으로 보인다.

11-5-27] 유인원에게 실행 지성은 완전히 다른 체계, 완전히 다른 행동 구조에 존재한다. 그것은 산봉우리처럼 홀로 다른 모든 기초적 기능들 위에 솟아 있다. 인간 어린이의 경우는 그렇지 않다. 인간 어린이는 어릴 때부터 유인원에게는 불가능한 더 고등한 행동 형태, 특히 더없

이 더욱 완전한 언어적 생각 형태를 습득한다. 이러한 침팬지와 유사한 반응을 인간 지성의 완전히 새로운 구조에 포함하면 이러한 반응이 불변의 형태로 남을 것이라고 미리 가정할 수 없을 것이다. 오히려 우리는 실행 지성의 질적 변형과 연결된, 전체 일련의 기능 간의 복잡한 얽힘, 수렴, 종합이 일어날 것이라고 예상할 권리가 있다.

11-5-28] 우리 연구에서 우리가 주목한 점은 동일한 상황에서 침팬지와 어린이의 행동 간에는 중대한 차이가 있다는 것이다. 즉, 어린이는 도구의 도움으로 목표물을 잡는 과업에 직면했을 때 행동하는 것뿐 아니라 말도 했다는 점이다. 이 실험은 이런 상황에 있는 어린이가 나름의 활동적 혼합주의를 드러낸다는 것을 보여 주었다. 어린이는 실험자와 어린이 스스로에게 작용하는 수단인 낱말과, 사물에 대해 작용하는 수단인 행동을 섞고 결합하면서 대상과 실험자에게 혼합적으로 반응한다. 행동과 말하기, 이 두 반응은 모두 하나로 혼합된 전체로 융합되어 있다.

> 러시아어 선집은 이 문단에 언급된 실험이 『도구와 기호』에서 등장하며 다른 곳에서는 출판되지 않았다고 지적한다.

11-5-29] 우리는 그러한 상황에 처한 어린이가, 피아제가 자기중심적 말이라고 이름한 자기 자신을 향한 발화 형태, 혼잣말에 어떻게 의지했는지 관찰할 수 있었다. 지적 계기가 풍부한 경우, 예를 들어, 어렵거나 도구를 써야 하는 상황에서 자기중심적 말의 계수를 측정한다면, 그리기와 같은 중립적인 경우보다 평균 두 배 정도 높은 수치가 나올 것이며, 무엇보다도 상이한 특성을 보일 것이다. 자기중심적 말은 어린이의 행동과 혼합적으로 통합된다. 도구를 사용하는 상황에서 이러한 사회적, 자기중심적 말과 행동의 혼합적 통합은 이후 어린이의 실행적

생각 발달 과정의 전체 운명에 큰 중요성을 지닌다.

11-5-30] 말은 어린이 활동의 부산물이 아니며, 행동과 함께 일어나는 평행적 기능이 아니다. 말과 행동은 서로 수렴하며 이는 행동과 말에서 결정적인 의미를 지닌다. 처음에, 말은 지적 행동과 가까워지면서 그에 수반되어 활동의 결과와 활동의 주요 계기를 반영한다.

11-5-31] 그러나 말이 실행적 생각의 개별 계기들을 반영하고 확립한다는 바로 그 사실 덕분에, 말은 과정의 시작으로 이동하여, 반영하고 동반하는 기능에서 계획하는 기능으로 바뀌게 되면서 공식화된 행동의 구조를 하나의 조작에서 다른 조작으로 옮긴다. 이렇게 말과 생각 사이에 최초의 객관적 연결이 생겨난다. 말은 주로 객관적으로 진행되는 실행적인 지적 조작을 반영하기 때문에 생각의 수단이 된다. 이는, 전체적으로 언어적 생각 출현의 비밀을 드러내는, 말과 생각의 발달에서 근본적으로 중요한 계기이다. 말과 생각의 이러한 최초의 혼합적 수렴은 어린이에 의해 점차적으로 인식된다.

첫 번째 사진은 볼프강 쾰러의 침팬지인 술탄이 바나나가 담긴 바구니가 너무 높은 곳에 있는 상황을 주시하는 것을 보여 준다. 그런 다음 술탄은 "바나나가 너무 높은 곳에 있다"에서 "내가 너무 낮은 곳에 있다"와 같은 소박한 물리학 문제로 공식화 가능한 문제를 숙고하고 있다. 두 번째 사진은 술탄이 바나나 아래 상자 세 개를 쌓는 생각을 실행하는 것을 보여 준다. 세 번째 사진은 술탄이 "내가 너무 낮은 곳에 있다"라는 문제 구조를 "나는 이제 충분히 높은 곳에 있다"라는 해결 구조로 전환시켰음을 보여 준다. 첫 번째 사진의 상황에서 세 번째 사진의 상황에 이르기까지 단 20초가 걸렸다.

그러나 술탄은 특별히 어린이와 유사한 침팬지였다. 다른 침팬지들은 훨씬 더 오래 걸렸으며, 상당수는 문제를 전혀 풀지 못했다. 술탄도 다른 침팬지가 상자 위에 자고 있거나, 상자가 시각장 내에 없을 때 문제 해결을 매우 어려워했다.

비고츠키의 요점은 어린이가 "내가 충분히 높은 곳에 있지 않아"라는 말로 문제 구조를 공식화할 수 있다면 숙고, 주시, 행동, 해결이라는 모든 계기가 한 번에, 그리고 동시에 일어난다는 것이다. 이 공식화는 행동에서 숙고와 주시로 전이될 수 있다. 이런 식으로 문제는 낱말을 통해, 상황을 보지 않고도 그리고 (지필 평가에서와 같이) 바나나, 바구니, 상자 없이도 해결될 수 있다.

11-5-32] 그러나 처음부터 두 계기를 주목하는 것이 매우 중요하다. 첫째, 이 수렴은 어린이에 의해 창안된 것이 아니며 논리적 조작의 도움으로 구성된 것이 아니다. 어린이는 이러저러한 실행적 행동 수단을 말의 도움으로 만들어 내지 않는다. 오히려 말 자체가 특정한 논리적 형식을 획득하고 지성화되는 것은 그것이 어린이의 실행 지성적 조작을 반영하고 동반하기 때문이다. 언어적 생각은 먼저 객관적으로 나타나고 오직 이후에 주관적으로 나타나야 한다. 그것은 처음에는 즉자적으로, 이후에 대자적으로 발생한다.

11-5-33] 말과 행동은 서로 수렴하면서, 어린이 자신이 이들을 통해 스스로의 반응을 결정하기 시작하기 전에 그 자체로 어린이의 행동을 결정하기 시작한다. 어린이의 말과 지적 행동 간에 발생하는 연결을 실제로 깊이 연구한 사람이라면 누구나 말 발달과 생각 발달의 전체사슬에서 중심적 연결고리를 발견할 수 있을 것이다. 이(연결고리-K)는 그

형성의 본질을 실험적으로, 발생적으로 드러낸다. 어린이는 다른 사람, 즉 실험자를 통해서 도구를 사용해야 하는 상황에 처해 있다. 그와 말하면서, 그리고 후에는 그 앞에서 혼자 말하면서 어린이는 지시를 통해, 즉 말을 통해 상황에 마주한다. 여기에서 지성에 이르는 길은 말을 통해—먼저 객관적으로 다른 사람을 통해서, 그 후에 혼자서— 닦인다. 후에 실험자는 배제된다.

11-5-34] 어린이가 스스로의 지시를 통해, 스스로의 말을 통해 상황에 대응하면서, 실험자가 있을 때 혼자 하는 말 즉 자기중심적 말은 실험자가 없어도 혼자 하는 말 즉 내적 말로 이행한다. 여기서 우리는 언어적 생각의 진정한 발생적 본성을 실험적으로 재창조한다.

11-5-35] 두 번째 계기는 실행적 생각이 말의 지성화를 이끌며 그 자체가 말이 된다는 것이다. 그것은 언어화된다. 이 덕분에 그 자체의 가능성은 무한히 확장된다. 우리는 말이 처음으로 유의미해지는 것은 그것이 의미 있는 행동을 반영하기 때문임을 보았다. 그러나 어린이가 말을 통해 온갖 일련의 조작을 공식화된 방식으로 확립하기 시작할 때, 그가 이후에 이러한 공식을 미래 행동에 적용하여 자기 행동의 계획과 의도를 생성하기 시작할 때 그의 실행적 생각은 새로운 단계로 고양된다. 이 실행적 생각의 새로운 단계는 어린이의 행동이 이 단계에서 시각장의 구조, 소박한 물리학 그리고 심지어는 경험의 사회적 도식이 아니라 새로운 행동 형식, 즉 언어적 생각에 의해 규정되기 시작한다는 사실로 이루어진다.

11-5-36] 예를 들어 우리는 그리기의 역사로부터 어린이 낱말의 이러한 위치 이동이 그 자신의 행동과 관련하여 어떻게 일어나는지 알고 있다. 첫 단계에서 어린이는 먼저 그림을 그리고, 그다음에 자신이 그린 것에 이름을 붙이는 식으로 일이 진행된다. 사전에 물으면, 어린이는 자신이 그릴 것이 무엇인지조차 알지 못한다. 어린이에게는 아직 자신의

행위와 관련한 어떤 계획이나 의도가 존재하지 않는다. 낱말은 점차 이동하기 시작하여, 그리기 과정의 끝에서 시작으로 자리를 옮긴다. 그림을 완성하기 직전에 어린이는 이미 자신의 결과에 이름을 붙이고, 이런 식으로 아직 완료되지 않은 과정의 끝을 예측한다. 종종 어린이는 중간에, 때로는 심지어 과정을 시작한 직후에, 무엇을 이룰지 말하고, 이를 낱말로 확립함으로써 이후의 모든 과정을 계획과 의도에 종속시킨다.

11-5-37] 마지막으로 세 번째 단계에서 낱말은 과정의 맨 처음으로 이동한다. 어린이는 먼저 무엇을 그릴 것인지 선언하며, 그림의 전체 과정은 자신의 의도와 계획에 대한 이러한 언어적 공식화에 종속된다. 어린이의 실행적 행동과 그에 대한 언어적 공식화 사이의 관계 역시 이러한 마지막 계기로부터 맨 처음으로의 전환을 특징짓는다. 처음에, 언어적 공식화는 행동의 결과를 결론짓고 확립한다. 후에 그것은 과업 해결 과정 자체의 각 계기와 전환을 반영하기 시작한다. 마침내 그것은 공식화된 계획과 의도가 되어, 효과적 조작의 전체적인 향후 흐름을 예상하며, 어린이의 행동을 완전히 다른 결정성의 국면으로 이동시킨다.

11-5-38] 쾰러의 표현에 따르면 동물이 노예가 되는 시각장의 법칙이 아닌, 자기 행동의 의지적 자기규정의 법칙, 언어적 장의 법칙이 어린이 행동을 방향 짓는 기본적 사실이 된다. 유인원은 상황을 보고 그것을 체험한다. 어린이의 지각은 말에 의해 인도되며 어린이는 우리가 보았듯 상황을 인식한다. 그러나 상황에 더해, 그는 스스로의 행동을 체험한다기보다는 인식한다. 그가 매개적 활동을 통해, 도구의 사용을 통해 주어진 과업을 해결하는 것과 같이 그는 매개적 활동을 통해, 말과 언어적 생각을 통해 자기 행동 과정을 통합된 전체로 규정, 확립, 연결한다.

11-5-39] 물론, 그렇다고 해도 실행적, 언어적 생각이 통합되는 이

런 고등 형태로의 이행은 곧바로 일어나지 않는다. 그것은 초기 유년기에서 시작되며, 우리 앞에는 이전과 마찬가지로, 바로 이행적 연령기에 일어나는 언어적 생각과 실행적 생각의 통합 과정에서 나타나는 새로운 것이 무엇인지를 정립하는 기본적 과업이 나타난다.

11-5-40] 이 질문에 답하기 위해, 우리는 이전의 연구자들도 어린이의 실행적, 효과적 생각에서 말의 역할이 엄청나게 중요하다는 것을 분명히 관찰했음을 언급해야 한다. 이는 연구자가 어떤 관점에서 그 과정에 접근했더라도 쉽게 간과될 수 없었다. 소박한 물리학에 주의를 기울이건 사회적 경험 도식에 주의를 기울이건, 언제 어디서나 연구자는 말과 마주쳤지만, 그는 말에 부차적인 지위를—명예로운 자리일지라도—부여했다. 행동 과정에서 말의 이러한 역할이, 연구의 사실적 부분에서라도 언급되지 않았다면, 이는 연구자 측면에서는 완전히 눈이 먼 것이자, 사실에 대한 직접적인 왜곡일 것이다.

> '효과적' 생각이란, 예컨대 어떤 문제의 해결책과 같은, 어떤 결과를 지향하는 생각이다. 효과적 생각은 자폐적 생각과 달리 현실적 생각이다(단순한 상상이 아닌 창조적 행위).

11-5-41] 이 때문에 모든 저자들은 어린이의 적응 과정에서 고유한 역할을 하는 언어적 반응을 살펴보았다. 예컨대 샤피로와 게르케는, 도구를 요하는 실험에서 말이 행동을 대신하는 기능을 수행하는 것이 매우 흔하다는 것을 관찰하였다. 과업이 매우 어렵거나, 과업 해결의 동기가 불충분할 때 어린이는 스스로의 부적응을 말로 공식화하거나, 그의 바람이 저절로 이루어질 것이라는 공상을 입 밖으로 말하기 시작했다. 보랴(3세)는 말한다. "이제 그게 내려와서 우리에게 떨어질 거야. 이제 그건 바닥으로 내려올 거야."

샤피로와 게르케의 실험은 침팬지와 과일을 대상으로 한 실험을 어린이와 모형 기차로 재현하였다. 어린이는 손이 닿지 않게 높이 놓인 모형 기차가 어떻게든 벽을 내려와 바닥을 달릴 것이라고 말한다.

11-5-42] 실행적, 효과적 행동과 언어적, 적응적 행동 사이의 관계가 일반적으로 다음과 같이 지적된다. 언어적 표현의 수는 효과적 행동의 수에 반비례한다.

11-5-43] 이것은, 성공적이지 않은 행동을 말이 대체하며, 어린이는 자신이 상황을 효과적으로 통제하지 못하는 곳에서 공상을 입 밖으로 말하기 시작한다는 저자들의 관점에서 바라본다면 이해할 만하다.

11-5-44] 저자는 말한다. "몇몇 경우에서 말은 예측하고 연계하는 의미를 지닌다. 어린이는 과업을 먼저 말로 해결하고 그 후에야 자신의 해결책을 행동으로 옮기거나, 스스로의 행동을 비판하고 그에 따라 자신의 활동에 수정을 가한다. 말은 그 특별한 특성 때문에 실험 대상이 현재 상황으로부터 과거 경험으로 고양되는 것을 크게 도와준다. 그것은 또한 종종 어린이의 적응을 서로 다른 두 방향으로 이끌어, 어린이가 당장 가지고 있는 자원을 직접 이용할 필요로부터 주의를 돌린다. 한편으로 말은 오직 실험자에게 말로만 도움을 요청하는 경로로 수동적인 적응 가능성을 부여한다. 다른 한편으로 말은 때로 어린이가 당면한 실험 과업과는 관련이 없는 기억과 실험자와의 사회적 교제를 이끈다."

11-5-45] "이 모든 것은, 어린이 언어 출현의 역할에 대한 가장 피상적인 고찰만으로도 이미 보편적인 사회적 도식으로 어린이의 언어 사용을 충분하게 뚜렷이 드러내기 때문에, 어린이의 적응적 반응에서 사회적 경험의 의의가 다시 한번 드러난다." 동일한 데이터를 다시 한번

요약하며, 저자들은 말한다. "어린이의 실행적인 효과적 적응에서 말은 고유한 역할을 수행한다. 그것은 진정한 적응을 대체하고 보완하거나, 과거의 경험으로 이행하는 다리, 종종 실험자를 통해 순전히 사회적인 적응 형태로 이행하는 다리의 역할을 한다."

11-5-46] 우리는 어린이 도구 사용 조작을 통해 어린이 행동을 특징짓는 실험에서 이미 어린이의 실천적 행위와 말 사이의 연결이 매우 분명하게 두드러진다는 것을 본다. 그러나 연구자들은 이 연결에 본질적인 의미를 부여하지 않으면서 이를 사회적 경험의 도식의 특수한 사례로 간주하여, 말과 행동의 종합에 이차적이고 부차적인 의미만을 부여하거나 때로는 이에 전혀 주목하지 않았다.

11-5-47] 그런 저자들은 어린이의 말과 행동이 반비례한다고 생각하는 경향이 있다. 이를 통해 그들은 언어적 반응과 행동적 반응 간의 순전히 양적인 상관관계뿐 아니라, 그들 간의 질적 연결—말이 성공적이지 못한 행동을 대체한다—을 이해한다. 모든 사례와 모든 관찰에서 말은 행동 과정의 본성에 근본적 변화를 이끌거나, 새롭고 질적으로 완전히 독특한 인간 고유의 실행적 활동 형태의 출현을 이끄는 것이라기보다는 행동 과정에 수반하는 것으로 취해진다. 리프만도 자신의 실험에서 어린이가 실행적 활동 중에 나타낸 사회적인 말과 자기 중심적인 말의 고유한 조합을 관찰 기술에 여러 번 보고한다.

11-5-48] 구조적 관점을 취하고 두 활동 형태의 기계적, 순전히 연합적 통합의 가능성은 부정하는 그 저자들이 실행적 생각과 언어적 생각이 하나의 전체로 통합됨으로 나타나는 완전히 새로운 구조는 어떻게 알아차리지 못하는지 이해하기 어렵다. 리프만은 쾰러의 실험에서 나타난 어린이의 행동과 원숭이의 행동 사이에 세부적 유사점을, 합리적 행동 능력에 관한 자신의 연구에서 언급한다. 그는 많은 유사점을 발견했지만, 우리가 지적했듯 원숭이에게는 소박한 물리학이 없고, 어린

이에게는 소박한 광학光學이 없다는 근본적인 차이점도 확립한다.

이 사진을 통해 우리는 리프만이 침팬지에게는 소박한 물리학이 없다고 말할 때 의미하는 바를 쉽게 알 수 있다. 첫 번째 사진에서 침팬지는 작은 상자(자신이 서 있는) 위에 더 큰 상자를 올리려 하고 있다. 두 번째 사진에서 침팬지는 자신의 몸을 충분히 지지하지 못한 채 바나나를 잡으려 한다. 세 번째 사진에서 침팬지는 균형을 잡는 데 필요한 무게중심의 원리에 대한 이해가 분명히 부족하다. 다른 실험에서, 쾰러는 침팬지가 벽에 상자를 눌러 붙이려다 상자가 땅에 떨어지는 것을 보고 놀라는 것을 발견했다. 침팬지에게는 매우 어린 아이들도 가지고 있는 소박한 물리학(어떤 지지물도 없다면 사물은 넘어질 것이다)이 부족하다.

그러나 침팬지는 시각장을 숙달하며, 이런 의미에서 소박한 광학을 지닌다. 침팬지는 문제를 해결하기 위해 시각장 내에 있는 어떤 것이라도 이용할 것이다. 그러나 침팬지는, 어린이들이 하는 방식으로, 시각장 내에 없는 도구를 찾지는 않을 것이다. 따라서 시각장 내에 없는 사물은 단순히 존재하지 않는 것처럼 보인다. 어린이에게는 이러한 소박한 광학이 없다. 어린이는 보았던 것을 기억하고, 필요로 하는 것을 찾으며, 존재를 알아차리는 것만큼이나 쉽게 부재에 대해 언급한다(피아제는 사물 영속성의 실험을 통해 어린이들도 소박한 광학을 가지고 있다고 주장했으나 이후의 실험적 증거들은 그의 주장을 기각하기에 충분하다).

샤피로와 게르케는 물론 리프만조차 그 차이는 인간의 사회적 환경에 대한 어린이의 적응이라고 가정하지만, 비고츠키는 그 차이가 그것에 국한된다고 생각하지 않는다. 청소년은 어른들에게 자신을 위해 무엇을 해 달라고 징징대지 않는다. 청소년은 내적 말을 사용하여 과업에 대해 생각하고 스스로 문제를 해결할 수 있다. 그래서 청소년의 협력은 말을 이끄는 실행적 생각이 아니다. 혹은 청소년의 과업 해결에서 말과 실행적 생각은 수레의 두 바퀴와 같이 나란히 나아가지 않는다. 청소년들이 과업을 나눌 때, 말은 실행적 생각을 이끌며, 말과 실행적 생각의 관계는 혁명적 방식으로 뒤집힌다.

11-5-49] 저자는 말한다. "세부 사항은 생략한 채 나는 어린이와 유인원의 행동 사이의 비교 결과를 다음과 같이 요약할 수 있다. 신체적 행동이 주로 상황의 시각요소적 구조에 의존하는 한, 어린이와 유인원 사이에는 정도의 차이만이 존재한다. 상황이 대상의 물리적인 구조적 특성들을 유의미하게 연결하기를 요구한다면 유인원과 어린이 사이에 차이가 관찰된다. 이 차이는 쾰러의 용어를 이용한다면 다음과 같이 표현될 수 있다. 유인원의 행동은 주로 시각적으로 조성되는 반면 어린이의 행동은 주로 대상들의 물리적 관계에 의해 주도된다."

11-5-50] 우리는 유인원과 비교하여 어린이의 실행적 생각을 규정하는 극도로 중요한 새로운 생물학적 요인의 지적을 다시 보게 되지만, 인간의 실행적 활동과 동물의 활동 사이의 원칙적이고 근본적인 차이에 대한 이해의 측면에서는 작은 진전도 보지 못한다. 솔직히 말해, 어린이와 유인원의 활동 간의 경계가 리프만이 그렸던 곳에 그어진다면, 우리는 인간 노동 활동의 출현을 결코 이해할 수 없을 것이다.

11-5-51] 우리는 우리 연구에서, 이어지는 실행적 행동과 연결되지만 실제 행동과는 분리된 순전한 언어적 조작은 더 후기 발달의 산물임을 지적할 수 있었다. 처음에 언어적 조작은 외적 조작의 보조적 장

치로서 (행동 과정의-K) 구성 부분이 된다. 그러나 언어적 조작과 이 외적 조작이 맺는 특성은 발달의 단계마다 다르다. 각 연령기 단계마다 주어진 단계에서 언어적 생각과 실행적 생각의 지배적 종합을 특징짓는 나름의 발생적 매듭이 나타난다. 매듭에서 매듭으로 어린이의 실행적 활동의 발달 노선이 나아간다. 우리가 이미 말했듯이 이 과정의 기본 변화는 말이 전체 조작의 끝에서 처음으로 이동한다는 사실, 그것이 활동의 고정과 반영의 기능으로부터 활동 계획의 기능으로 이행한다는 사실에 있다. 오세의 올바른 표현에 따르면 어린이는 먼저 행동한 후 생각하지만 성인은 먼저 생각한 후 행동한다. 이러한 어린이로부터 성인으로의 이행은 이행적 연령기에 일어난다.

---

*M. V. 오세(Michael Vincent O'Shea, 1866~1932)는 미국 아동 정신과 의사로 1929년 인기 도서였던 『어린이를 대하는 새로운 방법(Newer Ways with Children)』의 저자이다. 이 책에서 그는 어린이 정신의 무의식적인 부분이 의식적 부분만큼이나 실천적 활동을 이해하는 데 중요하다고 주장한다. 그는 또한 담배를 포함한 광범위한 건강 주제에 대해 글을 썼다. 비고츠키는 「어린이 삶에서 활동의 역할(The Role of Activity in the Life of the Child)」이라는 1910년 논문을 언급하고 있다.

코넬대학교 졸업 당시와
33년 후 퇴임 당시 모습

11-5-52] 우리의 연구는 우리가 간단히 고찰한 어린이 실행적 활동 발달의 기본 도식을 매우 일반적인 모습으로 밑그림 그릴 수 있게 해 준다. 발생적 절단법을 통해 도구의 사용이 필요한 실험을 생각해 본다

면, 우리는 이 활동의 발달이 다음과 같은 경로를 따름을 볼 수 있다. 연구자들은 생후 6개월, 유아기에 미래 도구 사용의 배아적 형태가 나타나는 것을 본다. 어린이는 한 대상으로 다른 대상에 작용한다. 이는 인간 손의 고유한 조작으로 동물에게는 나타나지 않는다. 이는 아직 목적지향적 조작이 아니다. 어린이의 행동은 어떤 무언가를 향하지 않기 때문이다. 그러나 이는 객관적 의미에서 이미 즉자적 도구이다. 어린이와 어린이 행동의 대상 사이에 어떤 중간자가 개입되었기 때문이다. 대체로 원숭이에게서 관찰되는 유형의 진정한 도구 사용은 10~12개월에 처음으로 관찰된다.

11-5-53] 이 전체 연령기의 특징적 면모는 실행적 행동이 말과 별개라는 점이다(침팬지와 같은 연령기). 그러나 우리가 보기에 어린이 활동이 옹알이를 수반한다는 사실에 본질적인 의의가 있다. 사실 이 경우 옹알이는 정서적으로 수반되는 특성을 갖는다. 초기 유년기는 어린이의 사회화된 말과 행동의 혼합적 결합으로 특징지어진다. 어린이는 대상에 직접 영향을 미치는 대신, 실험자에게 요청하거나, 허락을 구하거나, 말의 도움을 받아 대상에 영향을 주려 하거나 결국, 과업을 변경하여 말로 실제 성공을 대체하려 한다.

11-5-54] 전체 연령기의 본질적 면모는 사회적 상황과 물리적 상황을 하나의 비체계적 전체로 혼합적으로 결합하는 것이다. 그러나 이러한 혼합적 결합은, 언어적 생각과 실행적 생각 사이의 아직은 비규정적이고 모호한 연결의 최초 확립을 이끄는 매우 중요한 발생적 매듭으로 이해되어야 한다. 전학령기에 어린이의 말은 이미 새로운 형태를 획득하고 대자적 말이 되어 전체 연령기는 자기중심적 말과 실행적 행동의 혼합적 결합으로 특징지어진다. 과업을 수행하는 과정에서 진정한 의미에서의 언어적 생각은 만나기 힘들다. 비록 어린이의 의도는 아니지만, 낱말은 행동을 규제하고 방향 짓는다.

11-5-55] 말하자면 여기서 우리는 모든 면에서 서로 일치하지 않고 여전히 무의식적이고 무계획적이지만, 객관적으로 이미 서로 결합된 두 개의 생각 작용을 지니게 된다. 우리가 보았듯이, 학령기에 어린이는 추상적인 언어적 생각 영역에서 여전히 언어적 혼합주의의 지배하에 있다. 따라서 어린이가 내적 말 과정과 실행적 행동 과정을 하나의 전체로 결합하는 과업에 직면할 때, 모든 실행적 조작에 대한 내적 말의 지배 없이 양자의 혼합주의적 결합이 생겨난다.

11-5-56] 오직 이행적 연령기가 되어야 언어적인 개념적 생각의 출현과 관련하여 말로 문제를 해결한 후 그것을 행동으로 실현하는 것이 가능해진다. 이는 계획하에 이루어지고, 단일한 의도로 좌우되며 법칙과 같이 행동의 방법과 특성을 규정짓는 의지에 의해 방향 지어진다.

11-5-57] 이처럼 말을 통한 생각의 길이 점진적으로 만들어지며, 우리는 다음으로 표현되는 이중적 상황을 이행적 연령기에서 한눈에 감지한다. 즉, 한편으로 청소년은 구체적인 행동과는 완벽히 분리된 개념적 생각을 처음으로 숙달하고, 다른 한편으로는 바로 개념적 생각 덕분에 생각과 행동 사이의 복잡한 위계적 종합으로 특징지어지는 인간 고유의, 생각과 행동 간의 고등한 관계 형태가 처음으로 만들어진다.

11-5-58] 우리는 인간의 생각 발달 역사의 계통발생적 측면에서 극도로 흥미로운 유사한 입장을 본다. 알려진 바와 같이 헤겔은 인간의 실행적 활동, 특히 도구 사용을 논리적 연역이 행동으로 구체적으로 현현된 것으로 보고자 하는 시도를 여러 번 했다. 레닌은 헤겔의 『논리학』의 주석에 논리학의 범주와 인간의 실천에 대해 다음과 같이 쓴다. "인간의 합목적적인 활동이 결론(Schluß)이며 주체(인간)는 이 결론의 논리적 추론에서 구성원의 역할을 한다고 주장하며 인간의 합목적적 활동을 논리학의 범주에 종속시키고자 애썼을 때, 이는 단순한 (논리의-K) 확장, 게임이 아니다. 여기에는 매우 순수한 유물론적 내용이 있

다. 다만 이는 뒤집혀야 한다. 인간의 실천적 활동은 인간의 의식으로 하여금 다양한 논리적 추론을 수십억 번 반복하도록 했다. 그리하여 이러한 추론은 공리의 의미를 획득하게 된 것이다." 논리적 생각 형태와 인간의 실천이 맺는 연결에 대한 동일한 생각을 레닌은 다른 곳에서 다음과 같이 표현한다. "행동의 결론… 헤겔에게 행동, 실천은 논리적 결론, 논리적 추론이다. 이는 사실이다. 물론 이는 논리적 추론이 인간의 실천을 스스로의 다른 존재 형태로 갖는다(절대적 관념론)는 의미에서가 아니라 반대로 수십억 번 반복된 인간의 실천은 인간의 의식에 논리적 추론으로 정착된다는 의미에서다. 이러한 추론들은 바로 수억 번의 반복에 의해 편견의 고정성과 공리적 특성을 가지게 되는 것이다."

I. 브로드스키(Isak Brodsky), 서재의 레닌, 1930.

비고츠키는 유인원으로부터 인류가 출현한 과정인 인류발생론(기원론)에서 청소년기의 실행적 생각과 행동의 결합과 유사한 점이 있음을 논하는 중이다. 헤겔은 논리적 삼단논법을 취했다.

대전제: 모든 사람은 죽는다.

소전제: 소크라테스는 사람이다.

결론: 소크라테스는 죽는다.

헤겔은 이것을 도구 사용을 설명하는 논리적 형식에 적용해 보고자한다.

대전제: 유한한 인간은 삶의 목적(음식, 울타리, 온기 등)을 추구한다. 이것은 주관적이다. 왜냐하면 그 목적은 오로지 주관일 뿐 객관적으로 존재하지 않기 때문이다.

소전제: 유한한 인간은 삶의 목적을 달성하고자 구체적이고 물질적인 도구나 기구를 사용한다. 이것은 객관적이다. 도구는 객관적이기 때문이다.

결론: 이 구체적이고 객관적인 도구는 주관적 목적을 위한 일반적이고, 개념적인 수단이다.

레닌은 이것이 삼단논법 게임에 맞추어 인간의 도구 활동을 확장한 것이 아니라고 논한다. 전체 삼단논법을 뒤집는다면 그것은 실재적이고 근원적인 내용을 가지며, 그 내용은 유물론적이기까지 하다.

대전제: 구체적이고 객관적인 도구는 일반적인 삶의 목적을 위한 수단이므로 주관적 사회 관념과 이 관념에 대한 객관적 과학적 검증을 통합한다.

소전제: 구체적 유한한 인간은 물질적 목적을 획득하기 위해 물질적 도구를 노동에서 사용한다.

결론: 유한한 인간은 (예컨대 계급 투쟁 등에서) 그들의 생물학적 필요를 추구한다.

이 결론은 공리적이다. 즉, 그것은 우리가 그것에 대한 어떤 생각(이의 제기)도 없이 진리로 받아들이는 것이다. 하지만 이것이 공리적 성격을 획득한 것은 인류의 삶을 관통하여 대전제부터 결론까지 전체 삼단논법이 수십억 번 반복되었기 때문이다.

이제 비고츠키는 수천 년 역사 덕에 공리적인 성격을 획득한 이 공리들을 계통발생적 수준에서 개체발생 수준으로 전이하는 것이 어떻게 가능한지 묻는다. 어린이들은 어떻게 수천 년 진화의 시간을 뛰어넘어 십수 년 만에 진개념을 발달시키는 것일까? 비고츠키는 다음 문단에서 이 질문에 답한다.

Lenin, V. I.(1970), Collected Works, Vol. 38, The Philosophical Notebooks, p. 190, 216 참고.

11-5-59] 행위는 말에서 판단을 형성하고, 말을 지적 과정으로 바꾼다. 우리는 어린이를 대상으로 한 실험에서 이를 보았다. 어린이가 행위 중에 생각을 한다는 것, 즉 도구를 사용하면서 동시에 말을 한다는 사실은, 생각 속에 말을 이용하는 길과 경험을 활용하는 새로운 형태를 도입함으로써 그 생각 형태를 변화시킬 뿐 아니라, 지적 원리에 따라 말을 형성하고 말에 지적 기능을 부여함으로써 말 자체도 변화시킨다. 레닌이 언급한 계통발생적 측면에서도, 말은 인간의 실천 속에서 수십억 번 반복되어 온 논리적 추론을 인간의 의식 속에 공고화하는 과정에서 결정적 역할을 수행했을 것이다.

11-5-60] 지금까지 일반적으로 생각을 위한 말의 중요성이 일방적으로 강조되었으나 말이, 실행 지성의 조작에 수반하여 그것을 사후적으로 공고화하며, 실행 지성의 영향하에 다양한 기능을 수행하는 무형의 더미로부터 지적 형태(판단)를 구축하고 오직 이후—이행적 연령기—에만 생각을 통제하게 되는, 실행 지성의 사진, 거푸집을 제공하는 측면은 강조되지 않았다. 이처럼, 매우 일찍 시작되는 말과 효과적 생각 사이의 역할과 상호작용의 역전이 이행적 연령기에 완성된다.

11-5-61] 초기 연령기에 주도적이고 지배적인 기능이 실행 지성이고, 어린이의 말이 그의 실천과 분리되지 않는 한에서만 지적이라면, 이제 어린이의 실천은 생각과 관련하여 종속적 위치가 된다. 이 과정에서 우리는 어떻게 생각이 말이 되는지, 어떻게 실행 지성이 말로 이행하는지 뿐만 아니라 어떻게 말이 실천 행위를 통해 지성화되는지 추적할 수 있다.

11-5-62] 이행적 연령기에서의 이 두 생각 형태 간 상호관계를 이에 근접한 학령기와 구분 짓는 것은 무엇인가? 이 두 가지 생각 형태 간의 내적 관계의 차이는 무엇인가? 학령기에 복잡한 도구 사용을 요구하는 과업의 해결은 외적 말 없이 내적 말의 경로를 통해, 그러나 그의 지각과 실제 상황, 실제 행동의 통제하에 이루어진다. 그렇지 않고, 생각에 시각적 상황이나 시각적 행위가 없을 경우 해결책은 언어적 혼합성을 이끈다. 청소년기에만 내적 말과 개념적 생각의 새로운 종합의 가능성, 두 지성 형태가 새로운 유형으로 연결되는 가능성을 이끈다.

11-5-63] 오직 청소년만이 시각적 상황 없이도 실행적 생각의 문제를 개념적으로 해결하고 이를 행동의 측면으로 이행시킬 수 있다.

11-5-64] 우리는 우리의 연구 과정에서 말을 통해 지성으로 가는 길이 어떻게 놓이게 되는지 추적할 수 있지만, 말은 지성으로 가는 길이 되기 위해, 스스로 지성의 형성적 영향을 받을 수밖에 없다는 것을 일반적인 공식의 형태로 말할 수 있을 것이다. 하지만 반영적 기능에서 말의 계획 기능이 출현하는 이러한 과정은 지각이나 반영 과정으로부터 통제하고 이해하는 과정이 출현하는 일반 법칙의 특수한 사례일 뿐이다. 말을 통한 반영(자신의 행위를 말로 본뜨기), 후속 행위에 대한 언어적 공식화의 출현은 자기의식과 고등한 의지적 규제 메커니즘의 토대가 된다. 우리는 유기체의 모든 규제 메커니즘이 자신의 움직임에 대한 자기지각의 원리 위에 세워져 있음을 이미 지적했다.

11-5-65] 이 과정의 역동성을 고려하지 않고 접근할 때, 연구자들은 이러저러한 조작, 예컨대, 말이나 의식이 객관적으로 진행하는 어떤 과정을 반영하는데, 거울 속 반영은 반영된 물체의 운명을 바꿀 수는 없기 때문에 이러한 반영은 그 어떤 본질적인 기능도 수행할 수 없다고 종종 말한다. 하지만 어떤 현상을 발전 과정까지 포함하여 이해한다면, 우리는 그 객관적 연결의 반영 덕분에 특히, 인간의 실천을 인간의 언

어적 생각으로 자아 성찰한 덕분에, 인간의 자의식과 자기 행위를 의식적으로 통제할 수 있는 능력이 생겨난다는 것을 볼 수 있다. "의식은 일반적으로 존재를 반영한다"(Lenin, English Collected Works, Vol. 14, p. 323). "이것은 모든 유물론의 일반명제이다. 그리고 인류의 실천에서 나타나는 자연에 대한 지배는 자연 현상과 과정이 인간의 머릿속에서 객관적으로 정확히 반영된 결과물이며, 실천이 우리에게 드러내는 범위 내에서의 이 반영이 객관적이고 절대적이며 온전한 진리임을 가리키는 증거이다"(p. 190).

11-5-66] 우리가 실천적 활동의 발달에 대하여 그처럼 자세히 설명한 것은 그것이 전체 이행적 연령기 심리학의 세 가지 주요 계기들과 관련되어 있기 때문이다.

11-5-67] 그 첫 계기는 다음과 같다. 피아제가 보여 주었듯이, 어린이의 학령기 전체는 행동하는 국면으로부터, 선행하는 단계에서 숙달했던 언어적 생각의 국면으로 옮겨왔다는 사실로 가득 차 있다. 우리는 이것이 자신의 의식 과정을 돌아보는 내관內觀의 도움으로 이루어짐을 보았다. "자기 자신의 조작을 의식적으로 자각하게 된다는 것, 이것은 행동의 국면에서 말의 국면으로의 전이를 뜻한다"라고 피아제는 말한다. 피아제의 의견에 따르면, 어떤 조작을 언어적 측면에서 습득하면 이 동일한 조작을 행동의 측면에서 숙달할 때 발생했던 페리페테이아(운명의 역전-K)가 다시 일어난다. 그 날짜만 다를 뿐, 그 리듬은 유사하게 유지될 것이다.

> 피아제와 클라파레드가 공식화한 전치轉置의 법칙은 『생각과 말』 6-2 참조.

11-5-68] 이처럼 우리는 어린이 자신의 실천을 언어적 생각의 측면

에 반영하는 것이 학령기 어린이의 실천과 생각 사이에 존재하는 심오한 불균형을 이끈다는 것을 본다. 실행적 행동의 측면에서 어린이는 이미 자신의 혼합성과 자기중심적 생각의 특성을 극복하였다. 말의 측면에서 그는 아직 원시적 생각 형태를 특징짓는 요인들의 지배하에 놓여 있다. 이러한 불균형의 골은 완만해지며, 완만해질 뿐 아니라 이행적 연령기에는 다시 정반대의 특성으로 불균형을 이루게 된다. 개념의 형성과 함께 생각과, 실천에 대한 생각의 지배가 커지며 이로써 청소년의 실행적 행동이 더 높은 수준으로 고양된다.

11-5-69] 두 번째 계기는, 우리가 여기서 도구 사용과 매개된 행동 과정의 출현 간의 관계라는 극도로 흥미로운 문제에 직면하게 된다는 사실에 있다. 우리는 청소년과 어린이의 실행적 활동 자체가 말의 도움을 통해 어떻게 점점 더 매개적으로 되는지, 그리고 실행적 활동 과정에 말을 도입한다는 것이 본질적으로 이러한 활동이 상황의 지각에 의해서만 인도된 직접적인 실행적 조작으로부터 낱말로 매개된 실행적 생각 과정으로 전이됨을 의미할 뿐이라는 것을 보았다. 인간은 말을 통해 그리고 말의 도움으로 자신의 행동을 숙달하고 특정 계획에 행동을 종속시킨다.

11-5-70] 이와 같이, 사람의 실행적 활동은 이중 매개 활동으로 바뀐다. 한편으로, 그것은 문자 그대로의 의미에서 도구들에 의해 매개된다. 다른 한편 그것은 비유적 의미에서 생각의 도구에 의해 매개된다. 이 수단을 통해 지적 조작이 일어나게 된다. 활동은 낱말을 통해 매개된다.

11-5-71] 마지막으로 무엇보다 가장 중요하고, 우리의 흥미를 끄는 세 번째 계기는 서로를 발달시키고 대체하는 생각과 실천적 활동의 이 발생적, 종합적 매듭과—인간 노동의 고등한 형태 숙달을 위해 처음으로 성숙하는— 청소년 노동 활동 발달 사이에 존재하는 긴밀한 연결이

다. 그러나 노동에 관해서는 일하는 청소년에 관한 장에서 따로 논의할 기회가 있을 것이다.

6

11-6-1] 우리는 지각으로부터 고찰을 시작하여 기억과 주의로 이동하고, 실천적 활동으로 마무리하였다. 이행적 연령기에서 일어나는 이 모든 과정의 진화에서 우리는 어떤 공통점들을 발견했다. 이 과정들은 우연한 방식으로 또는 서로 나란히 진화하는 것이 아니며, 그 발달의 역사가 각 기능의 개별 변화의 총합과는 전혀 거리가 멀다는 것이다. 청소년의 지적 생활의 진화는, 모든 부분이 중심과의 연결에 종속되는 단일하고, 통합적이며, 응집력 있는 그림으로 나타났다.

11-6-2] 단일한 중심(영역-K), 즉 개념 형성 기능으로부터 우리는 청소년 심리의 모든 주변적 변화를 도출하고자 했다. 이행적 연령기에서 지각, 기억, 주의, 행동은 하나의 물그릇에 담긴 기능의 묶음, 서로 별개인 일련의 과정들이 아니다. 이들은 내적으로 연결된 단일하고 고유한 체계이며, 그 진화 과정에서 중심적 선도 기능, 즉 개념 형성 기능으로부터 나오는 단일 법칙에 종속된다.

> 이 문단에서 비고츠키는 지각, 기억, 주의의 고등한 형태는 '하나의 동일한 물그릇에 담긴' 것, 즉 미나리 다발처럼 물 한잔에 뿌리를 담그고 있는 기능들의 다발이 아니라고 말한다. 또한 지각, 기억, 주의의 고등 형태는 서로 다른 각각의 화분에서 자라는 것도 아니다. 줄기와 잎, 꽃처럼 각각은 개념 형성으로 통합된, 즉 낱말 의미로 연결되는 복잡한 유기체의 한 부분인 것이다.

이 그림은 아마도 공부방에 걸어 두고 청소년의 학습 의욕을 고취시키고자 했던 것으로 보인다. 그림은 '문법'을 뮤즈로 보여 주는데 뮤즈의 좌우명은(왼팔에 있는 리본에 적혀 있듯이) "올바르게 발화하는 교양 있고 명료한 목소리"이다. 그녀는 오른팔로 어린 학습자에게 바른 문법을 부어 주며 그들이 꽃피우게 하고 있다. 라 이르는 아마도 청소년을 위한 대중적인 그림 사전, 즉 아이디어를 이미지로 표현했던 것에서 영감을 받았던 것으로 보인다.

L. 라 이르(Laurent de la Hyre), 문법의 알레고리, 1650.

11-6-3] 이런 의미에서 우리는 여러 기능 사이의 많은 공통점의 개요를 그릴 수 있었다. 우리는 의지적 주의의 발생 법칙이 본질적으로 논리적 기억의 발생 법칙과 같다는 것을 보여 줄 수 있었다. 우리는 친숙하고 전통적인 정의를 온당히 재배열할 수 있었으며 같은 근거로 논

리적 주의에 대해서와 마찬가지로 의지적 기억에 대해 말할 수 있었다. 이 둘의 토대는 동일하기 때문이다. 개념 형성을 토대로 이 두 기능은 지적 특성을 획득하고 개념적 생각의 안내를 받기 시작한다. 이는 한편으로는 이 기능들을 논리적으로 만들고, 다른 한편으로는 이 기능들의 토대가 되는 더 기초적인 규칙성으로부터 독립하여 의식적 생각, 즉 의지적 생각에 의해 자유롭게 조종되도록 한다.

11-6-4] 우리는 기억과 지성 사이의 관계가 역전된다는 사실로 이 행적 연령기의 본질적 특성이 표현됨을 보여 줄 수 있었다. 유년기에 생각이 기억의 기능이라면, 이행적 연령기에 기억은 생각의 기능이 된다. 그러나 우리는 어린이의 지각과 행동에 대해서도 동일한 근거를 가지고 똑같이 말할 수 있을 것이다. 초기 연령기에, 그리고 일반적으로 원시적 발달 단계에서 생각은 시각장을 지각하는 기능이다. 생각한다는 것은 자신의 지각을 정돈하는 것을 의미한다. 이행적 연령기에 지각한다는 것은 보이는 것을 개념으로 생각하는 것, 구체와 일반을 종합하는 것을 의미한다. 지각은 생각의 기능이 된다.

11-6-5] 우리는 논리적 지각 심지어는 의지적 지각에 대해서도— 동물들이 성인보다 훨씬 더 감각장의 노예가 된다는, 앞서 언급한 쾰러의 정의에 유념하며— 당연히 그처럼 말할 수 있다. 앞에서와 같은 방식으로 처음에 감각장에 의해 통제되고, 인간 생각의 최초 형태를 구성하는 작용은 개념적 사고에 의해 인도되는 이행적 연령기에만 자유롭고 의지적이며 논리적인 작용이 된다.

11-6-6] 우리에게는 마지막 단계가 남아 있다. 모든 기능이 단일한 체계에 연결되어 진화하는, 우리가 그려온 규칙적 모습이 실제로 사실이며, 이 모든 발달이 개념 형성 기능을 중심에 두는 단일 과정임을 보여 주는 실제 증거를 찾고 확실히 확인하기 위해 우리는 병리학적 특성에 대한 자료, 복잡한 단일체—이 단일체의 발달과 구성에 대해 이제껏

우리는 연구했다―의 와해와 붕괴에 대한 자료를 비교 연구하는 것으로 눈을 돌려야 한다. 어떤 복잡한 기능의 발달과 와해에 관한 비교연구의 개념은 E. K. 셉 교수가 다음과 같은 방법으로 공식화하였다.

*E. K. 셉(Евгений Константинович Сепп, 1878~1957)은 러시아의 신경병리학자이다. 그는 모스크바 의과대학에서 토끼 신경병리에 관한 연구로 박사 학위를 받았고, 전쟁 중 군사 목적에 의해 인간 신경병리학(뇌와 척수 부상 연구)으로 전환했다. 그는 1939년 스탈린이 지휘한 대숙청 기간에 공산당에 입당했다.

11-6-7] "지질학자들이 지층 형성의 법칙을 연구하고, 지구 발달의 역사를 연구하기 위해 지각의 모든 단층과 그 이동, 균열, 침식에 따른 노두를 포착하는 것과 마찬가지로 신경병리학자도 치명적인 원인에 의해 야기되는 신경계 장애, 또는 중독 및 뇌의 기타 체계 병변에 의해 야기되는, 침식과 유사하게 지속적이고 장기간에 걸친 변형을 포착하면서 인간 신경계의 구조와 발달, 인간 행동의 구조와 발달을 유추할 기회를 얻는다."

비고츠키는 **11-6-7**부터 **11-6-10**의 첫 문장 끝까지 E. K. 셉을 인용한다. 셉은 비유로 논증한다. 그는 정신 기능을 암석층에 빗댄다. 지각과 같은 선천적 기능이 먼저 형성되고, 말하기와 같은 후천적 기능이 나중에 형성되며, 생각이나 의지 같은 고등 기능은 한참 뒤인 청소년기에 형성된다.

셉은 지층의 변화가 일어날 때, 일부는 다른 층에 비해 더 빨리 바뀐다고 밝힌다. 예를 들어, 본능은 아주 느리게 변하는 반면, 고등 기능들은 변화무쌍하다. 이것은 균열을 유발한다. 즉, 행동의 연속성이 끊기거나, 병리학적 사례에서는 하부 층위를 드러내 보이기도 한다. 그 예로 실어증의 병리학적 사례에서 일부 환자들이 문법적 기능을 상실했던 것에 반해, 다른 환자들은 발음 능력을 상실한 것을 볼 수 있다. 셉은 이것을 지질학적 단층에 빗댄다. 위의 왼쪽 지도는 2016년 경주 지진을 유발한 양산 단층을 보여 준다. (양산 단층은 검은색 굵은 실선 '1'로 표시되었고, 그 외 다른 선들은 군소 단층선들을 나타낸다.)

발달로 인한 급변과 균열에 더해, 고등 기능들이 마멸되고 하위 기능이 남아 노출된 사례들도 볼 수 있다. 셉은 주변의 부드러운 퇴적암이 바람에 쓸리고 파랑에 깎여 생긴 제주도의 산방산 같은 노두에 이것을 빗댄다.

11-6-8] "신경병리학자들은 언어 기능이 갖는 극도로 풍부한 영역을 연구하면서 비교 방법을 통해, 언어 영역이 국지화된 곳과, 언어 형성 순서에 의거하여 이 국지화의 조건성뿐 아니라 언어 기능이 대뇌의 다른 기능과 갖는 상호의존성도 확립할 수 있었다. 이것이 가능했던 것은 신경 체계에 병변이 있을 경우 바로 다음과 같은 현상을 보이기 때문이다. 어떤 기제가 한 통합적 기능에 참여하는 경우, 건강한 상태에서는 이 통합된 기능과 너무도 밀접히 얽혀 있기 때문에 이로부터 그 자체를 개별적으로 떼어 내는 것을 허용하지 않지만 병변이 있는 경우 이 기제가 노출된다."

J. 레이놀즈 경(Sir Joshua Reynolds), 귀머거리로서의 자화상, 1775.

레이놀즈는 50대 들어 청력을 잃기 시작할 무렵 이 자화상을 그렸다. 건강한 상태에서는 듣기 기능과 이해 기능이 밀접하게 통합되어 있기 때문에, 우리가 자신에게 익숙한 언어를 이해하지 않고 듣는 것은 거의 불가능하다. 소리를 듣는 기능과 의미 이해 기능의 얽힘이 풀어질 수 있는 것은 청력이 상실될 때뿐이다. 또한 오직 실어증에서만 의미 이해 기능과 말 기능의 얽힘이 풀어질 수 있다(**11-8-47** 사례 참조).

11-6-9] "그들 간의 연결 붕괴의 결과로 드러난 그러한 기제들 중 다수는 종 고유의(선천적-K) 기제들임이 밝혀졌으며, 이들은 개인적 경

험에 기반한 행동이 아직 없는 신생아에서 유일한 작동 기제를 이룬다. 성인에서 우리는 중추신경계의 연결이 파괴된 경우에만 고립된 행위로 이들을 마주한다. 이러한 선천적인 종 고유의 기제 영역뿐 아니라, 개인적 경험에 기반하여 구축된 기제의 영역에서도, 대뇌피질에 고착된 활동에 기반하여 우리는 개별 기제를 고립된 활동으로 연구하는 것을 가능하게 만드는 노두를 병리학에서 관찰한다."

11-6-10] "이미 언급했다시피, 여기서 말하기 기능을 전면에 놓아야만 한다." 예를 들어, 뇌의 질병으로 인한 연결의 붕괴에 관한 연구에 의거하여, 한때 연결되었던 이 기제 발달의 역사를, 지금은 분리되었지만 한때 통합되었던 기능 구성의 역사를 들여다볼 수 있게 해 주는 것으로 E. K. 셉은 다언어 구사자의 운동실어증을 지목한다. "대뇌피질의 특정 영역이 손상을 입으면 모국어를 말할 수 있는 능력은 떨어지지만 동시에 덜 사용되거나 때로는 완전히 잊혔던 언어로의 말하기는 사라지지 않을 뿐 아니라 질병 이전보다 더 자유롭고 완전해진다. 말하기 기능의 엔그램(루틴-K)은 형성 순서에 따라 매번 다른 위치에 국지화됨이 분명하다. 병리는 대뇌피질에서 특정 엔그램을 제거함으로써 신경병리학자에게 주어진 인격 형성의 역사를 조사할 기회를 조금씩 제공한다."

운동 실어증(맨 윗줄)과 일반적인 실어증(나머지 줄)은 뇌의 매우 다양한 영역의 손상으로 나타난다. 이는 뇌의 전체 기능이 계통 발달의 순서를 반영하여 고대적 기능부터 최신의 기능에 이르기까지 층위를 이루는 것과 달리, 특정 '엔그램'은 개체 발달을 반영하면서 저장되지 않는다는 것을 시사한다.

운동 실어증과 브로카 실어증은 이해의 어려움보다는 말하기의 어려움을 나타낸다. 운동 실어증 환자는 문장 전체를 이해할 수 있지만 표현할 때는 한두 낱말만(예를 들어 '이것, 이봐') 사용할 수 있다. 셉이 말했던 것처럼 모국어 손상을 입은 많은 다언어 구사 실어증 환자

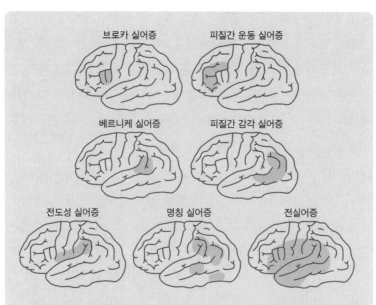

브로카 실어증   피질간 운동 실어증

베르니케 실어증   피질간 감각 실어증

전도성 실어증   명칭 실어증   전실어증

는 제2언어가 손상되지 않았을 뿐 아니라 오히려 향상되었다는 것을 알 수 있다. 이러한 발견은 2015년 홉Hope 등에 의해 최근에 경험적으로 확인되었다. 그러나 셉의 설명에는 명확성이 결여되어 있다. '엔그램'은 다소 신비주의적 개념(고대 산스크리트 문헌에서 발견된 것)으로, 신체 시스템에 인지 정보를 축적하는 어떤 방식(사이언톨로지 같은 유사 과학 숭배자들도 사용하는)을 매우 광범위하게 가리킨다. 그러나 인지 정보는 실제로 매우 다른 영역에 매우 다른 방식으로 축적될 수 있다. 이는 뇌에 따라, 즉 사람에 따라 매우 다를 수 있다. 예를 들어 인구의 약 10%(대부분 왼손잡이임)는 말의 전체 기능이 좌뇌가 아닌 우뇌에서 발견된다.

따라서 우리는 특정 엔그램의 형성 순서와 그것의 공간적 분포 간에 어떤 엄격한 상관관계가 있다고 생각하기 어렵다. 우리는 계통발생적으로 저차적 형태의 기능(예: 식물적 기능)은 뇌의 더 낮은 '층위'에서 발견된다는 것을 알고 있다. 예를 들어 심장박동과 같은 식물적 기능은 수질에서, 본능은 중뇌에서, 전체적인 고등 기능은 피질에서 발견되며, 여기에서 고등 기능들은 뇌의 나머지 영역 및 환경과 상호작용한다. 그러나 고등 기능들은 사회문화적 환경과 지속적으로 상호작용하기 때문에, 이들의 공간적 분산이 획득의 순서를 보여 준다고 말하기 어렵다.

Hope, T. M. H., Parker Jones, O., Grogan, A., Crinion, J., Rae, J., Ruffle, L., Leff, A. P., Seghier, M. L., Price C. J., and Green, D. W.(2015). Comparing language outcomes in monolingual and bilingual stroke patients. Brain, 138(4), 1070-1083. doi: 10.1093/brain/awv020 참조.

11-6-11] 이처럼 우리는 뇌가 행동 발달의 역사에서 기록된 시간 순서를 공간 형태로 유지함을, 복잡한 통합 기능의 와해가 발달의 역사를 꿰뚫어 볼 수 있게 한다는 것을 본다. 이 생각은 이제 모든 정신 신경학의 기본 방법론적 원칙 중 하나가 되었다. 발달은 병리적 과정, 즉 종합과 고등 통합의 와해 과정을 이해하는 열쇠이며, 병리학은 이 고등 통합 기능의 발달과 구성을 이해하는 열쇠이다.

11-6-12] 우리는 이미 크레치머의 말에서 기본 신경생물학적 법칙 중 하나를 인용했다. 그것은 만약 고등 영역이 기능적으로 약화되거나 하위 영역에서 분리된다면, 신경 장치의 일반적 기능이 단순히 정지되는 것이 아니라 대신 하위 기관은 독립하게 되고 그에게 남아 있던 오래된 유형의 기능의 요소를 우리에게 보여 준다는 것이다. 저차적 영역의 이런 해방과의 완전한 대응이 저차적 기능의 해방에서 발견된다. 복잡한 통합적 기능의 구성 요소였던 저차적 또는 기초적 기능은, 이 후자의 붕괴, 기능 통합의 와해와 더불어 두드러지고, 그 자체의 원시적 법칙에 따라 작동하기 시작할 것이다.

11-6-13] 바로 이 때문에 장애는 흔히 퇴행의 형태로 나타난다. 여기서 우리는 마치 발달 과정의 역운동, 발달 과정이 이미 오래전에 지나온 지점으로의 회귀, 그리고 이에 따라 복잡한 통합체—우리는 이 통

합체의 와해를 관찰하고 연구할 수 있었다— 구성의 내밀한 비밀이 공개되는 것을 보게 된다. 이러한 해방에는 우연의 일치가 아니라, 우리가 말했듯 기능의 발달과 와해의 역사로 온당히 확장될 수 있는 중요한 신경학 법칙이 포함되어 있다.

11-6-14] 이와 관련된 세 가지 질병은 이행적 연령기에 고등심리 기능 형성의 역사를 이해하는 데에서 이례적으로 흥미롭다. 우리는 히스테리, 실어증, 정신분열증을 염두에 두고 있으며, 우리의 관점에서 그것은 마치 통합—그 통합의 구축이 이행적 연령기의 주요한 내용이 된다—의 붕괴에 대해 특별히 준비된 자연적 실험과 같다. 우리는 이 세 가지 질병 모두를 통해, 우리가 청소년 심리학에서 발생적 관점으로 연구하는 발달 과정 자체의 역방향 운동을 다양한 각도에서 관찰할 수 있다.

11-6-15] 이처럼 이 심리학에 대한 과학적 이해는, 청소년 고등 기능의 구성 역사를 이 통합과 종합이 우리가 명명한 세 가지 질병에서 와해되는 역사와 비교하는 심도 있는 연구를 하지 않고는 불가능해 보인다. 이 세 가지 중 두 가지의 병리적 형태는 일반적으로 이행적 연령기와 연관되었고 그와 뒤섞여 있었다. 청소년의 심리는 종종 히스테리와 정신분열증 학설에 비추어 고찰되었다. 하지만 여기서 연구자들은 우리가 지금 이야기하는 것과 일반적으로 정반대의 관계를 염두에 두고 있었다.

11-6-16] 아동학에서 어떤 형태의 발달 과정과 병적 붕괴 과정에 대한 비교 연구는 대부분 우리가 지금 설정한 목표를 추구하지는 않는다. 병리와 정상 상태 사이에는 일련의 온갖 섬세한 전환이 있으며, 한 상태와 다른 상태를 나누는 명확한 경계가 없다는 완전히 올바른 명제에 근거하여 아동학자는 일반적으로 질환을 과장된 규범으로 보며, 따라서 각 연령기를 그에 고유한 질환에 비추어 고려하고, 여기서 질환에

반영된 이 과장되고 강조된 형태에서 이 연령기의 기본 법칙을 찾으려고 시도한다.

11-6-17] 우리는 정반대의 가정, 즉 질환에서 역발달 과정을 관찰할 기회를 갖는다는 가정으로부터 논의를 진행한다. 그러므로 우리는 어떤 정신질환이나 신경계 질환에서 관찰되는 고등행동형태의 붕괴 역사가 단순히 그 구성의 역사를 과장하여 부각된 반영이라고 먼저 기대할 수 없다. 하나의 과정은 다른 과정의 압축된 표현이라기보다는 그것의 반대이다.

11-6-18] 그러나 바로 고등행동형태의 발달-붕괴 과정의 이러한 역방향 운동 덕분에 그에 관한 연구가 바로 이러한 형태들의 발달 역사를 이해하는 열쇠가 된다. 특히 이미 앞에서 언급한 저차적 기능 해방의 법칙은, 병리적 붕괴 과정과 발달 과정의 상호관계에 대해 다름 아니라, 바로 이러한 이해를 지지한다. 질환은 종종 퇴행, 이미 지나온 발달 지점으로의 회귀이며, 지구 고대의 지질학적 지층이 그 표면이 침식되어 노출되는 것처럼, 비교 연구를 통해, 질환으로 인해 노출된 본질적으로 새롭고 고유한 구조를 찾고 확립할 수 있게 해 준다.

7

11-7-1] 히스테리는 이행적 연령기의 특징과 밀접하게 연결되는 질환으로 오랫동안 간주되었다. 크레치머는 말한다. "히스테리적 성격이라 불리는 증상 대부분은 초기 성 성숙 심리의 얼어붙은 편린, 혹은 삶의 조건 변화의 지체에 의한 영향하에 일어난 불리한 변화의 특성에 불과하다." 나아가 크레치머는 그러한 일련의 증상의 목록을 나열하는데, 그 중에서 냉정함과 극도로 긴장된 사랑의 느낌 간의 특징적 대비, 헌신과

어린애 같은 자기 본위—특히 생활 방식에서 희극과 비극의 혼합— 사이의 특징적 대비가 언급되어야 한다.

11-7-2] 그는 말한다. "이 때문에, 히스테리 특성을 연구한 과거의 연구자들은 히스테리를 큰 어린이로 기꺼이 규정했다면, 우리는 '성숙한 청소년'이라고 하는 편을 선호한다. 이는 생물학적 발달의 지체가 나타난 시기, 초기 성적 성숙기와 정확히 일치한다. 이러한 미성숙한 심리는 감정적 방전을 향한 충동, 특히 하이포불리아의 기제를 향한 큰 경향을 포함하고 있다. 일반적으로 우리는 다음과 같이 말할 수 있다. 성적 성숙의 시기는 히스테리적 반응에 우호적인 토양이다."

L. L. 부알리(Louis-Léopold Boilly), 멜로드라마의 효과, 1830.

그리스 의사들은 히스테리가 방황하는 자궁 때문에 나타난다고 생각했으며 이 때문에 히스테리는 대부분 여성에게 일어난다고 간주되었다. '방황하는 자궁' 가설은 마녀사냥으로 무고한 여성들이 희생되는 것을 막기 위해 중세의 의사들이 사용하기도 했으며 19세기까지도 지속되었다. 이는 프로이트에게 큰 영향을 주었고 오늘날에도 산후우울증을 설명하는 한 가지 방법으로 이용된다. 하이포불리아는 말 그대로 의지bulia가 부족한hypo 상태로, 크레치머는 환자가 우유부단하고 목표를 세우지 못하여 방황하는 경우라면 모두 이 명칭을 부여한다.

그러나 이들은 증상 복합체일 뿐이다. 질병과는 달리 이들은 박테리아나 바이러스, 외상을 원인으로 갖지 않으므로 진단, 처방, 예측이 어렵다. 이 절에서 비고츠키는 이들이 발달상의 장애라고 주장한다. 발달 과정의 순서가 역전되었다는 것이다. 환자는 이전 발달 단계의 위기와 시기를 다시 겪는다. 한편으로 이 접근은 우리가 진단, 예측 심지어 치료할 수도 있게 해 준다. 다른 한편으로 이 접근은 정상적으로 진행되는 청소년 발달에 대해 많은 것을 알려 준다.

11-7-3]　크레치머는 모든 사람이 히스테리 경향이 있다는 호헤의 명제를 인용하고 다음과 같이 설명한다. "이는 바로 모든 사람이 문화의 최신 성격학의 층에 의해 어느 정도 잘 감춰진 오래된 본능적 형태를 자신 안에 지니고 있기 때문이다." 이것은 무엇을 의미할까? 우리는 고등행동형태의 발달과 쇠퇴에 동등하게 관련되는, 위에서 제시한 두 개의 법칙에 비추어 이를 이해할 수 있다. 이들 중 하나가 기능의 역사적 발달상 더 낮은 기능들이 더 고등하고 복잡한 신형성 내의 하위 기관으로 보존됨에 대해 말하고 있음을 상기하자.

*A. E. 호헤(Alfred Erich Hoche, 1865~1943)는 독일 정신과 의사였다. 그는 1920년에 정신질환자를 의학적으로 살인해야 한다고 주장한 62쪽짜리 법률 책자의 공저자로 가장 유명하다. 이는 후에 나치의 T-4 프로그램으로 실행에 옮겨졌고, 호헤는 이 프로그램으로 자신의 친척 중 한 명을 잃었다.

비고츠키는 호헤의 인용에 다음과 같은 각주를 붙였다.

"이런 점에서, 앞으로 논할 것과 관련하여 우리는 각 사람이 히스테리뿐만 아니라 실어증, 정신분열증, 즉 우리가 발달 단계에서 지나쳐 버리지만, 은밀하고 감춰진 형태로 보존되어 질병이 생기면 나타나는 그러한 것을 지니고 있다고 여실히 말할 수 있다."

모든 사람이 어떤 과거의 사실로, 그리고 미래의 가능성으로 가지고 있으며, 이후의 발달로만 억제가 가능한, 더욱 명확한 정신질환이 있다. 이는 우울증이다. 호혜는 전쟁으로 아들을 잃고 우울증을 겪었다. 그 자신이 정신질환자가 되었음을 깨달은 1943년의 그의 죽음은 아마도 자살이었을 것이다. 스스로 T-4 프로그램을 시행함으로써 그는 정신질환이 사회에 퍼지는 것을 막고자 했다.

11-7-4] 이렇게 발달의 초기 단계에서 그리고 특히 성적 성숙의 초기에 우리의 행동을 지배하는 기제들은 성인이 되어서도 전혀 사라지지 않는다. 이들은 보조적 실행 기제로, 더 복잡한 종합적 기능의 일부로 포함되어 있다. 그 속에서 그것들은 그들의 독립적 삶을 지배했던 것과는 다른 법칙에 따라 작동한다.

11-7-5] 그러나 어떤 이유에서든 고등 기능이 붕괴되면, 그 기능 속에 남아 있던 하위 기관의 해방이 발생하고, 다시 나름의 원시적 삶의 법칙에 따라 작동하기 시작한다. 이것이 질병에서 퇴행이 등장하는 방식이다. 고등 기능의 붕괴는, 물론 조건적 의미에서, 발달에서 이미 뒤로 한 발생적 단계로의 회귀와 같은 것을 의미한다.

11-7-6] 크레치머는 말한다. "여기에는 우연의 일치가 아니라, 저차적 운동 영역에서는 이미 오래전부터 알려져 있었으나 노이로제 정신병리학의 영역에서는 아직 적용된 바 없는 중요한 신경생물학적 기본 법칙이 포함되어 있다. 운동-표현 영역의 심리에서 고등 기능이 지배력을 잃으면 순서상 그에 뒤따르는 하위 기관이 그 자체의 원시적 법칙에 따

라 독립적으로 작용하기 시작한다." 이것이 위에서 언급한 법칙 중 두 번째이다.

11-7-7]　히스테리가 나타나면 독립적으로 작동하기 시작하여, 결과적으로 우리로 하여금 성적 성숙의 시작을 돌아보도록 하는 이 하위 기관은 무엇일까? 크레치머는 이 기제를 하이포불리아라고 불렀다. 그는 말한다. "원시적 정신생활에서 의지와 감정은 일치한다. 각 감정은 동시에 경향이며 각 경향은 감정의 면모를 갖는다. 어린이, 특히 성적 성숙이 시작되는 청소년에 특징적인 이러한 직접적이고 충동적인 의지적 삶의 조직화는, 히스테리와 함께 고등한 의지적 상부구조로부터 해방된다. 여기서 가장 중요한 것은 하이포불리아가 의지적 유형의 질적 특징으로 간주된다는 것이다. 이는 어떤 상황에서는 독립적으로 기능할 수 있고, 목표 설정과 반사 기관 사이의 공통 표현 영역에 위치하여, 때로는 전자와 때로는 후자와 통합되어 나타날 수 있다."

11-7-8]　이런 의미에서 하이포불리아는 히스테리가 새로 만들어 낸 것이 아니며, 히스테리에만 국한되지 않는다. "우리는 히스테리 환자에게서 일종의 병리적인 이질적 신체, 목표 지향적 의지의 악마적 분신으로 여겨지는 것을 고등동물과 어린아이에게서도 발견할 수 있다. 그들에게 그것은 그 발달 단계에서 정상적으로 간주되는, 어느 정도 유일하게 존재하는 욕구의 방식으로 여겨지는, 일종의 일반 의지이다. 하이포불리아적인 의지의 유형은 개체발생적으로, 그리고 계통발생적으로 목표 지향의 하위 단계를 나타낸다. 이것이 바로 우리가 그것을 하이포불리아로 부르는 이유다." 연구는 매우 다양한 장애가 이러한 하이포불리아 기제의 해방을 동반함을 보여 준다. 장애는 "고등동물의 심리-신체적 표현 기구의 중요한 정상적인 구성 요소를 이루는 것을 취하여 이를 정상적인 통합체에서 떼어 내고 고립시킨 후, 그러한 상태에서 과도하게 강하고 목적 없이 폭압적인 방식으로 기능하도록 한다."

11-7-9] "전투 신경증이나 내인성 긴장증과 같은 다양한 유형의 질병이 동일한 하이포불리아적 뿌리를 가지고 있다는 바로 그 사실로부터, 하이포불리아가 이후에 사라지거나 그저 목표 설정에 의해 대체되는, 고등 생명체의 발달 역사에서 중요한 이행적 단계에 불과한 것은 아니라는 것이 따라 나온다. 우리는 하이포불리아가 오히려 남아 있는 기관이며, 그 흔적은 성인의 심리적 삶에서도 다소 강한 정도로 지속됨을 보게 된다. 그것은 흔적의 아타비즘, 죽은 부속물이 아니다. 반대로 우리는 건강한 성인에서도 하이포불리아가 중요한 구성 요소로서 목표 지향 기능과 결합하여 일반 의지를 형성함을 보게 된다."

E. B. 존스(Edward Burne Jones), 잠자는 미녀, 1890.

예술적이 아니라 의학적으로 본 잠자는 미녀는 긴장증의 임상적 사례이다. 그 상태에서 환자는 움직임이 가능한 동물적 상태로부터 식물적 기능만 작동하는 것처럼 보이는 상태로 되돌아가는 것처럼 보인다. 잠자는 미녀의 경우, 물레의 바늘에 찔려 잠이 든 외인성 신경증이다. 그러나 신경증은 하이포불리아 등에 의해 내부로부터 야기되는 내인성일 수도 있다.

나치 심리학자 크레치머는 하이포불리아가 단지 의지력의 부족이라고 믿는다. 환자는 의욕과 리더십이 부족하다. 비고츠키에게 하이포불리아는 훨씬 더 흥미로운 것이다. 3세 어린이는 확실히 하이포불리아적이지만, 극도로 의지가 강하며 의욕이 충만하다. 그래서 비고츠키는 하이포불리아를 일종의 원시적 의지(바라는 것과 모순되는 의지)라고 표현한다. 3살짜리는 이것을 원하지만 저것을 하려고 한다. 그래서 행동하지 못한다. 이 원시적 의지는 행동하게 하기보다는 거부하게 한다.

과거의 형질이 소실되었다가 다시 나타나는 현상, 혹은 비유적으로 이전의 발달 상태로 돌아가는 것을 '아타비즘(atavism, 격세유전)'이라고 한다. 개체발생적으로 우리는 때로 의지와 욕구가 충돌하는 '세 살배기'로 되돌아가는 것처럼 보이는 10대를 본다. 우리는 또한 냉담하고 무관심하고 졸린 10대를 본다. 그러나 비고츠키에게 하이포불리아는 단순한 의지의 부족이나 내인성 아타비즘이 아니다. 하이포불리아는 우리 모두가 우리 안에 지니고 있는 이전의 발달 상태의 살아 있는 화석이다. 결국 잠자는 미녀가 깨어날지라도, 살아 있는 한 매일 밤 식물적 상태로 되돌아갈 것이다.

11-7-10] "그러나 여기에서는 그것이 히스테리나 긴장증에서처럼 해리되지 않고, 어떤 독립적 기능도 나타내지 않으면서, 단일하고 강력한 기능을 향하는 목표 설정과 융합된다." 이행적 연령기의 발달 과정은, 이를테면, 각 부분으로 쪼개져서 히스테리 장애의 역사의 순서를 거꾸로 반복한다.

11-7-11] 이행적 연령기의 시작에 히스테리와 함께 저차적 기능이 해방되어 독립적이 되는 것은 의지 발달에서 정상적인 단계이다. 이 저차적 기능의 미래 발달은 복잡한 통합의—발병과 함께 그것은 소속되어 있던 이 복잡한 통합으로부터 뜯겨 나가고 분리된다— 구성과 형성이다. 히스테리 환자들에 대해 연구자들은 종종 이들이 의지박약인지 아닌지를 묻는다고 크레치머는 매우 올바르게 말한다. "그러한 문제 설정으로는 해답이 결코 얻어지지 않는다. 히스테리 환자들은 의지가 약한 것이 아니라 목표 설정이 약하다. 목표 설정의 박약은, 우리가 수많

은 만성 히스테리 환자에게서 보는 것과 같이 심리적 상태의 본질이다. 이 두 의지적 사례를 서로 구분함으로써만 우리는 다음의 수수께끼를 이해할 수 있다. 스스로를 통제할 줄 모르는 사람이 가장 측은한 박약의 모습을 보여 주기 위해 그 어떤 목적도 없이 위대한 의지력을 이용한다. 목표 설정의 박약은 의지박약이 아니다."

11-7-12] 히스테리와 청소년의 의지적 기능에 대한 우리의 비교연구 결과는 다음과 같이 요약할 수 있다. 이행적 연령기에 발달하는 것은 바로 히스테리 장애에서 붕괴하는 것이라고 말할 수 있다. 히스테리의 경우에 하이포불리아가 목표지향적 의지의 영역으로부터 해방되어 자신의 원시적 규칙에 따라 행동하기 시작한다면, 이행적 연령기에 이 하이포불리아는 목표지향적 의지의 필수적 부분으로 포함된다. 이것은 이 연령기에 처음으로 나타나며, 사람에게 명확한 목표를 설정하고 이러한 목표를 달성하도록 과정을 지시하면서 그에게 자기 자신과 행동을 통제하는 능력을 부여하는 기능을 의미하게 된다.

11-7-13] 그러므로, 감정을 지배하는 목표지향적 의지, 자기 행동의 통제, 자기조절, 자신의 행동에 목표를 세우고 이러한 목표를 달성하는 능력은 바로 이 연령기 모든 심리적 기능들의 발달 기초가 되는 새로운 것이다. 하지만 우리가 본 대로, 목표를 세우거나 행동을 통제할 수 있으려면, 온갖 일련의 전제 조건이 요구되는데, 그 가운데 가장 중요한 것은 개념적 사고이다. 목표지향적 의지는 오직 개념적 사고를 토대로 나타나므로 우리가 히스테리에서, 일반적으로 연구자들의 시야를 벗어나는, 지적 활동에서의 장애를 관찰한다는 사실에 놀라지 말아야 한다.

11-7-14] 지성의 저발달이나 생각의 정서적 혼란은 대개 히스테리적 반응 발달을 촉진하는 조건 또는 (히스테리에-K) 동반되는 주요한 정서적 혼란과 부작용으로 간주되었다. 우리의 연구는 히스테리에서 지적

활동의 혼란이 훨씬 더 복잡한 성격을 지닌다는 것을 보여 주었다. 우리는 목표지향적 생각 장치의 붕괴를 목도한다. 정상적인 사람을 특징 짓는 생각 활동과 감정적 삶의 관계가 거꾸로 뒤집힌다. 생각은 모든 독립성을 잃고, 하이포불리아는 자신의 개별적 삶을 살기 시작하며, 그것은 더 이상 복잡한 목표지향적 협응 구조에 참여하지 않고 가장 단순하고 원시적인 공식에 따라 작동한다.

11-7-15] 이런 목표의 결여는 히스테리적 생각과도 관련이 있다. 즉 그것은 의지적 특성을 잃는다. 히스테리 환자는 자신의 모든 행동을 전체적으로 통제할 수 없게 됨에 따라 의지적 특성의 발휘를 멈춘다.

11-7-16] 그러나 이러한 목표 상실이 어리둥절함, 우리 생각 내용의 영역에서의 혼선, 체험 자체의 변화를 이끌 것임은 자명하다. 크레치머는 올바르게 말한다. "히스테리 환자는 외부 세계로부터의 보호를 위해 본능적 반응, 즉 투쟁 혹은 도피로 이루어진 성벽으로 스스로를 에워싼다. 그는 가장假裝하고 완고해지며 스스로의 반응을 강화한다. 이로써 억압적이고 위협적인 외부 세계를 기만하고 겁박하며 피곤하게 하여 순종적으로 만들 수 있다. 외부 세계에 대한 이러한 본능적 전술은 체험에 대한 내적 방어와 일치한다. 히스테리 환자의 심리의 본질은 그가 어려운 체험에 정면으로 맞서기보다는 회피하는 편을 선호한다는 것으로 특징지을 수 있다."

11-7-17] 지금 우리는 히스테리에서 관찰되고, 본질적으로 히스테리성 신경증의 심리적 내용을 구성하는 체험의 이 모든 복잡한 변화들에 대해서 자세히 살펴보지 않을 것이다. 다만 이 변화를 특징짓는 두 가지 면모만을 언급하고자 한다. 첫째, 어린이의 정신 수준을 유치하고 과장되게 모방하는 것으로 나타나는 유년기로의 회귀이다. 이것은 유아증으로 불리며, 종종 최면 상태에서 인위적으로 유도되며, 의심할 여지 없이 의지적 삶의 영역에서의 퇴보와 유사하다. 두 번째 특징은 개

념 장애의 기능과 체험의 변화 사이에 직접적이고 인과적인 연결이 존재한다는 것이다.

11-7-18] 우리는 개념 형성 기능이 우리의 내적 삶에서 얼마나 크고 결정적인 의미를 지니는지 이미 말한 바 있다. 모든 외적 실재와 모든 내적 체험의 체계는 개념 체계 내에서 인식된다. 우리가 다른, 발생적으로 더 이른 현실 및 자기 지향 방식으로 직접 추락하기 위해서는 개념적 생각에서 복합체적 생각으로 옮겨 가기만 하면 된다. 그리고 바로 이것이 우리가 히스테리에서 관찰하는 것이다. 바로 이 때문에 외적 실재의 지각과 이해, 그리고 자기 체험과 인격의 자의식에서 나타나는 모호한 그림은 개념 형성 기능의 장애에서 따라 나오는 직접적인 결과이다.

11-7-19] 이런 장애 자체는 어떻게 표현될까? 구조상 복잡한, 통합적 개념 형성 기능이 잘 알려진 법칙에 따라 분해되고, 우리 생각의 영원한 내적 층으로 그 안에 보존되는 복합체적 지적 활동 형태를 드러낸다는 것으로 표현된다. 더 이전의 기능으로의 이런 이행과 함께 생각은 그 내용의 측면에서, 외적 세계와 자신에 대한 체험의 측면에서 변형된다. 이로써 우리는 히스테리로 인한 의지와 개념적 생각의 붕괴와 이행적 연령기에서 이런 기능들의 구성에 대한 비교 고찰을 마칠 수 있다.

11-7-20] 지금까지 말한 모든 내용을 요약하면, 우리는 히스테리 상태에서, 이행적 연령기의 가장 특징적인 고유성을 이루며 구성되는 기능의 역발달 과정을 관찰한다는 일반적인 결론에 도달한다. 독립적인 기관으로서 하이포불리아의 소멸과 목표지향적 의지의 출현은, 복합체적 사고의 소멸과 개념적 사고의 출현과 같이 청소년 심리의 가장 특징적인 고유성이다. 역과정은 히스테리성 질환의 기초에 놓인다.

11-7-21] 이러한 비교는 충동의 문화적 처치, 이행적 연령기에 자

신의 감정적 생활에 대한 의지적 통제의 출현과 관련하여 앞에서 고찰한 문제로 우리를 되돌아가게 한다. 다른 생물학자들처럼 바이센베르크는 성적 성숙이 일반 유기체적 성숙의 완료와 일치한다는 경험적으로 확립된 사실에 주목한다. 이러한 사실에서 그는 일반적인 신체적 성숙과 성적 성숙을 한 시점에서 결합하려는, 객관적으로 합목적적인 자연의 욕망을 보는 경향이 있다. 이 연결—그 생물학적 의의에 대해 우리가 이미 논의한 바 있다—은 자체적으로 본질적인 심리적 의의를 지니고 있다. 청소년의 성적 본능은 문화화되기 때문에 늦게 성숙하며 그 성숙의 시기에 이르면 복잡한 기능 체계를, 즉 (위계-K)단위와 과정의 장치를 가진 이미 형성된 인격 체계와 만나게 된다. 성적 본능은 이와 복잡한 상호작용을 한다. 한편으로 그것은 새로운 토대 위에서 인격의 재건축을 야기하고, 다른 한편으로 그것은 복잡하게 굴절되고 개조되어 이러한 관계들의 복잡한 체계 속에 포함된 것으로만 자신을 드러내기 시작한다.

러시아어판 비고츠키 선집과 영어판 비고츠키 선집에는 '세 개의 봉우리'에 대한 편집자(비고츠키가 아닌)의 주석이 있다. 그것은 그다지 좋은 주석이 아니다. 왜냐하면 그것은 동물과 인간의 차이를 과도하게 강조함으로써 바이센베르크가 여기서 말하고자 하는 요점을 약화시키기 때문이다.

러시아어 선집은 "(세 봉우리의) 일치совпадение는 동물에게 적용된다"라고 지적한다. 이에 대해 비고츠키는 다음과 같이 쓴다. "우리는 이러한 이유로 동물에서 일반적으로 이 두 지점—일반적인 유기체적 발달과 성적 성숙의 완료—이 일치한다고 가정하는 경향이 있다"(『청소년 아동학』, 1930, p. 71). 비고츠키는 이행적 연령기의 모든 특성의 기초가 역사적 발달 과정에서 그러한 일치의 부재, 즉 일반 유기체적, 성적 그리고 문화적인 세 발달 지점의 분기라는 가설을 전개하고 있었다. '우리는 … 문화적 성장이 이행적 연령기의 위기적 본성을 강화시킬 뿐 아니라 일반적으로 문화가 먼저 이 위기를 창조한다고 말할 수 있을 것이다. 문화적 발달의 외부에서 우리는 이행적 연령기의 위기에 대해 아무것도 말할 수 없다. 이 문화, 즉 인류의 이러한 역사적 발달은 성숙의 생물학적 조화를 무너뜨리고, 그것을 세 개의 개별 봉우리로 분리하여, 전체 연령기의 기본적 모순을 형성한다'(같은 책, p. 75)."

*J. R. 바이센베르크(Julius Richard Weissenberg, 1882~1974)는 1933년 유태인이라는 이유로 해고될 때까지 베를린 대학교의 해양 생물학 교수였다. 그는 미국으로 가서 의과대학과 수의과 대학에 정착했다. 그의 주요한 연구 관심사는 바이러스와 물고기의 세포 내 기생충이었다.

11-7-22] 인간의 성적 성숙의 심오한 고유성은 다음과 같다. 행동 발달의 세 단계, 즉 본능, 훈련, 지성은 시간적 순서로, 즉 본능이 먼저 성숙한 후 훈련과 관련된 모든 것들이 나타나고, 마지막으로 지성이 출현하는 식으로 나타나지 않는다. 반면에, 이 세 단계의 출현에는 거대한 발생적 조각보들이 존재한다. 지성과 훈련의 발달은 성적 본능의 성숙보다 훨씬 이전에 시작하고, 성숙 중인 본능은 복잡한 인격의 구조— 이 구조는 새로운 본능이 새로운 구조의 일부로 포함된다는 사실에 따라 이 본능의 특성과 활동 방식을 변화시킨다—를 이미 준비된 형태로 마주한다. 인격 체계에 성적 본능을 포함시키는 것은 빨기와 같은 다른, 더 일찍 성숙하는 본능의 출현과는 다르다. 왜냐하면 새롭게 성숙하는 기능이 포함되는 전체가 본질적으로 다르기 때문이다.

11-7-23] 백치와 14~15세의 청소년 사이에 본능의 성숙에서 어떠한 차이가 있는지 확인하기 위해서 그들의 심리에서 나타나는 본능을 비교해 보는 것은 가치 있는 일이다.

11-7-24] 성적 본능이 성숙하는 시기인 청소년기에는 지능과 습관에 의해 확립된 미묘하고 복잡한 온갖 일련의 기능들이 존재한다. 이 전체에서 본능의 발달은 다른 방식으로 전개된다. 전체는 의식에 반영되고, 모든 것은 의지에 의해 통제된다. 성적 성숙은 양 끝, 즉 위와 아래에서 진행되는 것과 같이 보이기 때문에, 앞의 어느 장에서 보았듯이 슈프랑거는 이 두 성숙 과정을 모두 독립적인 과정으로 간주하고, 이들이 외적으로 서로 비의존적이라고 본다. 사실 이것은 인격의 고등한 의식과 행동 형태에 반영된 본질적으로 통합적 과정이다.

11-7-25] 이처럼 성적 성숙과 함께 발생하는 새로운 충동 체계는 청소년의 생각에 복잡하게 굴절되고 반영되어 목표지향적 행동과 복잡하게 연결되기 때문에, 완전히 다른 성격을 획득하며 일반적으로 의지라고 불리는 기능의 하위 단위로 편입된다. 위에서 자세히 논의한, 복합체적 사고로부터 개념 형성 기능으로의 결정적인 이행은 이 과정에 필수적인 전제 조건이다.

8

11-8-1] 히스테리가, 이행적 연령기에 의지가 형성되는 과정을 우리에게 아주 분명히 비추어 준다면, 우리가 히스테리에서 덜 분명한 형태로 관찰하는 개념 형성 기능의 붕괴는 말 기능의 손상으로 특징지어지며 그에 따라 실어증이라는 이름을 갖는 다른 질병에서 극단적으로 표현된다. 셉의 표현에 따르면, 실어증 연구는 대뇌피질의 지적 작업을 이해하는 열쇠이다. 이 질병의 모든 형태 중에서 이행적 연령기의 심리학의 관점에서 가장 흥미로운 것은 이른바 기억상실 실어증으로, 그것은 환자가 일련의 사물과 행동에 관련된 낱말을 잊어버려 그것을 재

현하는 데 어려움을 갖는다는 사실로 외적으로 나타난다. 이러한 낱말의 손실은 아주 다양한 양적 표현을 취할 수 있지만, 그럼에도 불구하고 실어증에서 관찰되는 말 활동 붕괴의 주요 유형은 일반적으로 동일하게 유지된다.

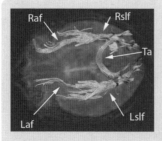

'기억상실 실어증(Amnesic aphasia)'은 지나치게 일반적이고 경험적인 표현이다. 그것은 일반적인 기억 손실(amnesia)이 아니라 단지 명명의 손실(a-nomia) 또는 색 형용사와 색 이름의 손실이다. 오늘날 이 증후군은 명칭 실어증(Anomic aphasia)이라 불린다. 명칭 실어증은 대개 뇌의 왼쪽 측면 손상(충격이나 뇌졸중으로 인한)의 결과이다.

예를 들어 이 사진은 뇌 연결의 확산 텐서 영상(신경에서 물 분자 운동 변화의 자기적 형상에 의해 만들어진 신경 연결 사진)을 보여 준다. 왼쪽 아랫부분은 언어 이해를 주로 담당하는 베르니케 영역이고 중앙 하단은 표현을 주로 담당하는 브로카 영역이다.

좌반구 궁형속(Left arcuate fasciculus, Laf)이 매우 좁다는 데 주의하자. 이해 중추와 표현 중추 사이의 이러한 섬세하지만 복잡한 연결이 손상되면 명칭 실어증이 생겨난다. 환자는 말을 이해하고 생성할 수 있지만, 대화에서 방금 사용한 낱말을 다시 떠올려야 할 때처럼, 이해와 표현을 연결하는 데 종종 문제가 생긴다.

11-8-2] 명칭 실어증에서 발생하는 이러한 변화의 본질은 다음과 같은 하나의 명제로 표현될 수 있을 것이다. 병리학적 이상은 우리가 일반적으로 개념 형성 기능이라 부르는 복잡한 통합체의 붕괴를 이끈다. 이 기능의 기저에 존재하는 복잡한 연결이 붕괴하는 것처럼 보이며, 이로 인해 낱말은, 정상인이라면 성적 성숙기에 이르러 뒤로한 초기 발생

적 단계로 되돌아간다. 실어증 환자는 개념적 생각으로부터 복합체적 생각으로 되돌아간다. 이것이 우리의 흥미를 끄는 질환의 가장 특징적이며 본질적인 면모로, 이 질환을 반대의 법칙 및 과정의 역류 법칙에 의해 청소년 심리적 발달에 가깝게 만드는 면모이다.

11-8-3] 명칭 실어증에 관한 최근 연구는, 명칭 실어증 환자에게서 관찰되는 매우 다양한 특성의 장애들이, 서로 내적으로 연결되어 있으며 그 기저에 하나의 기본 장애가 놓여 있는, 하나의 연결된 그림 속 일부분이라는 결론으로 이끈다. 이 장애는 개념적 사고가 붕괴되었다는 것이다. 최근 연구는 이 장애가 언어 영역이나 개념 영역에 개별적으로 영향을 미치는 것이 아니라 겔브와 골드슈타인의 표현에 따르면 생각과 말 사이의, 여전히 문제로 남아 있는, 연결과 관련을 맺는다는 것을 보여 준다.

K. 골드슈타인

* K. 골드슈타인(Kurt Goldstein, 1878~1965)과 A. 겔브(Adhémar Gelb, 1887~1936)는 형태주의 심리학자이다. 골드슈타인은 C. 베르니케와 L. 에딩거의 제자이자 게슈탈트 상담 이론의 아버지인 F. 펄스의 스승이다. 겔브는 C. 스텀프의 동문이자 마르크스주의 철학자인 T. 아도르노와 M. 호르크하이머의 스승이다. 그는 또한 M. 베르트하이머와 함께 프랑크푸르트 신경학 연구소를 운영하였다.

암스테르담에서 일 년 동안 숨어 지냈다. 그 기간에 골드슈타인은 형태 심리학의 선언서인 『*The Organism*』을 집필하였다.

이 책 덕분에 그는 미국에서 그의 옛 제자들(F. 펄스와 L. 펄스)이 이끌던 새로운 게슈탈트 심리치료 운동에 큰 영향을 미치게 된다. 또한 골드슈타인은 (그리고 헤겔의 '개념의 자기실현'이라는 생각은) A. 매슬로의 유명한 '자아실현' 피라미드의 원천이

A. 겔브

었다.

> 겔브는 결핵에 걸려 미국 비자를 받지 못했다. 그는 독일로 되돌아
> 가서 입원하였으나 친 나치 성향의 다른 환자들이 그를 병원에서 몰아
> 낸다. 쫓겨난 겔브를 찾아다니던 그의 아들이 자살한 후 그는 흑림黑林
> 에서 굶주림으로 홀로 사망한다.

11-8-4] 바로 이 때문에 실어증은 순수한 언어 기능 장애도 아니고
순수한 생각 기능 장애도 아니다. 그것은 둘 사이의 연결, 이 둘 간의
복잡한 상호관계의 방해로 인한 것이다. 개념 형성으로 이행하면서 청
소년의 생각에 등장하는 안정적이고 독립적인 통합이 와해되었기 때문
이라고 우리는 말할 수 있다. 바로 이 때문에 실어증 연구는 생각과 말
의 관계에 대한 일반적인 문제에서 엄청나게 중요하다. 겔브와 골드슈타
인은 색깔의 명칭과 관련된 기억상실 현상에 관해 연구했다. 뇌 질환으
로 색깔의 명칭을 잊어버렸지만 색을 구별하는 능력은 있는 환자는 색
과 관련된 모든 행동에서 매우 특이한 변화를 보여 주었다.

11-8-5] 이처럼 우리는 그 자체의 본성상, 환자가 색상의 명칭을 잊
어버렸을 때 생각과 행동에 어떤 변화가 있는지를 보여 주는 실험을 얻
게 된다. 연구에 따르면 이 경우 환자는 종종 색상의 구체적 대상 지
칭—이는 후각 분야에서는 정상인의 특징이며, (시각 분야에서는-K) 사
고 발달 초기 단계인 원시 부족에게서 관찰된다—으로 이행한다. 예를
들어, 환자는 특정 색조의 붉은색을 체리로, 녹색은 허브, 파란색은 제
비꽃, 주황색은 귤, 하늘색은 물망초로 부른다. 저자들이 지적하듯이
우리는 말과 생각의 발달 초기 단계 특징이라고 할 수 있는, 색을 낱말
로 나타내는 원시적인 방법을 여기서 관찰한다.

> 한국은 예외이지만, 많은 언어권에서는 냄새에 관해 이야기하는 것
> 은 화장실(또는 성)과 연관된 것이라 점잖지 못한 행동이다. 그런 까닭

에 영어, 러시아어, 프랑스어 그리고 대부분의 유럽어는 어떤 냄새를 표현하는 단어가 별로 없다. 예를 들어, 어떤 유럽어도 '고소하다'를 뜻하는 단어가 없기 때문에 '새로 볶은 참깨를 빻은 냄새를 맡는 것'과 같다는 식으로 얘기해야 할 텐데, 이것은 개념적 생각이 아닌 복합체적이고 구체적인 생각을 보여 주는 한 사례이다. 영어에는 커피 향에 대한 단어조차 없는 것을 보면, 이것은 단순히 참깨에 익숙하지 않아 발생하는 문제는 아니다.

P. 델라 베치아(Pietro della Vecchia), 냄새의 알레고리, 1650-1678?.

11-8-6] 다음 상황은 특히 흥미롭다. 환자는 주어진 사물에 상응하는 음영을 어떤 색색의 실 묶음에서 매우 잘 선택할 수 있었다. 그는 각각의 사물에 대해 그에 적합한 색을 선택했으며 결코 실수하지 않았다. 그러나 색 개념의 부재로 인해 그는 사물과 (실의-K) 색이 하나의 동일한 범주에 속한다는 의미에서만 이 사물에 부합하는 색은 결코 선택할 수 없었다. 그리고 우리의 실험에서 우리는 극도로 미세한 색의 음영과 색조를 구별하는 실어증 환자가 그 앞에 해당 색조가 없을 때 알맞은 색을 고르기를 거부하는 것을 관찰했다. 그는 정확히 같은 색조의 빨간색은 선택할 수 있지만, 다른 색조의 빨간색은 선택할 수 없었다. 여기서 환자는 보통보다 더 구체적으로 행동한다.

11-8-7] 따라서 색의 분류, 하나의 같은 기본 색조에 포함되지만 서로 다른 농도를 갖는 색의 선택은 그런 환자에게 풀리지 않는 과업으로 나타난다. 실험은 그 환자에게 말하자면, 집단 분류 원칙이 결핍되어 있으며, 그는 항상 유사하거나 연결된 실제의 구체적 체험에 따라 선택한다는 것을 보여 준다. "이런 행동 양식을 우리는 비합리적, 구체적-시각적, 생물학적으로 원시적이거나 더 일상적이라고 부를 수 있다." 이런 상황에서 일반인과 실어증 환자의 행동 간의 차이는 다음과 같이 특징지을 수 있다.

11-8-8] "일반적인 사람은 색을 구분할 때 지시를 통해 자기 주의의 특정한 지향을 확립한다. 그는 색의 명도나 채도와 무관하게, 지시에 따라 오직 견본의 기본색을 고려한다. 그는 각각의 구체적인 색을 개념, 즉 붉은색, 노란색, 파란색의 대표로 지각한다. 색들은 체험 속 구체적 일치가 아닌, 동일한 범주, 즉 붉은색이라는 하나의 개념에 소속됨을 토대로 서로 연관된다." 이러한 개념적 행동을 저자는 범주적 행동이라고 칭한다. 이 환자들이 마치 어떤 주의의 한 지향성을 계속 고수하지 못하는 것처럼, 어떤 특정 색의 특성을 의지적으로 추출하지 못하는 것은 우리의 관심을 끈다.

11-8-9] 이러한 장애의 본질은 무엇인가? 저자들에 따르면 낱말 자체의 결핍이 대상과 범주적 관계를 맺는 것이 어려워지거나 불가능해지는 원인으로 간주될 수 없다. 오히려 낱말 자체가, 정상적인 상태에서는 그 낱말 자체에 속하는 무언가를, 범주적 관계와 관련하여 낱말 사용을 가능하게 하는 무언가를 상실한 것으로 보인다.

11-8-10] "환자의 낱말에서 바로 이러한 속성이 상실되었음을 우리는 다음에서 볼 수 있다. 환자들은 색깔에 관습적인 이름이 있다는 것을 알고 있지만, 이 이름들은 그들에게 공허한 소리가 되어 개념의 기호가 되기를 멈추었다. 범주적 태도와 상징적 의미를 표현하는 말의 사

용은 동일한 기본 행동 유형의 표현이다. 둘 중 어느 하나도 원인이나 결과로 간주해서는 안 된다. 이 기본 행동 유형의 장애와 이에 상응하는 보다 원시적인 생활 행동으로의 퇴행은 환자에게서 관찰되는 모든 개별 증상을 설명하는 장애이다."

11-8-11] 이렇게 우리는 실어증에 대한 고찰이, 말과 연결된 개념적 생각은 개념과 낱말의 개별적 독립 작용을 분리하는 것이 불가능한 단일 기능을 나타낸다는 결론으로 이끎을 본다. 실어증에서 붕괴되어 분리되는 것이 바로 이 통합성이다. 비교 연구에 따르면 낱말은 색 지각의 임계 값에 영향을 미치며, 그에 따라 지각 과정 자체를 변화시키고 재조절한다. 환자는 제시된 대상에 따라 여러 가지 색 이름을 말했으며, 그가 우연히 맞는 명칭을 말하면 제시되는 대상이 교체되었다.

이러한 결과는 2019년 몽골어 화자와 중국어 화자에 대한 비교 연구에서 확인되었다. 몽골인은 밝은 파란색과 어두운 파란색에 대해 다른 낱말을 사용하는 반면, 중국인은 두 색에 같은 낱말을 사용한다. 몽골인과 중국인 모두는 다양한 음영을 가진 초록색에 대해서는 같은 낱말을 사용한다. 분명 몽골인은 색깔을 세 가지로 분류했지만 중국인은 두 색을 사용했다. 몽골인들은 파란색들을 다르게(그리고 조금 느리게) 분류하고 초록색은 중국인들과 똑같이(그리고 같은 속도로) 분류했다.

He H, Li J, Xiao Q, Jiang S, Yang Y and Zhi S(2019). Language and Color Perception: Evidence From Mongolian and Chinese Speakers. Front. Psychol, 10, 551. doi: 10.3389/fpsyg.2019.00551

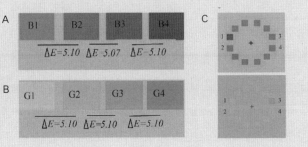

11-8-12] 이런 현상은 일반적으로 대상을 명명하는 것과 관련된 기억상실 실어증으로 전치될 수 있다. 이런 모든 장애는 서로 내적으로 연결되어 있으며 이미 말했던 것처럼 범주적 사고 영역의 어려움으로 환원될 수 있다. 기억상실 실어증을 관찰할 때 가장 먼저 눈에 띄는 것은 실어증 환자가 바로 구체적 대상과 관련된 낱말을 잊는다는 사실이다. 쿠스말은 말한다. "개념이 구체적일수록 그것을 지칭하는 낱말을 잊어버리기 쉽다." 이처럼 연구자들은 일반적으로 실어증에서 두드러지는 장애를, 더 구체적인 지칭에서 더 추상적인 지칭으로의 전환으로 간주하였다. 이것은 의심의 여지 없이 우리가 방금 묘사한 과정의 모습, 즉 실어증으로 인해 지각과 생각에서 순전히 구체적인 방식으로의 전환이 일어나는 과정의 모습과 모순된다.

*C. 쿠스말(Carl Philipp Adolf Konrad Kuβmaul, 1822~1902)은 내과 의사이자 심리학자였다. 그는 R. 비르초프의 제자로서, 하이델부르크와 에를랑겐, 프라이부르크, 그리고 스트라스부르크 대학교의 임상 의학 교수였다. 그는 시인이기도 했다. 그는 난독증을 자세히 기술한 최초의 의사이다. 그는 난독증을 '문자 실명(word blindness)'이라고 시적으로 불렀다.

11-8-13] 일련의 연구자들은 실어증 환자가 구체적 명칭을 더 일반적인 명칭으로 바꾸는 경우, 환자는 주어진 대상과 대상의 특정 집단, 즉 개념의 연관이 결코 아니라 대상과의 완전히 구체적인 어떤 관계를 염두에 두고 있다는 것을 보여 주었다. 이 구체적 관계는 '물건', '것', '이것' 등의 직접적인 표현이나, 이 대상을 통해 일어나는 행동의 지칭으로 대체로 표현된다. 실어증 환자들이 사용하는 이러한 어느 정도 일반적인 낱말들은 개념의 종種이나 속屬을 지칭하지 않는다. 우리는 외견상

추상적인 이러한 낱말들을, 그 어떤 추상적인 것도 염두에 두지 않고도 사용할 수 있다는 것을 경험을 통해 안다.

11-8-14] 매우 타당하게도 저자들은 이런 현상을 아동심리학에서 잘 알려진 사실, 예를 들어 어린이가 '꽃' 같은 일반적인 단어를 개별 꽃 종류의 이름보다 먼저 배운다는 사실과 비교한다. 그러나 '꽃'이라는 단어로 어린이가 모든 꽃에 공통된 것을 시사한다고 가정하는 것은 잘못일 것이다. 어린이는 오히려 매우 구체적인 것을 염두에 둔다. 특히, 스턴은 이 단계 어린이의 개별 단어의 사용이 논리적으로 규정되지 않음을 강조했다. 이처럼 실제로 어떤 공통점을 염두에 두지 않고도 일반적인 명칭을 적용할 수 있음이 밝혀졌다.

11-8-15] 그러나 성인의 삶에서, 우리는 완전히 특정한 구체적인 대상과 관련한 이러한 일반적인 표현들을 종종 관찰한다. 이것을 고려하면, 기억상실 실어증에서도 생각이 더 원시적이고, 구체적이며, 현실에 더 가까운 단계로 전반적으로 퇴행하는 현상이 발생한다는 것을 알 수 있다. 이는 실어증 환자에서 모든 언어 활동이 붕괴되는 것은 아니며, 그들은 낱말이 지칭하는 대상을 올바르게 선택할 수 있으며, 거꾸로 환자에게 어떤 대상을 보여 주고 여러 명칭을 제시하면 그가 올바르게 선택한다는 사실과 완벽하게 일치한다. 저자들이 말하듯 이것은 이러한 종류의 조작이 본질적으로 낱말을 개념의 기호로 이해하는 것이나, 대상 그 자체에 대한 범주적 태도를 요구하지 않는다는 사실로 설명된다.

11-8-16] 우리는 어린이 말 발달의 역사로부터 낱말은 개념을 지칭하기 훨씬 전부터 다른 기능을 수행할 수 있다는 것, 즉 낱말은 혼합적 심상이나 단순 복합체의 원리에 따라 상황과 연합적으로 연결될 수 있다는 것을 이미 알고 있다.

11-8-17] 실어증에서 관찰되는 기본적인 장애는 환자가 이런저런

낱말을 잊어버리는 것이 아니라 보존하고 있는 낱말을 포함한 모든 낱말이 개념에 대한 기호로서의 역할을 중단한다는 것이다.

11-8-18] 개념의 기저에 놓여 있는 복잡한 통합체, 개념 속에서 특정한 종합으로 놓여 있는 판단의 복합체는 붕괴되고 그 연합적 저층으로 토대에 놓여 있던, 한때 낱말을 중심으로 확립되었던 복합체적 연결 체계가 전면으로 대두된다. 개념이 붕괴하기 시작하면서 나타나는 이러한 복합체적 생각의 대두를 이해하기 위해서는, 고등 기능의 하위 단위로서의 저차적 기능의 보존 법칙과 관련하여, 그리고 고등 기능의 붕괴와 손상과 함께 나타나는 저차적 기능의 해방과 관련하여 위에서 이미 언급한 것을 상기해야 한다.

11-8-19] 실어증 환자의 복합체적 생각에는, 히스테리 환자의 하이포불리아적 기제에서와 같은 일이 일어난다. 둘 다 복잡한 고등 기능의 구성에서 초기 단계를 구성하고, 둘 다 이 통일된 고등 기능을 구성하는 보조적, 부차적 계기로서, 숨겨진 형태의 하부구조로 보존된다. 이처럼 우리는 모두 실어증과 히스테리에서 나타나는 기제를 지니고 있다. 다만 우리에게 있어 이들은 더 복잡한 기제의 특정 부분을 형성하며 질병이 생기면, 이들은 분리되어 나름의 원시적 법칙에 따라 작동하기 시작한다.

11-8-20] 이 연합적 기반 구조 없이는 생각에 대한 그 어떤 이론도 불가능하다. 복합체적 생각과 같이, 발달에서 지나쳐 온 단계는 사라지지 않는다. 어린이의 삶의 전반에 걸쳐 구축된 이 연결은 진정 어디로 갈 수 있을까? 그것들은 그 자신을 기반으로 하는 다른, 고등 통합의 토대에 놓인다. 그러나 이러한 보다 기초적이고 더 낮은 연결들은, 자신이 구성 요소로 포함되는 고등 통합이 붕괴될지라도 여전히 지속된다.

11-8-21] 이렇게 복합체는 개념과 분리된 기반 구조로 개념 속에 포함되어 있다. 개념적 생각은 복합체적 생각에 지지를 받고 있다. 복합

체적 생각은 흔적이나 부가적 기제가 아니라, 개념적 생각의 내적 구성요소이다. 이 계기의 분리가 실어증에서도 일어난다.

11-8-22] 이 현상은 연구자에 의해 다음과 같은 형태로 공식화된다. "범주적 생각이 어려워지거나 불가능해지는 이유는 단어를 찾지 못하는 것 그 자체 때문만이 아니라, 정상적인 상태에서 모든 단어에 특징적이며 단어가 범주적 사고의 수단이 되도록 하는 무언가가 결핍되어 있기 때문이다." 우리는 우리 자신의 관찰에 기초하여, 이것의 기저에는 우리가 개념이라고 부르는 복잡한 통합 구조의 붕괴와, 낱말이 복합체와 가족의 성이었던, 발생적으로 더 이른 단계로의 하락이 놓여 있다고 생각하려 한다.

11-8-23] 바로 이러한 관점에서 실어증은 우리가 이행적 연령기에 관찰하는 것과 반대되는 발달을 잘 보여 주는 사례이다. 이행적 연령기에 개념이 건설된다면 여기서는 붕괴된다. 이행적 연령기에 복합체적 생각에서 개념적 생각으로의 이행이 일어난다면 여기서는 개념적 생각에서 복합체적 생각으로의 역 이행이 일어난다. 이러한 의미에서 저자들이 실어증으로 인해 손상되는 기능들의 통합성을 확립하고 이 기능들을 순전히 지성적인 것이나 언어적인 것이라기보다는 생각과 말의 연결에 의해 발생하는 기능으로 규정한 것은 완전히 옳다.

11-8-24] 따라서 실어증 환자의 행동을 이해하는 발생적 열쇠는 그의 범주적 생각이 현실과의 구체적, 시각적 관계를 갖는 더 원시적이고 발생적으로 이른—아동 발달 역사를 통해 우리에게 잘 알려진— 단계에 자리를 내준다는 주장이다. 개념의 기호로서의 낱말은 복합체의 기호로서의 낱말로 바뀐다. 따라서 전체 현실은 질서 정연한 개념적 생각과 완전히 다른 연결 체계, 다른 관계에서 인식되기 시작한다.

11-8-25] 위에서 복합체적 생각에서 개념적 생각으로의 전환이 본질적으로 무엇을 의미하는지 자세히 논의했으므로, 개념에서 복합체를

향하는 생각의 반대 경로가 의미하는 바는 쉽게 상상할 수 있다. 그러므로 실어증 환자의 생각에서 나타나는 독특한 특징을 자세히 묘사할 필요는 없다. 다만, 환자들 모두는 우리가 위에서 묘사하고 확립한, 복합체적 생각의 기본 법칙을 드러낸다는 점만을 지적하고자 한다. 우리는 보다 원시적인 생각 층위의 해방 과정이 어떤 본성을 갖는가 하는 마지막 질문에 관심이 있다. 왜냐하면 이것이 고등한 생각 층위의 발달과 구성의 본성을 이해하는 열쇠를 줄 수 있기 때문이다.

> 복합체적 생각과 개념적 생각 사이의 이행과 관련한 자세한 설명은
> 10장과 『생각과 말』 5장 참고.

11-8-26] 저자(골드슈타인과 겔브-K)들은 말한다. "생리학적으로 우리는 그저 이 기본적 행동 형태가 뇌의 특정한 기본 기능에 상응한다고 생각해야 한다. 이 기능의 본질에 대해 지금 우리가 명확히 말할 수 있는 것은 거의 없다. 일반적으로 그것은 일반적인 뇌 기능 이론의 틀에서만 논의되어야 할 것이다. 이 기본적인 기능의 활성화와 함께 범주적 생각 그리고 동시에 상징적 의미를 갖는 낱말이 출현한다. 우리의 환자들에게서 나타나는 것처럼 이 기능의 손상과 함께, 진정한 지칭이라는 의미에서 명명과 범주적 행동이 파괴된다." 저자는 일반적 공식화에서 이러한 생각으로 다시 돌아가서, 실어증에서 관찰되는 모든 장애는 서로 내적으로 연결되어 있으며, 그 모두는 심리적 측면에서 범주적 행동의 어려움으로, 생리적 측면에서 특정한 기본 뇌 기능의 장애로 특징지어지는 동일한 기본적 손상의 표현이라고 말한다. "하나의 장애가 아니라, 어떤 일련의 손상들이 있음을 지지하는 자료는 전혀 없다."

11-8-27] 여기서 우리는 개념적 생각 발달을 연구하는 과정에서 도달한, 개념적 생각의 본성에 대한 이론과의 심각한 모순과 처음 직면

한다. 이러한 형태의 생각 발달에 대한 자료를 기반으로, 개념 발달의 토대에는 이행적 연령기에만 나타나는 특정한 기본적, 단일한 뇌 기능의 발달이 놓여 있다고 생각하는 것이 정말로 가능한가? 그러한 가정에 대해 뇌 생리학이나 어린이 생각 발달의 역사는 우리에게 어떤 근거도 제공하지 않는다.

11-8-28] 모든 심리기능의 해부학적 위치를 찾고자 하는 욕구가 지배하던 시절에 베르니케는 개념을 담당하는 특정한 부위—물론 엄밀히 나뉜 것은 아니지만—가 있다고 가정하고 이를 두 부분으로 나누었다. 하나는 말의 지각장과 연결된 수용적 표상을, 다른 하나는 운동 투사장과 연결된 목표지향적 표상을 담당한다. 이제 우리는 각 심리적 기능에 대한 특수한 영역, 특수한 기관을 지적하고, 뇌의 각 기관의 구성과 개별 기능 발달의 병행성을 가정하며, 분트가 통각 영역을 전두엽에 위치시키고, 마치 각 분비샘이 다양한 분비물을 생산하듯 행동의 각 기능이 각각의 뇌 영역에 의해 만들어진다는, 원시적이고 사실에 부합하지 않는 생각이 정신 신경학을 지배하던 시대로부터 멀리 떨어져 있다.

* C. 베르니케(Carl Wernicke, 1848~1905)는 어떤 뇌 영역이 손상되면 감각 실어증이 나타난다는 사실을 발견한 독일의 신경해부학자이다. 이 영역은 오늘날 베르니케 영역이라고 불린다. 이 발견은 P. 브로카가 그 이전에 발견한 운동 실어증과 관련된 영역과 함께 19세기 골상학의 주장인 각 뇌 영역이 각각의 능력을 가진다는 신념에 대한 과학적 토대를 제공하는 것으로 보인다. 그러나 베르니케는 이러한 해석에 반대했다. 그는 감각 실어증과 운동 실어증에 대한 각각의 영역이 있다는 사실은 언어가 한 영역에 국지화되어 있지 않음을 시사하며, 그 두 영역 사이의 연결은 국지화 이론이 제시한 것보다 훨씬 섬세하고 복잡하다고 주장했다. 또한 베르니케는 증상 복합체라는 생각을 제시했다. 조현증이나 조울증 같

은 장애에서 나타나는 다양한 증상의 기저에는 불안과 같은 주요 증상이 있다는 것이다. 이 생각은 오늘날의 약리학적 정신질환 치료법의 토대에 놓여 있으며 대부분의 정신병 치료가 약물을 통한 불안 처치와 관련이 있는 이유를 설명해 준다.

11-8-29] 뇌의 영역들과 뇌의 다양한 생리적 과정들의 복잡한 협력에 의지하는 기능들의 복잡한 혼합, 기능들의 복잡한 구성, 발달 과정에서의 새로운 합성의 출현은 여기서 고려되지 않았다. 이제 우리는 과학에서 완전히 상반되는 입장을 가지고 있다. 그러한 조야한 국지화의 관념은 완전히 버려졌으며, 모나코프의 표현에 따르면, 시간의 경과에 따라 일어나는 과정을 공간적으로 국지화하려는 욕구는 그 자체가 모순되는 것처럼 보인다.

*C. 폰 모나코프(Constantin von Monakow, 1853~1930)는 러시아에서 태어났지만 스위스에서 교육을 받았고, 그곳에서 뇌 해부학 연구소를 설립하고 이끌었으며, 스위스의 신경학, 정신의학 기록을 편집했다. 그는 뇌의 감각과 운동 연결을 연구함으로써 베르니케의 언어기능 국지화에 관한 선구적인 연구를 따랐고, 브로카 영역과 베르니케 영역을 연결하는 궁상얼기(arcuate fasciculus)를 발견했다(11-8-1 글상자 참조). 그는 뇌 영역들 간의 연결이 영역 그 자체보다 뇌 기능에 더 중요하다고 결론 내렸다. 비고츠키는 이러한 통찰을 기능적 체계와 심리 체계에 대해 논하면서 발전시킨다. 비고츠키는 뇌의 물리적 영역에서의 질서가 이 물리적 영역의 기능의 질서와 같아야 한다고 생각한다. 기능들 역시 단일 기관이 아닌 상호 연결에 의해 만들어져야 한다는 것이다.

11-8-30] 이 저자의 비교를 사용한다면, 복잡한 기능이 그 시간적

흐름에서 교란될 때 이 기능이 어디에 국지화되어 있는지 묻는 것은 음악 상자에서 멜로디가 어디에 위치하고 있는지 묻는 것과 같이 불가능하다고 말할 수 있다. 연대기적 국지화의 아이디어는 점점 더 중요해지고 있다. 이는 복잡한 기능이—특정 순서로 작용하고, 나름의 연속된 흐름으로 특정한 멜로디를, 나름의 고유한 구성, 구조, 법칙을 가진 특정한 과정을 이루는— 뇌의 여러 개별 장치와 부분에 의해 수행되는 작업으로 이해된다는 사실로 이루어진다. 모나코프의 표현에 따르면, 모든 복잡한 기능의 기초가 되는 연대기적 합성이 일어난다.

공간발생적 국지화는 다양한 신체 부위가 수행하는 각각의 기능들이 함께 결합되어 특별한 기능을 생성할 수 있다는 것을 의미한다. 예를 들어 심장과 혈관은 서로 다른 신체 부위에 위치하지만 함께 결합하여 혈액을 순환시키고, 식도, 위, 내장은 함께 결합하여 음식을 소화시키며, 근육과 뼈는 함께 결합하여 신체를 움직인다.

19세기 골상학자들과 초기 신경학자들은 뇌와 신경계의 기능들 또한 공간적으로 국지화되어 있다고 가정했다. 신경병리학 연구에 이용된 병변과 전쟁 부상들을 통하여 초기 신경학자들은 다양한 뇌 중추를 국지화시킬 수 있었다. 예를 들어 식물적 기능은 뇌간에, 동물적 기능들은 대뇌피질(언어는 좌반구에 시각은 뇌의 뒷부분)에 있는 것으로 생각되었다. 공간적으로 다르게 배치된 뇌의 기능들이 함께 결합되어 신경계의 기능을 수행한다는 것이다. 비고츠키가 말했듯이 이것은 정신 기능은 한 곳에, 신체 기능들은 또 다른 곳에 있다는 일종의 해부학적 평행설을 도입한다.

모나코프는 연대기적 혹은 시간발생적 국지화라는 다른 가능성을 제시한다. 다른 기관과 시스템을 구성하는 세포들과 달리, 뇌와 신경계를 구성하는 뉴런들은 기본 구조와 전달 기능에서 상당히 유사하다. 아마도 다른 기관이나 시스템과는 달리, 뇌는 하나의 특정 기능보다는 광범위한 기능을 수행할 수 있도록 구조화되었을 것이다. 따라서 공간적으로 함께 결합된 다양한 시스템 영역이 한 기능을 수행하는 대신,

카세트테이프나 레코드 음반, 오르골, 컴퓨터처럼, 구조는 물론 심지어 기능까지 상당히 유사한 영역들이 시간적으로 다른 순서로 함께 결합되어 광범위한 기능을 수행하게 되었을 것이다.

　오르골은 요철이 있는 롤러가 요철이 있는 판을 지나가며 요철을 읽어 소리를 내는 방식으로 작동한다. 롤러와 판은 기본 구조에서 변하지 않으며 음악 판의 교체에 따라 멜로디가 달라지지만 기능 원칙은 동일하게 남는다. 음악 자체는 오르골의 특정 부분에 국지화될 수 없으며 우리가 듣는 멜로디의 근원은 스피커도 진동판도 음악 판도 아니다. 멜로디는 오르골의 모든 부분이 시간 흐름에 따라 특정 순서로 함께 연결된 결과이다. 비고츠키가 말하듯, 이 연대기적 또는 시간에 기반한 국지화는 해부학적 평행론 대신 일종의 (소프트웨어와 하드웨어라는) 생리적 평행론을 도입한다. 예컨대 그것은 '생각과 말'을 하나의 단일한 통합체로 설명하지 않는다.

11-8-31] 고등 기능의 발달과 건설의 역사라는 관점에서 볼 때, 이러한 생각은 우리에게 유일하게 올바른 것으로 보인다. 발달의 과정에서 신경계에서 기능들의 통합이 일어난다. 모나코프는 말한다. "발달의 역사라는 관점에서 볼 때, 그것은 나름의 연대기적 국지화를 갖는 다양한 기능들이 계통발생과 개체발생 과정에서, 순서에 따라 출현하는 것에 관한 문제이다." 따라서 우리에게는, 겔브가 그랬듯, 새로운 뇌 기능의 출현과 개념적 생각의 형성 간에 직접적 대응을 가정하는 것은 잘못이며 기능들의 발달 역사와 모순되는 것으로 보인다.

11-8-32] 본질적으로 이것은 우리를 평행론으로 되돌리지만 이는 해부학적 방식이 아닌 생리학적 방식에 의한다. 행동 형태의 역사적 발달의 기초에는 뇌에 의한 새로운 생리적 기능의 획득이 놓여 있음을 인정해야 할 것인가? 결국 이미 만들어진 기능목록을 가지고 있는 인간의 두뇌는 인간과 아동의 발달 초기 단계에서 개념적 생각 자체를 생

산하지 않았다. 개념적 생각이 인간에게 알려지지 않았던 시기가 있었던 것이다. 이러한 사고방식을 소유하지 않은 부족들이 지금도 있다. 우리는 실어증 환자들뿐 아니라 그들에게서도 이 기본적인 뇌 기능이 붕괴되었다고 가정해야 할까?

11-8-33] 이미 우리는 위에서, 역사적으로 형성되는 고등한 심리 형태의 발달은 기초적 기능 발달과는 전혀 다른 방식으로 일어난다는 것을 보이고자 노력했다. 저자들에게 가장 중요한 것은 낱말의 상징적 기능이 기본적인 생리적 기능이라는 것이다. 이처럼 개념 형성은 문화적 발달에서 배제된다. 개념은 뇌의 기능으로, 즉 자연적인 영원한 법칙으로 간주된다. 우리에게 개념은 그것을 생산하는 기능의 측면에서 생물적이 아닌 역사적 범주이다.

11-8-34] 우리는 원시인에게 개념이 없다는 것을 안다. 실어증 환자의 생각 영역에서 원시인과 동일한 일이 일어난다. 즉, 문화적-역사적 행동 발달의 하위 단계로 내려가는 것이다. 그러나 동물과 같아지지는 않는다. 즉, 저차적인 생물적 단계로 내려가는 것은 아니다. 고대의 오래된 기능으로의 회귀는 생물학적이 아닌 역사적 사다리를 따라 일어난다. 물론 개념적 생각은 뇌 기능과 상관관계가 있지만, 이 상관관계는 연대기적 종합에, 즉 전체 일련의 기능들의 복잡한 시간적 조합과 결합에 포함된다. 이는 기본적으로 두 계기로 특징지어진다.

11-8-35] 첫째, 그것은 이차성, 파생성으로 특징지어진다. 이것은 뇌 기능 발달 자체가 이러한 연대기적 종합의 출현으로 이어지지 않는다는 것을 의미한다. 문화적 인격 발달 밖에 홀로 남겨진 뇌에서는 결코 그러한 기능 조합이 출현하지 않을 것이다. 논리적 행동 형태의 형성에 대해 위에서 말한 것을 상기해 보자. 우리는 논리적 생각 형태가, 사고에 반영되고 고정된, 인간의 실천적 결론의 형태일 뿐임을 보았다.

11-8-36] 이렇게 인간 실천의 역사적 발달과, 그와 연결된 인간 생

각의 역사적 발달은 논리적 생각 형태, 개념 형성 기능, 그리고 다른 고등심리기능 출현의 진정한 원천이다. 뇌 자체가 그 자체로부터 논리적 생각을 낳은 것이 아니라, 뇌는 인간의 역사적 발달 과정에서 논리적 생각 형태를 획득했다. 이를 위해 뇌에 특별한 기능이 있다고 가정할 필요는 없다. 뇌의 구조 속에 그리고 그 기본 기능 체계 속에 고등 종합의 출현과 형성을 위한 가능성과 조건이 주어져 있다고 가정하는 것으로 충분하다.

11-8-37] 우리는 바로 이런 형태로, 역사적으로 즉 계통발생과 개체발생에서 확립된 인간 기능의 발달을 바라보아야 한다고 생각한다. 우리는 이 기능과 뇌의 관계를 고찰하고 있기 때문이다.

11-8-38] 이 시간발생적 종합을 구별하는 두 번째 특징은 부분, 즉 요소들의 합을 전체로부터, 즉 구조로부터 구별하는 특징과 같다. 뇌 생리학의 관점에서는 억제, 흥분과 같은 형태의 하나의 기본적인 뇌 기능이 아니라, 복잡한 시간적 순서로 복잡하게 결합되고 연합된 다수의 다양한 기능들이 개념 형성의 토대를 이룬다. 그러나 개념 형성 과정에서 나타나는 법칙과 속성은, 이러한 각각의 부분 과정의 속성들이 아니라, 그것들의 종합적 속성들로부터 단일한 독립적 전체로 도출될 수 있으며 도출되어야 한다.

11-8-39] 우리는 이에 대한 심도 있는 증거를 실어증 환자의 행동 장애가 그의 생각 영역뿐 아니라 더 젊은, 고등한 기능 수준 전체를, 모든 상위 행동 수준을 포괄한다는 사실에서 찾는다. 이러한 의미에서 우리는 Head가 실어증에서 관찰되는 장애에 대해 기능적으로 좀 더 정확한 정의를 제공한다고 생각한다. 그의 견해로는 그러한 장애의 기저에는 그가 상징적 공식화 및 표현이라고 부르는 기능의 붕괴가 있다. 그는 상징적 공식화와 표현에 대해 다음과 같이 말한다. "이 용어로 내가 의미하는 것은, 어떤 행위의 시작과 그것의 특정한 수행 사이에 어떤

상징—언어적이든 다른 것이든—이 놓이는 행동 방식이다. 이 형태는 일반적으로 언어적 행동 형태로 간주되지 않는, 순전히 경험적 방식으로 확립되어야 하는 많은 행동방식을 포함한다."

Head(헤드)는 러시아어 원문에 영어로 표기되어 있다.

11-8-40] 잭슨은 본질적으로 실어증에서는 의도와 의지적 결정을 형성하는 능력이 파괴된다는 것을 이미 보여 주었다. 왜냐하면 이들 (의도와 의지적 결정-K)은 어떤 행위를 상징적 형태로 사전에 공식화하는 것을 전제로 하기 때문이다. 의지적 행동의 구조는 이러한 의미에서 이러한 상징적 공식화와 밀접하게 연결되어 있다. 저자는 말한다. "모든 의지적 조작에는 선先개념이 존재한다. 행위는 수행되기 전에 태어난다. 이는 마치 행위가 실현되기 전에 꿈으로 나타나는 것과 같다. 이러한 행위들에는 이중성이 존재한다." 바로 이것이 의지적 행위가 실어증에서도 붕괴되어 나타나고, 의도를 형성하는 기능이 개념 형성 기능과 똑같이 어려움을 겪는 이유이다.

H. 헤드 경(Sir Henry Head)에 대해서는 『정서 학설 I』 6-7 참조. J. 휴링스 잭슨(John Hughlings Jackson)에 대해서는 **8-21** 참조.

11-8-41] Head와 다른 저자들은 실어증으로 인해 지능뿐 아니라—개념 형성 기능의 붕괴로 인해 변하는— 모든 행동 전반에 복잡한 장애가 일어남을 지적했다. 지각이 더 원시적인 수준으로 낮아진다. 실어증 환자는 말하는 사람보다 훨씬 더 자기 시각장의 노예가 된다. 자발적 주의는 복잡한 변화를 겪는다. 낱말로 인해 이 특정한 주의의 방향 분산이 우리에게 일어나는 곳 어디에서나 환자들은 정상 상태에서

벗어난다고 겔브는 말한다. 실어증 환자는 구체적인 인상에 좌우되며, 자신의 주의를 통제하지 못한다. 이는 어떤 복잡한 인상의 복합체로부터 부분을 선택하거나, 개별 부분의 순차적인 변경을 요구하는 어떤 조작을 수행하는 것이 극도로 힘들어지는 운동실어증에서 특히 선명하게 관찰된다.

11-8-42] 모나코프는 실어증 환자에 대해 말한다. 그는 소위 자발적 주의라는 능력이 없다. 이것은 실제로 우리가 이러한 질병에서 관찰하는 본질적 장애이다. 개념적 기억은 붕괴되고, 직접적 인상에 의존하는 구체적 기억으로 다시 후퇴한다. 마찬가지로 그 실현을 위해 계획과 의도를 사전에 개념적으로 일정하게 공식화하는 것이 필요하다면, 복잡한 실행적 행위도 똑같이 붕괴된다. 따라서 예를 들어 거울에 비친 실험자의 움직임을 보고 흉내 낼 때 환자는 단순 모방 활동에 성공한다. 그러나 환자가 실험자를 마주 보고 앉아 움직임을 흉내 내면서, 항상 팔다리의 좌우 방향이 반대임을 고려해야 하게 되면, 그는 이 조작에 성공하지 못했다. 그것이 의도와 계획의 사전 공식화를 요구하기 때문이다.

11-8-43] 그러나 이 해석은 하나의 본질적인 수정이 필요한 것으로 보인다. 문제는 실어증 환자가 상징적 공식화를 전혀 못 하는 것은 결코 아니라는 데 있다. 그렇다. 기호의 도움으로, 남아 있는 낱말의 도움으로 그는 적절한 공식화를 이루어 낸다. 다만 공식화가 개념적 생각을 요하지 않을 때만 그러하다.

11-8-44] 그런 의미에서 우리는 겔브가 지적했으며, 우리가 이미 위에서 논의한 본질적인 차이점을 기억해야 한다. 실어증 환자가 명칭을 듣고 그 대상을 가리킬 때, 이는 그에게 범주적 생각을 전혀 요구하지 않는다. 이것은 낱말이 매우 다양한 의미로 사용되었을 수 있지만, 결코 개념의 기호로는 사용되지 않았음을 의미한다. 실어증 환자는 개념에 의지하는 언어적 공식화와 연결된 행동 형태에서 어려움을 겪는

다. 복합체의 기호로서의 말은 보존되고, 이 원시적 수준에 상응하는 한계와 형태 내에서 사고는 어느 정도 무사히 이루어진다.

11-8-45] 이렇게 실어증 연구는 청소년 심리학에서 일어나는 모든 변화의 통합성에 대한 우리의 가설이 이 기능들의 붕괴의 역사에서 완전히 확증된다는 것을 보여 준다. 우리는 고등 형태의 지각, 기억, 주의, 행동과 같은 기능의 발달이 개념 형성이라는 기본 기능 발달에서 비롯된다고 가정했다.

11-8-46] 실어증은 개념 형성 기능의 붕괴가 모든 기능의 원시적 수준으로의 저하를 초래한다는 것을 확인하게 한다. 실어증 환자의 생각뿐 아니라 전체 행동 즉 지각, 기억, 주의와 행동은 청소년이 성 성숙기에 접어들면서 등 뒤에 남겨둔 때로 되돌아간다. 겔브가 말했던 것처럼 낱말은 사람을 사람으로 만든다. 낱말은 상황의 종속으로부터 사람을 해방시킨다. 즉 지각과 행동에 자유를 부여한다.

11-8-47] 실어증 환자는 의미 있는 상황에서 필요할 때 낱말을 말할 수 있지만, 그가 자발적으로 낱말을 말해야 한다면 이를 할 수 없다. 다음은 이에 대한 가장 간단한 예이다. 겔브의 환자는 상자가 제시되자 '상자'라는 낱말을 머릿속에서 찾을 수 없었지만, 그가 무엇을 모르는가 라는 질문에 다음과 같이 말한다. "나는 상자를 어떻게 칭해야 하는지 모른다." 이 사례만으로도 질병의 본질은 낱말 표현의 상실에 있는 것이 아니라 낱말이 스스로의 기능 중 하나, 나아가 최고의 기능을 잃는 데 있음이 이미 나타난다.

> 비고츠키는 이 예시를 통해 지시적 기능과 개념-상징 기능을 구분하고 있다. 비고츠키는 이 상징적 기능은 낱말의 최고 기능이라고 말한다. 이 기능을 통해 어린이는 특정 대상을 어떤 부류의 일부로 규정하고 이 부류가 개념의 관계망 속에 차지하는 위치를 상정할 수 있게 된다.

아래 전사 자료에서 언어치료사(좌측)는 '의미 속성 분석'을 통해 명칭실어증을 앓고 있는 초등 교사(우측)를 치료한다. 환자는 '오렌지'와 같은 일상 낱말을 기억하지 못하여 질병 휴직을 해야 했다. 치료 방법은 A. R. 루리야가 자세스키(1943년 스몰렌스크 전투에서 뇌 손상을 입어 실어증을 앓게 된 군인)에게 적용한 방법과 동일하다. 두 경우 모두 환자는 의미 속성을 적어서 기억 회상에 이용하도록 요구받는다.

이 경우 대상 명칭은 직접 연상에 의거한다. 오렌지는 주황색 (orange)이다. 언어치료사는 이 사실을 부각시키지 않지만 이는 환자가 당면한 문제 해결에 핵심적이었을 것이다(따라서 일반적으로 적용될 수 있는 방법은 아니다). 나아가, 오렌지의 명칭을 회상하는 것과 (환자가 학교로 돌아가기 위해 필요한 '학교 교육 체계에서 가르치는 대상들'과 같은) 개념을 회상하는 것은 매우 다르다. 오렌지는 지각할 수 있는 대상이지만 '학교 교육 체계에서 가르치는 대상들'은 개념의 위계를 지칭해야 한다.

언어치료사: 이것은 의미 속성 분석이라고 불리는 것이에요. 아주 어렵고 무섭게 들리지만 간단합니다. 당신에게 그림이나 대상을 보여주고 여러 가지 질문을 할 텐데요. 당신은 그에 대해 말해 주면 됩니다. 낱말이 생각나지 않으면, 뇌 속 연결을 이어서 낱말을 떠올릴 수 있도록 해 볼 거예요.

환자: 흠흠.

언어치료사: 아주 쉬운 걸로 시작해서 학교 교육 체계에서 가르치는 대
　　　상들을 더해 가며 조금씩 어렵게 해 보겠어요. 당신 어머니가 당신
　　　이 교사였다고 하셨어요.

환자: 흠흠.

언어치료사: 당신이 낱말들을 기억하도록 노력해 주기를 바랍니다. 그래
　　　야 학교로 돌아가죠.

환자: 네.

언어치료사: 네, 여기 지도가 있어요. 그림들이 있죠? 이 그림들은 여러
　　　가지 물건들을 보여 줘요. 우리는 모양, 크기, 소리, 용도를 말해 볼
　　　거예요. 첫 번째 대상은 이거예요.
　　　(오렌지를 지도 위에 올려놓는다.)
　　　이것의 이름이 생각나나요?

환자: 아뇨.

언어치료사: 네, 먼저 무슨 모양인가요?

환자: 둥글다?

언어치료사: 둥근 모양이에요, 네. 아래에 둥근 모양이라고 써 보시겠
　　　어요?
　　　(환자는 '둥글다'라고 쓴다.)

환자: 음… 때로 부엌에 있어요.

언어치료사: 네, 부엌에서 볼 수 있어요. 네, '부엌'이라고 써 보시겠어요?
　　　(환자는 적는다.)

언어치료사: 누가 사용할 수 있지요?

환자: 내가 사용해요. 나는 때로 이것을 먹기 좋아해요.

언어치료사: 네, 먹는 것이죠. 여기에 적어 보세요. 먹는 것이라고.
　　　(환자는 적는다.)

언어치료사: 그것은 어떻게 생겼나요, 캐서린?

환자: 오렌지(색)이에요.

언어치료사: 오렌지(색)이에요. 또 어떻죠? 감촉을 느껴 보세요. 어떤
　　　느낌인가요?

환자: 딱딱해요.

언어치료사: 딱딱하지요. 어떤 냄새가 나나요?

환자: 달콤한 냄새가 나요.

언어치료사: 익숙한 냄새인가요? 전에 이 냄새를 맡아 본 적이 있나요?

환자: 그런 것 같아요.

언어치료사: 방금 말한 것들을 적어 보세요.

　　(환자는 적는다.)

언어치료사: 나에게 말한 것들을 한번 보세요. 당신은 그것이 둥글고 딱딱하다고 했어요. 달콤한 냄새가 나고요. 부엌에 있는 것이죠. 먹을 수 있어요. 캐서린, 이 물건의 낱말을 생각할 수 있나요? 힌트들을 계속 살펴보세요.

환자: 오렌지인가요?

언어치료사: 맞아요. 오렌지예요. 다시 말해 보세요.

환자: 오렌지.

언어치료사: 적어 보세요.

　　(환자는 적는다.)

언어치료사: 이것은 무엇이죠?

환자: (망설이며) 이것은 오렌지예요.

언어치료사: 여기 있어요. 들어 보고 다시 말해 보세요

환자: 이것은 오렌지예요!

언어치료사: 잘했어요.

11-8-48] 헤드의 환자는 질문에 대한 답으로 예와 아니요를 할 줄 알았지만, 그렇게 말하도록 요청받았을 때 그 낱말을 말할 수 없었다. 어떤 실험에서 '아니요'라는 낱말을 반복하라고 요청받았을 때 고개를 저으며 '아니요, 나는 할 수 없습니다'라고 말했다. 겔브가 말했듯이 실어증 환자에게는 대상 대신 실행 상태가 있다. 그의 기억은 개념적 기억에서 시작하여 실행 상황적 기억으로 돌아간다. 이것은 다양한 대상의 분류 실험에서 가장 명확하게 표현된다.

11-8-49] 실어증 환자는 분류 과정에서 곤란을 겪는다. 환자에게는 대상의 분류 원칙 또는 대상 간 관계의 원칙이 없다. 원시적 인간과 마찬가지로, 그에게 대상은 서로 다른 실행 상황에서 서로 다른 대상으로 나타난다. 분류할 때 그는 이전의 상황을 재현하고 보충할 뿐 특정한 속성에 따라 대상을 분류하지 않는다. 그는, 순전히 구체적인 속성에 따라, 다양한 대상을 서로 연관되어 있는 것으로 한데 모은다. 대부분 수집체나 유사한 인상을 기반으로 구축된 가장 순수한 복합체가 분류 실험을 통해 확인된다.

고양이와 함께 새를 사냥하는 네바문, 네바문 무덤, 기원전 1350년경.

복합체는 모든 속성이 동등하게 중요한 집합이다. 속성들이 모두 동등하게 중요하기 때문에 복합체의 구성원은 매우 다양할 수 있다(예: 칼, 숟가락, 접시 및 포크). 그러나 개념의 경우 어떤 속성은 본질적이고 어떤 속성은 부수적이 된다(예: 식사의 개념에서 칼, 숟가락, 접시 및 포크는 모두 부수적이지만 제공되는 음식은 없어서는 안 될 요소이다). 이러한 이유로 개념의 본질적 예시는 모두 동일하게 개념을 대표한다(모든 음식은 똑같이 음식이다).

인간은 거미와 달리 자극의 전체 복합체에 반응하지 않는다. 인간은, 환경의 특정 속성을 본질적인 것으로, 다른 속성을 덜 중요한 것으로 선별한다. 이 무덤 벽화에서 새들은 복합체적으로, 즉 동일한 크기, 동일한 중요도로 묘사되어 있다. 그러나 곤충, 물고기, 새, 고양이, 사람은 크기, 부각성, 중요도로 구분되듯이 상이한 계층 구조를 형성한다. 마찬가지로 네바문 가계의 계층 구조는 남편, 아내, 자녀의 크기, 부각성, 중요도를 통해 구분된다. '개인'과 '가족'은 더 이상 복합체이지 않지만 또한 아직 근대적 개념도 아니다.

11-8-50] 따라서 실어증 환자는 가장 이질적인 금속성 물체들을 한 무리에 넣고, 나무로 만든 물체들은 다른 무리에 넣는다. 그가 대상을 나란히 놓을 때마다 어떤 구체적인 사실적 합병이나 모음이 나타나며, 이로써 무리 속에는 매우 다양한 특징에 따라 대상들이 포함될 수 있게 된다. 연결의 통일성은 그에게 의무가 아니다.

11-8-51] 실어증 연구에서 도출할 수 있는 두 번째 결론은 개념과 복합체의 발생적 연속성에 대한 우리 가설의 확증을 다시 찾게 된다는 것이다. 발달에서 복합체로부터 개념으로의 이행이 발견되듯이, 역발달과 붕괴의 경우에 개념에서 복합체로의 경로가 생겨난다. 이 두 단계의 발생적 연속성은 실어증 연구를 통해 완전히 확증된다.

11-8-52] 끝으로, 세 번째는 이러한 복합체적 생각과, 더 원시적인 수준으로 떨어진 다른 지적 기능의 특성의 본질이 성적 성숙기 이전의 동일한 기능의 상태와 본질적인 유사성을 드러낸다는 점이다.

11-8-53] 우리가 얻은 결론을 다음과 같이 공식화할 수 있다. 기억 상실성 실어증에서 장애의 본질은 개별 낱말의 상실에 있는 것이 아니라, 개념의 상징으로 낱말이 사용되는 방식의 변화에 있다. 이러한 변

화는 범주적 사고 또는 상징적 공식화의 장애라고 불린다. 이것의 증거는 환자의 낱말 상실은 매우 적은데도 장애가 매우 심각할 수도 있고, 또한 그 반대일 수도 있다는 사실이다. 어떻게 이런 일이 일어날 수 있을까? 개념의 기저에 판단체계, 기호 구조의 체계로 놓여 있는, 내용과 형식의 의미에서 결합된 복잡한 조합이 분해된다. 각 개인에게 있어 복합체적 연결은 개체발생상 개념에 선행하고 개념 내에서 지양된 범주, 하위 기관으로 보존되므로, 복합체적 생각은 해방되어 전면으로 부각된다.

11-8-54] 복합체적 생각의 기제가 히스테리와 실어증과 갖는 공통점이 여기에 있다. 우리는 다양한 손상에서 하나의 법칙을 보며, 하나의 기제를 다양한 형태로 본다. 우리는 이에 놀라서는 안 된다. 예를 들어, 우리는 체온 상승과 같은 기제가 매우 다양한 질병에서 관찰된다는 것을 알고 있다. 이와 똑같이, 복합체적 생각이 매우 다양한 질병의 형태로 전면에 나타나는 것이 관찰될 수 있다.

11-8-55] 실어증 환자들에 관한 전통적인 연구들은 물론, 최신의 연구 시도조차도 하나의 본질적 결함으로 고통을 겪는다. 이 결함은 이 분야에 팽배한 형식주의로 인해 여전히 이런저런 기능들의 작용 형식의 파괴만이 연구되며, 그 결과 체험переживания의 내용, 즉 현실에 대한 의식과 인격에 대한 자기의식의 측면에서 본 일반적 변화는 거의 연구되지 않다는 데 있다. 그러나 우리는 현실 의식과 인격의 자기의식 또한 개념으로 체계화된 외적, 내적 경험에 기반한다는 것을 이미 보았다. 따라서 현실과 자기 자신에 대한 체험의 복합적 붕괴, 즉 사물과 인격에 대한 의식의 복합적 변화는 실어증에 동반되지만, 이는 연구자들의 연구 영역 바깥에 머물러 있다.

11-8-56] 여기서 우리는 형태론적 분석에 대한 기능 분석의 우세, 즉 형식과 내용의 통합에 대한 망각—개념적 사고가 생각 형태 영역에

서의 새로운 단계일 뿐만 아니라 생각 내용의 측면에서 새로운 영역의 정복을 의미한다는 사실에 대한 무시를 발견한다.

9

11-9-1] 정신병학은 유사하지만 반대의 오류를 범한다. 그것은 체험에 대한 형태론적 분석의 배타적 지배 아래에 있으며, 형식의 변화에 대해서는 잊어버리고 오직 현실 의식과 인격의 자기의식에만 관심을 보인다. 이러한 편향성은, 이행적 연령기를 반복적으로 고찰하는 고전적인 정신분열 학설에서 표현된다. 알려진 바와 같이, 많은 아동학자가, 병리학은 과장된 정상이라는 입장에서 출발하여, 이행적 연령기에 나타난 청소년의 기질을 환자의 정신분열적 기질 및 생각과 결합시켰다. 정상과 비정상 사이에는 어떤 경계도 없다.

> 비고츠키가 말하는 형태론적 분석이란 무엇을 의미하는가? 생물학에서 형태론적 분석은 기관 및 시스템의 관점에서(크기, 모양, 구조) 생명 형태를 분석하는 것을 의미한다. 그러나 정신의학에서 형태론적 분석은 상징과 의미의 관점에서 정신을 분석하는 것을 뜻한다. 두 경우 모두 형태론적 분석은 내용 분석이다. 그것은 형태-기능 관계를 무시한다. 예를 들어 프로이트는 생각 형태에 거의 주의를 기울이지 않는다. 하나의 내용(예컨대 오이디푸스 콤플렉스)이 꿈, 농담, 낱말 연상으로 상징적으로 표현될 수 있으며, 깨어 있는 생활 중에는 어떤 (공개적) 기능도 갖지 않는다.
>
> 그러나 비고츠키가 염두에 두고 있는 형태론적 분석은 언어학의 형태론적 분석(언어에서 의미 단위의 연구)과 훨씬 더 유사하다. 이 형태론적 분석은 의미의 형태를 기능의 관점에서 설명할 수 있고, 의미의 기

능을 역사의 관점에서 설명할 수 있다. 예를 들어 13세의 위기와 3세의 위기의 형식적 유사성은 이행적 기능의 관점에서 설명될 수 있다. 두 경우 모두 이전 시기의 신형성이 소멸되고, 마음은 이전의 기능 수준(3세는 독창적 언어를 고집하는 1세의 위기로, 13세는 터무니없는 행동과 표정으로 내면을 표현하는 7세의 위기로)으로 되돌아가는 것처럼 보인다. 그러나 이 이행적 기능은 다시 새롭고 고등한 수준의 기능(각각 전학령기 놀이와 청소년기)을 향한 역사적 단계로 설명될 수 있다.

우리나라 전통 그림은 강력한 형태론적 분석의 경향을 보여 준다. 소나무는 기둥, 가지, 나뭇잎으로 이어지며 두루미는 부리, 깃털, 갈큇발로 표현된다. 파도조차 파도마루와 파도골, 포말과 물방울로 분석된다.

11-9-2] 크레치머는 말한다. "괴팍하고 냉담한 성격으로 수십 년간 공직을 지속적으로 수행해 온 사람들이 공상적이고 광적인 생각을 감춰 왔다는 것을 갑자기 우리에게 드러낼 수 있다. 여기에는 경계가 없다. 과연 무엇이 괴팍함이며, 무엇이 광적인 체계인가? 결국 사람은 성 성숙기에 매우 분명히 변화하고, 분열증은 이 성 성숙기에 주로 발생한다. 우리는 이 시기에 커다란 변화를 겪은 사람들을 정신병적 인격으로 보아야 할까, 아니면 분열성을 앓은 적이 전혀 없다고 간주해야 할까? 성적 성숙기에 분열성의 면모가 만개한다. 그러나 우리는 이 시기의 경미한 사례에서 정신분열적 정신이상의 발달에 직면한 것인지, 또는 정신이상이 이미 발현한 것인지, 혹은 이미 완료된 발작의 정신적 산물을 보는 것인지, 아니면 결국 이 모두가 단순히 분열성 인격의 갑작스럽고 유별난 발달일 뿐인지 알 수가 없다. 사실 성적 발달 시기의 정상 정서—수줍음, 서름, 감상적 태도, 비애적 기괴함, 지나침—는 분열성 환자의 몇 가지 특징적 기질과 매우 유사하다."

11-9-3] 크레치머의 표현에 따르면 분열성을 구분할 수 없는 경우, 즉 정상과 병적인 것 사이의 경계가 모호해진 경우, 분열성 기질과 청소년 기질의 유사한 면모가 부각되는 경우가 발생한다. 한 심리학자에 따르면, 정신분열증이 이전에 조기 치매 또는 청소년 치매로 불렸던 것은 그럴 만한 이유가 있다.

11-9-4] 우리도 청소년과 정신분열증 환자의 유사점에 대한 비교 연구를 수행하면 청소년 심리의 여러 가지 본질적이고 중요한 면모를 인식할 수 있다고 생각한다. 그러나 우리가 이미 말했듯이 이 둘 사이의 관계는 이 문제의 전통적 설정에서 주어진 것과는 현저히 다르다.

11-9-5] 우리의 관심은 질병 과정과 발달 과정의 외적 유사성에 기반한 유사성이 아니라 문제의 본질과 관련되는, 연구 중인 현상의 역발달 과정의 본성으로 이는 두 경우 모두에서 관찰된다. 실어증이 주로

개념 형성 기능 장애 측면에서 연구되고, 인격의 현실 의식과 자기의식의 변화 측면에서는 연구되지 않았던 것처럼 정신분열은 대개 생각과 의식의 내용이라는 관점에서 순전히 기술적으로 연구되어 왔다. 형태론적 분석은 발생적, 기능적 분석을 동반하지 않았다.

11-9-6] 최근에 우리는 정신분열증에서 나타나는 의식 내용의 붕괴와 특정 기능 활동의 붕괴 사이에 의심의 여지 없이 존재하는 관계에 관한 연구로 넘어가려는 시도를 목격하고 있다. 기능적 분석과 형태론적 분석의 이러한 수렴은 이행적 연령기와 정신분열증에 대한 비교 연구의 전통적 설정을 정반대로 뒤집는 것을 처음으로 가능하게 한다.

11-9-7] 정신분열증 환자의 생각에 대한 기능적 분석과 형태적 분석의 합류, 즉 생각의 내용에 관한 연구에서 그 형태에 관한 연구로의 연결에서 핵심은 다른 모든 것처럼 이 경우에도 역사적 관점, 즉 발생적 분석 방법이다. 이 방법은 생각에서 형식과 내용의 발달이 하나이며 상호 조건적이라는 것을 드러낸다. 마찬가지로 그것은 우리가 히스테리와 실어증에서 이미 발견했던 것, 즉 발달에서 발생적으로 더 원시적 단계로의 하락, 퇴행, 후퇴, 발달 과정의 역전을 정신분열증에서도 드러낸다. 만약 우리가 어떤 외적 '표현형적' 유사성이 아닌, 한데 모여진 현상의 본성, 즉 친족성에 뿌리를 둔 내적 본질에 토대하길 바란다면, 이런 이해에 비추어 볼 때만 이런저런 시기에서의 기능의 발달과 구성을 그 쇠퇴와 일반적으로 한데 묶을 수 있을 것이다.

11-9-8] A. 슈토르히는 정신분열증의 발생적 분석에 관한 자신의 연구에 대한 에피그래프로 카루스의 말을 선택한다. 그는 이렇게 말한다. "이처럼 정신적 활동의 병적 붕괴가 나타난다. 이것이 유기체 질병의 반영이며 점점 더 명확하게 발전하는 한, 우리는 질병 자체의 본질을 더 깊게 이해하고 인식할 수 있다. 이(본질-K)는 특정한 유기체적 삶이 유기체 본성의 낮은 단계에서는 정상으로 간주된 형태의 반복이다."

*A. 슈토르히(Alfred Storch, 1888~1962)는 신경학자이자 정신분열증 치료를 전문으로 한 정신과 의사로서 K. 야스퍼스, M. 부버, P. 틸리히 의 동료였다. 유태인이었던 그는 1933년 독일에서 공민권을 박탈당하 고 스위스로 망명했다.

　　러시아어 선집은 카루스가 P. J. 카루스를 뜻한다고 주석을 달았 다. 그러나 슈토르히의 에피그래프는 사실 C. G. 카루스(Carl Gustav Carus, 1789~1869)를 인용한 것이다. 그는 괴테의 가까운 친구이자 의 사, 철학자였으며 척추동물의 전형성에 대한 이론으로 다윈에게 영향 을 미친 자연과학자이기도 했다. 또한 화가이기도 했던 그는 지구의 기 억 자체를 (지질학과 생물학이 그러하듯) 표현하고자 하는 풍경화 이론 을 발전시켰다. 의학과 철학에서도 그는 행동이 문화의 숨겨진 내적 삶을 표현한다는 이론을 발전시켰으며 이는 후에 C. G. 융에 의해 집 단 무의식이라는 형태로 이론화되었다.

C. G. 카루스의 풍경화. 왼쪽은 발틱해의 숲이 우거진 섬의 추억을, 오른쪽은 (역시 발틱 해의) 그라이프스발트의 폐허가 된 수도원 옆 아늑한 집을 표현하고 있다.

11-9-9]　슈토르히는 정신분열증 환자의 체험에 대한 현상학적 분석 과 발생적 분석을 통합하는 데 전념한다. 그의 관심은 정신분열증과 원 시적 고대 사고의 상호관계에 대한 문제에 있다. 이 연구로의 경로는 병 리학이 발달을 이해하는 열쇠이며 발달이 병리학을 이해하는 열쇠라 는, 우리가 여러 번 반복했던 명제에서 이미 제시되었다.

11-9-10] 꿈과 관련하여 니체와 프로이트는 다음과 같이 생각한다. "잠자고 꿈꾸는 동안 우리는 이전 인류의 정신 과업을 다시 수행한다. 이(정신 과업-K)는 우리 이성이 발달한 기초이자 모든 사람에게서 여전히 계속 발전하는 토대이다. 꿈꾸기는 우리를 인류 문화의 이전 상태로 안내하고, 그런 상태를 더 잘 이해할 수 있는 수단을 제공한다. … 꿈은 그 비합목적성 때문에 거부된 정신적 장치의 원시적 산물의 형상을 우리에게 보존해 주었다." 정신적 생활이 아직 미숙하고 경험이 없을 때 깨어 있는 상태를 지배했던 것이 마치 밤의 생활 속으로 추방된 것과 같다. 그것은 오랫동안 유기되었던 성인의 원시적 무기인 활과 화살을 어린이에서 발견하는 것을 상기시킨다. 융은 "꿈꾸는 사람이 깨어 있는 사람처럼 말하고 행동했다면 우리는 조기 치매의 사진을 찍었을 것"이라며 꿈에 대한 이런 견해를 정신분열증적 생각과 연결했다. 슈토르히 또한 비정상적 과정은 원시적 과정이라는 기본 명제에서 출발한다.

철학자 프리드리히 니체의 이력은 오랜 세월 공무를 수행할 수 있었으나 광적인 사상을 배태하고 있는 사람에 관한 크레치머의 설명과 일치한다(11-9-2 참조). 중요한 학문적 지위를 차지하고 많은 책을 저술한 후, 그는 조현병(프로이트 의견으로는 매독)으로 11년의 여생을 정신병원에서 보냈다.

11-9-11] 전통적인 정신의학에서는 일반적으로 정신분열증을, 병과 함께 나타나는 의식과 성격의 변화 측면에서 연구했다. 연구자들은 환자의 생각, 의식, 현실 체험에서 관찰되는 일련의 변화에 우선적으로 관심을 두었지만, 이러한 변화들은 대체로 내용적 측면에서 접근되었다. 환자들의 체험은 형태론적 분석의 대상이 되었고, 기능적 또는 발생적 분석은 전혀 연구에서 사용되지 않았다.

11-9-12] 이 질병의 특징은 의식의 분열, 성격 변화가 전면에 부각되지만 기억, 지각, 방향성과 같은 주요 심리적 기능이 보존된다는 것이다. 바로 이것이, 생각 형태와 지적 기능의 장애와 변화를 무시하고 환자의 섬망, 정신 착란, 의식 분열, 와해된 연합에 대한 분석으로 직접 눈을 돌리는 근거를 제공했다.

11-9-13] 이와 관련하여 아동학은 (분열증을 병리적 현상으로 바라본-K) 정신의학과 정반대의 길을 갔고, 청소년기의 기질과 분열적 기질의 특징의 단순 수렴에 만족했다. 아동학은 크레치머의 입을 빌려, 성적 성숙기에 급격히 진행되는 분열성 인격과 정신분열증 과정 사이에는 경계가 없으며, 성적 성숙 현상과 정신분열증 인격 변화는 서로 친족성이 있다고 주장했다.

11-9-14] 실어증의 경우와 마찬가지로 환자의 내면세계, 현실에 대한 의식과 인격에 대한 자의식은 연구되지 않은 채 남았으며, 생각의 기능과 형태에 관한 연구만 이루어졌다. 여기서 역방향의 오류가 발생했지만 형태 측면이나 내용 측면에서 현상에 대한 일방적인 접근은 달라지지 않았다. 최근 들어서야 우리는 발생적 기능 분석을 통해 정신분열증에 접근하려는 여러 시도를 보게 된다. 슈토르히의 연구에서 우리는 정신분열증으로 인한 정신 변화를 정신 발달의 초기 단계를 지배하는 고대 원시적 사고와 연관시키려는 시도를 본다.

11-9-15] 이 저자가 자신의 연구에서 도달한 주요 결론은, 발달된 의식의 어떤 정신적 불변량, 예컨대 정확히 구별되는 '나' 의식과 대상 의식은 정신분열증에서 붕괴되고 이것이 더 원시적인 체험 형태, 즉 미분화된, 집합적 복합체로 대체된다는 것이다. 더 심오한 분석은 형식적 측면에서 모든 기능이 정신분열증에서 변하지 않고 남아 있는 것은 결코 아님을 보여 주었다. 상대적으로 변하지 않은 것은 지각, 방향성, 기억 형태의 초보적이거나 저차적인 기능들뿐이다. 하지만 정신분열증에

서 본질적으로 피해를 겪는 것은 개념 형성 기능이며, 바로 이 기능의 성숙은 이행적 연령기 지적 발달의 주요 내용을 이룬다.

11-9-16] 이미 블로일러는 정신분열증적 사고의 본질적 특성으로서, 심상과 상징의 과도한 사용을 강조하였다. 체험을 시각적 형태로 묘사하는 경향은 실제로 이러한 생각의 두드러진 특징이다. 이 시각화에서 원시적 생각과 병리적 생각의 유사성이 발견된다. 정상적인 사람의 사고에도 사고 과정의 지렛대 역할을 하는 시각도식적 형태의 다양한 보조 장치가 존재하는 것은 사실이다. 그러나 이들은 상징적 시각적 표현을 위한 수단으로서의 의미를 가질 뿐이다.

11-9-17] 슈토르히는 말한다. "정신분열증적 사고에서, 반대로, 심상은 (상징적 시각적-K) 표현의 기능을 수행하지 않는다. 오히려 우리는 정신분열증 환자가 이런저런 심상이 특정 생각을 대체하거나 나타낸다는 것을 전혀 의식하지 못한다고 가정해야 한다. 정신분열증 환자는 여기에서 비교가 일어나고 있다는 의식이 없다. 일반적으로 정신분열증 환자의 개념 형성에는 일반 사고의 개념 형성보다 훨씬 더 많은 시각화 요소가 포함되어 있다. 우리가 보았듯이, 이것이 발달된 사고에서의 개념 형성과 원시적 정신 수준에서의 개념 형성 사이의 가장 본질적인 차이점 중 하나이다. 이 차이점은 우리의 발달된 개념이, 그 성장 기반인 시각적 요소로부터 상당 부분 해방되었다는 것이다.

11-9-18] 우리의 개념에는 시각적 기초 외에도 지식과 판단의 다소 추상적인 요소가 포함된다. 원시적 개념 형성에서 특히 지침이 되는 것은 두드러지는 시각적 특징이다. 유사성과 차이점의 관계에 대한 의식이 아직 완전히 발달되지 않았기 때문에, 어린이는 직접적인 시각적 관계를 갖는 사물을—이들이 하나의 공통되는 인상적 특징을 갖는다면— 하나의 개념으로 결합할 수 있다. 이와 동일하게, 정신분열증 환자의 개념 형성은 주로 시각적이고 정서적-효과적인 인상과 관련이 있다.

연결과 관계의 의식은 배경으로 물러난다. 하나의 공통된 인상적 특징은 가장 이질적인 표상들을 결합하기에 충분하다.

11-9-19] 슈토르히가 이러한 개념 형성 방식을 어린이와 원시적 인간의 초기 발달 수준을 지배하는 개념 형성 방식과 비교하는 것은 일리가 있다. 실제로 우리는 이 저자가 정신분열증 환자의 개념 형성을, 우리가 어린이의 복합체적 생각의 특징들을 묘사한 것과 거의 같은 표현으로 묘사하고 있음을 알 수 있다. 정신분열증에 대한 역사적 관점, 발생적 분석의 가능성이 우리 앞에 열린다. 우리는 정신분열증 환자가 경험하는 변형된 세상을 단순히—조각나고 와해된 생각의 파편과 잔해가 모여 그 어떤 질서나 의미, 구조가 없는— 망상적 관념의 형태 없는 혼돈의 덩어리로 이해하는 것을 멈추기 시작한다.

11-9-20] 우리 앞에 있는 것은 혼돈도 아니고, 깨진 유리 더미도 아니다. 한 심리학자의 표현에 따르면, 우리 앞에 있는 것은 규칙적 후퇴, 생각 발달에서 더 낮고, 더 원시적인 단계로의 하강이다. 이것은 다음과 같은 사실로 우리에게 잘 알려진 퇴행이다. 발달의 역사에서 더 이른, 실제로 종속 기관의 형태로 보존된 생각 기능과 형태는 해방되어, 그들이 포함되어 있던 고등 통합체가 붕괴될 때 자신의 원시적 법칙에 따라 작동하기 시작한다.

11-9-21] 이러한 고등한 통합 또는 개념은 정신분열증에서 붕괴된다. (옷의-K) 내피나 (건물의-K) 하부구조와 같이 항상 개념 안에 포함되어 있는 복합체적 사고의 해방이 일어나며, 이 복합체적 연결은 생각을 통제하기 시작한다. 그러나 정상 발달된 사람의 현실 의식 전체와 자신의 인격 인식 전체는 하나의 개념 체계로 표상되기 때문에, 이 체계의 해체와 분열과 함께 현실 의식의 전체 체계와 인격 의식 체계 전체가 파괴되는 것은 당연하다. 생각 내용의 변화는 생각 기능의 붕괴와 와해의 직접적인 결과이다.

11-9-22] 우리는 이미 모든 내용이 아무 형식에나 적절히 담겨질 수는 없다고 여러 번 말했다. 내용은 생각의 형식과 무관하지 않고, 액체가 그릇을 채우듯 순전히 외적인 기계적 방식으로 형식을 채우지 않는다. 개념 형성 기능의 발달을 연구하면서, 우리는 새로운 형식의 생각을 숙달한다는 의미에서 더 높은 수준으로의 이행이 사고의 내용 측면에서 청소년에게 새로운 영역을 열어주는 것을 보았다. 이러한 새로운 영역은 정신분열증 환자에게 닫혔으며 그의 의식의 내용은 주어진 생각의 형식에 해당하는 원시적인 복합체적 연결 체계로 다시 돌아가지만, 이러한 연결은 개념적 사고를 속성으로 갖는 의식에게 있어 혼란스러울 수밖에 없다. 이러한 혼란은 특히, 그러한 퇴행, 복합체적 생각으로의 그러한 이행이 결코 완전하게 이루어지지 않기 때문에 발생한다.

11-9-23] 슈토르히는 말한다. "이러한 환자들은 이중의 세계에 살고 있다. 이는 시각적 심상, 마술적 연결 및 융즉이 있는 원시 세계와 다른 한편으로는 이전의, 경험에 상응하는 아직 부분적으로 보존된 생각의 세계이다." 이 때문에―한편으로는 원시적 체험을 즉각적인 현실로 받아들이고 다른 한편으로는 그것을 환상적인 현실로 인식하고 고려하는― 분열이 정신분열증 환자의 의식에서 발생한다. 그러한 환자의 경우, 전 세계와 그의 체험이 두 영역으로 나뉜다. 이로부터 옛 연결과 새로운 연결의 복잡한 뒤얽힘이 발생하고, 정신분열증적 생각의 가장 특징적인 면모로 지적되는 생각의 연합 속 혼란, 분열 및 파편화가 얻어짐이 분명해진다.

11-9-24] 최근 정신분열증에 대한 해부학적 연구에 많은 노력을 기울였던 케이퍼스는 피질 내 기능을 수행하는 뇌의 제2, 3, 4 피질층이 정신분열증의 영향을 주로 받는다는 가설을 내놓았다. 그의 견해에 따르면, 지각, 방향성, 기억은 보존되면서도 연합적 분열이 일어나는 것, 즉 정신분열증 환자의 정신에 일차적인 것은 이로써 설명된다. 저자는

자신의 가설에 비추어 이 질병을 해부학적 퇴행으로 간주한다.

'케이퍼스'가 미국 의사 L. G. 케이퍼스(Legrand G. Capers, 1834~1877)를 가리킬 가능성은 매우 낮아 보인다. 그는 연합군 병사의 음낭을 관통한 총알이 한 소녀의 배에 총상을 입혀 소녀가 임신을 했다는 황당한 사례를 의학 논문으로 발표한 것으로 유명하다. 이 부분은 비고츠키가 한 말을 속기사가 잘못 듣고 썼을 가능성이 크다.

비고츠키가 지칭한 것은 J. M. J. 카프그라(Jean Marie Joseph Capgras, 1873~1950)일 수도 있다. 그는 정신분열증 환자가 자기 배우자나 자녀가 복제인간, 로봇으로 대체되었다는 환각을 갖는 카프그라 증후군에 자기 이름을 붙인 프랑스 정신과 의사이다. 그러나 가장 유력한 후보는 S. 라몬 이 카할(Santiago Ramón y Cajal, 1852~1934)일 것이다. 그는 대뇌피질층을 가장 먼저 설명했으며, 오늘날에도 쓰일 만큼 매우 정확하게 그려 낸 스페인 신경과학자로 비고츠키가 자주 언급했던 학자이다.

11-9-25] 그의 견해에 따르면, 뇌 역사의 해부학적 역행은 심리적 퇴행, 즉 원시적 생각과 행동으로 회귀를 이끈다. 정신분열증 환자의 정신에서 고대 원시적 사고가 우세한 것은 그의 관점에서 볼 때—계통발생, 개체발생상 뒤에 발달하고, 더 고등한 후기 지적 기능의 매개체가 되는— 피질 요소들의 붕괴로 설명된다. 바로 이것이 이 질환에 의해 주변 세계에 대한 태도가 완전히 변하고, 원시적 사고 형태가 전면에 나타나는 이유이다.

11-9-26] 보다시피, 정신분열증에 대한 이러한 역사적 관점은 해부학적 분석과 심리학적 분석 모두에서 확인된다. 물론 이것이 정신분열증의 본질을 낱낱이 보여 주는 것은 아니지만, 정신분열증에서 전면에 나오는 사고 기제의 본질은 충분히 명확하게 드러난다. 우리는 이 본질을 해방으로, 즉 우리가 개념이라고 부르는 종합적 통합체의 붕괴에서

복합체적 생각이라는, 기저로서 실제 살아남은 것이 전면으로 대두하는 것으로 규정하고자 했다. 개념적 생각에서 복합체적 생각으로의 전환은 정신분열증 환자의 의식 및 사고 내용의 모든 변화의 중심 원인이다. 우리는 개념 형성 기능이 무너지면 현실의 체험 체계 전체와 자기 인격이 어떻게 파괴되는지, 어떻게 의식의 혼란과 와해가 일어나는지 위에서 이미 설명했다.

11-9-27] 정신분열증 환자의 고백은 이와 같은 불안정한 생각의 본질을 확인시킨다. 정신분열증을 앓는 24세 교사는 이런 식으로 불평한다. "제 생각은 너무 모호해요. 모든 것이 불안정하고, 내게는 아무것도 확실치 않아요. 그것들은 너무 불분명하고, 온갖 감정이 들어찼고, 모든 것이 제 안에서 뒤섞여요. 꿈에서처럼 한 물건이 다른 것들로 변하고, 저는 아무것도 차분히 생각할 수 없죠." 이러한 미분화된 전체 복합체는 동물의 세계와 정상인의 주변 지각에서 모두 발견된다. 여기에서 가장 다양한 요소에 대한 지각의 계기와 감정의 계기는 서로 밀접하게 융합되어 하나의 정신적 혼합물로 드러난다.

11-9-28] 슈토르히는 정신분열증 환자의 이런 모호하고 불안정한 생각을, 추위를 느낄 때 나타나는 신체적 정서적 계기의 분산적 병합을 통해 비유적으로 표현한다. 그는 동물의 표상에 관한 연구에서 거미와 같은 특정 동물 집단의 표상은 어떤 대상적 특성도 갖고 있지 않다는 폴켈트의 연구를 언급한다. 이산성離散性, 완전성, 분리성, 형태성와 같은 대상의 특성들은 그들의 지각에 결여되어 있다. 이런 지각은 형태를 갖추지 않고 비구조적, 분산적이다. 이는 마치 정서와 같다.

11-9-29] 알려진 것처럼, 폴켈트의 실험은 거미줄에서 파리를 기다리고 있는 거미가 파리의 걸림과 관련된 복합적인 자극 전체가 일어날 때만 그 출현에 반응함을 보여 주었다. 파리가 윙윙거리기 시작하여 거미줄이 진동하면, 주어진 상황에 대한 거미의 반응은 완전히 적절하지

만, 연구자가 거미줄에 걸린 파리를 집게로 집어 둥지에 있는 거미 바로 앞에 놓으면, 배고픈 거미는 마치 희생자를 알아보지 못하는 것처럼 그것에서 물러나, 평소와 같은 최단 경로의 방식을 결코 수행하지 않을 것이다. 거미줄(상황-K)에서 유리된, 파리가 대개 포함되어 있던 인상들의 확산 복합체로부터 분리된, 즉 상황 밖의 파리는 거미에게 자극—먹이—이 되지 못한다. 거미에게 파리는 대상이 아니라, 전체로써 효과를 일으키는 모든 상황이며, 거기서 파리는 하나의 부분일 뿐이다. 이 상황을 벗어나면, 파리는 그 의미와 가치를 잃어버린다.

11-9-30] 이 실험들은 이미 위에서 지적한 것, 즉 영속적, 형태화된 대상의 인식이 상대적으로 늦게, 주로 낱말과 관련하여 나타나며, 원시적 단계의 지각은 대상—인간의 대상적 사고라는 맥락에서 이 낱말을 이해하는 의미에서—보다는 조작적 상황에서의 의식과 관련이 있다는 것을 훌륭하게 입증한다. 오직 낱말이 우리를 대상적 사고와 대상적 의식으로 이끈다.

> 대상 영속성 문제에 대한 비고츠키와 피아제의 해결은 정반대임을 주목하자. 피아제에게 말은 사후적 현상이며, 어린이에게 현실의 유연성을 시사하는 역할을 하는 반면 비고츠키에게 대상 영속성이 사후적 현상이며 이는 낱말의 의미가 갖는 불변성/지속성에서 도출된다.

11-9-31] 이 생각은 정신분열증 연구에서 전혀 새로운 것이 아니다. 정신분열증 사고와 고대 원시적 생각 형태를 하나로 묶는 것이나 정신분열증 환자에게 고대적 심리가 있다는 개념의 창안은 정신분석학파에 속한다. 꿈꾸는 이가 거리를 걷고 말하고 행동한다면 정신분열증의 임상적 모습이 우리 앞에 나타날 것이라는 융의 의견을 우리는 이미 인용한 바 있다. 이 문제에 대한 최근 논문에서 파블로프는 정신분열증

에 따른 다양한 운동 현상 분석을 기반으로, 생리학적 측면에서 이러한 현상을 최면과, 꿈에서 결정적인 역할을 하는 발달된 내적 억제와 한데 묶는다.

11-9-32] 여기서 우리는 본질적인 오류가 발생한다고 본다. 이 오류는 고대 생각 형태를 정신분열증적 생각 형태와 한데 묶는 것이 아니라, 여기서 저자들이 생각 발달의 일련의 역사적 단계 전체를 건너뛰어 버렸다는 사실에 있다. 그들은 거미의 생각과 개념적 생각 사이, 꿈꾸는 이의 생각과 현대인의 추상-논리적 생각 사이, 최면 상태에서 생각과 정상 상태에서의 목표지향적 생각 사이에 이 기능의 발달 과정을 채우는 수많은 역사적 단계가 있다는 명확한 사실을 간과한다. 여기서 양 끝단이 한데 묶인다. 생각 발달의 역사적 사슬의 마지막 연결고리부터 그 첫 번째 시작 고리로 이행이 모든 중간 연결 고리를 건너뛴 채 곧장 상정된다.

11-9-33] 게다가 우리가 원시 인간을 살펴보면, 그의 생각은 꿈 속에서의 생각과 전혀 유사하지 않다는 점에 주목하게 된다. 이 생각 과정에서 그는 외부의 자연과 자신의 사회적 환경에 적응한다. 이는 꿈과는 다른 법칙에 따라 전개되지만 또한 아직 개념적 생각은 아니다. 이와 동일하게, 다양한 발달 단계의 어린이 생각은 거미의 생각이나 꿈 속의 생각과 완전히 다르다. 그것은 다만 개념적 생각이 아닐 뿐이다. 이처럼 개념의 붕괴와 함께, 역사적 발달의 가장 밑바닥, 심연으로, 생각의 최초 형태로 곧장 미끄러져 내려갈 것이라고 가정할 근거는 없다.

11-9-34] 정신분열증은 그의 생각에서 근접한 발생 단계, 즉 복합체적 생각으로의 이행임을 인정하는 것으로 충분하다(사실들도 이 가정을 뒷받침한다). 그러나 여기서 우리는 또다시 이중적 의미를 가진 낱말의 힘과 마주친다. '복합체'라는 낱말은 다중적 의미를 지니고 있어서, 현대 심리학에서 다양한 의미로 사용되어, 여기서 다시 생각 발달의 역

사에서 일련의 중요한 단계를 뛰어넘을 위험이 생겨난다. 실제로 우리가 위에서 기술한 거미의 생각을 복합체적 생각이라 부르고, 성적 성숙이 시작되기 전 어린이의 생각을 같은 이름으로 부른다면, 이로써 우리는 완전히 다른 것을 동일시하고 스스로 복합체적 생각의 길에 들어선다. 일련의 많은 연구자가 이러한 실수를 저지른다.

11-9-35] 그들에게 고대적이라는 것은 원시적인 것을 의미한다. 생각의 역사적 발달의 모든 단계가 그들에게는 하나로 합쳐진다. 게다가이와 함께 낱말의 도움으로 일어나는 생각과 낱말 없는 동물의 생각에서의 본질적 차이는 잊히게 된다. 이 두 생각의 논리는 완전히 다르다. 따라서 정신분열증은 낱말이 없는 거미의 생각이나 낱말이 없는 꿈속의 생각과 비교되어서는 안 된다. 그보다는 유사한 것들의 집합에 대해고유한 명칭으로 낱말을 독특하게 사용하는 복합체적 생각과 비교되어야만 한다. 이런 수정이 행해질 때만 우리는 병적인 생각과 원시적인 생각 형태를 하나로 묶을 수 있는 역사적으로 올바른 장소와 올바른 받침점을 발견하게 된다.

11-9-36] 슈토르히의 두 번째 오류는 그의 발생적 분석에서 그가개념의 내용을 분석하는 길을 주로 따르는 데 있다. 그는 형태론적 분석을 발생적 분석으로 보완하는 데는 성공하지만, 기능 분석에는 이르지 못한다. 그리하여 그가 말하는 변화들은 늘 그래 왔듯이 우리에게비논리적이고, 불가해하며, 내적으로 연관성이 없는, 신비로운 것으로보인다. 지각, 지향, 기억이 보존되었으며 기본 생각 형태의 활동 방식과 구성이 변하지 않은, 손상되지 않은 심리적 기능의 영역에서, 개념에 표상된 내용이 그토록 급격하고 깊게 변화한다는 사실을 도대체 어떻게 설명할 수 있을까? 심리학적 그림은 완전히 혼란스럽고 불가사의해진다.

11-9-37] 오직 우리가 말했던 가정, 즉 개념 형성 기능 자체의 최

초 붕괴—이에 뒤따르는, 발달 역사상 비교적 후기에 나타나는 복잡한 통합의 몰락과 그 속에 포함된 더 오래된 기제의 추출과 해방만이 전체 그림에 의미와 명확성을 부여한다. 우리는 개념 형성이 모든 기초 심리 기능이 이미 성숙한 후에야 나타나며, 개념 형성 기능은 다른 기능들과 나란히 서 있는 것이 아니라 다른 기능들의 복잡하고 고유한 조합을 나타내며 그들 위에 서 있음을 보았다.

11-9-38] 그러므로 이 고등한 통합의 붕괴에도 모든 기본 정신 기능이 보존될 수 있다는 사실과, 실어증과 같이 기능적 사고 체계가 손상되거나 붕괴되지 않은 듯한 인상이 나타날 수 있다는 사실을 완전히 이해할 수 있게 된다. 결국, 정신병리학에서는 실어증에서 생각이 영향을 받지 않고 남는다는 신화가 오랫동안 지속되었다. 그 신화가 무너짐과 동시에, 정신분열증 환자의 지각과 기억과 같은 기능도 온전히 남지 않음도 드러난다. 우리가 앞에서 이미 다루었던, 개념 형성 기능의 선도적 영향하에 일어났던 (기본 기능들의-K) 고등한 발달 역시 정신분열증과 함께 역방향으로 운동하며 뒷걸음치게 된다. 개념적 지각은 개념적 기억과 마찬가지로 붕괴되어 더 초기의 원시적 형태의 지각과 기억에 자리를 내준다.

11-9-39] 우리는 이에 대한 증거를 다음에서 볼 수 있다. 정신분열증에서는 개별 개념의 내용이 변하고 개별 관계가 끊어질 뿐 아니라, 현실에 대한 모든 지각, 외적 세계에 대한 모든 체험이 붕괴된다. 우리는 앞에서 개념적 생각으로의 이행을 통해서만 청소년기에 그를 둘러싼 세계에 대한 체계화된 그림이 출현한다고 말했다. 정신분열증 환자에게는 세계에 대한 체험, 그의 세계관이 붕괴된다.

11-9-40] 슈토르히는 말한다. "우리는 정신분열적 대상 의식 구조의 변화에 관한 우리의 결론을 간단하게 공식화할 수 있을 것이다. 많은 경우, 정신분열증 환자에게 대상 세계는 우리에게 그렇듯이 대상으

로 형성되어 있지 않다. 그들의 내적 체험의 세계는 상대적으로 분리된 표상의 집합에 상응하여 정렬되지 않는다. 규정된 개념의 자리는 시각 도식적, 확산 복합체적 특성을 지닌 개념과 유사한 것으로 채워진다. 정신분열증 환자에게는 사람과 사물에 대해 뚜렷한 윤곽을 지닌 복합체와 완성된 체험의 집합의 출현, 정확한 개념 형성을 가능하게 하는 심리적 상수가 없다. 대상 의식은 형식성과 지속성을 잃게 된다. 그것은 발달 심리학의 관점에서 더 초기의 복합체적 특성의 단계로 하강한다."

11-9-41] 이는 매우 중요한 사실이다. 그는, 현실에 대한 의식 자체가 변했으며 이는 지각 기능의 변화를 의미한다는 점을 반박의 여지가 없을 만큼 명료하게 말한다. 이와 동일하게, 정신분열증에서 세계의 체험이 변함에 따라 인격의 자기의식도 변한다. '내'가 각각의 부분적 구성 요소로 분해되는 체험은 정신분열증에서 매우 흔하게 나타나, 더 원시적인 인격 발달 단계와의 유사점이 발견된다.

11-9-42] 연구에서 알 수 있듯이 원시 인간에게 '나'라는 인격은 "발달된 인간이 도달한 정도의 큰 완성도를 아직 가지고 있지 않다. 그것은 아직 하나의 전체로 병합되지 않은 각각의 이질적인 구성 요소로 이루어진다. 원시인에게 신체에 대한 표상과 어느 정도 일치하는 '나'는 신체와 기관의 개별 부분, 그리고 그 안에 있다고 가정된 힘과 영혼으로 이루어진다. 카루츠는 원시인이 인격의 통합성보다 기관(눈, 생식 기관 등)의 기능을 우선 의식한다고 제안한다. 신체의 영혼이 기관의 영혼으로 흩어져 나가는 것이 아니라 기관의 발산이 유기체의 발산으로 융합된다. 한 개인에 많은 영혼이 있다는 생각은 원시 민족들 사이에서 매우 널리 퍼져 있다."

> 더 큰 '전체'의 일부로서 '나'라는 생각은 근대에 나타난 생각으로 스피노자 이전에는 존재하지 않았다. 스피노자 이전에 동서양의 의학은 이 문단에서 R. 카루츠가 설명하는 원시적 의학과 유사했다. 그것

은 '나'라는 것이 신체의 관념이라는 착상에서는 스피노자와 일치하지만 여기서 신체는 (가족, 공동체, 사회와 같은 체의 집합이 아닌) 개인의 해부학적 신체에 국한된 것이다. 갈렌, 히포크라테스, 엠페도클레스는 체액을 계절, 연령대, 원소, 신체적 특징, 심리적 기질과 연결 지었다.

이러한 체액기질설은 (파스퇴르와 코흐가) 체액이 아닌 세균이 병을 유발한다는 것을 발견하기 전까지 의학에 남아 있었다. 원시적 인간이 기관의 개별 기능을 더 인식하고 근대적 인간은 인격의 통합성을 더 인식한다면 우리의 직계 조상은 근대적 인간이 아니라 원시적 인간일 것이다. 사실, 카루츠가 연구하던 원시적 인간은 원시 그리스인이나 그를 뒤이은 중세, 초기 근대의 인간보다 어떤 면에서 더 선진적이었다. 갈렌, 히포크라테스, 엠페도클레스는 체액으로 대표되는 신체의 영혼(혈액, 흑담즙, 황담즙, 점액)이 여러 내장기관의 관념(간, 담낭, 비장, 뇌/폐)으로 갈라져 나갈 수 있다고 믿었으나 카루츠가 연구했던 원시 폴리네시아인과 멜라네시아인들은 기관들이 영적 아우라를 발산하며 이는 유기체 전체의 아우라의 발산과 병합된다고 믿었다.

*R. 카루츠(Richard Karutz, 1867~1945)는 독일인 의사였다. 중앙아시아 여행을 통해 인류학에 관심을 가지게 되었고 뤼베크의 민족지학 박물관의 큐레이터로 일했다. 1920년 R. 슈타이너와의 만남 이후 슈타이너의 인류학 이론을 발전시켜 남태평양 원시 부족의 전체론적 관념에 대해 광범위한 저술을 남겼다. 먼저 그는 발도르프 학교 운동에 참여 중인 나치의 관심을 끌고자 했으나 그의 저술은 유색인종에 대한 찬사를 포함하였으므로 나치에 의해 금지되었다. 이후 카루츠에 대한 인용과 언급은 학계에서 사라졌다.

11-9-43] 정신분열증 환자에서 '나'는 종종 이처럼 하나의 전체로 결합되지 않은 부분적 요소의 복합체의 원시적 구조를 나타낸다. 더 원시적 구조의 '나'로의 이러한 전환은 인격이 개별 부분으로 분열될 때뿐 아니라 '나'와 외부 세계 사이의 경계가 상실될 때도 발견된다. 현실

의식의 분열은 인격 의식의 분열과 나란히 나아간다. 이 둘은 동시에 체험되며 서로 내적으로 연결된다.

11-9-44] 슈토르히는 말한다. "일반적으로 우리가 대상 의식과 '나' 의식에 대해 확립한 법칙은 서로 평행하다. '나'와 외부 세계가 융합될 가능성은, 발달된 인간의 '나' 의식과 대비되는, 원시적인 '나' 의식의 부적절한 형식화, 부적절한 영속성과 완전성에 기반한다."

11-9-45] 우리가 이미 언급했던 정신분열증 교사는 멀리 있는 소녀와 성적 관계를 맺고 있다고 고백하며 한탄한다. 그는 그 소녀가 자신에게 이브이며, 동시에 그 자신은 아담이라고 말한다. 그러나 또한 그는 자신이 뱀이라고 말하며, 끊임없이 구불구불한 선을 따라 걸어가는 모습을 보여 주었다. 이와 더불어 그는 그 자신으로도 남아 있다는 것도 알았다. 결국 각각은 모두 스스로에 대한 것 외에 무언가를 더 알고 있다. 그러나 그는 분명히 이브이기도 했다. 이것은 그가 심장—이는 그에게 자궁을 의미했다—에 찌르는 듯한 통증을 느꼈다는 사실에서 비롯된다. 그가 스스로 덧붙이기를, 이 모두는 마치 본능적인 것처럼 정서의 형태로 나타나, 자신에게 불분명해 보인다고 말했다.

11-9-46] 이러한 인격적 통합성의 상실은 외부 세계의 통합성 상실과 완전히 일치한다. 둘 다 개념 형성 기능의 붕괴와 복합체적 사고로의 전환에 뿌리를 두고 있다.

11-9-47] 이 복합체적 생각이 거미의 생각과 본질적으로 다르다는 것은 긴장증에서 언어 혼란 현상에 대한 분석을 발표한 투첵의 사례에서 알 수 있다. 환자는 새를 노래로, 여름을 열기로, 지하실을 거미 또는 틈(거미줄은 쉽게 찢어진다)으로 부른다. 이 모든 경우에 이러한 대체 단어는 복합체적 생각의 기호가 된다. 이 복합체적 생각에서 부분은 아직 전체로부터 분화된 특징이 아니며, 거미와 지하실, 새와 노래 사이의 사실적 연결은 이들을 같은 복합체와 관련짓게 해 준다. 이러한 언

어의 규칙성은 연구자가, 환자의 말과 낱말의 기저에 있는 복합체적 연결을 풀 수 있을 때라면, 환자의 언어 전반과 환자가 말한 개별 낱말을 이해할 수 있게 될 정도에 도달한다.

> 비고츠키는 K. G. 투첵(Karl Gustav Tuczek, 1890~1931)의 『긴장상태에서의 말 분석(Analyse einer Katatonikersprache)』(1921)을 언급하고 있다. 투첵은 신경학자로 조울증에 대한 논문도 발표했다.

11-9-48] 개념적 생각의 관점으로 보면 터무니없는 말은 이 낱말들의 복합체적 의미를 이해할 때 명료하고 유의미해진다. 이러한 이해는, 복합체에 깔려 있는 사실적 연결은 우리가 주어진 이름, 즉 특정 대상과 복합체의 연결의 토대에 놓인 구체적인 체험을 확립할 수 있을 때만 가능하다는 사실로 인해 특히 더 어려워진다. 투첵의 환자에게서 특히 기이한 예가 발견된다. 그는 '의사'라는 낱말을 '춤'으로 대체했는데 이는 회진 시 의사들이 교수(즉, 환자-K) 주변에서 춤을 추었기 때문이다.

11-9-49] 우리가 여기서 관찰한 것은, 베르너의 표현에 따르면 언어적 치환과 증상적 은유의 극단적 표현일 뿐이다. 이러한 치환과 은유는 우리가 어린이의 생각과 원시적 인간의 생각에서 관찰하는 것이다. 예를 들어 어떤 원시 부족은 악어를 '희귀한 이빨'이라 부르며, '채무'는 '노랑'이라는 말로 쓰인다, '노랑'이라는 말을 통해 채무는 '금'이라는 보조적 개념과 연결된다. 투첵 자신은 어린이의 말, 꿈에서의 말, 환자의 암호 같은 말 간의 유사성에 주의를 기울였다.

11-9-50] 정신분열증에 대한 논의를 정리하면서, 우리는 슈토르히의 말로 우리가 얻은 결론을 요약할 수 있을 것이다. "대상 의식의 영역에서 정신분열증 환자의 특이성은 발달한 사람의 세상에 대한 그림에 분화되고, 공식화된, 규정된 구조를 제공하는 영속적 요소들의 상실에

토대함을 보이면서, 우리는 정신분열증 환자의 체험 영역에서, 마치 평행선처럼 유사한 영속성의 상실이 '나' 의식에서 존재함을 밝혔다. 전자의 경우에 미분화된 시각도식적 복합체적 특성이 공식화된 사물의 세계, 체험의 하위 그룹과 견고한 개념을 대체하는 것처럼 이 경우 '나'에 대한 완성된 의식은 부분적 구성 요소의 복합체적 공존과 '나'의 경계의 붕괴로 대체된다. 이로써 다양한 분산적 병합과 다른 개인과의 융즉이 가능해진다."

11-9-51] 그러나 우리는 우리 관점에서 가장 본질적인 계기, 즉 현실 의식과 세계 모습의 체험, 그리고 인격의 자의식 와해의 기저에는 개념 형성 기능의 장애가 놓여 있다는 사실을 슈트르히의 말에 덧붙여야 한다. 이 마지막 주장에 정신분열증과 이행적 연령기 심리를 잇는 모든 비교 연구의 기본적이고 중심적인 의미가 포함되어 있다.

11-9-52] 우리는 정신분열증적 생각이 우리가 청소년 심리학에서 연구한 과정, 정 방향 발달과 반대되는 발달의 그림을 나타낸다는 것을 알 수 있다. 거기에서 발생하는 것은 여기에서 파괴된다. 동일한 기능의 구성과 파괴를 비교하며, 우리는 복합체적 생각과 개념적 생각이라는 두 가지 생각 형성 단계 사이의 실제 발생적 연결을 확인한다. 우리는 정신분열증적 생각이 개념의 붕괴로 인해 복합체적 생각의 단계로 후퇴하는 것을 본다. 여기서 우리는 우리가 개념 발달 연구의 분석에서 확립한 이 두 단계 사이의 발생적 연결에 대한 직접적인 확증을 본다.

11-9-53] 새로운 생각 형태는 새로운 내용과 연결되며 이 형태의 붕괴는 현실과 인격에 대한 질서 있는 의식의 붕괴로 이어진다는 명제에 대한 더 굳은 확증을 우리는 발견한다.

11-9-54] 그러나 이 경우 바른 발달 과정과 역 발달 과정에 대한 비교 연구에 기반하여 우리가 이끌어 낼 수 있는 모든 결론 중 가장 중요한 것은 다음과 같다. 개념 형성 기능은 일련의 다른 기능들—기억,

주의, 현실에 대한 지각—의 발달과만 연결되어 있는 것이 아니라, 우리가 앞에서 보여 주었듯이 인격과 세계관의 발달도 개념 형성 기능과 연결되어 있다. 세계에 대한 일관된 그림과 인격의 자기 인식에 대한 일관된 그림은 개념 형성 기능의 상실과 함께 붕괴된다.

11-9-55] 정상적으로 문화화된 사람이 그의 모든 생각 과정에서 완벽하게 논리적일 것이라고 상상하는 것이 잘못된 것처럼, 이런 유형의 환자가 논리적 생각 이전으로 완전히 돌아간다고 가정하는 것 역시 오류일 것이다. 슈토르히는 말한다. "이런 유형의 환자는 **두 개의 세계**, 즉 시각도식적 심상, 마술적 연결, 융즉의 원초적 세계와, 이전의, 경험에 대응되는, 아직 부분적으로 보존된 생각의 세계에 살고 있다."

11-9-56] 그러나 전자의 생각(개념적 생각)은 지배적 형태가 되기를 멈추고, 개념 형성 기능의 붕괴와 함께 개념 체계, 논리적 연결 체계에 반영되는 현실 의식이 붕괴하며, 역시 개념적 사고에 기초하여 발생하는 인격의 자의식이 붕괴한다. 발달과 쇠퇴 모두에서 생각은 중심적이고 주도적인 기능임이 밝혀진다.

11-9-57] 슈토르히는 정신분열증 환자에 대해 다음과 같이 덧붙인다. "병리적인 정신분열증 과정으로 인해 **지적 상부구조의 약화**, '상부 피질 기능'(그로스), 고등내포영역(베르체, 크론펠트)의 약화가 나타난다. 이 약화로 인해 **심리 기능의 통합적 완성된 인격으로의 종합**이 붕괴된다. 이미 베르니케는 "모든 고등한 연결이 특정 통합체, 즉 '나'로 융합됨의 파괴, '개인성 붕괴'"에 대해 말한 바 있다. 사물 구조의 영속성과 확실성의 상실, '나' 의식의 붕괴, '나'라는 경계의 소멸— 이것이 바로 이 기본적인 역동적 장애의 현상학적 표현이다."

이 문단의 인용 출처는 다음과 같다.

Storch, A.(1924). The Primitive Archaic Forms of Inner

W. 마이어-그로스　　　　　　J. 베르체　　　　　　A. 크론펠트

Experiences and Thought in Schizophrenia: A Genetic and Clinical Study of Schizophrenia(정신분열증의 내적 경험과 생각의 고대 원시적 형태: 정신분열증의 발생 및 임상 연구), Nervous and Mental Disease Publishing Company, p. 101.

슈토르히가 누구를 인용한 것인지는 명확하지 않다. 정신분열증, 실어증, 실행증 연구에서 베르체와 그룰레의 공동연구자였던 W. 마이어-그로스(Wilhelm Mayer-Gross, 1899~1961)일 수 있다. 마이어-그로스는 전쟁 중 영국으로 이주하여 대영제국 정신의학 학교를 설립하였다. 슈토르히는 같은 책 다른 부분에서도 마이어-그로스를 인용한 바 있다.

혹은 융의 동료인 급진적 아나키스트 심리치료사인 O. 그로스(Otto Gross)를 지칭하는 것일 수도 있고, 스위스-독일 아동 정신과 의사이자 교수인 K. 그로스(Karl Groos, 1861~1946)를 지칭하는 것일 수도 있다. 비고츠키는 『청소년 아동학』 6장과 아동 놀이에 관한 그의 연구에서 그로스의 연구를 반복적으로 언급한 바 있다.

*J. 베르체(Josef Berze, 1866~1958)는 정신분열증을 고등 기능의 상실과 저차적 기능에 의한 대체로 처음 기술한 오스트리아 정신과 의사이자 교수였다. 이는 크레치머는 물론, 비고츠키 자신도 발전시킨 아이디어였다. A. 크론펠트(Arthur Kronfeld, 1886~1941)는 A. 아들러와 인문주의 심리학자의 추종자였고, 나치가 집권했을 때 베를린 대학교의 정신과 교수였으나, 모스크바로 도피하여 1941년 나치가 도시를 공격하려 할 때 아내와 함께 자살했다. W. L. 스턴(William Louis Stern)은 K. 스턴과 함께 어린이 언어 연구의 두 개척자였다(스턴의 작업에 대한

11-9-58] 정신분열증에서 개념 형성 기능의 붕괴가 갖는 중심적 의미와 이러한 붕괴가 의지적 활동 및 인격 의식의 붕괴와 맺는 연결, 정서적 삶의 병리적 변화와 맺는 연결에 대한 동일한 생각이 라이스에 의해 표현되었다. 그는 정신분열증적 사고 착란 **이론**의 토대에, 앞서 지적된 의존성을 놓는다. 그는 말한다. "정신분열증적 생각의 붕괴의 토대에는 논리적 상부구조의 와해가 놓여 있다. 이 논리적 상부구조는 추상적 생각과 함께, 정서를 결합하고 인격의 통합성을 생성하는 기능과 의지적 활동에 연결된 기능에 복무한다. 무의식에서 나오는 경향이 이 작용의 영향을 받지 않고 동시에 의식에 침투한다면 우리는 정신분열증의 파편을 목도하게 된다." 정신분열증 심리에 관한 특별 연구를 한 베르체 역시 의도적 기능 부족의 출현, '비교적 안정적 체계로의 경향의 통합'의 결핍을 지적한다.

*E. 라이스(Eduard Reiss, 1878~1957)는 튀빙겐 대학교 교수였으며, 이후 드레스덴 시립병원 정신과 과장을 역임했다. 그는 '인플레이션 성자(독일의 하이퍼인플레이션과 동시에 일어난 1920년대 방랑 신비주의자들)'들의 집단 정신분열증을 연구했다. 그는 나치의 우생학 연구에 참여하지 않기 위해 스위스로 이주했다.

11-9-59] 이렇게 정신분열증은 고등 종합, 고등 통합—그 구성과 형

성이 이행적 연령기의 모든 심리 발달 과정의 주요 내용을 이룬다—의 붕괴에 대한 그림을 우리 앞에 펼쳐 보인다. 모든 고등심리기능—논리적 기억, 자발적 주의, 의지적 과정—은 청소년의 성숙 과정과 정신분열증적 붕괴 과정에서 본질적으로 **동일한** 역사적 경로를, 그러나 반대 방향으로 통과한다. 현실 의식과 인격의 자기 인식을 포함한 모든 고등 기능, 모든 고등 심리적 종합은 정신분열증에서 반대의 발달 경로를 통과하며, 이 경로는 성 성숙 시기에 이러한 종합의 구성을 향해 바른 발달의 전체 경로를 역순으로 반복한다.

11-9-60] 발달과 쇠퇴 과정에서 기능의 구성, 구조, 순서, 상호의존성에서의 이런 일치성은 정상 인격과 병리적인 인격에 대한 비교-발생 연구에 토대하여 현대 정신 신경학이 확립한 가장 놀랍고 가장 대단한 사실 중 하나이다. 두 경우 모두에서, 인격의 붕괴와 구성의 중심에는 개념 형성 기능이 있다. 이런 의미에서 정신분열증은, 이행적 연령기가 우리에게 정신분열증의 심리를 이해하는 열쇠를 제공하는 것처럼 일반적으로 이행적 연령기의 심리 **전체**를 이해하는 열쇠를 우리에게 제공해 준다. 그러나 이는 외적 유사성이나 일련의 이차적 증상에서의 비슷함에 토대하여 인격의 형성이나 붕괴 과정을 한데 묶는다는 옛 의미에서가 아니라 발달과 붕괴라는 양극단의 과정에서 인격의 고등 기능들이 지니는 심리적 본성, 연결, 상호의존성의 친족성이라는 의미에서 그렇다. 복잡한 전체의 붕괴는 그 구성 법칙을 드러내고 폭로하는데 이는 마치 이 전체 구성의 역사가 그 붕괴의 법칙을 미리 결정하는 것과 같다. 이것이 정신분열증의 연구가 이행적 연령기 아동학에 대해 갖는 **가장 큰** 이론적 의미이다.

10

11-10-1] 우리는 위에서 이 두 유형의 현상 간의 내적 의존성을 밝히려고 노력했으며, 아마도 정신분열증 연구가 우리에게 제공하는 가장 풍부한 것은 그것이 개념적 생각과 인격, 세계관 사이에 존재하는 내적 연결, 이행적 연령기에 나타나는 이 고등한 종합 사이의 내적 연결을 우리에게 드러낸다는 것이다. 이러한 의미에서 인격 형성의 일반 법칙의 이해를 위해 정신분열증이 갖는 의미는 이 질병 형태에 관한 연구의 범위를 훨씬 뛰어넘어 커다란 일반 심리학적 의미를 획득한다.

11-10-2] 이러한 의미에서 우리는 정신분열증 환자의 말과 생각에 관한 연구에서 정신분열증이 의학적 진단 개념이 아니라 정신병리학적 개념이라는 주장에 도달한 슈나이더에 동조할 수 있다. 그것(정신분열증-K)은 특정 형태의 정신질환, 특정한 질병분류학적 단위, 특정한 임상적 모습보다는 인격과 세계관에서 일정한 유형의 병리적 변화를 포괄한다. 동시에 우리는 이행적 연령기의 모든 문제 중에서 가장 고차적이고 가장 어려운 문제—이 연령기의 인격과 세계관 발달의 이해, 그리고 이들이 개념 형성과 맺는 내적 연결에 대한 이해—를 푸는 열쇠를 획득한다.

*K. 슈나이더(Kurt Schneider, 1887~1967)는 막스 쉘러의 제자이자, 칼 야스퍼스와 함께 하이델베르크 정신의학파의 공동 설립자이다. 프로이트의 비엔나 학파와는 달리, 하이델베르크 학파는 정신분열증적 망상의 내용은 중요하지 않다고 주장했다. 중요한 것은 어떻게 망상이 형성되고, 얼마나 강하게 유지되는지, 어떻게 해소될 수 있는지였다. 이 경험적이고 임상적인 접근은 오늘날 정신과 의사들이 사용하는 진단 매뉴얼의 토

대이지만, 비고츠키는 이것이 원인을 설명하려 하지 않기 때문에 진정한 의학적 매뉴얼은 아니라고 말한다.

질병분류학은 질병 범주화를 다루는 의학 분야이다. 비고츠키가 지적했듯이, 질병분류학은 임상, 경험적인 기술적 질병분류학으로부터 이론, 설명적 질병분류학으로의 특정한 역사적 시기를 거친다.

11-10-3] 정신분열증에서 붕괴되는 것은 이행적 연령기에 발생하고 발전한다. 이처럼 우리는 이 두 가지 일련의 현상 사이에서 발견된 기본 관계를 요약할 수 있다. 이행적 연령기에 성숙하는 개념 형성 기능은 앞서 증명된 바와 같이, 사고의 모든 기능적 장치의 변화뿐 아니라, 사고의 모든 내용의 변화뿐 아니라, 성 성숙기에 처음 발생하는 이 고등한 통합의 인격과 세계관의 형성을 이끈다.

청소년 헤라클레스는 편안하지만 악한 삶(왼쪽의 사티르, 님프, 부서지는 성)과 힘들지만 덕망 있는 삶(막대기로 사티르와 님프를 훈육하는 인물과 오른쪽 강 저편의 초라한 집) 중 하나를 선택해야만 한다.

'이러한 고등한 통합'에서 비고츠키가 뜻하는 것은 무엇인가? 청소년기가 되어서야 그것이 출현하는 이유는 무엇인가? 천재적인 어린이에게 이런 고등 통합을 기대할 수 없는 이유는 무엇인가? 특별한 교육 방법(예를 들어, 아이패드로 취학 전 어린이에게 STEM의 핵심 개념을 가르치고자 했던 M. 플리어 교수의 '개념 놀이 실험')으로 이 지점에 도달하는 속도를 높일 수 없는 이유는 무엇인가?

아동학대가 될 수 있기 때문이다. 청소년은 중대한 세 가지 선택에 직면하게 되는데, 영어로 표현하면 3Ps, 즉 Partner(동반자), Profession(직업), Persona(정체성)이다. 각각은 더 이상 먼 꿈속의 일이 아니라 현실적이고 긴급하며 자유로운 선택이다. 그러나 이 선택은 (타인의 자유로운 선택을 포함하는) 필연에 의해 제한된다. 따라서 각각의 P는 자유와 필연의 통합을 나타낸다.

동반자 선택은 성적 정체성 개념, 더 중요하게는 성적 동의에 관한

A. 뒤러(Albrecht Durer), 갈림길에 선 헤라클레스, 1498.

개념 형성에 달려 있다. 이는 개인적 정서와 공유된 흥미 간의 고등한 통합이다. 성교육에서 예술 작품(정서 공유의 기술)이 중요한 역할을 하는 것은 바로 이 때문이다(『정서 학설』Ⅰ, Ⅱ권 참조. 세부 사항에 대해서는 『흥미와 개념』 9장 참조).

직업 선택은 직업의 성공적 수행에 필요한 모든 개념의 형성뿐 아니라 직업 자체에 대한 개념의 형성에 달려 있다. 하지만 (직업 개념과, 직업적으로 필수적인 모든 개념을 포함하여) 모든 개념은 (각 항목을 양적으로 더해 복합체로 만드는) 일반화와 (그것들의 속성을 질적으로 제거하는) 추상화의 고등한 통합에 달려 있다(자세한 내용은 『흥미와 개념』 10장 참조).

정체성 선택은 통합에 대한 통합의 형성에 달려 있다. 청소년은 한편으로 세계관을 통합한다. 이는 세계에서의 자신의 자리(대인관계적으로는 동반자, 사회문화적으로는 직업)를 포함해야만 한다. 다른 한편으로, 청소년은 인격을 통합한다. 이는 지각(자아인식 포함), 주의, 기억, 생각이라는 관련 기능의 하나의 전체 체계를 포함한다. 그러나 비고츠키가 자신의 노트에 기록했듯, 기능은 신체 기관의 작용을 의미하며, 성 기관은 청소년이 될 때까지 사실상 작용하지 않는다(2018: 141).

Vygotsky, L. S.(2018). Vygotsky's Notebooks: A selection. (E. Zavershneva and R. van der Veer trans.). Singapore: Springer.

11-10-4] 레닌은 헤겔의 『논리학』에 대해 언급하면서 이렇게 말한다. "추상적인 개념의 형성과 조작에는 이미 세계의 표상, 신념과 세계의 규칙성 즉 객관적 연결에 대한 의식이 포함되어 있다. 이 연결에서 인과성을 제거하는 것은 터무니없는 일이다. 개념의 객관성, 개별과 특수에서 보편적인 것의 객관성을 부정하는 것을 불가능하다." 따라서 헤겔은, 칸트나 다른 이들보다 훨씬 더 심오하게, 개념 운동에서 객관 세계의 운동의 반영을 추적하였다. 단순 형태의 가치와, 어떤 한 재화를 다른 것으로 교환하는 각 행위가 이미 자본주의의 모든 주요 모순을 덜 발달된 형태로 포함하고 있는 것처럼, 가장 단순화된 일반화, 최초의 가장 단순화된 개념, 판단, 삼단논법 등의 형성은 이미 세계의 더더욱 심오하고 객관적인 연결에 대한 인간의 인식을 나타낸다. 여기가 바로 헤겔 논리학의 진정한 의미와 중요성, 그 역할을 찾아야 할 곳이다.

11-10-5] 따라서 개념은 진정한 의미에서의 실재에 대한 지식을 처

음으로 가져온다. 그것은 인식된 현상의 규칙성을 전제로 하기 때문이다. 개념은 실제로 체험의 단계를 인식의 단계로 번역한다. 따라서 개념적 사고로의 이행을 통해서만 어린이의 인격과 세계관의 최종 분리 및 발달이 이루어진다.

11-10-6] 피아제 작업의 기본적이고 가장 중요한 일반적 결론 중 하나는 생각과 외부 세계의 구별이 어린이에게 선천적인 것이 아니라 천천히 발달하고 구성된다는 그가 증명한 명제이다. 피아제의 실험이 보여 주었듯이, 발달의 가장 초기에 어린이는 아직 자신의 움직임과 외부 세계에서 일어나는 움직임을 구분하지 못하고 이 둘에 완전히 같은 방식으로 반응한다. 후속 발달 단계에서 주변 세계로부터 자신의 분리, 환경에 대한 진정한 관계의 발달이, 한편으로 자기 인격과 그 통합에 대한 의식의 발달에서, 다른 한편으로 현실과 그 통합에 대한 의식의 발달에서, 일련의 질적으로 서로 다른 단계의 경로를 통해 어린이에게서 점진적으로 일어난다.

11-10-7] 어린이의 생각에서 나타나는 이 두 가지 종합을 우리는 인격과 세계관이라고 부른다.

11-10-8] 어린이는 오직 점진적으로만 이와 같은 종합의 형성에 이르며, 특히 개념 형성과 연결돼야만 이것이 가능해진다. 레닌은 말한다. "본능적인 인간, 야만인은 자신과 자연을 구별하지 않으나, 의식 있는 인간은 구별한다." 일부 현대 연구자들은 개념적 생각 없이는 의식이 불가능하다는 결론에 도달한다. 어찌 되었든 한 가지는 의심할 여지가 없다. 개념적 생각 없이는 인간의 자의식이 불가능하다.

11-10-9] 이행적 연령기가 어떻게 발달하는지, 인격과 세계관이 어떻게 형성되고 구성되는지를 우리가 한 걸음씩 따라가 보면, 위에서 우리가 기술했던 생각의 형태와 내용에서의 모든 변화를 토대로, 개념적 생각으로의 이행을 토대로 어린이 인격의 토대가 형성된다는 것을 보

게 될 것이다.

11-10-10] 우리는 내적 말이 이행적 연령기에 최종적으로 형성되고 사회화되며, 내관은 초등 학령기 아동이 미처 닿기 어렵고, 논리적 생각은 어린이가 자신의 내적 기능의 경로를 의식하고 이를 규제하기 시작할 때만 나타나며, 논리적 생각의 토대에—어린이에게서 훨씬 일찍 발달하는 외적 운동에 대한 숙달과 매우 유사한— 자신의 내적 조작에 대한 숙달이 놓여 있음을 기억한다. 이 모두 덕분에 체계화되고 질서정연한 인격의 내적 의식 세계가 발달하고 형성되며, 우리가 자유의지라고 부르는 특별한 형태의 필연성이 발생한다.

11-10-11] 엥겔스는 말한다. "헤겔은 최초로 자유와 필연의 관계를 바르게 정의했다. 그에게 자유는 필연에 대한 이해이다. 필연은 이해되지 않는 한에서만 맹목적이다. 자유는 자연 법칙으로부터의 가상적 독립이 아니라, 이러한 법칙에 대한 인식 그리고 이것에 의해 창조된, 특정한 목표를 위해 계획적으로 그것을 사용할 가능성으로 이루어져 있다. 이는 외적 자연의 법칙과 인간 자신의 신체적이고 정신적인 존재를 지배하는 법칙—이 법칙들은 오직 생각을 통해서만 구분될 수 있을 뿐 실제로는 구분될 수 없다—에 동일하게 관련된다."

> 이 문단은 마르크스 엥겔스 선집(Vol. 25, p. 105), 『오이겐 뒤링의 과학혁명(반反뒤링론)』 11장을 인용하고 있다. 비록, 엥겔스가 말한 것이 사실이지만, 이 네 가지 연결된 명제를 처음으로 공식화한 것은 스피노자였다.
>
> a) 자기 자신의 행동 원인을 전혀 알지 못한 채 행동하는 것은 자유가 아니라 무지일 뿐이다. (에티카, IIp35s)
> b) 무지는 노예의 한 형태이며, (IVp66s)
> c) 자기 자신의 행동에 대한 원인 개념을 형성하는 것은 자신의 행동이 자기 원인에 의해 일어나도록 하는 길이고, (IIp21)

d) 자기 자신의 행동이 자기 원인에 의해 일어나도록 하는 것이 진정한 자유이다. (Vp42)

헤겔이 한 일은 스피노자의 명제들을 "자유는 필연성의 인식이다. 즉, 행위의 이유를 인식하고 이 원인이 자기 원인으로 작용하도록 하는 능력이다"와 같이 간단한 공식으로 만드는 것이었다. 이것은 스피노자의 생각을 상호의존적 명제의 집합이 아닌 변증법적 모순으로 표현하기 때문에 엥겔스의 관점에서 볼 때 적절한 공식화일 것이다.

11-10-12] 우리는 이미 이 정의에서 자유의지의 출현이 개념적 생각과 어느 정도 연결되어 있는지를 보았다. 오직 개념만이 현실의 의식을 체험의 단계로부터 규칙을 이해하는 단계(법칙이 지배하는 현실의 속성을 이해하는 것-K)로 고양시키기 때문이다. 그리고 이런 필연성, 즉 규칙성에 대한 이해만이 자유의지의 토대에 놓인다. 필연성은 개념을 통해 자유가 된다.

11-10-13] 헤겔은 이를 자유와 필연성이 서로를 배제한다고 생각하는 것은 오류라고 멋지게 표현한 바 있다. 사실, 필연성 자체는 자유가 아니지만, 자유는 필연성을 전제로 하고, 그 자체 안에 그것을 지양된 채로 포함한다. 개념 형성 기능 없이는 필연성에 대한 인식도 없고, 결국 자유도 없다. 오직 개념 안에서, 개념을 통해서만 인간은 사물과 자기 자신에 대한 자유로운 관계를 얻게 된다.

11-10-14] "따라서 자유는 자연적 필연성에 대한 이해를 토대로 한 자신과 외부 자연에 대한 지배로 이루어져 있다. 따라서 그것은 필연적으로 역사적 발전의 산물이다. 동물의 왕국에서 떨어져 나온 최초의 사람들은 모든 면에서 동물만큼이나 부자유했지만 문화의 각 과정은 자유를 향해 나아가는 걸음이었다"(같은 책, p. 106-K).

11-10-15] 또한 바로 이 시기에 처음으로 범주적 생각이 출현한다.

겔브의 표현에 따르면, 청소년에게는 어린이에게 존재했던 주변 환경을 대신하여 세계가 출현한다. 청소년은 전 인류의 정신적 경험의 유산 속으로 들어가며, 그에게 세계관의 토대가 놓인다. 그리고 인간은 처음에는 존재하기 위해, 그다음에는 종족을 유지하기 위해, 두 번 태어난다고 말했던 루소의 표현, 즉 성적 성숙의 시기와 관련된 이 표현은 청소년의 심리적 발달과 문화적 발달에 대한 적용으로 정당화된다. 오직 여기, 이 전환점에서만 청소년은 실제로 인류의 삶, 종족의 삶을 이어 가기 시작한다.

11-10-16] 이런 의미에서 어린이와 청소년의 차이는 즉자와 대자를 구분한 헤겔의 명제로 가장 잘 표현될 수 있다. 그는 처음에는 모든 것들이 즉자적이라고 말한다. 그러나 사태는 여기서 그치지 않는다. 발달 과정에서 사물은 대자적으로 변환된다. 그는 말한다. "따라서, 예컨대 즉자적 인간은 어린이다. 어린이의 과업은 추상적이고 발달되지 않은 '즉자'에 머무르는 것이 아니라, 아직 즉자적인 자신에 대해 대자적이 되는 것, 즉 자유롭고 합리적인 존재가 되는 데 있다." 바로 이것이 어린이가 즉자적 인간으로부터 대자적인 청소년 인간으로 변환되는 것이며, 이것이 이행적 연령기의 전체 위기의 주요 내용을 구성한다.

> 이는 헤겔의 『논리학』 124절, The Thing in Itself, p. 181에서 인용되었다.
> "이 '즉자적(in-itself)' 대상은 엄밀하고 고유한 대상 자체에 대한 이해를 뜻한다. 이 용법은 칸트의 '물자체(thing-in-itself)'라는 표현과 동일한 비판을 받는 경향이 있다. 왜냐하면 우리가 대상의 단순한 '자체'에 집착한다면, 우리는 그것을 진실이 아니라 단순한 추상의 부정확한 형태로 이해하기 때문이다. 어린이는 즉자적 인간이다. 그리고 어린이의 과업은 이 추상적이고 미성숙한 '즉자'에서 벗어나 처음에는 '즉자'였던 존재로부터 자유롭고 합리적인 존재인 '대자'가 되는 것이다."

11-10-17] 이는 인격과 세계관 성숙의 시기이며, 모든 의식적인 인간 존재의 토대가 되는 고등한 형성의 생성과 성숙의 위기에 기초한 고등한 종합의 시기이다.

11-10-18] 그러나 우리는 우리 전체 과정의 결론에서, 청소년 인격의 역동과 구조를 다루는 장에서 이것에 대해 논의할 것이다.

● 참고 문헌

1. Э. 크레치머. Истерия(히스테리). 1928. Ц. 1 p.

2. А. 슈토르히. Архаически-примитивное переживание и мышление шизофр
   ени800(고대-원시적 체험과 정신분열증 환자의 생각). М. 1930. Печатается.

3. С. 비고츠키. Педология школьного возраста(학령기 아동학). Изд. БЗОпр
   и педфаке 2 МГУ. 1928. Гл. IV.

4. А. Н. 레온티예프. Опосредствованное запоминание(매개된 기억). Гиз.
   1930. Печатается.

● 이행적 연령기의 고등심리기능 발달

이 장은 비고츠키의 모노그래프 『고등정신기능 발달의 역사』와 같은 시기에 쓰였으며, '역사'라는 말을 빼면 제목도 같다. 좋은 교사들이 그렇듯이 일반적으로 비고츠키는 상당히 반복적이다. 그는 같은 생각을 약간 다른 표현으로 반복하고 같은 개념을 아주 다른 맥락에서 소개하는 것을 좋아한다. 그러나 이 장은 그 모노그래프와 완전히 다르다. 여기에는 '역사'에 대해 길게 소개하는 절이 없다. 또한 문제와 접근 방식, 연구 방법, 구조와 기능 및 발생에 대한 절도 없다. 그리고 수학, 문해, 자기통제와 같이 교사들에게 직접적인 흥미가 있는 주제에 대한 별도의 절도 없다. 대신 이 장은 크레치머가 지적한 일반적인 발달 패턴('법칙'으로 오만하게 공식화된)으로 시작하여, 지각, 기억, 주의, 실행적 생각이라는 개별 기능에 네 절을 할당한다. 문해, 수학, 도덕을 살펴보는 대신에 비고츠키는 '먼저 된 자가 나중 되고 나중 된 자가 먼저 되는' 일종의 교차 대구적 구성을 보여 준다. 그는 발달 과정을 역순으로 보여 주기 위해 실어증, 히스테리, 정신분열증에 대한 병리학적 자료를 소개한다. 무엇보다 가장 놀라운 것은, 비고츠키가 현실주의와 상상 간의 지그재그 경로로서 발달의 본성에 대해 매우 일반적인 철학적 언급으로 결론을 맺는다는 것이다. 이 모든 것이 어떻게 청소년기 고등심리기능 발달의 논의를 이루며, 그것은 거의 같은 시기에, 거의 같은 주제에 대해 쓰인 긴 모노그래프와 왜 그렇게 다른가?

답은 제목인 이행적 연령기 아동학에도 놓여 있다. 이 장에는 실제로 긴 도입 절이 있지만, 그것은 이 책이 아니라, 청소년 아동학 시리즈의 첫 번째 책인 『분열과 사랑』에 포함되어 있다. 비고츠키는 이행적 연령기 아동학 제1권에서 이행적 연령기는 초기 인류가 현대 인류로 발전됨에 따른 역사적 부산물이라는 작업 가설을 제시했다. 이는 더 나은 식생활, 문화적 생식 통제, 확장된 교육에 따른 확장된 유년기로 인한 일반 해부학적 성숙과 성적 성숙 그리고 사회문화적 성숙의 불일치이다. 이와 같이 청소년기의 확보는 여전히 인류 앞에 놓인 과업으로, 은퇴와 의료보험과 마찬가지로 인류가 보편적으로 누리지 못하는 혜택이다. 현재의 사회적 조건에서 세계가 공평하게 공유할 수 있는 것은 백신이 아닌 바이러스뿐이다. 이 작업 가설은 청소년과 학령기 어린이, 성인의 데이터를 대조하여 비교 검증된다. 그러나 무엇보다도 이 가설은 청소년기에 독특하게 나타나는 새롭고 비할 데 없는 모든 형성을 설명하는 데 사용된다.

이는 비고츠키가 크레치머의 법칙을 사용하여 고등정신기능에 일반 해부학적 정의를 부여함으로 시작하는 이유를 설명한다. 그것은 또한 그가 지각, 기억, 주의력, 실행적 행동과 같은 고전적 정신 기능이 어떻게—자기의식, 세계관, 인격과 같은 넓은 의미에서의 성적 성숙과 자주 연결되는— 고등한 체계의 종속 사례로 포함될 수 있는지 보여 주는 이유를 설명한다. 사회문화적 성숙의 역사적, 계급적 불균등성은 비고츠키가 발달의 드라마를 비극으로 보여 주기 매우 쉬운 이유를 설명해 준다. 실어증, 히스테리, 정신분열증은 청소년기에 고유한 고등심리기능 발달이 저해, 저하되고 심지어 파괴되는 매우 흔한 상황에서 발생한다. 끝으로, 비고츠키는 언제나 헤겔의 철학에 기반하여 다윈을 읽었다. 예컨대 성선택을 통한 현대 인류의 자기 발달의 자연사를 기록한 다윈의 책, 『인간의 유래(와 성선택)』를 자기의식을 통한 개념의 자체 발달의 철학사를 정리한 헤겔의 논리학을 기반으로 읽었다. 현대 청소년기의 경우 이러한 자기 발달은, 스스로에게 고립된 즉자적 어린이를 대자적 인간으로 실현하는 과정이다. 이는 창조적 활동이 필요한 상황에서 상상의 자유를 통해서만 획득되는 자기 인식과 목적이다. 그 과정에서 청소년은 대타적 인간이 되어야 하며, 궁극적으로는 결국 다른 사람을 향한 사람이 되어야 한다.

I. 저차적 기능과 고등 기능

A. 고등심리기능은 저차적 심리기능으로부터 만들어진다. 한편으로, 고등정신기능은 실제로 저차적 기능의 재편성에 지나지 않는다. 따라서 고등정신기능의 발달은 오래된 신경계에 새로운 체계의 도입이나, 오래된 뇌에 새로운 기관(예: 마음)의 출현 심지어는, 뇌 안에 새로운 구조(예: 언어 습득 장치)의 출현을 포함하지 않는다.

B. 고등 기능은 저차적 기능과 같지 않다. 다른 한편으로 고등정신기능이 저차적 기능과 동일한 수준에서 발달한다고 취급하는 것은 R. 로티가 '범주 오류'라고 칭한 것의 뚜렷한 사례이다. 이는 들판에서 소와 송아지를 보고 여기에 세 가지 현상(두 마리의 소와 한 쌍의 가축)이 있다고 말하는 것과 같다[7~8].

C. 발달 법칙. 비고츠키는 크레치머의 연구를 통해 이 모순을 명확히 해결한다.
   i. 그렇다. 고등심리기능은 다름 아닌 저차적 심리기능으로 구성되어 있다[3, 5~6].
   ii. 그렇다. 이러한 저차적 심리기능은 스스로의 기능을 고등심리기능에 양도한다 [2, 5].
   iii. 그러나 아니다. 저차적 심리기능은 허공으로 사라지지 않는다. 그것은 종속된 하위 구조로 보존된다[4, 5].

D. 역발달
   저차적 심리기능은 고등심리기능이 붕괴될 때 다시 나타난다[5~13]. 마치 국가 건립 초기에는 제쳐 두어야 했던 인종적, 부족적, 가족의 분열이 내전으로 인해 분단되는 경우 다시 극심해지듯이 말이다. 혹은 국가 간 협력 체계가 전쟁으로 인해 와해되면서 국가 간 분열이 극명해지는 것을 예로 들 수도 있다.

II. 지각

A. 지각의 안정화와 보존

비고츠키가 저차적 기능이 고등한 기능 형태로 재조직화되는 첫 사례로 든 것은 출생 시 주어진 단순 통합적 감각 기능들(예: 편안함, 따뜻함, 배고픔, 축축함)이 개념적 생각에 토대한 범주화된 지각(예: 사회-경제적 계급, 성, 국가, 세계)으로 재조직화된다는 것이다. 비고츠키는 초기 유년기의 지각 안정성(즉, 피아제의 대상보존법칙)은 (감각운동 논리나 기억에서 오는 것이 아니라) 말에서 기인한다고 논한다. 어린이가 가까이 있는 연필과 멀리 있는 연필을 같은 크기로 보는 것은 실제로 연필을 움직여 대 보거나, 떨어져 있는 연필의 실제 크기를 기억하기 때문이 아니라 연필이라는 이름을 명명하기 때문이다[1~6].

B. 분석으로서의 지각 발달

비고츠키는 어린이의 그림 묘사에 토대하여 통상적으로 제안되었던 지각 발달의 4단계의 종합을 거부한다. 어린이는 처음에 대상(전형적으로 명사)을, 그 후에 행동(동사)을, 그 후에 특질(형용사)을, 마지막으로 관계(문장, 방정식, 은유)를 명명하지 않는다. 비고츠키는 이를 두 가지 실험으로 입증한다. 하나는 비고츠키 자신이 했던 실험으로, 어린이에게 그림을 말로 설명하는 대신 행동으로 표현하라고 요청하는 것이었고, 또 하나는 (아이들에게 영화를 보여 주고 동기를 물어보는) 베르거의 실험이었다. 이는 말이 한 장면을 어떻게 전체에서 부분으로 분석하도록 해 주는지 보여 준다[7-18].

C. 개념으로 재분석

그러나 비고츠키는 "기능의 상향 전이는 즉각적으로, 비약적으로 일어나지 않는다"라고 말한다[19]. 학령기 어린이가 전체에서 부분으로 분석하는 것은 개념적 분석이 아니다. 왜냐하면 그것은 여전히 복합체적인 시각-묘사적 생각에 토대한 것이기 때문이다(10장 참고). 청소년만이 범주적인 지각을 개념으로 분석한다[20~29].

D. 환경에서 세계로

동물의 세계는 비매개적 환경Umwelt이다. 즉, 그것은 유기체가 갖는 일련의 지각된 행동유도성이다. 청소년의 세계는 세계Welt, 즉 인격이 세계관을 구현하는 무대이다. 그러나 청소년의 세계는 여전히 환경Umwelt을 재조직화한 것에 불과하며, 위기의 시기(예를 들어 청소년기의 원인이 되는 일반 해부학적, 성적, 사회문화적 성숙의 불일치)에 환경Umwelt은 여전히 존재감을 갖는다[30~32].

III. 기억

A. 인식은 기억이 아니다. 지각과 마찬가지로 비고츠키는 인간이 동물과 공유하는 자연 기억에서 (우리의 경험을 개념적으로 구성할 수 있도록 해 주는) 논리적 기억으로의 기억 기능의 상향 이동을 조사한다. 이를 위해서 비고츠키는 가능한 모든 연구들을 동원하지만 이러한 연구들은 고등한 기억 형태와 저차적 기억 형태를 구분하지 않는다는 사실 때문에 그의 주장은 어려움에 봉착한다[1~3]. 이러한 구분이 없다면 기억이 향상되는지, 저하되는지, 또는 안정적인 상태를 유지하는지를 구별하는 것이 불가능하다. 시각적 인식은 정체되거나 위축되는 반면 언어적 기억은 크게 확장되는 것으로 보이기 때문이다[4~5].

B. 예시는 정의가 아니다. 이러한 구분이 단순히 이론적인 것이 아니라는 것을 보여주기 위해, 비고츠키는 크로와 질리크의 연구를 인용한다. 이들은 이미지에 대한 직관상적 기억과 우리가 개념과 개념 체계를 정의하기 위해 사용하는 논리적 생각 사이에는 아무런 관계가 없다(아니면 아마도 역관계가 있다)는 것을 보여 주었다[8~9]. 비고츠키의 다음 문제는 정의를 물었는데 예시로 답하는 것을 듣고 실망한 적이 있는 모든 교사에게 익숙할 것이다. 예컨대, "타악기(의 정의)가 무엇입니까?" "드럼입니다." 슈미트는 이러한 성향이 그녀의 10~11세 그룹에 매우 널리 퍼져 있음을 보여 준다. 그녀는 그중 절반 이상을 '아이데틱'(짧은 기간일지라도 사진 기억 자질을 가진 사람)으로 간주한다[10~21].

C. 기억으로 생각하기, 생각으로 기억하기. 비고츠키는 이러한 원시적이고 미분화된 심상적 생각의 사례를, 옌쉬의 아이데틱 이미지 연구(목표 대상과 끝이 구부러진 막대기가 모여 있는 심상을 떠올린)와 쾰러의 침팬지 연구(일반적으로, 과일과 막대기가 동일한 시각장에 있을 때만 동물이 막대기로 열매를 획득한)에서 찾는다. 마찬가지로 그로스, 그룬발트, 메서, 뷜러는 모두 12세 혹은 심지어 더 나이가 많은 어린이가 언어적 정의를 요청할 때 시각적으로 설명하는 경향이 있음을 보여 준다[23~34]. 교착 상태는 비고츠키가 "논리적 기억이라고 할 수 있는 새로운, 안정적이고 독립적인 종합"이라고 부른 것에 의해 깨진다[34]. 비고츠키는 청소년은 생각을 통해 기억하는 반면, 학령기 어린이는 기억을 통해 생각한다는 경구를 반복한다[34, 43].

D. 외부에서 내부로. 비고츠키는 생각이 이미지보다 기억하기 쉽다는 결론을 도출했던 뷜러의 실험을 인용한다. 사람들은 그림이나, 이름, 심지어 개별 낱말보다 문장을 훨씬 더 잘 기억한다[35~45]. 이러한 생각의 기억은, 많은 양의 수를 하나하나 세는 대신 계산하여 파악하는 능력과 마찬가지로, 단순한 지적 이행이 아닌 역사적, 문화적 전통이다. 어린이는 일련의 시각적 자극을 단순히 회상하는 것이 아니라 유의미한 기호 체계를 통해 생각하는 것을 배운다. 이것이 혼잣말에서 내적 말

로의 교체와 동시에 일어난다는 사실을 지적하면서 비고츠키는 또한 이것은 외적 체계로부터 순수하게 내적 체계로의 이행이기도 하다고 결론짓는다. 그는 이러한 외부에서 내부로의 이행을, 주의 기능의 상향 전이를 추적함으로써 '법칙'으로 공식화할 것이라는 약속으로 끝맺는다[46].

IV. 주의

A. 외부와 내부. 역설적으로 주의는 거의 주목받지 못했다[1]. 이는 단지 전통 심리학이 생각이 저차적 기능과 통합된 형태로서, 새롭고, 고등하며, 자발적인 형태 속에 순수하고, 기본적이며, 자연적인 형태가 있음을 인정하지 않았기 때문이다[2~4, 10~11]. 스피노자처럼 블론스키는 감각기관이 단순히 환경에 따라 경도되는 정념과 생각으로 방향을 정하는 적극적 주의를 구분한다. 스피노자처럼 블론스키도 후자가 더 늦게 발달한다고 주장한다[5]. 리보는 이렇게 설명한다. 적극적 주의는 인위적, 문화적, 역사적이며, 이는 청소년기와 성인기에 일을 통해 발달한다[6~9]. 연합주의 심리학자였던 리보는 직업 선택과 분명하게 연관된 청소년기의 이런 고등한 주의가 개념에 의해 어떻게 변형되는지를 설명하지 못한다. 비고츠키는 이런 변형은 상호적이라고 말한다. 개념에 대한 주의는 생각을 변형시키고, 개념적 생각은 주의를 변형시킨다. 특히 그것은 주의를 외적 과정에서 내적 과정으로 전환한다[13].

B. 주의는 어떻게 내면화되는가? 비고츠키는 '개념 혼합물'을 통한 혼합적 생각에 관한 피아제의 설명을 복합체적 생각에 관한 자신의 논의[14~25], 심지어 시각적 영역에 노예화된 침팬지의 주의에 관한 쾰러의 설명[27~29]과 연결한다. 비고츠키는 주의가 어린이의 경우 외적으로 제어되지만(예: 다른 사람들이 가리키는 것으로) 청소년의 경우 내적으로 제어된다고 말한다(예: 상상으로)[30~36].

C. 기호 매개. 비고츠키는 레온티예프의 '금지 색' 실험을 이용하여 이것이 어떻게 일어나는지 보여 준다. 어린이는 정해진 금지 색(예: '빨간색' 언급 금지)이나 같은 색을 여러 번 언급하지 않으면서 색깔에 관한 질문(예: "토마토는 무슨 색입니까?")에 답해야 한다. 금지 색을 피하는 것은 그렇게 어렵지 않다("덜 익은 토마토는 녹색입니다"). 그러나 중복 대답을 피하면서 금지 색도 피하기는 전학령기 어린이들에게 불가능하며, 학령기 학생들에게도 어떤 색을 이미 언급했는지 상기시켜 줄 수 있는 색 카드, 즉 외적 기호 없이는 해결이 어렵다. 레온티예프가 티치너의 '선택 반응' 실험을 반복했을 때도 동일한 기본적 반응 패턴이 나타난다. 거기서 어린이들은 어떤 신호에 대한 응답으로 특정 손가락으로 특정 건반을 눌러야 한다. 전학령기 어린이는 이 과업을 해결할 수 없지만, 학령기 어린이는 상응하는 카드(예컨대 빵-칼, 말-썰매)를 이용하여 해결할 수 있다. 물론 성인은 카드 없이도 할 수 있다[37~48].

D. 내면화. 티치너는 마지막 단계는 첫 번째 단계와 동일하다고 주장했다. 하지만 비고츠키는 이 두 단계는 순전히 외적으로만 유사하다고 주장했다. 실제로, 비고츠키에게 마지막 단계는 두 번째 단계와 더 비슷하다. 왜냐하면 성인은 여전히 기호들을 사용하고 있지만 외적 기호들이 내면화되었기 때문이다. 사실, 비고츠키는 우리가 마지막 단계를 계속 '주의집중'이라고 부른다면, 이것이 단순히 첫 번째 단계와 동일한 외적 기능과 결과를 공유한다는 것을 의미한다고 말한다. 자기통제적 지각과 자기통제적 기억과 마찬가지로, 자기통제적 주의의 단계는 개념적 사고 형태의 일종이다[49~64].

V. 실행 지성

A. 생각과 행동. 지각, 기억, 주의와 같이 실행 지성은—설계도 그리기나 모형 만들기, 도구 사용 일반에서— 청소년기에 개념적 생각으로 변형된다[1]. 고등학생이 되어서야 지렛대나 도르래가 힘을 덜어 주는 이유를 이해하게 되는 것이다. 이러한 이해가 어떻게, 그리고 왜 그토록 늦어지는지 알기 위해서 우리는 성인의 자기관찰에 근거한 전통적인 데카르트 심리학을 뒤집어야 한다. 비고츠키는 (성인들은 행동하기 전에 생각하기 때문에) 이 심리학이 언제나 생각으로 시작하여 행동으로 끝난다고 불평한다[2, 51]. 따라서 이 심리학에서 효과적, 목적지향적인 실행적 활동이 나타나려면 청소년이나 성인이 일을 시작할 때까지 기다려야 한다. (비고츠키가 볼 때, 유년기는 행동 놀이로 시작되어 기계적 생각으로 끝난다고 말하는 것이 훨씬 진실에 가깝다). 그러나 처음에 기계적 생각으로—유년기가 아닌 청소년기에— 시작된다는 의견에는 진실의 낱알이 있다고 비고츠키는 지적한다[3]. 비고츠키는 이러한 기계적 생각의 전前역사를 예시를 들어 설명한다. 그는 블록 장난감 회사에서 개최한 그리기 대회의 자료를 이용한 노이바우어의 연구를 살펴본다. 이 연구는 실행적 생각의 전前역사를 세 단계로 나눈다[4~8].
i. 대상과 대상의 기본적 패턴, 차별적 특징을 인식하기(예컨대 풍차의 날개).
ii. 부분을 복잡한 전체로 조합하기(풍차가 있는 풍경화)
iii. 대상의 쓰임을 나타내는 기능적 상황(작동하는 풍차) 내에서 각 부분을 연결하기. 세 번째 단계는 사춘기와 일치하므로 스미르노프는 이것이 청소년 스스로의 성적 기제의 변화에 대한 자기관찰에서 유래한 결과라고 제안한다[9]. 비고츠키는 반대한다.
    a. 스미르노프는 성적 성숙과, 다른 기계들이 작동하는 방식에 대한 새로운 흥미의 출현 사이에 놓여 있는 수많은 연결고리(사회적, 문화적 성숙, 직업 선택과 같은)를 잊었다[10].
    b. 스미르노프는 10대의 실행적, 기술적 생각이 전학령기나 학령기에 전前역사를 갖지 않는다고 여기는 듯하다[11].
    c. 모든 연구들은, 발생적 분석 없이, 즉 전학령기 어린이, 학령기 어린이, 청소

년의 비교 없이 오직 경험적 자료를 분석함으로써 타당한 설명을 얻을 수 있으리라고 여기는 듯하다[11-12].

지각, 기능, 주의에서와 마찬가지로 비고츠키는 기술적인 생각이 기계적으로 혹은 생식과 같은 새로운 기능의 출현에 의거하여 유기체적으로 나타나는 것이 아니라, 옛 기능이 새로운 방식에 차용됨으로써 문화적, 사회적으로 나타난다(호흡, 목소리 내기, 혀, 턱 움직임, 감정, 생각이 말에서 새로운 체계 안으로 편입되는 것과 같이)는 것을 보이고자 한다. 사실, 비고츠키가 실행적 생각의 전 역사를 더 깊이 파고들기 위해 살펴본 유인원과 어린이의 비교 연구들은 '말'이 핵심임을 드러낸다. 그러나 말이 아닌 생각에 주로 초점을 둔 이 연구들은 이상하게도, 새로운 기관이 생겨나지 않으므로 새롭게 설명해야 할 것이 없음을 보여 주는 듯하다. 비고츠키는 또다시 교차배열법을 이용해 지적한다. 쾰러는 침팬지의 지능이 인간과 같은 유형이라고 주장하며 뷜러는 인간의 지능이 침팬지와 같은 유형이라고 주장한다[16~19].

B. 어린이와 유인원. 모든 연구자가 이 둘 간의 유사성을 수용하는 것은 아니다. 리프만과 보겐은 내적 요인에서 유인원-인간 간의 차이를 찾는다(물체의 균형점을 이해하지 못하는 유인원에게는 '소박한 물리학'이 부족하고, 문제를 해결하기 위해 도구와 목표물의 공동 존재에 의존하지 않는 인간에게는 '소박한 광학'이 부족하다)[20~21]. 샤피로와 게르케는 유인원-인간의 핵심적 차이를 어린이의 외적 환경(어린이를 둘러싸고 있는 사회문화적 본질)에서 찾는다[22~27]. 그러나 비고츠키는 고등 기능들이 단순히 상향된 기능 전이(척추로부터 줄기, 중뇌, 뇌의 피질까지)의 결과가 아니며, 또한 그 기능들은 사회적 기능들이 안으로 전이(대인관계적 기능에서 개인 내적 기능으로)한 결과임을 보여 주겠다고 약속했다. 따라서 비고츠키는 내적이면서 동시에 외적인 현상, 즉 스스로를 향한(피아제 용어로는 '자기중심적') 말하기로 돌아간다[28~31].

C. 개체발생. 비고츠키는 전체론적 심리학자들이 혼잣말을 무시하거나, 일반적인 말과 혼동하거나, 단순히 흥미로운 부수적 사건으로 보고했다는 사실에 다소 충격을 받았다[40, 46~48]. 비고츠키 자신도 자기중심적 말이 흔히 부수적 현상으로 시작된다는 점을 지적한다. 예를 들어, 샤피로와 게르케의 실험에서 선반 위 모형 기차를 내리는 데 필요한 막대기를 찾아야 하는 어린이는 찾기와 말하기를 동시에 하다가, 찾으면서 실험자에게 말을 걸 것이며 이것이 소용없을 때만 자기의 탐색을 조절하거나, 대체물을 찾거나 혹은 스스로 위로하는 혼잣말을 할 것이다[33~34]. 마찬가지로 어린이는 먼저 그림을 그린 다음 명칭을 붙이고, 그 후에 그린 다음 명칭을 붙이고 더 그리며, 그렇게 하고 나서야 먼저 명칭을 붙이고 그릴 것이다[36~37]. 비고츠키는 연구자들이 무시하고 지나친 두 가지 주요 계기에 우리의 주의를 이끈다.

i. 혼잣말은 어린이가 창안한 것이 아니라 어린이에게 일어난 것일 뿐이다. 행동의 흔적을 지닌 말은 이후에 어린이에 의해 실험자에게 지시하고, 결국 어린이 자

신의 실행적 행동으로 명확하게 지시된다. 즉, 혼잣말은 대자적 말이 되기 전에 즉자적인 말과 대타적인 말의 단계를 거친다.

ii. 혼잣말은 단지 실행적 행동의 경로를 변경할 뿐 아니라, 또한 생각 자체를 언어적 생각으로 재구성하는 능력을 갖는다[35]. 언어적 사고 자체에 대한 이 실험적인 발생적 설명을 제공한 비고츠키는 이제 우리를 학교에 데려갈 준비가 되었다. 즉, 비고츠키는 이제 (기술적 사고의 갑작스러운 출현에 관한 스미르노프의 성적 설명에서는 빠져 있던) 유치원, 초등학교, 청소년기의 언어적 사고에 관한 비교 설명을 제공할 준비가 되었다.

  a. 전학령기 어린이의 경우 혼잣말과 실행적 생각 사이 연결이 외적이고 혼합적이며 객관적이다. 하지만 바로 그 이유로 문제 해결에서 혼잣말을 사용하는 경우가 드물고 전형적으로 행동과 말 사이의 적합성이 부족하다[54, 61].

  b. 학령기 어린이는 혼잣말을 커다란 소리로 하지 않는다. 이런 의미에서 혼잣말과 실행적 생각의 연결은 내적이고 주관적으로 된다. 하지만 이것은 여전히 혼합적이다. 즉, 여전히 혼잣말이나 실행적 생각이 온전히 지배적이지 않은 혼합물이다[55, 62].

  c. 청소년은 행동을 생각에 온전히 종속시킬 수 있다. 그렇게 함으로써 청소년은 행동을 재구성할 뿐만 아니라 생각 자체를 개념의 형태로 재구성한다[56, 62~63].

D. 계통발생. 실행적인 언어적 생각에 대한 발생적 설명을 실험실에서 교실로 옮긴 후, 이제 비고츠키는 그것을 개체발생적 측면에서 계통발생적 측면으로 옮긴다. 헤겔은 도구의 발명을, 특수에서 일반으로의, 논리적 삼단논법으로 제시했다. 초기 인류의 일부는 먼저 주관적으로 추구할 목표를 마음에 품고 나서(예컨대, 사냥을 위한 석기 제작), 객관적으로 목표를 추구했으며(도구 제작과 사냥을 통해), 그리고 마침내 초기 인류는 일반화된 도구 사용에서 주체와 객체를 통합하였다. 레닌은 이 논리적 삼단논법을 뒤집었다. 주체와 객체는 문화적 도구 사용에서 먼저 통합되어 있다. 도구의 실행적 동작은 수십억 번 반복된다. 이 일이 일어난 후에야 비로소 일반 목표가 공리로서 인간 의식 속에 각인된다[58, 65]. 비고츠키는 수십억 번의 반복이 일어나기 위해서는 일상적 행위 자체로는 충분하지 않다고 주장한다(결국 인간의 평균 수명은 일반적으로 3만 일에 못 미친다). 그러므로 수십억 번의 반복은 말을 통해 일어나야 한다[59~60, 69~70]. 비고츠키는 세 가지의 일반적 결론을 내린다.

i. 학령기 어린이는 아직 자신의 실행적 생각을 언어적 생각의 국면으로 완전히 옮기지 못했다. 이것은 오랫동안 학령기 어린이가 역설적 불균형에 직면한다는 것을 의미한다. 학령기 어린이는 자신의 실행적인 언어적 생각을 뛰어넘는 일을 실제로 할 수 있다. 하지만 일을 하는 것보다 말하는 것이 더 쉬워지는 것은 오직 청소년에게만 가능하다[66~68].

ii. 청소년이 이러한 이행을 할 수 있는 것은, 기술적 기능을 습득하는 데에서 말이 도구와 도구의 사용, 계획, 통제 및 수정을 매개하기 때문이다. 말은 실행적 생각을 언어적인 실행적 생각으로 만듦으로써 실행적 생각의 힘을 크게 증가시키는 능력을 가진 지렛대, 톱니바퀴, 도르래와 같은 역할을 한다. 이런 종류의 언어적인 실행적 생각만이 개념을 조작할 수 있다[69~70].

iii. 따라서 이러한 핵심적 이행을 가능하게 하는 것은 단지 뇌에서 일어나는 일반 해부학적 성숙이나 심지어 성적 성숙도 아니다. 그것을 가능하게 하는 말은, 비고츠키가 15장에서 돌아오겠다고 약속한, 노동 형태의 사회문화적 성숙의 결과이다[71].

VI. 교차배열법

A. 비고츠키의 대구법. 지각, 기억, 주의 및 실행적 생각 등 모든 기능은 상향과 내향이라는 동일한 경로를 따라왔다[1]. 그러나 그들은 사모바르에서 끓는 찻잎처럼 무작위적으로 혹은 동시에 이 길을 택하지는 않는다[2]. 말을 통해, 다른 모든 기능은 개념적 생각에 종속되었다. 개념이 생각에 대한 공통 기반을 만들기 때문에, 생각은 이제 모든 기능을 의지적이고 논리적으로 만들 수 있다[5]. 이제 논리적 지각(예를 들어 시계 읽기)이나 심지어 의지적 지각(예를 들어 순수하게 의지로 어떤 특징은 전경으로 다른 특징들은 배경으로 배치하기)에 대해 말하는 것은 역설적이지 않다. 마찬가지로, 우리는 고등한 형태의 기억과 주의를 논리적 기억과 의지적 주의로 말할 수도 있고, 심지어 이들을 의지적 기억과 논리적 주의[3]로 맞바꾸어 표현할 수도 있다. 비고츠키는 "나중 된 자로서 먼저 되고 먼저 된 자로서 나중 되리라"(마태복음 20:16)나 "유년기의 생각은 기억의 결과이지만 청소년기의 기억은 생각의 결과이다"[4]와 같은 교차배열법을 좋아한다. 사실, 우리가 보게 될 것처럼, 비고츠키는 교차배열법을 사용하여 11장 전체의 순서를 대구 형식으로—개체발생에서 기능의 발달과 병리적 발생에서 기능의 붕괴— 배열한다.

B. 셉의 지질학적 비유. 비고츠키는 형식주의자가 아니다. 교차배열법은 다음 절을 정신 장애에 할애할 수 있도록 정당화하기에 충분치 않다. 비고츠키는 언어 장애를 전문으로 한 신경병리학자인 셉의 비유를 차용한다[6]. 셉은 우리가 일상생활을 하는 지표 아래 놓여 있는 지각구조를 보이기 위해 지질학은 흔히 단층과 균열, 지진, 화산 분출 등을 이용한다고 말한다[7]. 이와 유사하게, 신경병리학자는 고등 기능을 가능하게 하는 복잡한 연결이 교란되거나 단절되었을 때 기초적 기능들이 어떻게 재출현하는지 알아보기 위해 언어 붕괴 현상을 살펴볼 수 있다[8]. 이 기능들(흔히 선천적인)은 그 외의 방법으로는 관찰이 어렵다. 고등한 기능들과 매우 견고하게 통합되어 왔기 때문이다.

C. 정신 장애와 발달의 순서. 셉은 모국어를 잃었지만 학습을 통해 배운 제2언어나

제3언어는 전혀 손실하지 않은 뇌졸중 환자의 증상을 설명한다[10]. 이는 뇌가 시간적으로 획득한 언어를 공간적으로 조직화함(지진으로 노출된 지각층처럼)을 뜻한다고 비고츠키는 제안한다[11]. 1차 세계대전 이후 부상병들의 뇌 손상이 일반 뇌에서 뇌의 국지화를 탐구하는 데 널리 사용되었던 것처럼, 비고츠키는 정신 장애가 일반 발달의 기초가 되는 기본 순서를 확립하는 데 사용될 수 있다고 제안한다[13]. 특히 세 가지 정신 장애, 히스테리(의지력 상실), 실어증(언어 상실), 정신분열(개념적 생각 상실)은 통찰력을 제공해 줄 것이다[14].

D. 질서로부터의 무질서 그리고 무질서로부터의 질서. 셉의 은유가 보여 주듯, 이렇게 병리적 발생을 사용하자는 아이디어는 새롭지 않다. 그러나 이를 수행하려는 이전의 시도는, (자살 충동을 단순히 평범한 실망이나 정상적 낙담의 극단적 형태라고 간주하는 것과 같이) 뇌병변에 의한 병리적 현상이 모든 정상적인 뇌가 한 번쯤은 겪는 증상의 극단적이거나 과장된 형태일 뿐이라고 가정했다. 비고츠키는 병리학적인 것과 정상적인 것 사이에 명확한 경계가 없다는 것을 인정한다(사실 이것은 병리적 발생이 역발달이라는 그의 생각에 내포되어 있다). 그러나 그는 자신의 접근 방법이 실제로 이러한 이전의 시도와 정반대라고 주장한다. 왜냐하면 발달 방향이 완전히 반전되기 때문이다. 기능은 통합하는 대신 해체될 것이다. 즉, 병리적 발생은 과장이 아니라 정상 발달의 흐름을 거슬러 고등정신기능의 근원으로 이동할 기회를 제공한다. 기존의 연구는 질서로부터 무질서를 탐색했지만 비고츠키의 교차배열법은 무질서로부터 질서를 추구할 것이다.

VII. 히스테리

A. 어린이 같은 성인인가 성인 청소년가? 비록 현대 정신과 의사들은 '히스테리'라는 용어를 사용하지 않지만 비고츠키 당대에 이는 일반적인 임상 진단이었다. 그러나 비고츠키 시대에도 이 용어가 뜻하는 바에 대해 명확한 동의가 없었다. 크레치머는 자기 본위성, 이타적 헌신성 사이의 히스테리적 대조가 단지 첫사랑의 화석이라고 말한다[1~2]. 반면 호헤는 희극과 비극의 히스테리적 결합은 히스테리가 보편적인 경향성이라고 말한다[3]. 비고츠키는 히스테리가 특정 시기에 나타나 지속된다는 사실이 크레치머의 두 법칙을 예증한다고 말한다[4~6].

i. 고등 기능의 하위 단위로서 저차적 기능의 보존(예: 성인의 사랑이나 결혼에도 어린이 같은 사랑의 보존).

ii. 고등 기능의 붕괴에서 저차적 기능의 해방(예: 간통이나 이혼에서 자기 본위의 발산)

B. 하이포불리아. 크레치머는 저차적 기능의 해방과 행동의 퇴행은 그가 하이포불리아라고 칭했던 의지의 악마적 대역 때문이라고 주장한다[7~8]. 하이포불리아는 일종의 '기저의 의지'로, 성숙한 목적, 논리적 사고, 합리적 선택으로부터 해방된

원시적 의지의 원형이다[9~15].

C. 퇴행: 크레치머에 따르면 히스테리는 '투쟁 또는 도피' 같은 단순하고 원시적 정서로 환원된다[16]. 비고츠키는 이런 해방은 히스테리적 신경증의 두 가지 특성을 설명해 준다고 말한다.
　i. 유아증, 즉 성인의 정서에서 유년기 감정과 행동으로의 정서적 퇴행: 비꼼, 허세, 고집불통[16~17].
　ii. 복합체적 생각, 즉 개념에서 복합체로의 지적 퇴행. 다음 장에서 다루는 실어증에서 이를 더 명확한 형태로 탐구한다[18~20].

D. 성적 성숙에서의 본능, 습관, 지성. 생물학자들은 대부분의 종에서 성적 성숙이 일반 해부학적 성숙의 끝에서 나타남을 지적한다. 그러나 문화 덕분에 인간의 성적 성숙은 일반 성숙보다 늦어진다. 따라서 성적으로 성숙한 인간은 이미 온전히 형성된 인간, 심지어 성숙한 인격을 통해 성적 욕구를 발현하게 된다[21]. 이는 청소년의 성적 성숙이 사실상 뷜러가 제안한 행동의 세 단계의 결합임을 뜻한다. 성은 유전적인 본능이자 학습된 습관의 집합인 동시에 매우 개인적이고 은밀한 지적 문제 해결 형태이다. 역설적으로 무질서는 백치가 아닌 정상 청소년에게서 나타난다. 성적 성숙에서 본능, 습관, 지성은 동시에 일어난다[22~25].

VIII. 실어증

A. 범주의 상실. 히스테리에서 우리는 성인의 의지가 유년기 감정으로 와해되는 것을 본다. 실어증에서 우리는 대상의 명명을 위해 요구되는 범주적 언어의 상실로 인해, 개념 형성에 필요한 범주적 사고가 상실되는 것을 더욱 명확히 볼 수 있다[1~3]. 명칭 실어증은 말이나 생각의 장애가 아니라 생각과 말을 이어 주는 연결고리의 장애이다. 생각과 말 사이의 이 고리는 (먼저 복합체로 나타나고 이후에 개념으로 나타나는) 범주적 생각이다[4~6]. 예컨대 겔브와 골드슈타인은 대상의 색과 실의 색을 정확히 짝 짓는 것은 잘할 수 있지만 음영이나 색상이 유사한 실의 색끼리 짝을 짓는 것은 할 수 없는 환자의 자료를 제시한다. 환자들은 분홍색 실과 붉은 대상을 연결하거나 하늘색 실과 남색 대상을 연결할 수 없었다. 각 색상은 빨강, 노랑, 파랑의 일종이 아닌, 그 자체로 지각되었다[7~10]. 이와 유사하게 실어증 환자는 범주적 사고를 요구하는 일반명사보다 대명사와 고유명사의 사용을 선호한다. 겔브와 골드슈타인은 일반보다 개별에 대한 이러한 선호는 피아제의 실험 대상이었던 어린이가 '장미'와 '꽃'을 구분하지 못한 것과 유사하며, 따라서 이는 더 원시적인 생각 형태로의 역발달을 보여 주는 또 다른 신호라고 제안한다.

B. 명칭의 세계. 정상 성인들도 지칭할 때 대상을 특정 범주에 넣기보다 구체적 대상

으로 명명하기도 한다(예컨대 러시아인, 심리학자라고 말하는 대신 L. S. 비고츠키로 지칭). 그러나 실어증 환자들은 선택 목록을 제시받은 경우에만 명칭을 정확하게 선택할 수 있다[15]. 비고츠키는, 명칭이 해당 대상과 연합 복합체를 이루고 있으며, 실어증 환자에게서 이 기능이 보존되어 있지만 개념적 생각은 환자들이 기억하고 사용하는 낱말에서조차 상실되었다고 추론한다[17, 22]. 그러나 복합체적 생각 능력(개별 사물의 명칭이나 연합적 연결에 따라 생각하는 능력)은 개념적 생각에서도 사라지지 않는다. 오히려 복합체적 생각은 개념적 생각의 토대를 이룬다[19~24]. 개념적 생각이 손상되었을 때 복합체적 생각이 다시 나타나는 것은 이 때문이다[25~28]. 시나 은유에서 구체적 심상이 효과를 얻는 것 역시 복합체적 생각이 보존되어 있기 때문이다.

C. 연대기적 발생. 뇌 손상에도 저차적 형태의 사고는 상실되지 않고 고등 형태의 사고방식이 손상되기 때문에, 비고츠키는—음악의 곡조가 뮤직박스의 어떤 영역에 위치할 수 없는 것처럼— 이러한 고등 형태의 사고방식이 뇌의 어느 한 영역에 국지화될 수 없다고 주장한다[30]. 이는, 비록 모든 인간이 동일한 두뇌와 신경계를 가지고 있지만 모두가 범주적 사고와 개념적 사고를 동일한 방식으로 사용하지 않는다는 사실과 일치한다. 이러한 사고 형태의 발달은 연대기적임이, 즉 역사적임이 틀림없다. 이는 계통발생 동안 신경계의 다른 장소와 다른 순간에 생성되었으며, 개체발생 동안 서로 다른 장소와 순간에 확립된 연결고리에 의해 생겨나며, 일상적인 기능에서도 각각의 순간에 서로 다른 영역들을 연결하여 발휘된다[29~34]. 비고츠키는 두 가지 요소로 우리의 주의를 이끈다.

i. 이 고등한 사고 형태는 뇌에 의해 실현되지만, 뇌의 산물이 아니다. 헤겔이 가정한 논리적 추론처럼, 그것은 먼저 객관적으로 창조된다. 레닌이 제시한 논리적 추론처럼, 그것은 실행적 활동 및 사람들 간의 말을 통해 만들어지고 그런 후에야 사람들 내부의 심리 체계를 도출한다[35~36].

ii. 그러므로 발달하는 것은 기관이나 기관의 기능이 아니라 기능 간의 관계, 즉 심리 체계이다[38~40].

D. 연대기적 쇠퇴. 그렇다면 실어증은 연대기적 발생의 역과정이다. 그것은 고등정신기능을 그 구성 요소인 저차적 기능으로 해체시키는 것이다. 잭슨은 실어증 환자도 히스테리 환자와 마찬가지로 판단력이 흐려진다고 지적한다. 헤드는 지각과 주의력에 장애가 일어난다고 언급한다[41]. 모나코프는 기억력, 주의력, 계획력, 심지어 모방까지도 붕괴된다고 언급한다[42]. 겔브[48]는 실어증 환자는 의도적으로 행동을 수행할 수 없다고 한다(예를 들어 그들은 '아니요'를 따라 말하라는 요청을 받았을 때 '아니요, 못해요'라고 말하며 거절한다). 비고츠키는 실어증 환자가 기호를 사용할 수 있으며 실제 사용한다고 말한다. 다만 그들은 개념을 의미하는 기호를 사용하지 못하는 것이다[43~44]. 그는 세 가지 결론을 도출한다.

i. 실어증 데이터는 그가 10장에서 제시한 주장(개념 형성에 어떤 새로운 기능이 필요

한 것이 아니라 청소년기까지 나타나지 않던 새로운 기능 체계가 필요하다)을 확증해
준다. 이러한 기능 체계와 개념 형성은 다시, 모든 구성 요소 기능(지각, 기억, 주
의 및 실행적 행동)을 더 높은 수준으로 끌어올린다.

ii. 따라서 실어증 데이터는 복합체와 개념의 발생적 연속성을 확증한다[51].

iii. 실어증 데이터는 개념 형성이 실패할 때 실어증 환자가 청소년기 이전의 복합
체적 사고 수준으로 퇴행한다는 것을 보여 준다[52].

IX. 정신분열증

A. 구조, 기능, 그리고 역사. 비고츠키는 실어증의 아동학 연구는 구조 상실(개념의 형
태론)보다 기능 상실(말)을 강조했다고 말한다. 그러나 정신분열에 관한 정신병리학
적 연구는 반대이다. 즉, 정신병리학적 연구는 기능(생각)의 상실보다 구조(통합된
인격과 안정된 세계관)의 상실을 강조했다[1, 11~13]. 그 결과 정신분열증 환자와 청
소년 행동의 외적 구조 유사성(예: 수줍음, 감상, 환상적 아이디어)이 강조되었고 내적
인 기능 차이가 조사되지 않음에 따라, 이는 '정상적 병리'라는 결론이 도출된다.
청소년의, 심지어 성인의 인격과 세계관의 붕괴가 심각한 정신분열증과 그 정도에
서만 차이가 있다는 것이다[2~6]. 아동학과 정신병리학이 보여 주는 편향성을 극
복하는 방법은 발생적, 발달적, 역사적 연구이다. 구조의 변화를 기능의 변화로 설
명하고 기능의 변화를 역사적 변화로 설명하는 것이다[7, 14].

B. 슈토르히의 장점. 슈토르히는 '정상 병리학'을 뒤집는 첫 단계를 수행한다. 그는 발
달의 하위 단계에서 정상적인 것이 상위 단계에서 병리학적이라고 말한다[8~9].
활과 화살이 고대인에게나 비디오 게임에서는 정상적이겠지만, 현대 전쟁에서는
자살 행위일 것이다. 꿈의 이미지가 초기 인류에게는 정상적인 사고방식이었을지
몰라도 현대인에게는 억압된 이미지, 병적 환상, 정신분열증의 영역이다[10]. 얼핏
보면 지각, 지향성, 기억의 기본 기능은 변하지 않지만, 더 면밀히 분석하면 개념
이 단순한 이미지로 대체되고 있음을 알 수 있다[15~23]. 이것은 정신분열증 환자
에게 이중 세계, 즉 한편으로 시각적 이미지와 마법 같은 연결의 세계를, 다른 한
편으로는 개념적 단편을 포함한 경험의 기억을 제공한다. 슈토르히는 곤충학의 연
구 결과도 덧붙인다. 폴켈트의 실험은 거미가 파리에게 합리적으로 반응하기보다
는 '감정적으로' 반응한다는 것을 보여 준다. 예를 들어, 그들은 거미줄 위의 파리
와는 싸울 것이지만 접시 위 죽은 파리는 피할 것이다[29].

C. 슈토르히의 단점. 정확히 같은 실험에서 비고츠키는 정반대의 결론을 이끌어 낸
다. 정신분열증 환자, 청소년, 초기 인류는 거미와 유사하지 않고 완전히 다르다.
즉, 느낌과 생각에 대한 안정성, 연속성, 객관성을 제공하는 것은 대상이나 이미지
가 아니라 단어이다[31, 35]. 비고츠키는 정신분열증(그리고 청소년기)의 사고는 여

전히 언어적 사고라고 주장한다. 그것은 거미의 생각이나 꿈의 이미지가 아니다[47]. 비고츠키는 혼란을 낳은 두 가지 방법론적 결점을 열거한다.

i. 단계적인 역사적 분석 대신, 슈토르히는 발달의 시작과 끝을 단순히 병치한다[32]. 그는 그 사이에 환자 자신의 현상학적 설명[27], '원시적 사고'에 관한 인류학적 설명, 니체, 프로이트 그리고 융의 순전한 추측[10, 31]을 혼합한다. 비고츠키는 이런 유의 혼란은 그 자체로 개념적 사고가 아닌 복합체적 사고의 예라고 말한다[34].

ii. 슈토르히는 사고의 내용에만 관심을 뒀지 그 기능에는 흥미가 없었다[36]. 생생한 시각적 이미지, 풍부한 감정적 내용, 그리고 사고의 비논리적인 비약은 개념을 형성하는 기능 체계를 무너뜨리고 개념을 구성하는 기본 기능인 원시적 지각, 주의, 기억을 해방한 결과이다[37-39].

D. 파괴가 아닌 해체. 비고츠키는 앞서 이 붕괴와 해방의 결과는 깨진 유리 더미가 아니라 질서정연한 후퇴라고 말했다[20]. 슈토르히 자신도 '이중 세계'를 언급하며 이를 인정했고[23, 55], 물론 이것은 정상성과 병리성 사이의 확고한 경계가 없다는 것에도 함축되어 있었다. 이제 비고츠키는 정신분열증적 지각의 불안정성과 변화성을 통해 이 질서정연한 후퇴를 입증했다. 이것은 비고츠키에게 지각이 (자아가 다양한 기관, 기질, 영혼으로 구성되어 있다고 보는) 전근대 인간의 관점에 비견할 만한 수준으로(그러나 여전히 언어적인 수준으로) 떨어졌음을 시사한다[42]. 개념 대신, 청소년과 정신분열증 환자는 분류적이라기보다는 서술적인 복합체적 사고방식으로 되돌아갔다[57~58]. 복합체적인 것은 동질적이고 추상적이라기보다는 이질적이고 구체적이어서, 이 기능의 상실은 통일된 세계관과 통일된 인격의 상실을 설명할 수 있다. 사실, 인격의 개념과, 세계관을 구성하는 개념 체계의 손실은 여러 손실 중 하나일 뿐이다. 그러나 많은 다른 기능들(기초적 지각, 주의, 기억, 그리고 실행적 행동)은 손상되지 않았기 때문에, 그 반대는 사실이 아니다. '통일된 인격과 세계관의 상실이 개념 형성 기능의 상실을 설명하지는 않는다.' 따라서 정신분열증은 청소년 아동학의 관심 대상이 된다. 그것은 성숙한 세계관의 갑작스럽고 무의미한 붕괴가 아니라 느리고 세심한 해체이기 때문이다[59~60].

X. 인격과 세계관

A. 고등한 종합. 결론적으로, 비고츠키는 자신의 개체발생과 병리 발생의 비교는 현상학적이거나 기술적이지 않다고 강조한다—이것은 내적 연결을 기반으로 한다[1]. 조현병 자체는 코로나와 같은 질병이나 자동차 사고와 같은 트라우마가 아니다. 그것은 일종의 인격과 일종의 세계관으로 가장 잘 생각된다[2]. 정신분열증에서 상실되는 것은 사춘기의 성격과 세계관에서 만들어진 고등한 합성이다[3, 5].

B. 내적 말과 성찰. 피아제의 큰 공헌은, 어린이가 자아와 환경을 실제로 구별할 수 없는 훨씬 낮은 혼합적 사고로부터 이러한 고등한 합성들이 어떻게 발전했는지 보여 준 것이다[6]. 고등한 합성은 내적 말의 내면화와 재형성, 자기성찰, 논리적 사고—이 모두는 비고츠키가 '자유의지'라고 부르는 특정한 형태의 필연성을 가능하게 한다—를 통해 이루어진다[9~10].

C. 자유와 필연. 인격과 세계관의 이러한 고등한 종합이 다른 곳이 아닌 청소년기에 일어나는 이유는 무엇인가? 주지하는 바와 같이 칸트는 우리가 개념(예컨대, 시간과 공간)만을 알 수 있다고 믿었다. 왜냐하면 그것은 인간에 내재해 있기 때문이다. 시간과 공간이 실제로 존재하든 아니든, 개념은 그 자체로는 알 수 없는 것들이다. 그러나 헤겔은 개념이 단지 사람 속에 있는 것이 아니라 세계 자체에도 있으며, 사물이 발달하기 때문에 개념은 실제로 알 수 있다고 주장했다. 사물이 교환되기 때문에, 우리는 사물의 가격을 배우고 알 수 있다[4]. 청소년기에 어린이는 노동, 성적 제휴, 자기-표현과 같은 필연을 이해하기 시작한다.

D. 대자적 청소년. 그러나 이러한 각각의 필연은 어린이가 자기중심적 말로부터 사회적 말, 성찰과 동료의 판단을, 논리로부터 욕망을 분명히 구분하지 못했을 때처럼 더 이상 맹목적이지 않다. 반대로 청소년은 노동, 성적 제휴, 자기-표현과 같은 필연을 광대한 자유의 강력한 계기로 생각하는 경향이 있다. 그리고 청소년이 전적으로 잘못된 것은 아니다. 왜냐하면 헤겔이 주장하듯, 자유는 단지 필연에 대한 인식이며, 필연에 대한 인식은 즉자적 인간(예컨대, 어린이)을 대자적 청소년과 구분하는 것이다[14~18].

제13장

직업 선택

뱅크시(Banksy), 「꿈을 따르라」(2010, 보스턴).

심리공학적 선택은 (우리 사회에서도 그러하듯) 다소 잔인한 선택을 의미할 수 있다. 교육에 접근할 수 있는 어린이들은 직업 개념을 형성하고 직업을 선택할 수 있는 시간적 기회를 얻을 수 있었지만, 시골 어린이들은 13세의 위기 무렵에 꿈이 묵살되는 경험을 종종 하게 되었다. 비고츠키의 심리공학에서는 발달이 가장 중요하다. 따라서 그는 유년기의 욕망이 일에 대한 우리의 태도를 결정한다는 프로이트의 생각을 거부하며, 노동이 학교 교육의 끝에 갑작스레 찾아오는 충격이 아니라 교육과 분리할 수 없는 동반자가 되어야 한다고 강조한다.

성교육과 마찬가지로 직업 교육은 자유 선택의 개념을 필연의 인식으로 이해하는 것을 포함한다. 따라서 아마도 우리는 블론스키와 비고츠키가 제7장(7-108~109)에서 성교육에 관해 말한 것을 직업의 선택에 관해서도 적용할 수 있을 것이다. 진로 교육은 시간표상의 단일 과목으로 제한되어서는 안 되며, 모든 과목에서 누락되지 않아야 하고, 12년 동안의 교육과정에 전체적으로 녹아 있어야 한다.

*이 책에는 청소년의 상상과 창조에 대한 장이 빠져 있다. 이 부분은 비고츠키 선집 5권 『상상과 창조』(171~237) 참고.

13

수업 내용

청소년의 사회적 성숙과 직업 선택—직업 선택 발달의 기본 3단계
—어린이 놀이 단계와 직업—이행적 연령기의 상상과 직업— 청소년의
진정한 삶의 계획과 직업— 전문적 직업 교육

학습 계획

1. 제13장을 읽고 전체 내용을 요약하고 계획을 세운다.

2. 자신의 관찰에 기반하여, 이 장에 기술된 유년기와 이행적 연령기
직업 발달의 세 가지 주요 단계와 교재에 제시된 청소년 직업 발달의
두 가지 발생적 근원을 추적한다.

3. 이행적 연령기 전문적 직업 교육에 관한 문제(그것의 과업, 수단, 교
수-학습 및 교육 활동과의 관계)를 고찰한다.

13-1] 우리 강좌의 앞 장에서 서술했던, 이행적 연령기에 발생하는
변화들은 새로운 토대 위에 청소년의 전체 인격과 전체 세계관의 전반
적인 재구조화를 이끈다.

13-2] 먼저, 청소년의 신체 구조를 특징짓는 체격적 특성, 유기체
내에서 일어나는 신체적 과정, 인격의 심리적 특성에서 총체적인 변화

가 일어난다. 성적 성숙과 함께 청소년의 전체 유기체가 극적으로 변하면서 복잡하고 강렬한 새로운 욕구의 체계가 등장하는데, 이는 기존의 발달된 인격 구조에 참여한다. 이 두 계기의 상호 작용에서 전체 발달 과정의 새로운 방향이 드러난다. 새롭게 부상한 욕구는 이미 준비된 인격 구조에 편입되면서 재구조화되고 굴절되며, 이 구조 자체가 고등한 수준으로 고양된다.

13-3] 우리는 청소년 심리에서 더 높은 수준으로의 이러한 이행이 무엇으로 이루어져 있는지, 새로운 충동 체계를 기반으로, 그리고 이 구조의 재구조화와 관련하여 새로운 관심 구조가 어떻게 나타나는지, 청소년의 사고는 어떻게 발달하며, 이와 관련하여 다른 모든 정신 과정들이 어떻게 더 높은 수준으로 고양되는지, 기능적 장치의 변화와 더불어 청소년의 생각과 의식의 전체 내용이 어떻게 확장되고 변화하며, 어떻게 창의적 상상이 나타나는지, 그리고 마지막으로 이 모든 것을 바탕으로 이행적 연령기에서 인격과 세계관의 토대가 어떻게 출현하는지를 한 걸음 한 걸음 추적하고자 하였다.

13-4] 이제 마지막 짧은 장들에서 우리가 할 일은 청소년의 심리적 성숙에 따라 청소년에게 열리는 새로운 행동 체계, 주변 환경과의 새로운 형태의 상호관계, 새로운 활동 계획을 추적하는 것이다.

13-5] 성숙 과정에서 어린이가 청소년으로 변환되는 것은 기능 체계의 변화뿐 아니라, 전체적으로 완전히 다른 종류의 활동을 의미한다. 놀이와 같이 어린이의 행동을 특징짓는 주요 활동 형태는 이행적 연령기에 거의 완전히 사라진다. 교수-학습과 같은 다른 활동은 완전히 새로운 성격을 획득한다. 마침내 어린이는 도달할 수도 없고 알 수도 없는 새로운 활동 형태가 출현한다. 그 활동 형태는 개별 심리 기능이라 부를 수 없다. 흥미와 충동으로 시작하여 청소년의 창조적 상상으로 끝나는, 앞에서 기술된 모든 성숙 과정이 그 속에서 복잡하게 종합된다. 새

로운 활동 유형이 생겨나고, 이행적 연령기 사회적 아동학의 여러 계기 중에서 매우 두드러진 자리를 차지하는 직업 선택은 첫 번째 자리에 놓여야 한다.

13-6] 청소년의 사회적 성숙, 성인 삶으로의 진입에서 중심적 계기 중 하나는 그의 직업 훈련, 직업 선택이다. 뷜러는 말한다. "특정 연대기적 시점부터는 미래 직업에 대한 태도가 일반적으로 심리적 성숙의 지표가 된다." 이 저자는 이 기본적 생각으로 이행적 연령기에서의 직업 심리를 고찰하기 시작하며, 이 문제를 청소년 심리 분석 전체의 완료로 간주한다. 사실, 우리 앞에는 직업 활동의 선택뿐 아니라 특정한 삶의 경로 선택, 공동 생산 과정 속의 특정 입지의 점유, 자기 직업의 규정과 자기 삶의 주요 본업의 선택이라는 토대 위에서 전체로서 사회적 삶으로의 최종적 포함이 놓여 있다.

> 러시아어 선집의 주석에 의하면 비고츠키는 칼 뷜러의 『어린이 정신 발달(The Mental Development of the Child)』(1924)을 인용하고 있다. 피아제 같은 수많은 형태주의자와 마찬가지로, 오늘날 아동 발달에 관한 지배적인 견해와 맥락을 같이하며 뷜러는 아동 발달에 대해 자연주의적, 유기체적, 생물학적인 견해를 보인다. 이 관점에서 보면 아이는 자연적이고 유기적이며 생물적 총체로서, 후에야 사회화되고 문화화된다. 이것은 비고츠키의 견해와 정반대이다.
>
> 비고츠키는 아이가 출생 시에 생물학적으로 생존할 수 없다고 본다. 신생아는 스스로 음식을 먹을 수도, 자리를 옮기거나 심지어 수면을 조절할 줄도 모른다. 이는 아이가 날 때부터 사회적임을 뜻하며, 비고츠키가 오늘날 선호되는 개념인 '사회화'보다 '사회적 성숙(социального созревания)'이라는 용어를 사용하는 이유이다. 마찬가지로, 청소년기는 야생동물이 특정 직업 작업을 하도록 길들이거나 반려동물을 동반자로 만들어 가는 과정이 아니라, 일과 가정의 문화로 진입하는 시기로 이해되는 것이 더 적절하다.

13-7] 슈프랑거와 더불어 우리는 직업 선택의 발달이 거치는 세 가지 주요 단계를 개괄적으로 설명할 수 있을 것이다. 직업 선택의 심리적 분석에 발달적 관점을 적용하는 능력은 이 문제를 연구하는 데에서 가장 본질적인 계기임을 우선 말해 두자. 이러한 관점에서 볼 때 직업 선택은 청소년 행동 발달의 일반적인 주기에 포함된다. 이는 전체 심리적 진화의 구성 요소 중 하나이지 청소년 자신의 발달과 관련하여 밖으로부터 외적으로 부과된 계기가 아니다.

13-8] 직업 선택은 인생 전체에서 가장 중요한 단계 중 하나를 의미한다. 전문적인 활동과 연관되지 않은 모든 것은 점점 더 부업의 성격을 띠고, 결과적으로 부차적 가치를 갖게 된다. 따라서, 우리에게 청소년이 삶으로 진입한다는 것은 특정 직업에 포함되거나 최소한 직업 학습 및 교수라는 측면에서 특정 경로를 선택하는 것을 의미한다. 지금도 본질적으로 대다수의 청소년에게 직업 선택의 기회를 제거하는 직업 유형이 있는데 그것은 바로 농민의 노동이다. 슈프랑거는 그의 반동적

낭만주의에서 그에게 지금도 사실인 것처럼 보이는 "농민이 진정한 사람이다"라는 루소의 문장을 기꺼이 반복한다.

13-9] 우리는 직업 선택이 거치는 기본 단계를 간략하게 살펴볼 것이다. 이는, 전체 강좌 전반에 걸쳐 우리가 해 온 바와 같이, 다양한 발생적 단면에 대한 비교 연구를 통해 청소년기에 우리가 관심을 가지는 영역에서 나타나는 새로운 것이 무엇인지를 추적하기 위함이다.

13-10] 직업 발달의 첫 단계는 직업에 대한 어린이의 꿈이다. 이러한 꿈은 어린이의 놀이 세계 전체 그리고 어린이가 관찰하는 진지한 일상 상황의 놀이로의 전환—대개 모방과 연결되어 일어난다—과 직접적으로 연결되어 있다. 알려진 바와 같이, 그로스는 이미 놀이의 생물학적 의의가 다음에 있음을 지적했다. 놀이는 어린 동물의 자기-문화화의 수단, 즉 미래의 삶을 준비하는 수단이다.

13-11] 놀이를 하면서 어린 동물은 성숙했을 때 적응의 토대가 될 활동 형태를 연습하고 발달시킨다. 바닥 위에 굴러다니는 털실 공을 잡는 새끼 고양이는 쫓고, 잡고, 포획하는 미래 고양이의 기술을 학습한다. 어린이의 놀이에 대한 이런 순전히 자연주의적이고 생물학적인 개념은 물론, 인간 어린이에게 순수한 형태로 적용할 수 없지만 어린이 놀이의 기능에서 우리가 모색해야 할 방향을 지시해 준다.

13-12] 원시인의 경우를 살펴보면, 어린이들이 놀이 중에 미래 활동(사냥, 동물 추적, 전쟁)을 위한 진정한 직업 준비를 했음을 알 수 있다. 인간 아이의 놀이 역시 미래 활동을 지향하지만 대체로 사회적 특성의 활동을 지향한다. 아이는 주변 어른들의 활동을 보고 모방하여 이를 놀이로 바꾸며, 놀이를 통해 기본적인 사회적 관계를 익혀 앞으로의 사회적 발달을 위한 교육과정을 거친다.

13-13] 슈프랑거의 말에 따르면, 초기 유년기에 전형적인 놀이들은 미래 직업의 발달을 나타내는 지표로 이용될 수 없다. 군인, 사냥꾼, 전

쟁, 말, 기관차 놀이는 개별 어린이보다는 연령기를 특징짓는 놀이이다. 그러나, 이러한 최초의 미분화된 놀이에서 특정 외부 활동 형태를 지향하는 어린이 성향의 씨앗이 형성되며, 직업에 대한 아직 모호한 희망과 기대, 이러저러한 직업에 대한 정서적 성향이 형성된다. 이는 후에 실제 직업 선택에서 개별 변수로의 역할을 한다.

13-14] 슈프랑거는 특정 직업적 경향이 이행적 연령기 훨씬 이전에 어린이의 놀이에서 발견된다는 것을 지적한다. 이미 발달 초기 단계에 어린이에게서는 이런저런 형태의 활동에 대한 특정한 경향이 형성된다. 종종 이러한 측면에서 어린이가 무의식적으로 모방하고, 욕망하기 시작하는 어떠한 견본이 역할을 한다. 이제 거의 모든 연구자가 초기 유년기의 체험, 특히 어린이의 놀이가 직업 선택에서 갖는 이러한 심각한 중요성에 동의한다.

13-15] 그러나 이 영향을 바라보는 두 가지 다른 방식이 있다. 한편으로, 프로이트와 아들러는 직업적 활동을 포함한 미래의 모든 인간 활동을 유년기에 다양한 형태로 나타나는 굴절되고 변화된 기본적 성향으로부터 이끌어 내려고 노력한다. 따라서 정신분석학은 미래의 외과의사가 이 활동으로 자신의 가학적 성향을 승화시키고, 또 다른 직업은 유년기의 다른 특정한 성향을 승화시킨다고 생각한다. 여기서 어린이 성향의 기본 구조가 그의 미래의 직업 선택과 맺는 연결, 내부로부터 진행되는 연결을 찾을 수 있다.

*A. 아들러(Alfred Adler, 1870~1937)는 프로이트의 동료였다(그러나 프로이트 학파에서 주장하는 것처럼 제멋대로인 학생은 아니었다). 아들러는 프로이트의 꿈과 무의식에 대한 일반적인 접근뿐 아니라 성적 발달의 중요성도 받아들였다. 그리고 아들러와 프로이트 모두 니체의 '권력에의 의지'

목탄화로 그린 아들러, 작자 미상.

에 큰 영향을 받았다. 그러나 아들러는 권력에 대한 공격적인 추동력이 성적인 것(sexuality)과 동등하게 중요하다고 생각했지만, 프로이트는 초기에는 이를 거부했다. 이후 프로이트는 『쾌락의 원칙을 넘어서(Beyond the Pleasure Principle)』에서 아들러의 아이디어를 채택했다. 이 책은 루리야와 비고츠키가 러시아어로 번역하고 서문을 쓴 책이다. 프로이트는 아들러를 인용하지 않았고 이는 그 둘 간의 영구적인 단절로 이끌었다. 프로이트와 아들러는 정치적 입장도 달랐다. 프로이트가 보수적이었다면, 아들러는 열렬한 사회주의자였고 페미니스트였다(그의 아내는 트로츠키와 다른 볼셰비키 지도자들과 가까웠다).

비고츠키처럼 아들러도 청소년이 직면하는 세 가지 근본적 '생활 과업', 즉 '직업/생업', '사회/친교', '사랑/성'이 총체적인 방식으로 통합되어야만 한다고 믿었다(글상자 11-10-3 참고). 비고츠키와 달리 그는 모든 경우에 성과 권력에의 욕망이 결정적이라고 생각했고, 이런 이유로 아들러는 '열등감 콤플렉스'라는 용어로 오늘날 주로 기억된다. 그러나 비고츠키는 여러 요인이 작용한다고 생각한다. 직업/생업은 노동자 청소년에게 더 중요한 반면, 사랑/성은 부르주아 청소년에게 더 중요하다. 그리고 많은 경우에 개인적 성향보다 사회적 환경이 결정적일 수밖에 없다. 외과 의사라는 직업을 통해 아동기의 가학성애가 승화된다는 아들러의 관점은 오늘날 아주 터무니없는 것처럼 보일 수 있지만, 그 당시에는 수많은 시술이 여전히 마취 없이 이루어졌다. 사실, 이 둘 사이의

B. 케일(Bernhard Keil, 1624~1687), 촉각의 알레고리.

연결은 오래된 것이다. 예를 들어 17세기 중반에 그려진 그림에서 우리는 어린이의 사디즘과 (외과 의사들이 즐겁게 환자를 수술하는 장면을 주로 다룬 인기 장르인) '촉각의 알레고리'와의 연결성을 명확하게 볼 수 있다.

렘브란트(Rembrandt), 촉각의 알레고리, 1624~1625.

13-16] 일반적으로 그러한 개념에 대한 반론은, 직업 선택이 심리적 동기에 의해서만, 그 사람 자신의 열망에 의해서만 결정되는 것은 결코 아니라는 점을 지적하면서 제기된다. 그것은 각자의 계급적 지위와 주어진 구체적인 상황에 따라 각 사람에게 드러나는 객관적인 경제적 사회적 가능성에 의해 결정된다. 그러나 일반적으로 이 반론에 반해 두 가지 추가 설명이 제시된다. 이러한 이론들은 특정한 구조의 성향에 의해 결정되는 어떤 명확한 직업 선택이 존재한다는 것을 전혀 가정하지 않는다. 특정 성향이 승화될 수 있는 다양한 형태의 직업적 활동이 있다.

13-17] 따라서 이러한 관점에서 직업 선택은 특정 범위나 특정 유형의 일련의 전체 직업의 선택이라는 의미에서만 개인 성향에 의해 결정되며, 이 속의 각 직업은, 이런저런 직업에 대한 갈망의 기저에 놓여 있는 성향을 상당 정도 억압하기도 한다. 동일한 성향이 다양한 형태의 직업 활동에서 억압될 수 있다. 이렇게 우리가 특정 직업을 선택하기 전

에, 우리가 선택해야 할 직업의 전체적인 범위가 부분적으로 이미 우리 안에서 무의식적으로 형성되어 있다.

13-18] 두 번째 계기는 이 이론이 직업 선택은 항상 최대 희망의 노선에 따라 이루어진다고 절대 주장하지 않는다는 점이다. 이 이론은 수많은 사람이 자기 직업에 만족하지 않는다는 사실, 수많은 청소년이 어쩔 수 없이 직업을 선택한다는 사실, 종종 개인적 경향성, 개인적 관심, 개인적 선택의 역할이 거의 0에 수렴한다는 사실, 직업 선택의 내적 요인보다 훨씬 더 강력한 외적 계기가 전자(내적 계기-K)를 가리고 흔히 청소년을 자신의 기본 성향과 모순되는 직업으로 몰아가는 경우가 있다는 사실을 외면하지 않는다. 여기서 슈프랑거의 재치 있는 표현을 따르면 사람이 직업을 뽑는 것이 아니라 직업이 사람을 고른다.

13-19] 그러나 이 상황은 특정 유형의 활동에 대한 내적 성향, 특정 직업에 대한 내적 지향성이 존재한다는 사실도 무시할 수 있도록 해 주지는 않는다. 심리학(심리공학-K)은 인격 발달의 주기에서 어떠한 직업에 대한 열망이 어떻게 생겨나고 형성되는지를 규정할 뿐이다. 실제 직업 선택은 결코 내적 요인에 의해서만 결정되지 않는, 훨씬 더 복잡한 과정이다. 그러나 이 과정에서도, 직업의 선택 자체가 개인의 성향과 반대되고 개인의 열망과 첨예하게 모순되는 경우일지라도, 개인의 열망과 성향의 역할을 무시할 수 없다. 이러한 성향이 존재한다는 사실 자체가 모든 상황에서 하나의 사실로 남아 있다.

13-20] 이것은 그것이 다른 요인 중에서도 특정한 요인으로 직업 선택의 실제 과정에 참여한다는 것을 의미한다. 더 나아가 이것은 이 요인이 더욱 강력한 요인과의 충돌로 쓰러지더라도 사라지지 않고 전문적 직업의 미래 운명을 결정하는 데 계속 참여한다는 의미이다. 사람은 자신의 직업을 사랑하거나 싫어하고, 긍정적으로 또는 부정적으로 취급하고, 그 안에서 창조적인 만족을 찾거나 이를 무거운 십자가처럼 견딜

수 있다. 이 모든 경우 우리는 직업 활동과 관련된 온갖 다양한 심리적 구조를 보게 된다. 이 심리적 구조의 결정에서 개인적인 성향, 개인적인 열망이 최종적인 역할을 하지는 않을 것이다.

13-21] 그러나 우리가 보기에, 이 이론들의 부분적 타당성은 부정될 수 없으며, 이 이론들은 전문적 직업 발달의 깊은 발달적 뿌리를 드러내고, 성향과 직업처럼 서로 멀리 떨어진 계기들을 발달의 실로 연결시키려는 시도를 그 주요 장점으로 갖지만 한 가지 실수를 범한다. 그들은 성향과 직업 간의 이 연결을 너무 직접적이고 너무 즉각적으로 보고, 발달의 역사에서 가장 복잡한 우여곡절을 단순화하고 무시하며, 이 이론이 프롤로그와 에필로그를 곧바로 이어 놓은 책처럼 모든 장을 생략한다.

13-22] 이러한 의미에서 우리는 다른 심리학 이론에 의해 도입된 수정이 나름의 진실의 낟알을 포함한다고 생각한다. 슈프랑거는 직업적 경향의 조기 성숙이 단면적인 발달을 보여 주는 주목할 만한 사례라고 본다. 이러한 경향을 지닌 어린이는 다른 모든 면에서는 여전히 온전히 어린이다. 심지어 그는 자신의 이러한 경향을 아직 미래 직업의 관점에서 인식하지 못한다.

13-23] 직업 선택 발달의 두 번째 단계는 이행적 연령기에 출현하는 직업 관련 계획으로 이루어져 있다. 청소년이 인생 계획을 실제로 선택하고 예정하는 곳이 여기이며, 노동 과정에서, 즉 사회적 삶의 과정에서 자신의 자리를 최종적으로 찾아내는 곳도 여기이다. 그리고 여기 청소년기에서 모든 연구자가 청소년 직업 발달의 두 가지 다른 노선을 지적한다. 한편으로 우리는 여기 이행적 연령기에 극히 전형적인, 대부분 백일몽으로 나타나는, 직업적 환상을 본다. 청소년은 공상에 잠겨 공상 속에서 어떤 역할을 하는 자신을 본다. 그는 인위적으로 창조된 다양한 상황과 체험의 환상적 구조를 펼치며, 그 속에서 이 연령기에 내재

된 성향과 열망의 고조가 희미하게 반영된다. 직업 선택의 의미에서 이행적 연령기에 가장 특징적인 것은, 우리가 공상적 환상과 현실적 의지의 내적 융합을 발견한다는 데 있다.

13-24] 슈프랑거가 말했듯이 환상과 현실감 사이 중간 상태는 청소년의 직업 선택이라는 의미에서 가장 중요한 결정이 시작되는 심리적 위치이다. 이러한 직업 계획은 연령에 따라 다양한 형태를 취한다. 이 직업 계획은 독일에서 14세에 인민 학교(폴크스슐레, 초등학교 및 중학교에 해당-K)를 마치는 이른 연령기에 한 형태를 취하고, 18~19세에 더 완성된 교육을 마친 후에 다른 형태를 취한다.

13-25] 14세가 되면 어린이—엄밀한 의미에서 아직 절반은 어린이다—는 직업의 선택에 직면하게 된다. 대부분의 경우 노동 대중은 이처럼 일찍 직업을 선택해야 하는 필요성에 마주하며, 여기서 일반적인 삶의 조건, 즉 한편으로는 내적으로 완성된 동기의 저低발달과, 다른 한편으로는 직업에 대한 모호하고 불명확한, 미숙한 환상과 주변 환경이 밀어 넣는 냉철한 삶의 계산 사이를 잇는 다리의 부재라는 조건은 일반적으로 내적 동기가 이러한 직업 선택에서 중요하지 않은 역할을 한다는 사실로 이어진다. 여기서 직업 선택은 사실상 이러저러한 직업학교에 입학하는 형태를 취하며 이 순간을 위한 내적 성숙과 준비 없이 미발달된 형태로 이루어진다. 그러나 이미 여기에서 직업 선택의 두 가지 매우 중요한 계기가 대두된다.

13-26] 첫 번째는 청소년이 선택한 직업 활동과 그가 합치해야 한다는 것이다. 다양한 수준의 재능, 다양한 지적 발달 단계, 마지막으로 질적으로 다양한 지능 형태는 청소년을 한 활동에 더 적합하고 다른 활동에는 덜 적합하게 한다. 청소년의 지성 구조와 그가 선택한 직업적 활동의 구조 사이의 가장 큰 합치는 일반적으로 심리공학적 선택의 주요 기준이다. 이 요인은 가장 적합한 청소년이 가장 적합한 분야에 다

다른다는 의미를 가질 뿐 아니라, 선택한 전문 분야에 대한 최대의 내적 적응을 나타낸다.

> 오늘날 심리공학психотехнический, Psychotechnics은 경제학, 사회학 그리고 교육에 관한 기술로 적용된 심리학을 의미하며, 마케팅, 보험, 인적 자원 관리에 널리 사용되고 있다. 하지만 소련이나 혁명기 중국, 북한에서 그것은 매우 다른 의미가 있었다. 사회가 계획되려면 경제를 계획해야 했고, 경제가 계획되려면 노동 시장 역시 계획되어야 했다. 이것은 교육 자원이 부족한 국가에 특히 중요했다. 모든 사람의 평생 직업에 대한 교육이 국비로 이루어져야 했으므로 사람과 직업 사이의 '적합성'의 일치는 단순한 개인적 선택의 문제가 아니라 또한 광범위하고 일반적인 사회적 관심의 문제였다. 당시 심리공학은 개인적 자질과 직업적 특성 사이의 상호 적합성을 측정하고 개인에게 직업을 배정하는 역할을 했다. 중국에서 어린이들은 "당근마다 적절히 자랄 수 있는 나름의 구멍이 있다"라고 배웠다. 사회주의 시민에게는 각자의 삶을 적절히 살 수 있는 나름의 직업이 있다는 것이다.

13-27] 두 번째 계기는 직업 준비 과정에서 청소년이 이 직업 활동과 맺는 관계가 성립되고 발달된다는 것이다. 청소년의 이러한 직업 심리의 운명이 청소년의 미래의 삶을 결정하는 가장 중요한 계기 중 하나라고 해도 과언이 아니라고 할 수 있다. 우리는 특정 상황에서 직업 활동이 힘들고 고통스러운 체험의 근원이 되고, 청소년의 인격에 트라우마를 준다는 것을 안다. 다른 상황에서 직업 활동은 인격 형성의 원천이 된다.

13-28] 17~19세의 직업 선택은 완전히 다른 주관적, 객관적인 조건에서 일어난다. 우리는 현실적 냉정함으로 자기 인생 경로의 선택으로 나아가는 성숙한 사람과 마주한다.

13-29] 우리가 관심이 있는 문제의 관점에서 우리에게 극도로 중요

해 보이는 기본 계기 중 하나는, 에른스트 라우가 「베를린의 젊은이와 직업」이라는 자신의 연구에서 주목했던 계기이다. 사무실 직원들은 그의 직업에서 가장 지루한 부분이 완성된 편지를 접어서 정리하는 일이라고 이구동성으로 주장하지만, 등록소에서 근무하는 배달원은 이 일이 매우 즐겁다고 한다. 라우는 유사한 사례들을 일반 명제의 형태로 일반화한다. 다양한 직업적 열망에 어떤 활동을 포함시키는 것은 이 활동을 수행하는 주관적 태도를 완전히 변화시킨다. 슈프랑거는 그의 명제를 구조 심리학의 법칙 중 하나로 올바르게 간주한다. 자립하여 성숙한 인간으로서 자신의 잠재력을 실현하려는 일반적 동기는 직업 선택에서 본질적 역할을 한다.

> *E. 라우(Ernst Lau, 1893~1978)와 G. 덴(Gûnther Dehn, 1882~1970)은 베를린 직업학교에서 '일-기쁨-실직' 또는 '일-기쁨-분노'라는 주제로 작업 태도에 관한 에세이를 수집하고, 직업 선택, 장래의 포부, 그리고 종교에 관한 인터뷰로 그 에세이를 추적했다. 연구의 주요 결과는 육체노동자의 경우 사무적 노동자보다 직업에 대한 금전적 동기가 매우 크다는 것이었다. 육체노동자였던 배달원에게는 편지를 접고 분류하는 시간이 고된 노동에서 벗어나는 즐거운 시간이었다. 라우는 생애 최초의 직업이 삶의 기대치를 설정하는 데 결정적 역할을 한다고 결론지었다.

13-30] C. 뷜러는 말한다. "일반적으로 청소년은 자신이 원하는 삶의 경로를 아직 명확하게 알지 못한다. 그가 자신의 직업을 결정해야 할 때 그 앞에 처음에는 대부분 단 하나의 동기가 있다. 바로 자립이다. 이 동기는, 어느 대규모 연구에 따르면, 남학생이 제시한 목표의 50%, 여학생이 제시한 목표의 30%를 차지한다."

13-31] 이와 관련하여 우리가 마지막으로 주목하려는 두 가지 계

기가 있다. 첫 번째 계기는 전통적 교육 조건에서 직업 선택과 어린 시절 사이 극명한 괴리가 있다는 사실과 관련이 있다. 직업 선택은 직업 활동으로 이행을 의미하지만 유년기는 노동을 알지 못한 채 성장, 발달하기 때문이다. 청소년 노동자 연구에서 이 같은 괴리는 차츰 줄어든다. 어렸을 때부터 삶 가운데 일이 자연스러운 분위기인 곳에서, 직업을 선택하는 순간은 대체로 오랜 발달 과정의 유기적 완성이지, 일과 삶의 경로를 전혀 생각하지 않다가 학교를 마치는 순간 갑자기 자신의 진로를 결정해야 하는 필요성에 직면한 일반 학교 졸업생이 종종 당면하는 결정적 도약은 아니다.

13-32] 두 번째 계기는 실제적 의미를 지닌다. 직업 선택이 비교적 일찍 이루어지고 여기서 어떤 직업에 대한 성향이라는 내적 계기가 중요한 역할을 하지 않는다는 사실 때문에, 모든 학교 교육의 필수 구성 요소로 진로 교육이 포함될 필요가 있다. 일반 학교에 다니는 동안만큼은 어린이가 특정 직업의 성격과 내용 면에서 그 직업을 지향해야 한다. 그는 자신의 인생에서 가장 중요한 단계인 직업 선택을 준비해야 하며, 이 어려운 인생의 선택은 도움이 필요하다. 청소년 인격의 심리적 성숙은 이에 필수적인 조건을 제공한다. 하지만 이것으로 충분하지 않다. 심리공학적 선택과 진로 교육조차도 이 사태를 올바르게 조직하기 위한 수단으로는 여전히 불충분한 것 같다. 특정 직업에 대한 성향, 일에 대한 사랑을 개발하고 창출해야 한다. 어린이에게 특정 직업의 내용과 가능성을 밝혀 줄 필요가 있다.

13-33] 직업 선택이나 자기 생업을 결정하는 것이 비교적 어린 나이에 시작하는 긴 발달의 역사를 가지는 것처럼, 교육 역시 그(직업 선택의-K) 발걸음을 내딛기 이전부터 이를 위해 어린이를 준비시켜야 한다.

● 참고 문헌

1. С. Г. 겔러슈타인. Психотехника(심리공학). Москва.

2. Выбор профессии(직업 선택). Методическое письмо ГПО.

3. Руководство к профессиональному отбору(직업 선택 가이드). Сб. под ред.
   И. Н. Шпильрейна. М.

● 직업 선택

비고츠키의 통신강좌 4부 '이행적 연령기 아동학의 사회적 문제들'은 이 장에서 시작한다. 심리적 발달에 관한 매우 긴 장에서 이어지는, 4부의 장 세 개는 모두 30~50단락으로 매우 짧다. 이 장의 앞부분에서 비고츠키는 다음과 같이 말한다.

"이제 마지막 짧은 몇 개의 장에서 할 일은 청소년의 심리적 성숙에 따라 청소년에게 열리는 새로운 행동 체계, 주변 환경과 새로운 형태의 상호관계, 새로운 활동 계획을 추적하는 것이다[4]."

당시 소비에트에서 청소년이 직면하고 있던 사회적 문제들(지방의 강제 집단화와 기근, 소비에트 도시의 '4년 내 5개년 계획 실현')을 감안할 때, 청소년이 직면한 새로운 행동 계획에 관한 비고츠키의 서술이 간략한 까닭은 쉽게 짐작할 수 있다. 그러나 비고츠키가 발달시키고 있는 이론에서 사회문화적 성숙의 핵심적 역할을 고려할 때, 이렇게 빈약한 내용은 우리를 당혹스럽게 한다. 이는 '청소년 아동학'을 불균등하고 불안정하게 만든다. 이는 비고츠키가 처음 우리에게 약속했던 세 개의 봉우리를 가진 아동학 대신 해부학적, 성적, 인지적 성숙의 아동학을 우리에게 남긴다.

비고츠키의 학습 계획은 조금 산만하다. 그가 우리에게 구별하라고 하는 세 단계 중 두 단계는 명확하게 표시되어 있지만 두 번째 끝과 세 번째 시작은 어디서 구분하는지 정확하게 알 수 없다. 더욱이 그가 본문에서 제시된다고 말하는 선택의 두 가지 발생적 뿌리는 명시적으로 전혀 언급되지 않는다. 그러나 한편으로는 흥미들 간에, 다른 한편으로는 기회들 간에 모종의 변증법적 관계가 있다. 소비에트 청소년들이 양립 불가한 모순으로 경험했던 이 긴장을 비고츠키는 우리와 함께 고찰하고자 한다. 물론 이 긴장은 오늘날 우리 학생들과도 무관하지 않다. 실제로, 비고츠키가 말했듯이 이는 인격과 세계관 모두에서 핵심적인 발달적 긴장이다.

A. 되돌아보기. 강의 계획서의 마지막 4분의 1을 시작하기 전에 비고츠키는 앞선 세 부분을 검토한다[1~2]. 앞부분들은 주로 일반 해부학적 변화와 성적 성숙, 심리적 발달에 관한 것이었다. 비고츠키는 이와 같은 변화와 발달로 청소년기에 인격과 세계관의 기초가 구축된다고 말한다[3]. 이것들은 단지 새로운 기능이나 새로운 기능 체계를 갖는 새로운 활동 형태가 아니라 전인적 활동의 형태라 할 수 있다. 직업 선택은 이런 새로운 형태의 활동 중 가장 우선되는 일이다[5]. 이제 긴장은 단순히 어린이와 환경 사이에 놓여 있지 않다. 직업과 삶의 경로 사이의 긴장은 (청소년의 세계관 안에 존재하듯) 청소년의 인격 내부에 존재한다[6].

B. 세 단계. 슈프랑거는 세 단계를 제시한다. 그러나 비고츠키는 슈프랑거가 오직 농민만을 진정하고 온전한 인간으로 본다고 지적하며, 농민이야말로 여러 세대에 걸쳐 자녀들에게 직업 선택의 기회를 제공하지 않은 이들이었다고 말한다[7~8].

   i. 놀이. 여기서 비고츠키는 놀이가 청소년의 생산과 성인의 생식에 대한 예행이라는 그로스의 주장을 수용하는 것처럼 보인다[12~14]. 비고츠키는 놀이의 단계를 고찰한 두 가지 방법을 제시한다.

      a. 프로이트와 아들러는 놀이가 억압의 산물이며 억압된 충동은 직업 선택에서 다시 수면 위로 떠오른다고 말한다. 예컨대 미래의 치과의사나 의사는 유년기 사디즘을 놀이로 억압하지만 그것은 수술을 직업으로 삼겠다는 선택에서 다시 나타난다. 비고츠키는 이 의견이 직업 선택은 본질적으로 개인적인 선택이며 환경적 기회가 하는 역할이 별로 없음을 시사한다고 지적한다[15~16]. 이는 오늘날의 청소년들에게나 그들의 농민 선조들에게나 모두 사실이 아니다.

      b. 반면, 슈프랑거는 개인적 갈망의 역할은 크지 않다고 말한다. 개인이 직업을 선택하는 것이 아니라 직업이 개인을 선택한다[17~18]. 이는 오직 농민만이 진정한 인간이라는 슈프랑거의 견해와 일맥상통한다. 그러나 비고츠키는 직업 선택의 놀이 단계에서 좌절되는 갈망이 단순히 사라지는 것은 아니라고 지적한다[19~20]. 비고츠키는 이 관점 역시 한편으로 치우쳐 있으며 이야기의 처음과 끝을 단순히 병치할 뿐 그 속의 이야기를 펼쳐 놓지 않는다고 결론짓는다[21~22].

   ii. 계획하기. 여기서도 비고츠키는 두 개의 뚜렷한 계기를 구분 짓는다. 하나는 개인적 갈망과, 다른 하나는 기회와 연결되어 있다[23].

      a. 환상

      b. 현실적 의지

   iii. 준비. 직업 선택을 위한 진정한 준비가 시작되는 것은 바로 청소년기 즈음이다[24]. 그러나 여기에서도 비고츠키는 두 계기를 구분하는 것으로 보이며 이것이 그가 과제에서 언급했던 두 가지 '발생적 근원'일 것이다[25].

      a. 합치. 직업 선택은 흔히 (농부 집안에서 태어난 어린이의 직업이 이미 내포되어 있듯이) 어린이가 다니는 중학교에 이미 내포되어 있다. 그러나 비고츠키가 말하듯 이것으로 어린이의 욕망과 직업 선택 사이의 합치 정도가 고정되는 것은 아니다[26].

      b. 준비. 고등학교 시기에 이르면 청소년은 이미 자신의 미래 직업을 구체적이고 직접적으로 마주하게 된다. 이는 매우 고통스럽고 도전적일 수 있다. 청소년은 이제 상당히 형성된 인격과 세계관을 갖추었기 때문이다[27~28]. 비고츠키는 이 새로운 인격과 세계관의 주요 목표 중 하나는 다소 근시안적인 경제적 독립과 사회 계층 이동임을 시사하는 슈프랑거, 라우, 덴, 뷜러 부부의 연구를 인용한다[28~30].

C. 직업 교육. 비고츠키는 자신의 세 가지 과제 중 마지막 과제에 관하여 몇 가지 일반적인 언급을 하며 이 장을 마무리한다. 다시 한번 두 계기가 존재한다. 하나는 청소년 자신의 인격과 연결되고, 다른 하나는 인격이 마음에 품고 있는 세계와 연결된다.

    i. 전통적인 부르주아 교육(즉, 자본주의 및 도시 생활과 함께 발달한 교육)은 노동 없는 유년기와 놀이 없는 성인기 사이에 심각한 모순을 창조했다. 그러나 태어날 때부터 노동이 가족 분위기의 일부인 노동 계급 가족은 이 모순을 덜 심각한 형태로 경험한다. 노동은 대량 생산을 위한 대중 교육의 특징이 되기 훨씬 전부터 대인 관계적 도제였다.

    ii. 비전통적이고 비부르주아적인 교육(즉, 비고츠키가 개발하고자 했던 교육과 오늘날의 대안적이고 진보적인 교육자들이 구상하는 교육)에서는 이러한 종류의 도제를 학교에 도입하려는 시도가 이루어졌다. 그러나 실제로 이루어진 것은 직업 선택으로부터 개인적 선택의 요소를 제거하고 노동 계급의 아이들을, 여러 세대 동안 어떤 선택지도 없이 그들 부모의 직업을 이어야만 했던, 슈프랑거의 '진정한 인간'에 이르게 하는 것이었다[31]. 따라서 비고츠키는 다양한 형태의 노동을 학교에 도입하는 것만으로는 충분하지 않다고 결론짓는다. 노동에 대해 애착을 느끼게끔 하는 것이 훨씬 더 중요하다. 헤겔이 말했듯 인간의 자유는 자연적 필연에 대한 인식에 놓여 있다[32~33].

제14장
청소년의 사회적 행동

뱅크시(Banksy), 「어린이 그네가 있는 감옥 망루」(2010, 가자지구의 벽화).

피아제의 저서 『어린이의 도덕적 판단(Le jugement moral chez l'enfant)』(1928)은 피아제의 발생적 인식론의 일부이다. 그는 도덕적 판단의 개체발생은 어떤 면에서 도덕적 논리의 계통발생에 따른다고 믿었다. 따라서 첫 단계인 인습 이전 수준의 생각은 대체로 결과주의에 상응한다. 두 번째 단계는 그와 정반대로 결과가 어떻게 되든 규칙에 맹목적으로 종속된다. 이 단계는 의무 의식에 상응한다. 그러나 피아제가 지적했듯 이 단계는 흔히 '공허한 언어주의'를 보인다.

비고츠키는 여기서 이 '의무 의식'이 자기중심적 태세를 감추어 보존할 수 있다고 지적한다. 예컨대 도덕적 영웅이 되고자 하는 욕망은 매우 자기중심적이다. 그것은 또한 중세적 의미에서의 '도덕적 현실주의'이기도 하다. 도덕적 현실주의는 도덕성이라는 것이 석판 위의 십계와 같이 객관적인 것으로 영원히 존재한다는 믿음이다. 피아제는 신칸트주의자였다. 그는 도덕성 발달과 논리 발달이 모두 개인 이성의 산물이므로 이 둘이 일치한다고 믿었다. 비고츠키는 다르다. 그는 이 둘이 일치하는 것은 오직 이 둘 모두 진개념의 집단적 창조를 요구하기 때문이라고 믿는다. 이들은 영원히 혹은 외적으로 존재하지 않으며 오직 어린이가 청소년이 될 때만 생성된다.

14

수업 내용

청소년 발달에서 기초적 요소로서 환경의 확장—이행적 연령기에서 사회적 행동 발달의 이중적 성격—청소년의 사회적 진화와 심리적 형성의 관계—유년기와 이행적 연령기에서 논리와 도덕 발달의 기본 경로로서의 협력—사회적 연결의 확장—이행적 연령기에서 계급 심리의 형성—사회적 연결의 발달 도식

학습 계획

1. 교재를 읽고 본문 내용을 개관, 요약한다.

2. 자기관찰에 기반하여 이행적 연령기의 환경과 사회적 연결의 확장과, 환경과의 유년기적 연결의 소멸을 추적한다.

3. 이행적 연령기에 공동체가 수행하는 문화화의 역할의 문제를 청소년의 사회적 진화와 심리적 형성 간 연결의 측면에서 고찰한다.

14-1] 블론스키는 말한다. "어린이의 전체 역사가 그의 환경, 즉 어머니의 자궁과 침대에서 시작하여 방, 집에 이르는 직접적 환경의 점진적 확장이라면 지금, 영구치 유년기에서 어린이의 환경은 최종 결과로 사회적 생산, 학교, 여러 공공 기관, 기업, 공장 등의 참여로 확장된다.

이것이 바로 어린이의 새로운 환경이다. 이러한 환경의 점진적인 확장과 환경과의 연결 과정은 이행적 연령기에 가장 잘 표현된다. 치아 교체 단계에서 이러한 새로운 환경은 대부분 학교이다("-K).

14-2] 블론스키는 말한다. "한편으로 가정 환경으로부터의 점진적 해방, 다른 한편으로는 학교에의 적응이라는 이중적 과정이 일어난다. 치아 교체 시기에 가정 환경과의 연결은, 학교와 동무들의 영향으로 이미 현저히 약화되었지만 아직도 상당히 강력하다. 그러나 성적 성숙 시기에 청소년 대부분 가정 환경과의 갈등이 이미 최고조에 달했으며, 청소년에 대한 부모, 형제, 자매의 영향은 대게 뒤로 물러나게 되고, 더 넓은 환경의 영향력과 충돌에서 종종 패퇴한다. 끝으로, 청년기는 이미 이전 가정 환경과의 최종적 단절의 시기이며, 그 환경으로부터 완전하게 이탈하는 시기이다."

14-3] 사회적 환경의 확장에 대한 이런 서술에서 가장 본질적인 것은 여기서 발생하는 과정의 이중적 특성을 지적하는 것이다. 이러한 측면에서 청소년의 사회적 발달은 발달의 일반적 주기에서 예외적인 것은 아니다. 모든 진화는 또한 동시에 퇴화라는 발달의 기본 법칙을 제시했던 볼드윈을 소환해 보자. 이는 모든 발달이 오래된 형태가 시들며 사라짐과 동시에 새로운 형태로 대체됨을 의미한다. 따라서 모든 발달 과정은 이 연령기에 이중적 특성을 띠게 된다.

  *J. M. 볼드윈(James Mark Baldwin, 1861~1934)은 비고츠키와 피아제의 중요한 선구자였다. 그는 지식이 단계를 거쳐 발달하고 본능과 습관은 첫 단계에서 형성되며 언어는 후기 단계에서 중심적 역할을 담당한다고 믿었다. 그는 오늘날 '볼드윈 효과'로 잘 알려져 있다. 다윈은 선대가 학습한 것이 후손에게 유전되지 않는다고 주장했지만, 볼드윈은 그럼에도 (선대의) 학습이 (후대) 간접적으로 영향을 미칠 수 있다는 것을 보여 주었다. 예를 들어 초기 인류가 가까운 친척 간의

결혼이 건강하지 못한 아이를 낳는 경향이 있음을 배우고 근친상간을 피할 때, 반대로 인류가 가족의 권력과 재산을 보존하기 위해 가까운 친척과 결혼하는 것을 배울 때 각 집단의 어린이들은 선대의 학습에 영향을 받는다. 그는 인종이나 계급 간의 성적 관계가 자연스럽고 중요한 사회적 이동의 원천이라고 믿었기 때문에, 인종 간 섹스에 관심을 보이게 되었고 볼티모어의 흑인 매춘업소에서 체포되었다. 이로 인해 그는 교수직에서 해임되었고 성에 관한 생각이 더 관대했던 파리에서 망명 생활을 하다가 사망했다.

14-4] 어린이에서 청소년으로 이행은 전체 면모에서 이전의 연결과 형태의 단순 양적 성장이나 상위 수준으로의 단순 상승과 다르고, 번데기에서 나비로의 변태 과정과 닮아 있다. 어린이의 관심, 어린이의 연결, 어린이의 행동 형태가 쇠퇴하는 과정들이 우리 앞에 전개된다. 이 모든 것이 사라지고, 퇴락하며, 쪼그라들어 버려진다. 이 과정과 함께, 그것과 밀접하게 결합하여 새로운 관심, 새로운 연결, 새로운 형태의 행동과 생각의 탄생이 도래한다. 사회적 발달 영역에서 이러한 쇠퇴의 과정은 다른 무엇보다 이전의 사회적 연결의 소멸 특히, 가까운 주변 가족과 연결의 소멸과 관련이 있다.

14-5] 따라서 이러한 사회적, 집단적인 연결이 깨지고, 파열되고, 파괴된다는 인상이 형성된다. 이 덕분에 청소년 행동을 특징짓는 주요 특성이 비非사회성이나 반反사회성이라는 의견이 생겨난다. 많은 저자들은 이러한 반사회성과 그와 함께 나란히 진행되는 개인화 과정, 즉 자기 안에 갇힘, 내적 생활 영역의 확장을 이행적 연령기 전체의 지배적 특징으로 간주하는 경향이 있다.

14-6] 다른 저자들은 어린 시절에 강화된 사회적 연결이 시들어 가는 과정은 전체 과정의 절반에 불과하고, 다른 절반은 새로운 연결의 출현이 형성한다는 사실을 외면하지 않고, 훨씬 더 광범위하고 다양한 토대에서 청소년 발달의 반사회적 단계와 사회적 단계를 별도의 국면으로 분리하는 경향이 있다. 그들은 일반적으로 청소년의 행동 변화에서 반항, 부정, 위기의 계기가 만연하는 것을 특징으로 하는 이행기의 부정적인 국면에서 청소년의 모습이 매우 반사회적 특성을 갖는다고 주장한다. 이 단계가 끝나면 청소년은 새로운 사회적 연결의 형성과 성장을 특징으로 하는 소위 안정적 국면에 들어선다.

14-7] 비록 청소년의 사회적 행동 발달을 각각의 국면으로 나누려는 시도에 진실의 낱알이 포함되어 있음을 부정할 수는 없지만, 우리가 볼 때 이 두 관점은 올바르다고 하기 어렵다. 우리가 볼 때 청소년 발달에서 반사회적 단계와 사회적 단계를 나누어 이들을 서로 다른 국면에 배치하는 것은, 번데기의 죽음과 나비의 탄생을 시간에 따라 배치하고 이들을 순차적으로 연결하는 것이 불가능한 것과 같다.

14-8] 본질적으로 진화와 퇴화, 이 둘은 서로 연속적으로 교체되는 두 개의 과정이 아니다. 실제와 현실에서 이들은, 그것을 이루는 모순적이고 이중적 성격을 지닌 계기들이 밀접하게 얽혀 있는 하나의 과정이다. 마찬가지로 어린이의 사회적 관계의 쇠퇴가 반드시 새로운 관계의 형성에 선행하는 과정은 아니다. 이 두 과정은 동시에 진행된다. 우리는 두 과정이 병렬 진행된다고 주장할 수도 없다. 그것들은 서로 매우 밀접하게 얽혀 있어 본질적으로 모든 단계가 동시에 이전 위치에서 벗어나는 단일한 발달 과정을 형성한다.

14-9] 따라서 이 연령기에 나타나는 새로운 사회적 관계가 발달하는 전체 과정은 이중적 성격을 띠며, 전체 과정에 대한 오해를 자주 낳는다. 그러나 앞서 말했듯 이행적 연령기에서 각 국면의 차이와, 이 이

중적 과정에서 서로 다른 역할 사이 차이를 무시하는 것은 잘못이다. 유년기 사회적 연결의 쇠퇴가 초기 국면에만 일어나고 새로운 관계의 탄생은 후기 국면에만 일어나는 것으로 간주할 수 없다면, 또한 우리는 이 단일 과정이 서로 다른 국면에서 실제로 다양한 양적, 질적 특성을 띤다는 사실을 잊어서는 안 된다. 어떤 때는 이런 계기가, 또 다른 때는 저런 계기가 전면으로 부각될 수 있고, 이에 따라 이 전체 과정의 구조가 새로운 형태를 띨 수 있다.

14-10] 그리고 청소년의 사회적 진화를 이행적 연령기의 국면에 관한 학설에 비추어 살피는 시도에 담긴 부분적 진실은 바로, 첫 번째 국면에서 부정적 계기가 우세하고, 이행적 연령기의 두 번째 국면에서 긍정적 계기가 우세하다는 올바른 관찰에 있다.

14-11] 청소년의 사회적 진화와 심리적 발달 사이에는 전체적으로 매우 밀접한 상호의존성과 연결이 존재한다. 한편으로 우리는 청소년을 둘러싼 환경의 확장, 새로운 형태의 사회적 연결, 대인관계로의 이행이 청소년에게 새로운, 전에 없던 더 새로운 과업을 맡기고, 새롭고 더 새로운 내용의 습득을 요구하며, 그의 생각에 새롭고 더 새로운 자료들을 제공하고, 그에 따라 청소년을 발달과 성숙의 경로, 즉 더 고등한 정신 기능, 더 고등한 생각과 행동 형태의 발달과 형성의 경로에 오르도록 추동함을 보았다.

14-12] 피아제가 이미 보여 준 것처럼 어린이 생각의 점진적 사회화가 어린이의 논리적 생각, 그리고 이 중심적이고 선도적인 기능과 연결된 다른 모든 고등 기능의 발달과 구성의 주요 요인이다.

14-13] 피아제는 최근 연구에서 어린이의 논리와 도덕 사이의 매우 흥미로운 평행성을 보여 준다. 그의 연구는 어린이의 도덕적 개념과 규범의 발달이 논리 발달을 특징짓는 것과 매우 유사한 과정을 구성한다는 것을 보여 준다. 어린이의 논리에서 피아제는 어린이를 특징짓는 세

가지 계기를 구분한다. 주요 차이점은 성인의 논리와의 차이점에 있다. 어린이는 자기중심적이다. 피아제는 말한다. "어린이의 언어와 사회생활에서 관찰되는 어린이의 자기중심성은 비사회적 행동이 아니라 순수한 개인과 사회 사이의 미분화된 상태이다." 따라서 자기중심성은 개인과 그를 둘러싼 사회적 환경 사이에 분화가 아직 발생하지 않았다는 특징을 띠는 단계이다. 이 단계는 어린이의 내적 인격과 사회적 연결이 모두 미성숙하다는 사실로 특징지어진다.

14-14] 그러나 우리가 볼 때 피아제의 연구 전반에 걸친 가장 중요한 명제는 구조상 동일한 현상이 한편으로는 어린이의 사회적 삶을 특징짓고, 다른 한편으로는 말, 생각, 주의 등의 기능을 특징짓는다는 법칙이다. 즉, 피아제는 바로 미발달된 집단생활이라는 기본 사실로부터 어린이 생각의 자기중심성을 도출하며, 바로 어린이 말의 점진적 사회화와 학령기 새로운 집단적 행동 형태 출현의 연결에서 이 저자는 어린이가 취학 전 연령에서 취학 연령으로 이행하며 이뤄 내는 가장 중요한 성취를 도출한다.

14-15] 우리에게는 세 번째이자 마지막 발걸음을 내디뎌, 모든 사실적 관찰이 보여 주는, 청소년의 사회적 행동 발달과 심리적 기능 발달 사이 의심의 여지 없는 연결을 확립하는 일이 남아 있다.

14-16] 어린이의 논리를 구별 짓는 두 번째 특성은 어른들의 강요가 자기중심성의 소멸로 이어질 수 없다는 점이다. 이 강요의 결과는 자기중심성을 변형시키지 않고 자기중심적 행동과 생각의 특성에 중첩된다. 학교에서 쓰이는 말이 거기에 해당하는 사례일 수 있다. 그리고 최종적으로, (자기중심성이 중심적 특성이며, 그것은 강요에 의해 제거되지 않는다는 명제와 더불어 피아제의-K) 세 번째이자 마지막 명제는 협력만이 논리를 가져온다는 것이다.

뱅크시(Banksy), 벽에 낙서하지 않겠습니다, 2012(베를린).

　어린이가 잘못했을 때 교사는 잘못된 행동을 반복하지 않겠다는 약속을 적으라고 흔히 요구한다. 이는 학교에서의 언어주의/학교에서 쓰이는 말(『생각과 말』 6장에서는 '기계적 표현'으로 번역함)로 표현된다. 피아제는 개념적 내용이 포함되지 않은 채 말로만 표현하는 현상을 n'importe-quoi-isme(whatever-ism, 영어로는 empty verbalism으로 번역)으로 서술한다. 피아제는 어린이가 도덕적 행동에 동의는 하겠지만 마지못해 하는 것이라 어린이의 근본적인 자기중심적 생각이나 외적 행동을 고치지 못한다는 것이다. 실제로, 어린이의 동의는 어린이가 동의한 것과 상반된 방식으로 표현되는 경우가 많다.

인지적 구성주의자 피아제 대 사회적 행동주의자 비고츠키라는 흔한 비교에 익숙한 독자는 다음 문단에서 "피아제는 사회적 행동주의자이며, 아동은 사회적 압력에 반응한다"라고 기술하는 반면 비고츠키는 집단적 행동에서 형성되는 심리적 신형성인 자유의지와 선택을 강조한다는 점에서 놀랄 것이다.

하지만 피아제의 책 『어린이의 도덕적 판단(Le jugement moral chez l'enfant)』(1928)을 알고 있고, '한편으로'와 '다른 한편으로'라는 표현을 자주 쓰는 비고츠키의 변증법에 익숙한 독자라면 그리 놀라지 않을 것이다.

비고츠키가 읽었을 피아제의 마지막 연구물인 이 책을 비고츠키는 자신이 읽고자 했던 방식대로 읽었을 것이다. 그는 이 책을 완벽한 공리주의자로서의 유치원생, 강요에 따라 말로만 도덕적 압박을 받아들이는 초등학생, 끝으로 타인에 대한 필요와 타인의 필요를 인식하는 것에 기초하여 다소나마 진정한 도덕적 행동 개념을 형성하는 청소년에 관한 서술로 이해한다.

14-17] 피아제가 그의 연구에서 보여 주듯이 이 세 가지는 모두 어린이의 도덕성 발달 과정에서도 찾을 수 있다. 어린이의 자연발생적 도덕적 태도는 기초적인 사회적 반응과 자기중심적 반응의 혼합으로 나타난다. 이러한 태도는 아직 모든 도덕적 규칙과 모든 도덕적 의무를 무시한다. 어른과 아이의 연결은 의무 의식의 원천이지만, 이러한 원시적인 의무 의식은 자기중심적 태도를 완전히 파괴하지는 않는다. 어린이는 피아제가 도덕적 현실주의라고 부르는 특정한 과도기적 형태의 행동을 배운다. 끝으로, 세 번째이자 마지막 명제는 논리 발달에 관한 명제와 완전히 일치한다. 협력만이 자율적 도덕의식을 가져온다.

14-18] 이처럼 우리는 어린이의 사회적 진화와 심리적 진화 과정이 서로 얼마나 밀접하게 얽혔는지 본다. 어린이의 도덕 발달은 기본적으

로 어린이 논리 발달 경로를 뒤따르며, 따라서 이 두 과정은 하나의 원천에서 비롯되어 사회적으로 조성되는 것이라는 발견은, 인격 발달과 집단 발달이 본질적으로 상호 연결된 과정이며, 이들이 서로 복잡하게 얽혔기에 집단 발달에서 고등 단계로의 상승은 또한 인격 발달 과정에서 고등한 수준의 상승을 뜻한다는 것을 우리가 이해할 수 있게 해 준다. 이 경우 우선권은 피아제가 보여 주었듯 집단 발달에 있다.

14-19] 그러나 우리는 다음 마지막 장에서 사회적 발달과 심리적 발달, 집단의 발달과 인격 발달 간의 이런 연결을 다루고, 이 과정의 복잡한 상관관계를 규제하는 기본 법칙을 간단하게 요약하려 한다.

14-20] 앞서 말한 것에서 우리가 이전 장에서 자세히 기술한 청소년의 인격 발달이 그와 함께 진행되는 이행적 연령기의 강력한 집단적 발달을 필수 전제 조건으로 하고 있음을 이미 충분하게 명확히 알 수 있다. 블론스키는 집단을 공동 활동으로 결합된 사람들의 모임으로 정의하자고 말한다. 그의 표현에 따르면 협력은 집단의 본질적 특성이다. 우리는 피아제가 어린이의 논리적, 도덕적 발달의 기본 요소로 협력, 공동 활동을 선택한 것을 보았다.

14-21] 우리는 이제 특별한 심리적 형성으로서 어린이 집단의 이론, 이 집단의 진화, 다양한 연령 단계에서 어린이가 취하는 형태에 대한 고찰에 길게 머무르지 않을 것이다. 우리는 이행적 연령기와 연결하여 일어나는 집단행동의 본질적 변화를 지적하는 데 그칠 것이다. 우리에게 가장 본질적으로 보이는 것은 이행적 연령기에 사회적인 집단적 연결은 직접적이고 구체적인 일반적 체험이나 사회적 관계에 대한 시각적 자료에 토대하여 확립되는 것이 아니며, 사회적 연결은 광범위하게 발달된 청소년의 추상적 생각에 기반하여 성립된다는 것이다.

14-22] 한편, 개념적 생각으로 이행은 청소년의 사회적 진화의 영향을 받아 가능해지며, 다른 한편으로 그것은 완전히 새로운 사회적

연결 형태와 유형의 사회적 연결로 이행을 의미한다. 여기서 가장 먼저 놓여야 할 것은 청소년의 계급 심리 형성이다.

14-23] 블론스키는 계급 심리가 한 번에 형성되는 것이 아니라 점진적으로 발달하는 것으로 봐야 한다고 지적한다. "젖니가 난 어린이들을 한데 묶어서 보면, 이들은 이미 자기 사회 집단의 진정한 아들이다. 이것은 다양한 사회 집단으로부터 유치원에 오는 어린이들의 태도, 습관 및 관심사, 행동 방식과 사고방식을 그 어떤 유치원과 비교하더라도 매우 쉽게 확인할 수 있다. 그러나 학령기 어린이와 청년의 역사만이 계급 심리와 이데올로기의 매우 집중적인 발달과 형성의 역사이다." 우리는 이미 이러한 계급 심리의 형성—이는 다시 이행적 연령기에 새로운 집단적 연결과 새로운 행동 형태의 토대를 창조한다—이 일어나는 경로의 복잡성에 대한 블론스키의 의견을 인용한 바 있다.

14-24] 블론스키는 말한다. "심리학에서 보편적으로 이해되는 모방 본능(의 개념-K)은 어린이의 계급 심리 형성에 대한 이해를 불명료하게 한다. 어린이의 계급 심리를 논하는 것이 가능하다고 보는 저자들은 종종 그런 식으로 계급 심리가 형성된다고 간주한다. 모방을 통해 계급 심리가 만들어지고, 계급 이상이 만들어지고, 계급 도덕이 만들어진다. 모방을 심리학에서 통상적으로 이해되는 방식으로 이해한다면 방금 인용한 진술은 완전히 거짓이다. 물론 계급 심리는 외적 모방을 통해 만들어지는 것이 아니다. 그 형성 과정은 비교할 수 없을 정도로 더 심오하다. 어린이의 계급 심리는 주변 환경 속 타자와 협력의 결과로, 간단명료하게 말해서 그들과 공동 생활, 공동 활동, 공동 흥미의 결과로 만들어진다."

14-25] "계급 심리는 외적 모방의 결과가 아니라 생활, 활동, 흥미 공동체의 결과로 형성된다. 이런 점에서 어린이와 청소년의 차이는 다음과 같이 표현될 수 있을 것이다. 청소년은 처음으로 사회 전체의 능

동적이고 온전한 구성원이 된다. 사회적 생산에 진입한다는 것은 청소년의 완전한 계급적 자기결정을 의미한다. 청소년은 자기 사회 계급의 아들일 뿐 아니라 이미 이 계급의 능동적 구성원이다."

14-26] 초등 학령기 어린이의 사회적 행동이 자신에게 직접 알려진 구체적인 집단과 추상적 연결을 설정한다는 사실(선출된 조직 및 위원회, 분업 및 조별 과제, 공동 기능의 수행)로 특징지어진다면 청소년의 행동은 청년활동단에서 가장 분명하게 드러난다. 청년활동단은 (소비에트 내-K) 다양한 문화권과 사회 계층에 공통적 조직으로 어느 정도 의식적이며 명백한 계급적 방향성과 내용을 가진다. 여기서 우리는 위에서 이행적 연령기의 차별적 면모로 논했던 사회적 성숙과 온전한 계급적 자기규정을 반드시 보게 된다.

비고츠키는 피오네르(пионер, 어린이 선발대)에서 콤소몰(Коммунистический Союз Молодёжи, 공산청년동맹)에 이르기까지 소비에트 청년이 조직된 다양한 대중 운동을 언급한다. 이 단체들은 10월 혁명 직전 비고츠키의 상관이었던 N. 크룹스카야에 의해 조직되었다. 비고츠키가 언급하듯 이 단체들은 소비에트연방공화국의 다양한 문화권의 모든 지역(우크라이나, 러시아, 소비에트 중앙아시아, 수많은 한국인이 거주했던 극동 지역)에서 동일했으며 또한 노동자와 농민을 모두 포괄했다. 비고츠키 당대 청년 운동은 일종의 스카우트 운동이나 단순한 공산당 부속 청년단체가 아니었다. 이 운동은 봉사 활동, 연극 동아리, 교육 활동을 하면서, 다른 한편으로 기존의 공산당보다 훨씬 급진적 좌익 성향(예를 들어 신경제정책 시기나 성적 자유 운동 기간)을 띠어서, 때로는 이를 저지하기 위해 당원들이 개입해야 하는 일도 있었다.

Б. В. 이오간손(Борис Владимирович Иогансон)이 1950년에 그린 이 작품은 1920년 10월, 크룹스카야의 남편인 레닌이 제3차 전소 소련 콤소몰 대회에서 했던 유명한 연설을 기념하는 것이다. 레닌은 지루해 하거나 지나치게 열광적인 청년들에게 "주된 목적은 공산주의를 공부하는 것"임을 상기시켜야 했다.

14-27] A. B. 잘킨트는 말한다. "집단적 아동 환경의 능숙한 구성과 올바른 청소년 집단의 생성이 매우 중요하다. (˝-K) 집단성의 문제는 이행적 연령기 두 번째 단계에서 특히 큰 중요성과 특히 복잡한 내용을 갖는다. 청소년의 집단을 풍요롭게 하는 것이 무엇인지 분석하면서 이 저자는 청소년의 인격 발달과 관련하여 집단이 갖는 중요한 형성적 역할을 지적한다.

이 문단에서 잘킨트를 직접 인용한 부분이 어디서 끝나는지 불분명하다. 비고츠키 생전에 출간되었던 판본에도 인용을 닫는 부호가 누락되어 있다. 본문에 (˝-K)로 표기된 인용부호는 역자가 임의로 추가한 것으로 다음 문장까지 인용이 이어졌을 가능성도 있다. 그러나 마지막 문장은 간접인용으로 전환된 것이 확실하다.

A. B. 잘킨트는 크룹스카야와 마찬가지로 비고츠키의 상관이었다. 그는 당시 콤소몰 사이에서 일고 있던 프리섹스주의에 제동을 걸고자 했던 공산당원이기도 했다. 오늘날 잘킨트는 '혁명적 프롤레타리아트를 위한 12가지 성 계명'(**8-78** 글상자 참조)으로 가장 잘 알려져 있다. 잘킨트는 아들러를 추종했으며 청소년기를 생물학적 사춘기, 청소년기

공동체 생활, 시민성에 기반하여 재再개인화된 성인기라는 세 국면으로 구분하였다. 학교에서의 우정이 가족관계나 부모와의 유대, 혼자 있는 시간을 대체하는 5, 6학년 시기가 아마도 이 두 번째 국면에 해당할 것이다. 이 집단적 삶의 시기는 어린이가 '좋은 가족'과 '나쁜 가족'을 의식하게 되는 시기이기도 하다.

14-28] 피셔는 유년기와 이행적 연령기의 사회적 행동 발달의 일반적 노선을 그려 나가면서 우리 관점에서 볼 때 다음 공식을 매우 적절하게 제시한다. (발달-K) 경로는, 개별적인 사회적 감정과 다른 개인적 성격들(개인적 매력, 사랑, 개인적 혐오, 부러움)과의 연결부터 집단과 계급 계층의 감정과 흥미의 연대로 나아가는 것처럼 보인다. 이로써 한 사람의 사회화는 그가 개인적으로 알고 있는 개별 타자만 아니라, 잘 모르는 익명의 군중과 관련해서도 발생한다.

14-29] 유년기와 이행적 연령기의 사회적 행동 발달 경로를 도식적

으로 포괄하는 이 공식에서, 동일한 기간 동안 어린이의 생각 발달 경로를 도식적으로 나타내는 기본 공식—구체에서 추상으로—과의 내적 연결을 쉽게 볼 수 있다.

● 참고 문헌

1. П. Л. 자고로프스키. Второе школьное детство и особенности его социаль ьного поведения(중등학교의 유년기와 그 사회적 행동 특성). Труды Педфака ВТУ (отдельный оттиск, стр. 1—82). Воронеж. 1929.

2. В. Е. 스미르노프. Психология юношеского возраста(청년기 심리학). Изд. 《Молодая гвардия(젊은 친위대)》. Москва. 1929. Ц. 2 руб. 90 коп. Глава. 《Социальное поведение(사회적 행동)》.

● 청소년의 사회적 행동

비고츠키는 짧은 강의에서 이 주제를 철저히 규명하기보다는 동료들을 길게 인용한
다. 첫째, 비고츠키는 발달에 대한 블론스키의 생각을 소개하는데, 이는 발달을 사회
적 환경의 단순한 팽창으로 보는 것이다. 이는 청소년의 주체성과 주도성에 대한 강조
를 통해 비고츠키가 이미 거부했던 것이다. 그런 다음 비고츠키는 어린이의 '사회화'라
는 피아제의 관점을 제시한다. 이는 비고츠키가 『생각과 말』에서 이미 명백하게 거부했
던 관점이다. 마지막으로 비고츠키는 발달에 대한 (양적) 팽창의 관점으로 돌아간다. 성
년기로의 진입은 구체성을 받아들이는 것이 아니라 추상으로 상승하는 문제이다.

A. 지평의 확장. 블론스키는 아동 발달을 자아가 되는 과정이 아니라 끊임없이 확장
   되는 세계에 적응하는 과정으로 생각한다[1~2]. 비고츠키는 그러한 적응은 번성
   뿐 아니라 쇠퇴를 수반해야 한다고 지적한다[3~4]. 비고츠키는 이것이 많은 사람
   들에게 청소년의 사회적 행동이 실제로 반反사회적[5]이라고 가정하게 하고, 또 일
   부로 하여금 청소년기를 긍정적인 단계와 부정적인 단계로 구분하게 했다고 말한
   다[6, 9]. 비고츠키는 모든 진화는 동시에 퇴화라는 볼드윈의 통찰을 내세우면서
   두 가지 관점을 모두 거부한다[3, 8~11].

B. 논리와 도덕. 피아제 또한 아동 발달을 '사회화'의 과정으로 간주하지만[12], 그는
   아동이 논리적 구성과 도덕적 계율을 함께 구성한다는 통찰을 덧붙인다[13]. 비
   고츠키는 피아제의 잘 알려진 관점을 단순하게 제시한다. 어린이는 처음에 자신과
   환경을 구분하지 못한다. 이후에 그는 자신의 도덕적 관점을 환경에 강요하고(도덕
   적 현실주의. 너 자신이 되어라, 세상은 적응할 것이다), 마지막으로 자아를 환경에 종속
   시킨다고 말한다(너 자신을 바꾸어라, 세상은 그 자체로 지속할 것이다). 여기서 비고츠
   키가 가장 중요하게 여기는 것은 어린이 집단이 어린이의 언어, 사고, 행동의 주요
   성취에 큰 영향을 미친다는 것이다. 비고츠키는 청소년 집단행동은 직접적인 경험
   이 아니라 추상적 사고, 즉 계급 심리에 기반한다는 점에서 다르다고 덧붙인다.

C. 계급 심리. 블론스키는 이런 계급 심리가 '젖니가 있는 어린이'에게 이미 존재한다
   고 주장한다. 그것은 부모나 또래를 모방한 결과가 아니라 삶 자체, 특히 심부름,
   과제, 공연, 가사 분담과 같은 사회적 생산과 재생산의 과정에 참여함으로 낳은 결
   과이기 때문이다. 비고츠키는 청소년기에 계급 심리가 '청소년 운동(소비에트의 보
   이스카우트 같은 것)'에서 명확히 표현된다고 덧붙인다[26~27].

D. 추상화. 피셔는 청소년기 발달을 포함한 아동 발달이 대인관계(사랑, 증오, 질투)에
서 비인격적 관계(집단, 계급)로의 전환으로 간주될 수 있다고 결론짓는다. 발달은
(헤겔의 생각처럼) '구체로의 상승'이라기보다는 실제와 구체로부터 순수 추상으로
희석되는 것에 더 가깝다[29].

제15장
청소년 노동자

뱅크시(Banksy), 「동굴벽화」(2018, 런던 리크가街 터널).

개념에서, 모든 요소는 서로 그리고 전체 개념과 동등하고 추상적인 관계를 갖는다. 예를 들어, 공장에서 모든 근로자는 일련의 삶의 흥미(예: 임금, 안전, 노조)에 같은 관계를 갖는다. 복합체에서 모든 요소는 일련의 삶의 흥미에 대해 불평등하고 구체적인 관계를 지닐 수 있다. 예를 들어 나이와 성별이 다른 가족 구성원은 그들의 삶의 흥미와 심지어 서로(예: 형제자매, 부모, 시댁 식구)에 대해 상당히 다른 관계를 지닐 수 있다. 청소년들의 삶의 흥미는 상당히 불평등하고 다르기 때문에 어떤 것들은 뒤로 밀리고 어떤 것들은 앞으로 밀려 나올 수도 있다. 이 젊은 노동자에게서, 직업을 얻고 일을 하는 것은 그의 삶을 지배하고, 그의 상상력과 창조적인 활동을 뒤로 밀어내며 심지어 깨끗하게 지내고, 거울을 보고, 적합한 파트너를 찾고 싶은 욕망을 배제한다(15-28 참조). 하지만 4만 년 전 동굴에 살았던 그의 조상들과 지금이 과연 같을까? 물론 아니다. 젊은 사냥꾼들은 그들의 동굴을 장식하기 위해 전문적인 예술가를 고용하지 않았다. 대신 그들은 오늘날 뱅크시와 몇몇 비전문가들이 하는 것처럼 동굴벽화를 직접 그렸다. 그들은 또한 그것을 파괴하기 위해 사람들을 고용하지도 않았다. 비고츠키는 종합기술 교육을 통해 일반 교육과 전문 교육의 통합을 제시한다.

수업 내용

이행적 연령기 아동학에서 계급 유형의 문제—청소년 노동자의 성적 성숙 위기 경로의 특성—자기 계급 유형의 고유성의 토대로서 청소년 노동자의 기본적 삶의 욕구 구조—청소년의 세 가지 계급 유형의 비교 특성—슈프랑거의 청소년 유형학과 청소년 노동자가 보여 주는 새로운 삶의 형태—이 삶의 형태의 두 가지 기본 변이형—사회적 혁명 상황에서 새로운 유형의 청소년 노동자의 형성

학습 계획

1. 학습할 본문을 읽고, 장 전체의 개요와 윤곽을 잡는다.

2. 학습 및 교육의 조직, 방법, 형식 및 내용의 맥락에서 청소년 노동자를 특징 짓는 기본 자료의 교육학적 사용에 관한 문제를 고찰한다.

15-1] 유년기 심리학과 그 이후의 아동학은 가장 최근까지 주로 추상적 과학의 하나로 발달되었다. 이들은 모든 시대, 모든 지역, 모든 계급의 어린이와 청소년의 발달 경로를 좌우하는 일반적인 규칙성에 모든 관심을 집중했다. 그들은 연구 대상으로, 발달과 형성의 구체적, 역사적, 사회적 조건의 총합으로 고려된 어린이가 아닌 어린이 일반, 청소년

일반을 선택하였다.

15-2] 구체적인 역사적 유형을 이와 같이 무시한 토대에는 두 가지 다른 이유가 있다. 첫 번째 이유는, 현대 과학 지식에 만연한, 계급적 차이에 대한 일반적 무시이다. 두 번째 이유는 심리학과 아동학의 발달 자체에 있다. 지금껏 대체로 주관적 심리학을 중심으로 발달한 심리학은 인간의 내적 세계에 역사적이 아니라 형이상학적으로 접근했다. 그것은 인간 정신의 법칙이 언제 어디서나 동일하며, 다양한 역사적 사회적 조건에 따라 변하지 않는다는 가정에서 출발했다. 그것은 실제로 통합된 인격 전체에서 심리 과정을 떼어 내고, 그것을 그러한 고립된 형태로 고찰했다. 따라서 그것은 싫든 좋든 빈약한 추상화에만 참여할 운명이었다.

15-3] 아동학 역시 처음에는, 특별한 발달 유형—이는 개체발생에서 인간 행동의 역사적 발달과 견줄 수 있다—을 무시하는 경향을 매우 크게 보이는 생물학적 과학으로 발전되었다. 그러나 인간의 생물학적 유형은 전체 인간 역사의 흐름 속에서 비교적 안정되고 지속적이며, 다양한 역사적 시대와 사회적 계층에서도 사소한 변형만을 보이므로 아동학 역시 빈약한 추상의 연구라는 비운에 당면한 것은 당연한 일이었다.

15-4] 최근 이러한 상황은 극적으로 바뀌었고, 아동학과 심리학은 추상적인 과학에서 더 구체적인 과학으로 점점 전환되고 있다. 심리학은 인격 행동 발달의 역사적 형태가 갖는 모든 구체적인 다양성을 연구하는 구체적인 심리학으로 스스로를 인식하는 경향을 띠기 시작했다. 조직의 계급적 성격을 드러내고 강조하는 경향이 가장 적은 서유럽 심리학자들 사이에서도 우리는 구체적인 역사적 형태의 연구로 이동하려는 시도를 발견한다.

15-5] 우리가 이미 말했던 것처럼 이행적 연령기에 대한 독일 심

리학자 중 가장 잘 알려진 슈프랑거는 그가 연구한 청소년 발달 법칙이 시대와 청소년의 사회적 유형이라는 의미에서 구체적이고 제한적으로 이해되어야 한다고 아주 솔직하게 인정한다. 이 법칙은 최근 세기 즈음 형성된 유형의, 교육받은 부르주아 집단에 속하는 독일 청소년을 포괄한다. 슈프랑거의 표현에 따르면, 다른 사회적 계급과 다른 역사적 시대에 속하는 청소년의 심리는 완전히 다른 발달 법칙, 다른 인격 구조, 다른 역동, 다른 유기체적 심리적 진화의 운동 유형을 보여 주었을 것이다. 그러나 청소년의 계급 아동학의 구축을 통해서만 가능해지는 이러한 구체적인 연구라는 과업은 지금 거대한 난관에 봉착해 있다. 이러한 맥락에서 어린이와 청소년을 연구한 바가 거의 없기 때문이다.

15-6] 사실 아동학자들이 보통 어린이라고 일반적으로 연구했던 것은 모두, 실제로 언제나 슈프랑거가 말한 것과 동일한 사회 계층에서 비롯된 구체적 유형의 어린이와 청소년에 관한 연구였다. 따라서 구체적 자료들의 대부분은, 특히 현대 아동학을 가득 채우고 있는 청소년의 사회적, 심리적 진화와 관련된 것들은 이행적 연령기의 모든 인류에 보편적인 진화의 법칙이라기보다는 이 진화의 특정한 사회적-계급 유형에 대한 것이다. 농민 청소년은 전혀 연구되지 않았다.

15-7] 농민 어린이와 청소년 연구를 맡았던 독일 연구자 사센하겐의 정확한 표현에 따르면, 연구의 주된 어려움은 연구자에게 전임자가 한 명도 없다는 사실이다. 일하는 청소년은 농민 청소년보다 훨씬 더 많이 연구되었다. 하지만 여기서도 연구는 자신의 방법론적 토대를 충분하게 명확히 인식하지도 못했던, 피상적인 관찰과 설문의 영역을 대개 넘어서지 못했다.

*R. 사센하겐(Robert Sassenhagen)은 W. L. 스턴(William Louis Stern)의 제자였다. 그는 시골에서 독일 학교 어린이들을 연구하고, 그

들이 '자연적 심리 기능(눈과 손의 협응, 직관상적 기억 등)'은 과도하게 발달했지만 말과 논리적 생각 등은 덜 발달했다는 결론을 내렸다. 비고츠키는 『학령기 아동학』에서도 인용했던 1926년 연구를 인용하고 있다.

15-8] 그러므로 일하는 청소년의 발달 특징에 관한 우리의 서술은 어쩔 수 없이 빈약하고 부족할 수밖에 없다. 우리는 이러한 발달을 규정하는 몇 가지 주요 특징만을 지적하는 것으로 제한해야 한다. 사실, 이전 서술 과정에서 우리는 청소년 노동자 아동학과 관련된 자료와 결론을 이미 구체적으로 고찰한 바 있다. 우리는 그와 같은 고찰을 통해 도출된 모든 주요 결론들을 요약만 하면 된다.

15-9] 우리가 제안하려는 첫 번째 명제는, 어린이 발달에서의 계급 차이―이는 발달이 시작되는 가장 첫날부터 두드러진다―가 어린이의 연령과 함께 양적으로 성장하고 질적으로 진화한다는 사실이다. 계급의 각인이 여러 연령기 단계에서 어린이의 진화에 아로새겨지는 양상을 차례로 비교하면, 즉 초기 유년기와 전학령기 그리고 학령기와 이행적 연령기 어린이의 계급적 모습을 비교하면, 우리는 성적 성숙이 끝나면서 온전히 완성되고 형성되는 이 모습의 특징적 면모가 자라나는 과정을 뚜렷이 볼 수 있다.

15-10] 성적 성숙 위기의 시기, 어린이다운 특성이 붕괴되고 성숙한 특성이 성장하는 시기에 우리는 수많은 저자들의 표현에 의하면, 청소년들의 계급적 입장의 심화를 본다. 우리는 형성 과정 중에 있는 그들의 계급적 자기결정을 살아 있는 형태로 본다. 두 번째 계기는 다음과 같다. 성적 성숙의 위기의 경로 자체는 청소년의 유형에 따른 이런저런 계급 형성의 조건하에서 서로 다른 형태들, 서로 다른 구체적 표현을 취하게 된다. 이미 여러 번 언급했던 것처럼 일하는 청소년의 경우

이 위기적 경로의 기본적 특징은 더 큰 안정성과 더 원만한 경로로, 그리고 위기적 연령기를 특징짓는 위기와 파국이 더 적다는 사실로 이루어진다. 일하는 청소년은 부르주아 청소년과는 완전히 다른 외적, 내적 측면에서 성적 성숙 시기에 직면한다.

15-11] 일하는 청소년에게 노동의 문제를 삶의 우선순위이자 주된 문제로 만드는 청소년과 노동의 유기적 연결, 청소년의 계급적 지위, 그리고 이로부터 파생되는 자기 계급과의 긴밀한 사회적 연결은 모두 이행적 연령기 내 성숙의 위기 전체 과정에 완전히 새로운 형태를 부여하는 매우 강력한 요인이다. 가끔은 이르게 나타나는 사회적 성숙의 계기, 외적 필요성의 계기가 전면으로 부각되며, 이행기 전체 양상은 다른 사회적 계급 내 동일한 과정의 전개와 비교하여 고유한 특성을 획득한다.

15-12] 우리는 일하는 청소년에서 관찰되는 성적 성숙의 약간의 지연에 관한 연구 결과를 이미 언급했다. 아랴모프에 따르면, 우리가 상당히 폭넓은 척도를 가지고 현대의 청소년이나 청년에 접근하면 그가 성적인 발달, 그에 따라 일반적 발달에서도 심하게 뒤처져 있음이 밝혀진다. 미국 청소년은 더 빨리 성숙하며, 오늘날 우리의 일하는 청소년들에게서는 성적 성숙의 도래 시기가 심하게 지연된다. 18세에 우리의 일하는 청소년의 상당수는 아직 (성적으로 순진한-K) 청년이다.

15-13] 아랴모프의 자료를 통해 우리는 전반적 신체 발달 과정에서 상대적으로 우수한 모습을 그려 볼 수 있다. 알려진 바와 같이 이 저자는 허약증, 체질적 연약성이 소비에트 노동자 청소년 대중의 연령기적 특징의 전형이 아니라는 결론에 이른다.

15-14] 우리는 한편으로는 발달 과정 전체의 지체를 나타내는 청소년의 성적 지체가 다른 한편으로는 위기를 완화시키는, 의심의 여지 없이 유리한 요인임을 이미 지적한 바 있다. 성숙 자체의 파국적, 격변

적, 병적 특성이 완화된다. 성적 성숙과 미완성된 사회적, 일반 유기체적 발달 과정 사이의 모순적 계기들은 뒤로 밀려난다. 이 시기는 축소되어—사회적 필요와 흥미의 둥지의 지배로 표현되는— 일하는 청소년 인격의 기본 구조 형성에 기여한다.

H. 위어(Harrison Weir), 까치 둥지, 1868.

동화에서 까치는 다른 새들에게 둥지 트는 법을 가르쳐 달라고 부탁받았다. 하지만 까치는 깃털, 잔가지, 진흙을 섞어 둥지를 만드는 데 시간이 오래 걸려 새들은 한 마리씩 날아가 버렸다. 새들은 저마다 둥지 트는 기술의 일부만 배웠고, 각 기술을 통합해 제대로 된 까치 둥지를 트는 데 필요한 복잡한 결합 기술은 익히지 못했다.

여기서 비고츠키는 사춘기 청소년들이 당면한 즉각적인 필요와 장기적인 관심사의 얽힘을 나타내기 위해 새 둥지гнездо라는 용어를 사용한다. 이 책 첫머리에서 비고츠키는 청소년기의 발달 노선은 인격 형성, 성적 성숙, 그리고 사회-경제적 성숙이라는 세 개의 봉우리를 갖는다는 가설을 제안했다. 노동자 청소년이 가장 먼저 당면하는 발달 노선은 사회-경제적 성숙의 노선이다. 비고츠키는 이것이 장점인 동시에 단점이라고 말한다.

한편, 이것은 노동자 청소년이 세 가지 다른 위기적 발달을 한꺼번에 경험할 필요가 없다는 것을 의미한다. 다른 한편으로, 그것은 너무 이른 시기에 집을 지으러 날아가야 하는 청소년들이 인격과 파트너의 자유로운 선택에 방해를 받을 수 있다는 것을 의미한다.

15-15] 그러나 성적 성숙을 가속하는 자극의 부재뿐 아니라 모든 심리적 발달의 기저에 놓인 기본 욕구의 구조 자체가, 성적 성숙 심리학의 장에서 이미 언급했듯이 일하는 청소년에게는 전혀 다름이 드러난다. (일하는 청소년에게-K) 성적 성숙과 관련된 욕구는, 부르주아 청소년의 인격 구조에서 거의 항상 가정되는 그러한 지배적인 위치를 차지하지 않는다고 해야 할 것이다. 본질적으로, 이행적 연령기의 주요 관심사 집합을 결정짓는 기본 욕구의 급진적 변화의 토대에는 지극히 단순 명쾌하며 강력한 설득력을 지니는 한 가지 사실이 놓여 있다. 즉 피착취자 계급에 속하느냐 착취자 계급에 속하느냐와 같은, 청소년이 생산 관계에서 차지하는 계급적 위치는 기본적 삶의 욕구 구조에서 결정적 계기이다.

15-16] 일반적으로 전체 삶에 필요한 것은 사회-경제적 적응, 이 삶의 보장이며 그 수단은 노동이다. 이 경우 사회적 필요의 핵심이 지배

한다는 것은 사회적 존재의 전체 논리에 기인한 필연적 사실이다. 그러나 이와 같은 기본적으로 변형된 구조 위에 또 다른 변형된 구조, 즉 인격이 또 올라간다. 왜냐하면 다양한 필요의 토대 위에서 다양한 흥미가 생겨나기 때문이다. 이러한 다양한 흥미는 발달하는 기능 앞에 다양한 과업을 제기하며, 심리적 발달 노선은 성적 성숙의 시기에 일하는 청소년과 부르주아 청소년에서 가장 큰 차이를 보인다. 우리는 이 심리적 발달 과정이 청소년의 인격과 세계관의 형성으로 완성되는 것을 보았다.

15-17] 기본적 삶의 욕구의 근원, 뿌리에서 기인하는 발달 노선의 차이는 계속되어, 심리 발달의 각 단계에서 더 커지며, 한 청소년과 다른 청소년을 구별하는 독특한 인격과 세계관의 구조로 최종적 결과를 보게 된다.

15-18] 이 구조의 차이를 가장 기본적이고 도식적으로 표현하기 위해 우리는 노동자 청소년을 한편으로는 농민 청소년과, 다른 한편으로는 부르주아 청소년과 간략하게 비교해야 한다.

15-19] 농촌 어린이와 청소년에 관한 연구는 시골에서 펼쳐지는 독특한 사회-경제적 환경이 청소년 발달에 매우 강력한 영향을 미치며, 이행적 연령기에 특별한 유형의 위기와 성숙을 초래함을 보여 준다. 농민 환경을 하나로 뭉뚱그리지 않아야 마땅하다. 우리는 시골에서 일어나는 사회적 차이, 특히 시골의 계급층을 무시할 수 없다. 사센하겐은 대도시 환경과 대조하여 농촌 환경의 특징을 밝히며, 대도시 세계와 시골 세계라는 서로 다른 두 개의 세계가 있다고 말한다. "자연과 가까움, 생활과 활동 반경의 협소함, 떨어지는 이동성, 새로움에 대한 두려움과 연결된 농민의 보수적인 삶의 방식, 원시성, 구체적 사고방식이 바로 무엇보다 먼저 그를 특징짓는다. 가축, 밭일, 종교적 영향으로 생성된 신념이 바로 농민의 생각, 감정, 희망을 주로 경계 짓는 울타리이다."

15-20] 연구자들은 유년기에 이미 농촌 어린이와 도시 어린이의 정신 발달 사이 상당한 차이가 있음을 지적했다. 그 차이는 농촌 어린이가 발달에 더 제한적인 가능성과 덜 유리한 조건을 지닌다는 사실뿐 아니라, 직접적 가능성의 영역에서, 구체적 삶과 시각적 생각의 영역에서 농촌 어린이는 충분히 강한 것으로 판명되었다는 측면에 있다. 논리적 조작 분야에서는 같은 연령의 도시 어린이에게 뒤지지만, 농촌 어린이는 노동 활동의 이른 시작에 따라 주어지는 관찰력, 실천적 총명함에서는 도시 어린이를 능가한다. 사센하겐은 말한다. "농민 어린이들의 능력 부족에 대해 말해서는 안 된다. 모든 문제는 특정한 형태로 어떤 기능들을 제한했던 특정한 환경과 관련이 있다. 농촌 노동의 특수성, 농촌 환경의 빈곤과 편협함, 독일 농촌 환경에서 청소년에게 확립된 사회적 관계의 극도로 열악한 특성, 이것들은 청소년의 발달 유형을 더 원시적 형태로 끌어내리는 세 가지 기본 계기이다."

비고츠키는 다음과 같은 각주를 단다.

"바로 우리 눈앞에서 콜호스кoлхoз에서 형성되고 있는 새로운 유형의 농민 청소년은 유감스럽게도 우리 아동학으로는 아직 전혀 연구되지 않았다."

'콜호스кoлхoз'는 집단 농장을 의미한다. 비고츠키가 『청소년 아동학』(1929)의 첫 두 권을 집필하고 있던 시기에 콜호스에는 세 종류가 있었다. 가장 흔한 방식(1929년에 60%)은 농부들이 소, 농기구, 집을 소유하는 것을 허용하되 경작과 수확에서 토지와 노동력을 공동으로 활용하는 것이었다. 수확 후에는 토지와 노동에 대한 각 가구의 기여도에 따라 이윤이 분배되었다. 그다음으로 흔한 방식(1929년에 33.6%)은 농부들이 소, 농기구, 건물(집은 제외)을 공동으로 운영하는 것이었다. 이윤은 노동 참여 일수에 따라 분배되었다. 가장 희귀한 방식(1929년에 6.2%)은 모든 사람이 자신이 할 수 있는 만큼 기여하고 이윤은 공유하되 필요에 따라 분배되는 코뮌이었다.

『청소년 아동학』의 마지막 두 권이 출판된 1931년에는 상황이 바뀌었다. 도처의 부유한 농민들은 더 이상의 집단화를 두려워하여 자신의 생산물을 국가에 판매하고 이웃과 자신의 상품을 공유하는 것을 거부했다. 세 번째 유형의 콜호스는 완전히 붕괴했고, 스탈린은 콤소몰을 동원하여 첫 번째 유형의 모든 콜호스를 두 번째 유형으로 교체했다. 위 포스터는 청소년 콤소몰이 '콜호스에서 쿨락(부유한 농민들, 지주)을 쫓아내는' 모습을 보여 준다. 부유한 농민들이 콜호스에서 쫓겨날 때 그들은 당연히 그들의 모든 소, 농기구는 물론 때로는 그들의 집까지 두고 떠나야 했다. 비고츠키가 언급한 '새로운 유형의 농민 청소년' 아마도 위 그림과 같은 젊은 콤소몰이었을 것이다.

15-21] 청소년 노동자의 경우는 그렇지 않다. 여기서 가장 근본적인 차이점은 완전히 다른 종류이자 유형의 노동이다. 기계를 통한 생산과 관련된 산업 노동, 대규모 작업 집단 노동은 농민 청소년과는 전혀 다른 청소년 노동자 심리의 확립을 이끈다.

15-22] 널리 알려진 슈프랑거의 저작에서 부르주아 청소년 유형에 대한 간략한 특징을 찾을 수 있다. 이미 지적했듯 슈프랑거의 학설에 따르면, 이행적 연령기에는 '나'라는 자기 자신의 발견, 생애 계획의 형성, 각각의 문화 영역—슈프랑거는 이(문화-K)를 객관적 정신의 발현, 인간의 객관적 정신적 삶으로 이해한다—으로의 내적 성장이 발생한다. 그의 관점에 따르면 이는 성 성숙의 위기에서 가장 중요하고 결정적인 특징들을 모두 설명한다.

15-23] 이에 전적으로 동의하며 스턴은 성적 성숙기에 청소년들의 세계관은 필연적으로 형이상학적일 수밖에 없다고 말한다. 삶으로부터의 분리, 배경으로 유보된 삶의 욕구, 노동과의 연결 부재, 착취를 대가로 치른 생존—이 모두는 생산 과정에 능동적으로 참여하는 계기를 박탈하며, 이 모두는 슈프랑거가 자신의 도식에서 말한 것의 반대 측면이 된다.

15-24] 매우 흥미로운 것은 슈프랑거가 제시했던 부르주아 청소년의 모든 다양한 성숙 형태를 포괄하는 구체적 분류 체계이다. 슈프랑거에게 이 시기는 문화로 진입하는 시기이지만 앞서 지적한 바와 같이 문화는 사회의 생산적, 사회적 삶으로부터 완전히 분리된 구체적인 정신의 환경으로 이해된다. 이렇게 볼 때 청소년 유형은 문화적 환경에서의 특정한 행동 유형에 따라 정의된다. 슈프랑거는 이 같은 유형들을 삶의 형태로 명명한다. 청소년은 저마다 세계에 대한 자신만의 개별적 관계를 발전시키지만, 이러한 모든 다양한 개별적 관계는 삶의 네 가지 기본 삶의 유형으로, 이행기 동안 전개되는 네 가지 기본 유형으로 환원

될 수 있다. 이 유형은 경제적, 이론적, 미학적, 종교적 유형이다.

*E. 슈프랑거(Eduard Spranger, 1882~1963)는 딜타이의 학생이었고, 베를린대학교 교수였으며, 한국이 일제 치하에 있을 무렵 최초로 일본에서 교환교수를 역임한 학자 중 하나였다. 비고츠키는 '인간 유형' 이론을 심리공학과 고등학교 교육학에 접목한 슈프랑거의 책『청소년 심리학(The Psychology of Adolescence)』(1924)을 인용하고 있다. 슈프랑거의 유형 분류 체계(ETAR, 경제적, 이론적, 미학적, 종교적 체계)는 MBTI 이론을 제안한 C. 융(1875~1955)과 통계학적 관련성이 있지만, 비고츠키가 말하듯 그의 유형 분류 체계는 임상이나 실증 자료에 기반하지 않고 일종의 역사 철학에 근거하였다. 슈프랑거의 역사 철학은 반유대, 반러시아 같은 명백한 인종차별적 성격을 띠며, 정치적으로도 나치와 매우 가까웠다. 예를 들어, 유태인은 주로 경제적 유형에 포함되는 반면 독일인은 모든 유형의 최고의 조합으로 간주된다(비고츠키가 슈프랑거의 청소년 성에 관한 관념적 이론을 비판하고 부정한 내용은『성애와 갈등』7장 참조).

15-25]　물론 일상에서 이러한 유형이 결코 순수한 형태로 발견되지는 않는다. 각 청소년에게서 어떤 특정한 유형의 면모가 우세하다는 것을 알 수 있으며, 우리는 다양한 유형적 특성의 특정한 조합이라는 관점에서 각 청소년을 이해할 수 있다. 어떤 경우든, 이 네 가지 삶의 형태는 부르주아 청소년의 사회적, 심리적 성숙의 모든 다양한 구체적인 표현을—각각의 경우에 이러한 개별 유형이 얼마나 순수하게 나타나는지와 무관하게— 포함한다.

15-26]　부르주아 청소년의 성숙을 보여 주는 이러한 기본적 삶의 형태에 대한 도식적 고찰만으로도, 우리가 청소년의 인격과 세계관이라 부르는 고등한 종합이 노동자 청소년과는 본질적이고 심오한 특징에서 전혀 다르므로, 그를 이 네 가지 기본적 생활 형태라는 도식(경제적,

이론적, 미학적, 종교적-K)에 욱여넣지 못한다는 사실이 이해될 수 있을 것이다. 노동자 청소년의 성숙, 그의 인격과 세계관은 그 자체로 완전히 새롭고 질적으로 다른 생활 형태를 명백하게 나타낸다.

15-27] 이런 새로운 삶의 형태가 지닌 특징들은 기본적인 삶의 욕구라는 고유한 구조에 뿌리를 두고 있음을 다시 한번 상기하자. 이러한 청소년의 모든 생물학적 욕구는 사회-경제적 적응에 대한 필요로 집중되어 수렴된다. 살기 위해서 일해야 한다. 노동과 노동에 연결된 모든 것은 일차적인 삶의 필요이며 이 필요는 사회적, 심리적 기제의 복잡한 프리즘을 통해 굴절되어 기본적 욕구, 발달과 적응의 기본적 추동력이 된다. 이것이 한 편의 청소년(노동자 청소년-K)의 사례이다.

15-28] 다른 편에서는, 이러한 일차적 삶의 필요는 제거되거나 적어도 후순위로 미루어진다. 삶을 위한 투쟁의 필요는 그들에게 전혀 존재하지 않거나 혹은 사회적 전통에 기인하여 이 필요가 존재하는 특정한 경우가 있다면 이는 오히려 욕구 혹은 본질상—야망, 자기애, 자기확신, 경쟁심, 일반 유기체적 활동의 충족 필요를 비롯하여 다른 두 흥미 즉 성적, 일반 유기체적 성숙의 흥미의 복합체와 연관된, 진정한 욕구가 아닌 다른 욕구 충족 필요를 근간으로 하는— 유사욕구를 반영하는 것이다.

청소년은 화장, 염색, 피어싱, 타투나 거울 같은 것을 정말 욕구하는 것일까? 물론 아니다. 이런 것들 가운데 어느 하나도 A. 매슬로가 가정한 기본적 욕구(음식, 주거, 신체적 안전)나 상위 욕구(사랑, 자존감, 자아실현 곧 성공)와 직접적으로 연결되지 않는다. 그런 것들은 아들러나 비고츠키가 제안하는 세 가지 삶의 과업의 욕구와도 직접적으로 연결되지 않는다. 하지만 이것들은 K. 레빈이 상정한 '유사욕구quasi-needs'와 연결된다(『역사와 발달』 12-41 참조). 그것들은 종종 마케팅과 음악 등에 의해 의도적으로 만들어지는 인위적인 필요와 연결되어 있다. 이와

J. W. 워터하우스(John William Waterhouse), 남쪽의 마리아나, 1897.

같은 유사욕구는 진정한 욕구에 대해 단일하고 추상적인 관계가 없기 때문에 비고츠키는 이를 개념이 아닌 '복합체'라 부른다(『흥미와 개념』 9~10장 참조). 그런 점에서 그것들은 진정한 욕구의 반영일 뿐이다. 예를 들어, 청소년의 거울에 대한 '욕구'와 이 거울이 만들어 내는 모든 부수적 욕구들은 친구, 연인은 물론 성과 사회문화적 성숙에 관한 진정한 욕구를 반영한다.

15-29] 이처럼, 배경이 중심 형태가 되고 중심 형태가 배경이 될 때, 삶의 흥미 체계가 완전히 다른 균형과 지배의 원칙 위에 세워질 때, 욕구의 삼각형이 꼭짓점을 아래로 밑변을 위로 뒤집을 때 여기서 가장 심각한 변화, 주요 흥미 둥지의 가장 심각한 혼란, 그 구조의 근본적인 변화가 일어나야 한다는 것이 분명하고 뚜렷하지 않은가?

15-30] 우리는 이를 더 일반적인 형태의 아동학 법칙으로 표현하여, 이행적 연령기의 연령적 욕구와 흥미 구조가 기본적으로 청소년의 사회-계급적 유형에 의해 결정된다고 말할 수도 있을 것이다.

15-31] 두 가지 양극단의 청소년 유형에 대해 이미 언급했던 것을 다른 형태로 다시 반복해 보자. 한편의 청소년에게서는 성적 성숙기의 시작과 함께 사회-경제적 적응이라는 필요에서 본질적으로 변하는 것이 없다. 그는 사회적 발달에서 본질적으로 유년기 단계에 머물러 있다. 그의 계급적 지위는 본질적으로 소년기와 청년기를 모두 포괄하는 확장된 유년기를 성취하고 보장하였다. 그의 앞에는 그 어떤 심각한 삶의 걱정거리도 없다. 성적 성숙기 동안, 급속하게 진행되는 일반 유기체적 성숙 과정 동안, 그는 본질적으로는 사회적 단위에서 발달상 유아 단계로 남는다. 마찬가지로 그의 사회적 필요 역시 어린아이와 같다. 이 때문에 필연적으로 성적 성숙과 연관된 필요와 흥미—물론 이 흥미는 그의 행동의 문화적 심리적인 장치에 의해 수없이 굴절되고 변형된 흥미이다—가 전면으로 대두된다.

15-32] 다른 한편의 청소년에게는, 유년기의 끝에 혹은 때때로 유년기의 중간에도 살기 위한 몸부림, 투쟁, 일의 필요, 노동자가 될 필요가 등장한다. 그는 이것 없이 존재할 수 없다. 따라서 굳건한 필요성에 의해 삶의 흥미의 복합체—성적 관심을 포함해 다른 모든 흥미를 제쳐두고 그 아래 종속시킨다—가 중심으로 이동한다.

15-33] 여기서 그는, 한때 인류가 본능적 욕구를 누르고 억제하며

종속시키면서 지나온 경로, 새로운 삶의 적응 형태의 압력하에 숙달하며 지나온 동일한 경로를 걷는다고 말하는 것으로 충분할 것이다. 한때 인류의 생물적 욕구를 사회적으로 변형시키는 기나긴 여정으로 밀어넣었던 동일한 힘이 그를 전혀 다른 형태로 무겁게 짓누른다.

15-34] 슈프랑거가 설정한 네 가지 유형의 청소년은 청소년 인격의 특정한 문화적 유형 또는 문화적 환경에서의 특정한 행동 유형에 상응한다. 우리가 위에서 이미 지적한 바와 같이, 저자 자신의 생각에 따르면 이 유형은 실제로 역사적 기간에서 가장 최근에 형성된, 독일 사회의 '교육받은 계급'의 청소년 유형만을 포함한다.

15-35] 이렇게 슈프랑거 자신은 자신의 도식에 순수하게 제한된 해석을 제공하며, 스스로 다른 역사적 시기와 다른 사회적 계급에는 다른 유형의 문화적 행동, 즉 다른 생활 형태가 존재했어야 한다는 가정에서 출발한다. 노동자 청소년에 관한 연구는 우리가, 슈프랑거가 지적한 구조에 들어가지 않는, 새로운 생활 형태가 실제로 우리 앞에 있다는 것을 확신하게 해 준다. 이 고유한 생활 형태, 이 고유한 행동 유형, 이 고유한 인격 구조의 토대에는 우리가 이미 보여 주었듯이 청소년의 심리적 발달 전체의 토대를 이루는 생활 욕구의 비중이 다르게 분포한다는 사실이 있다.

15-36] 그러나 지금 우리가 말하는 생활 형태가 단일한 형태라고 생각하면 오산이다. 어느 정도 추상화를 거쳐 우리는 이 생활 형태가 보이는 모든 구체적인 표현의 다양한 모습을 공통적으로 특징짓는 면모를 추출하고, 이를 슈프랑거가 설명한 생활 형태 및 농민 청소년의 생활 형태와 대조할 수 있다. 우리는 스턴이 제시한 이행적 연령기 유형을 통해 이 생활 형태의 가장 큰 차이점을 표현할 수 있다. 향상된 발달, 변화, 진보의 측면으로 전체 시대의 기본 연령적 면모를 설명하면서 스턴은 청소년의 두 가지 주요 유형을 진화적 유형과 혁명적 유형으로 구

별한다. 여기서 생활 형태 혹은 인격 유형은 두 가지 기본 발달 유형 중 하나가 된다.

15-37] 스턴은 환경에 대한 태도를 두 가지 유형의 지표로 간주한다. 하나는 환경에 대한 급진적인 태도, 자신의 이상에 맞도록 환경을 급격하고 빠르게 변화시키는 것, 다른 하나는 환경과의 갈등을 완만하고 진화적으로 회피하는 것—이것이 그 두 가지 주요 유형이다. 자고로프스키는 말한다. "소련 청소년들 사이에서, 우리는 스턴이 제시한 유형의 독특한 조합, 즉 환경을 급진적으로 재편하고자 하는 변증법적이고 혁명적인 유형의 출현을 발견한다. 그러나 이 재편은 환경에 대한 무질서한 투쟁, 절망적인 공격이 아니라, 새로운 삶의 정복의 잠재력을 충분히 고려한 의식적이고 계획적인 건설이다."

15-38] 오늘날 우리는 청소년 노동자가 보이는 삶의 형태의 두 가지 변형을 지적할 수 있다고 생각한다. 이 형태의 두 가지 구체적 발현의 토대에는 노동자 계급이 사회에서 차지하는 다양한 지위와, 청소년이 속한 집단이 갖는 다양한 정도의 계급의식이 놓여 있다.

15-39] 우리는 이미 노동자 청소년을 구분하는 기본적이고 근원적인 특징 중 하나가 노동과 그의 연결, 사회적 생산 과정에서 그의 위치, 따라서 그의 계급적 소속에 있다고 말했다. 동시에 노동은 청소년 발달을 규정하는 양면적 요인이다. 한편으로 자본주의적 조직 형태의 노동, 특히 아동, 청소년 노동의 잔인한 착취와 연결되는 초기 자본주의 발달 단계에서의 노동은 마르크스가 여러 번 입증했던 것처럼 정신적 야만성, 신체적·지적 퇴보를 이끌며, 미성숙한 인간을 잉여 가치를 가공하는 기계로 변형시킨다. 이런 노동 조직에서 생산 과정은 노동자를 위해 존재하지 않고, 노동자가 생산 과정을 위해 존재한다.

15-40] 따라서 노동자 청소년이 자유로운 발달 가능성을 획득하지 못하고, 기계의 살아 있는 부속품으로 전환되는 것은 놀라운 일이 아니

다. 그의 심리적 발달은 "노동의 끝없는 고통의 우울한 단조로움"에 의해 억제된다. "특정 기능에 대한 고착은 노동자를 기형적으로 변형시켜, 그에게 단 하나의 특별한 능력만 인위적으로 배양하고 나머지 모든 생산적 재능과 자질의 세계를 억압한다."

> 이 문단은 마르크스의 『자본론』 15장 일부를 느슨하게 풀어 쓴 것이다. 『공산당 선언』도 살펴보자.
>
> (프롤레타리아의 노동은 기계 장치의 확대와 분업으로 자립성을 상실했고 따라서 노동자들에게도 매력을 상실했다.) 그들은 기계의 단순한 부품이 되었는데, 이 부품에게 요구되는 것은 가장 단순하고 가장 단조로우며 가장 쉽게 배울 수 있는 손동작일 뿐이다.
>
> 칼 마르크스 외(2010). 『공산당 선언』. 이진우 옮김. 책세상, 24쪽.

15-41]　우리는 마르크스의 서술에서 그러한 야만성의 예를 매우 흔히 찾을 수 있다. 12세 소년은 다음과 같이 말한다. "4 곱하기 4는 8이지만 4가 4이면 16이다. 왕은 모든 돈과 모든 금을 가진 사람이다. 우리에게는 왕이 있다(면담자가 여왕이라고 고쳐 말한다). 그녀를 알렉산드라 공주라고 부른다(면담자는 그녀가 여왕의 아들과 결혼했다고 말한다). 공주는 남자다." 또 다른 12세 소년은 말한다. "나는 영국에 살지 않는다. 그런 나라가 존재한다고 생각하지만 그에 관해 지금까지 아는 것은 전혀 없다." 청소년과 어린이 노동의 자본주의적 조직하에서 이와 같은 정신적 야만성과 신체적, 지적 퇴보의 예는 셀 수 없게 많이 들 수 있다.

> 이 문단의 인용 출처는 『자본론』 10장, 각주 66이다. 마르크스는 다음과 같이 쓴다.

이러한 (어린이-K) '노동자'의 문화 수준은 위원들 중 한 명과의 대화에서 나타나는 것과 당연히 같을 수밖에 없다. 예레미아 헤인즈(12세)는 말한다. "4 곱하기 4는 8, 사사는 16이다. 왕은 모든 돈과 금을 가진 사람이다. 우리는 왕이 있는데(위원은 여왕이라고 말한다), 그녀는 알렉산드라 공주라 불린다. (위원은 그녀가 여왕의 아들과 결혼했다고 말한다). 여왕의 아들은 알렉산드라 공주이다. 공주는 남자다." 윌리엄 터너(12세)는 말한다. "영국에 살지 않는다. 그것이 나라라고 생각하지만 전에는 몰랐다."

15-42] 그러나 그러한 노동이 청소년의 발달에 미치는 영향은 노동 활동의 본질이나 사회적 생산 과정에 청소년이 소속된다는 사실에 뿌리를 두고 있지 않다. 이는 다만 무자비한 청소년 착취, 노동자는 생산 과정을 위해 존재하며 생산 과정이 노동자를 위해 존재하지 않는다는 원칙에 입각하여 세워진 이 과정의 특정한 사회적 조직 형태에 뿌리를 두고 있다. 청소년의 생산 과정에의 참여 그 자체는, 전인적 인간 발달의 강력한 형성을 위한 원천이 될 수 있고 또 되어야 한다.

15-43] 마르크스는 말한다. "로버트 오언이 상세히 보여 주었듯이 공장 체계로부터 미래 교육의 싹이 텄다. 이 교육은 생산 효율성을 증대시키는 방법 가운데 하나로서뿐 아니라 전인적으로 발달한 인간을 기르는 유일한 방법으로, 모든 어린이가 특정 나이가 되면 산업 노동을 교수학습 및 체육과 결합한다." 마르크스는 어떤 노동 조직에서 퇴보의 원인이 되는 동일한 계기가 다른 조건에서는 인간 인격 발달의 원천이 되기도 함을 거듭 보여 주었다.

위 문단은 『자본론』 1권 15장에서 인용되었다. 비고츠키의 원문은 자본론과 다소 다르다. 역자들은 영문판 『자본론』(Capital, Vol. 1, Ch. 15, p. 317)을 번역했다.

15-44] 따라서 그는 말한다. "남성과 여성, 그리고 다양한 연령대로 뒤섞인 근로 구성원의 확립은 반드시 적절한 조건하에서 인격 발달의 원천이 되어야 한다." 잘 알려진 바와 같이, 마르크스가 미래 교육의 씨앗이라고 부르는 것이, 우리에게는 종합기술 교육의 형태로 구현되어 있는 문화화의 토대에 놓여 있다.

15-45] 알려진 바와 같이, 마르크스는 종합기술 교육의 토대를 다음에서 찾았다. 그것은 모든 생산 과정의 일반적 과학 원리를 소개함과 동시에 어린이와 청소년에게 모든 생산의 기본 도구를 다루는 실천적 기술을 제공한다. 인간 노동의 발달 자체가 다음과 같은 방향으로 나아간다. "부분적 사회적 기능의 단순한 담지자인 파편화된 개인은 전체적으로 완전히 발달한 개인—그에게 다양한 사회적 기능은 자신의 활동을 번갈아 가며 적용하는 형태이다—으로 대체되어야 한다."

뱅크시(Banksy), 모래성, 2021(로스토프트).

단 하나의 모래성을 쌓기 위해 어린이는 상상하고, 디자인하고, 원재료에 접근하고, 해변 도구뿐만 아니라 여러 가지 공구들을 다뤄야 한다. 모래를 얻기 위해서 이 불쌍한 도시 어린이는 지렛대로 보도블록을 들어올려야 한다.

마르크스는 고대 그리스인들이 '건강한 신체와 건전한 정신'이라 부르던 것을 제공하는 교육을 위한 도구를 자본주의가 제공할 것이라 믿었다. 하지만 그런 도구는 혁명적이고 새로운 방식으로 다루어져야 했다. 그렇지 않으면 자본주의적 생산의 산출물과 같이 기형적 육체와 정신적 야만이라는 결과가 나올 것이었다. 따라서 마르크스는 교육이 단순 반복되는 단일기술이 아니라 전반적인 일반 기술(예를 들어, 설계, 모델 구축, 생산)에 종합기술적으로 초점을 맞춰야 한다고 주장했다.

소련은 노동 학교의 일부로 종합기술 교육을 포함하려 했다. 그러나 노동 학교는 한 가지 기술(예를 들어, 재봉, 목공, 농장 노동, 공장 작업)에만 초점을 맞추는 경향이 있었다. 이 문단에서 비고츠키는 '종합기술적'이라는 용어를 마르크스적 의미(여러 가지 기술들로 하나의 생산물을 산출)로 사용했지 소비에트적 의미(한 가지 기술로 많은 생산물을 산출)로 쓴 것은 아니다.

15-46] 이렇게 우리는 노동자 청소년에게서 나타나는 두 가지 삶의 형태가 두 가지 다른 노동 조직 형태와 정확히 일치한다는 것을 본다. 우리는 이렇게 노동자 청소년들의 계급적 소속에는, 사회주의 혁명이라는 기본 요인에 따라 이런저런 형태로의 발전을 이끌 수 있는 특정한 이중성이 포함되어 있다는 것을 본다. 그런 의미에서 블론스키의 말처럼, 프롤레타리아는 아직 청년기를 성취하지 못하였다. 노동자 청소년 대중에게는—마르크스가 말한 신체적, 지적 퇴보에 의해— 개인의 발달 기간으로서 청년기가 단축되어 있다.

15-47] 청소년 인격의 새로운 삶의 형태는 새로운 인간 유형 및 새로운 사회적 관계 유형과 함께 이제야 본질적으로 형성되고 있는 것이다.

뱅크시(Banksy),
분노 또는 꽃을 던지는 사람(Love is in the air), 2005(예루살렘).

2005년 예루살렘에서 성소수자 권리 운동이 있었다. 이를 반대한 종교 시위대와 경찰은 이 시위대를 해산시켰다. 뱅크시는 이에 대응하여 벽에 꽃다발을 던지고 있는 게이 청소년 그림을 남겼다. 이는 청소년의 혁명적인 분노와 동반자 관계에 대한 보다 평화적이고 긍정적인 지향성을 결합한 것이다. 마스크는 코로나19 마스크가 아니라 꽃을 던지는 사람의 정체를 숨기고 화난 모습을 보여 주기 위한 것이다.

15-24에서 비고츠키는 슈프랑거의 연구에서 제시된 '부르주아'(문자 그대로, 도시에 거주하는) 청소년의 네 가지 유형인 경제적, 이론적, 미학적, 종교적 유형을 설명한다. 이들은 내재적이거나 청소년 내부에 있는 것으로 여겨진다. 15-36에서 비고츠키는 스턴의 연구에서 제시된 청소년의 두 가지 '기본 유형'인 진화적, 혁명적 유형을 설명한다. 비고츠키는 이들을, 외부에 있고 환경을 지향하기 때문에 '삶의 형태', 심지어 '페르소나'라고 부른다. 15-37에서 비고츠키는 자고로프스키가 소련 청소년들이 이러한 '삶의 형태'를 어떻게 새롭게 종합하는지 묘사한다. 그들은 사회의 혁명적 재건을 원하지만 독일 부르주아 청소년과 같은 파괴적 절망감 없이, 사회주의 혁명으로 가능해진 잠재력을 의식적으로 계획하고 건설한다는 것이다.

비고츠키는 의심했다. 그는 마르크스가 제안한 종합기술 교육은 여전히 노동 학교에서 실현되지 않고 잠재적으로만 존재한다고 지적한다. 그는 소비에트 젊은이들이 아직 청년기를 획득하지 못했다고 지적한다. 우리는 오직 잠재적인 진보에만 토대하여 청소년들에게 모래 위에 성을 쌓거나, 편협한 이들과 경찰에게 꽃을 던지거나, 실제 직업, 인격 및 동반자적 미래를 계획하도록 요청할 수 없다. 단순한 훈련이 아닌 교육은 청소년들에게 단지 '잠재적' 선택이 아닌 진정한 선택을 제공해야 한다. 직업의 자유로운 선택은 실제 직업의 기회를 의미하고, 페르소나의 자유로운 선택은 계층이동을 위한 실제 기회를 의미하며, 반려자의 자유로운 선택은 성적 지향의 자유로운 선택을 의미한다. 하지만 교육이 이것을 가능하게 하려면, 우리에게는 청소년들의 분노와 희망을 나타낸 벽화 이상이 필요하다. 우리는 그것이 어떻게 변할 수 있는지 보여 주는 '도식적 모델'이 필요하다. 다음 장의 말을 빌리면, 우리는 구조뿐만 아니라 역동을 이해해야 한다.

● 참고 문헌

1. И. А. 아랴모프. Рабочий подросток. Материалы для педологической хар
   актеристики(노동자 청소년. 아동학적 특성 평가 자료). Изд. Транспечати НК
   ПС. М. 1928. Ц. 2 руб.
2. Журнал(저널) 《Педология(아동학)》,—No., посвященный педологии перех
   одного возраста(이행적 연령기 아동학에 헌정). М. 1930. Вып. 1(7). Ц. 1 руб.
   75 коп.

● 청소년 노동자

청소년의 사회적 행동에 대한 앞 장의 논의에서 우리는 비고츠키의 러시아 동료(블론스키, 잘킨트)와 해외 대적자(피아제, 스턴)의 의견을 살펴보았다. 전자는 청소년의 세계관 발달을 사회적 지평을 확장하는 문제로 바라본 반면, 후자는 청소년의 인격 발달을 사회화와 학습의 문제로 바라보았음을 상기하자. 두 경우 모두 발달은 구체로부터 추상으로 고양이다. 아마 독자는 일하는 청소년에 대한 15장이 청소년의 인격 발달을 사회화 문제로 바라보는 구체적 사례라고 생각할 수도 있겠다.

그렇지 않다. 이 장은 일하는 청소년의 세계관 발달을 지평의 협소화로 바라본다. 일하는 청소년은 지적으로 더 넓은 학교 세계를 떠나 지적으로 더 협소한 일자리로 옮긴다. 거기서 일하는 청소년은 더 넓은 일반 해부학적 욕구, 심지어 성적 욕구까지 더 협소한 사회문화적 욕구와 경제적 욕구를 위해 희생하는 것을 배워야만 한다. 전에는 비사회적이었던 사람을 사회화하는 문제로 인격의 발달을 제시하는 대신, 이 장은 단순한 성적 욕구를 복잡한 문화적인 욕구로 승화하는 것을 수렵 채집 시대로부터 인류의 역사적 출현에 이르는 근대의 필연적 결과로 제시한다. 일하는 청소년은 더 이상 땅과 계절에 얽매이지 않는 새로운 문화의 선구자이다. 무엇보다 이 장은 일하는 청소년의 발달을, 가정과 학교에서 추상화되고 원자화된 상태로부터 마르크스가 '사회적 관계의 앙상블'이라고 불렀던 것—이는 생산에 참여함으로써 가능해진다—으로의 상승으로 제시한다. 생산과의 관계는 처음으로 직접적이고 완전히 구체적인 것이 된다.

비고츠키의 학습 계획은, 우리가 아래에서 한 것처럼, 자신의 강의를 요약할 뿐 아니라 교수법, 활동 형태 및 교육 자료에서 그가 일하는 청소년의 특성을 이용하는 방법을 고찰하는 것을 포함한다. 우리도 여기에서 아주 간략하게 시도해 보자. 비고츠키는 종종 타이핑, 수영, 골프와 같이 단순한 반복적 기능을 배우는 것과 문해, 수리, 외국어와 같이 세상을 아는 복합적이고 다변적인 방식을 발달시키는 것을 구분했다(예컨대, 『생각과 말』 6장). '종합기술polytechnic'이라는 이름에서 알 수 있듯이, 일하는 청소년을 위한 교육은 일반적인 교육 지식 외에도 광범위한 일반 기능을 포함한다. 그러나 그것은 지식에서 기능을 추상화하거나 기능에서 지식을 추상화하는 것을 포함하지 않는다. 산업혁명 시기 아동 노동자에게 부과된 '정신적 야만성'과 마주한 마르크스는 정신노동과 육체노동 간의 구분, 그리고 심지어 도시와 시골 간의 구분을 무너뜨릴 종합기술 교육 형태를 구상했다.

이러한 종합기술 교육은 노동 계급 청소년들을 단순 기능업에 매어 두지 않는다. 이러한 교육은 상상력, 디자인, 모델링 그리고 궁극적으로 복잡한 제품 생산과 관련된, 세상에 대한 다양한 앎의 방식을 촉진하기 때문이다. 이 교육은, 학생들이 다양한 생산

공정에서 단순 기술을 반복하는 대신 하나의 생산품이 산출되는 공정에 필요한 전체 기술들을 이해할 수 있게 할 것이다. 각각의 기술이 전체로서의 창조적 활동에서 차지하는 위치를 배워야만 (비고츠키가 13장 마지막 부분에서 제시하듯) 노동에 대한 사랑을 구체적으로 가르치는 것이 가능해진다. 우리나라의 현실에 빗대어 보면, 이 종합기술 교육은 (이제는 로봇이 인간보다 더 잘할 수 있게 된) 코딩 교육과 같은 것은 아닐 것이다. 이는, 적어도 1987년 이래로 한국 교사들이 '참교육'이라고 불러 왔던 것과 같을 것이다.

A. 추상적인 과학으로서의 아동학. 비고츠키는 아동심리학 및 아동학이 대체로 이론 과학으로 남아 왔다는 사실에 놀란다[1]. 그는 두 경우 모두 연구 대상이 되는 이상적이고 '보편적인 어린이'는 극도로 추상적이며 고도로 일반화되어 있음을 지적한다. 즉, 시간과 장소에 관계 없이 모든 어린이와 청소년에게 공통적인 '불분명하고 빈약한' 본질이 그 대상이다. 그는 두 가지 가능한 설명을 제시한다[2].

i. 모든 과학에서 그 어떤 계급 구분을 하려는 시도에 대한 일반적인 적대감.

ii. 아동심리학과 아동학 특유의 역동성보다는 비역사적, 생물학적, 상대적으로 안정적인 유형에 관한 연구의 선호[3]. 비고츠키는 현대 심리학자들이 구체로 고양하기 시작한 것은 사실이라고 지적한다[4]. 예를 들어, 슈프랑거는 청소년을 역사화하고 계급을 구분하기 시작했다[5]. 하지만 슈프랑거는 비고츠키가 '부르주아' 청소년이라 부른 좁은 유형에 자신을 제한했다. 이는 그가 유럽인이었고, 도시에 거주했으며, 프랑스 계몽주의와 독일 낭만주의의 전통에서 교육을 받았기 때문이다[6]. 대부분의 검사와 설문조사가 도시 노동 청소년을 연구해 왔으나, 사센하겐만이 농민 청소년을 연구했다[7] (비고츠키는 이 책의 앞부분에서 그의 자료 일부를 인용한 바 있다[6장, 7장 참고]). 따라서 비고츠키 역시 15장은 일하는 청소년에 관한 연구는 일반적이고 심지어 추상적인 결론만을 도출할 수 있으리라고 말한다.

a. 비고츠키가 도출한 첫 번째 결론은, 성숙은 처음부터 계급 구분과 발달적 차이를 수반한다는 것이다[9]. 우리 시대에 이 차이는 언어 발달에서 일어날 것이라고 이론화되었고(Basil Bernstein, 1962), 초기 유년기에 실제 일어남이 경험적으로 입증되었으나(Ruqaiya Hasan, 1986), 비고츠키는 어린이가 계급 사회에 직접 참여하는 성적 성숙기에 특히 이 차이가 심하다고 주장한다[10].

b. 비고츠키가 도출하는 두 번째 결론은, 일하는 청소년의 경우, 어릴 때부터, 직장에서 사용되는 '제한된 언어코드restricted code' 속에서 자라기 때문에, 슈프랑거가 관심을 보이는 '부르주아' 청소년의 경우처럼 노동으로의 전환이 고통스럽지 않다는 것이다[10]. 즉, 노동자 계급 아이들의 학교에서의 삶을 더 어렵게 만드는 것(즉, 번스타인과 하산이 발견한 언어코드)이 바로 그들의 직장에서의 삶을 더 쉽게 만든다[11]. 또한 이것은 성적 성숙이 늦어지는 결과를 초래하는데, 일하는 청소년은 성적 욕구를 사회문화적 욕구로 승화시

켜야 하기 때문이다(요즘 세대도 집을 살 수 있을 때까지 결혼할 수 없고, 경제력을 갖추기 전에는 연애를 하지 않는다)[12~17].

B. 비교 분석. 비고츠키는 세 가지 유형의 청소년을 비교한다.

   i. 사센하겐에 따르면, 농민 청소년은, 단지 노동 상황이 많은 개념적 사고를 요구하지 않기 때문에 정신 발달에서 뒤처진다. 사센하겐은 구체적이고 실행적이며 시각적인 사고에서는 농민 청소년들도 똑같이 튼튼하다고 강조한다[18~21](사센하겐이 말하는 큰 차이는 아마도 테스트 방법의 산물일 것이다. 적절하게 설계된 IQ 테스트는 도시와 시골 청소년들 사이에 실질적인 차이를 보이지 않았다).

   ii. 슈프랑거와 스턴에 따르면 '부르주아' 청소년은 다른 이들과의 실제적, 구체적 관계에서 유리된 '자아'의 발견에 골몰해 있으므로, 자기 문화의 시대정신에 형이상학적으로 편입된다[22~23]. 슈프랑거는 이것이 일어나도록 하는 네 가지 삶의 유형을 제시한다[24].

     a. 경제적 유형. 돈벌이하는 청소년(슈프랑거는 이를 유태인과 연관시킨다).

     b. 이론적 유형. 수학, 과학, 철학에 우수한 청소년.

     c. 미학적 유형. 예술적 성향을 지닌 청소년.

     d. 종교적 유형. 영적, 신비적 성향을 지닌 청소년.

   iii. 일하는 청소년에 대해서는 슈프랑거조차 위와 같은 유형 구분이 적용되지 않음을 인정한다[25, 34]. 비고츠키는 일하는 청소년이 농민 청소년이나 부르주아 청소년과 질적으로 다른 삶의 유형을 보인다고 말한다. 사회문화적 성숙에 대한 필요가 일반 유기체적 욕구와 성적 욕구를 압도하기 때문이다. 비고츠키는 욕구와 흥미의 구조는(즉 무엇이 무엇에 종속되는가) 계급 소속에 따라 결정된다고 말한다[26~32].

C. 생산자를 위한 생산. 비고츠키에게 일하는 청소년은 초기 인류가 문명화되기 위해 사회문화적 욕구와 흥미를 우선시해야 했던 것과 같은 길을 걷는 것으로 보인다. 또한 일하는 청소년은 스턴이 '진화적 유형'과 '혁명적 유형'이라고 칭한 두 유형을 사회주의적 인간이 통합하는 모습을 미리 보여 준다[36]. 그러나 비고츠키는 현재 사회 조건하에서 공장 시스템은 사회주의가 아닌 야만성을 낳을 뿐이라는 자본론의 각주를 광범위하게 인용한다. 비고츠키에 따르면 이는 노동의 본질 자체와 무관하며 청소년이 인식하고 수용하는 삶의 고통스러운 필요와도 무관하다. 반대로 비고츠키는 노동을 창조적인 것으로, 필요에 대한 인식을 해방적인 것으로 바라본다. 그러나 현재 사회 조건하에서—이 안에서 우리는 실제로 반은 초기 인류이며 반은 근대 인류이다— 생산자는 생산 과정을 위해 존재하며, 생산 과정이 일하는 청소년을 위해 존재하지 않는다[39~47].

제16장
청소년 인격의 역동과 구조

니콜라이 보그다노프-벨스키(Николáй Петрóвич Богдáнов-Бéльский), 「시골 소년들」, 1936.

두 명의 청소년이 경계에 서 있다. 그것은 유년기와 성인기 사이의 경계가 아니다(비고츠키에게서 그것은 청소년기 말에 일반 해부학적 성숙에 임박하여 일어난다). 또한 그것은 학령기와 청소년기 사이의 경계도 아니다(비고츠키에게서 그것은 13세의 위기에 성적 성숙 부근에서 일어난다). 소년들이 먼 곳을 응시하고 있음과, 울타리가 현대식 톱이나 못, 나사가 아니라 구식 도끼와 칼, 밧줄로 만들어졌다는 데 주목하자. 그것은 늘 농민일 수밖에 없었던 선조들의 삶과, (현대화와 도시화 그리고 일부 직업 선택을 기대할 수 있는) 자신의 삶의 경계일지도 모른다. 그러나 이러한 직업 선택은 사회문화적 성숙, 즉 교육에 의존할 것이다. 1936년에 교육은 전적으로 자유 선택의 문제가 아니었으며, 그것은 지금도 그렇다. 이 책은 비고츠키의 『청소년 아동학』 마지막 권이지만, 여전히 완결되지 않았다. 청소년기 자체가 여전히 청소년에 머물러 있다.

수업 내용

연구 결과. 고등심리기능 발달과 인격 구성의 기본 법칙—이행적 연령기 자기성찰의 발달과 인격 발달의 기본 노선—이행적 연령기 사회적 환경과 인격의 역동과 구조—인격 구조에서 제3의 연결 형성 시기로서 청소년 자기의식 발달의 단계—새로운 인격 구조 발달의 증상으로서 이행적 연령기의 건망증

학습 계획

1. 학습할 본문을 읽고, 장 전체의 개요와 윤곽을 잡는다.

2. 이행적 연령기 인격의 개별적 측면과 기능 발달에 대한 일련의 사실적 자료를 일반화하여 이 장에서 제시하는 각각의 기본적 이론 명제에 대한 구체적인 사실적 근거와 증거, 설명을 이 연구의 이전 장에서 찾아보라.

1

16-1-1] 우리는 우리 연구의 끝에 거의 도달했다. 우리는 성 성숙기

에 유기체의 구조와 가장 중요한 기능에서 일어나는 변화에 대한 고찰로 (연구를-K) 시작했다. 우리는 성적 성숙과 관련하여 나타나는, 유기체 전체의 내적, 외적 활동 체계의 완전한 재구성, 그 구조의 근본적 변화, 그리고 새로운 유기체 활동 구조를 추적할 수 있었다. 우리는 욕구에서 흥미로, 흥미에서 심리적 기능으로, 그리고 심리적 기능에서 생각의 내용으로, 그리고 창조적 상상력으로 건너가는 많은 단계를 거치면서, 청소년들에게 유년기 인격의 구조와 다른 새로운 인격 구조가 어떻게 형성되는지를 보았다.

16-1-2] 그런 다음 우리는 이행적 연령기 아동학의 몇 가지 특별한 문제에 대해 간단하게 살펴보았고, 이 새로운 인격 구조가 일상의 복잡하게 통합된 행동에서 어떻게 나타나는지, 청소년의 사회적 행위가 고등 수준으로 어떻게 변화하고 상승하는지, 자기 인생의 가장 결정적 계기 중 하나인 일이나 직업 선택에 내적, 외적으로 어떻게 다가서는지, 마지막으로 청소년의 고유한 생활 형태, 인격과 세계관의 고유한 구조가 현 사회의 세 가지 주요 계급(부르주아, 프롤레타리아, 농민-K)에서 어떻게 형성되는지 추적할 수 있었다. 우리 연구 과정 중에 우리는 청소년 인격에 대한 일반 학설 구성을 위한 개별 요소들을 여러 번 발견했다. 이제 우리에게 남은 것은 우리가 앞서 언급했던 모든 것을 일반화하고, 청소년 인격의 구조와 역동에 관한 일반적인 도식적 이미지를 제공하려고 노력하는 것뿐이다.

16-1-3] 우리는 인격에 대한 이 두 가지 연구 분야(구조와 역동-K)를 의도적으로 결합했다. 우리는 전통적인 이행적 연령기 아동학이 일반적으로 청소년 인격에 관한 순수하게 기술적인 묘사와 연구에 지나치게 많은 주의를 기울였다고 생각하기 때문이다. 이(순수한 기술적 묘사와 연구-K)를 위해 전통적 이행적 연령기 아동학은 청소년의 자기관찰, 일기, 시를 이용하면서 각각의 문서화된 체험에 토대하여 인격 구조를

재창조하고자 시도했다. 우리는 이 경우 가장 올바른 경로는 청소년 인격을 그 구조와 역동의 측면에서 동시에 연구하는 것이라고 생각한다. 간단히 말해 이행적 연령기 고유한 인격 구조의 문제에 대해 답하기 위해서는 이 구조가 어떻게 발달하고 형성되며 그 구성과 변화의 주요 법칙이 무엇인지 규정해야 한다. 이제 우리는 이를 살펴볼 것이다.

16-1-4] 인격 발달의 역사는 우리의 모든 이전 연구에서 이미 제안된 몇 가지 기본 법칙으로 포괄할 수 있을 것이다.

16-1-5] 인격 형성의 기본 핵심을 이루는 고등심리기능의 발달과 구성의 첫 번째 법칙은 직접적이고, 선천적이며, 자연스러운 행동 방식에서 문화적 발달 과정 중 발생한 간접적이고, 매개적이며, 인공적인 심리적 기능으로의 이행 법칙이라고 칭할 수 있다. 개체발생의 이와 같은 이행은 인간 행동의 역사적 발달 과정에 상응한다. 이는 알려진 바와 같이, 자연적인 심리-생리적 기능의 새로운 획득이 아니라 기초적 기능의 복잡한 종합, 생각 형태와 방식의 개선, 새로운 생각 방식의 개발로 이루어져 있으며 이는 주로 말이나 다른 기호 체계에 의존한다.

16-1-6] 비자발적 단순 회상에서 기호에 의해 인도되는 회상으로의 전환은 비매개적 기능에서 매개된 기능으로의 전환의 가장 간단한 예로 들 수 있다. 이런저런 일이 일어났다는 것을 상기하기 위해 처음으로 어떤 외부적인 표시를 한 원시인은 이로써 이미 새로운 기억의 형태로 넘어간 것이다. 그는 외적인 인위적 수단을 도입하여 이를 통해 자신의 회상 과정을 통제했다. 연구에 따르면, 행동의 역사적 발달의 전체 노정은 이러한 수단들의 지속적인 개선으로, 자기 심리 조작을 숙달하는 새로운 방법과 형태의 개발로 이루어졌으며, 이로써 이런저런 심리 조작의 내적 구조는 행동의 역사적 발달 과정에서 불변으로 남지 않고 깊은 변화를 겪었다. 우리는 이 행동의 역사에 대해 여기서 자세히 언급하지 않을 것이다. 다만 우리는 어린이와 청소년 행동의 문화적

발달이 기본적으로 이와 동일한 발달 유형에 속한다는 것만 언급하고자 한다.

16-1-7] 이렇게 우리는 행동의 문화적 발달이 인류의 역사적, 사회적 발달과 밀접하게 연결되어 있음을 본다. 이는 우리를 두 번째 법칙으로 이끄는데, 이 역시 계통발생과 개체발생에 공통되는 몇몇 규칙성을 표현한다. 이 두 번째 법칙은 다음과 같이 공식화할 수 있다. 인격 구조의 기본 핵심을 구성하는 고등심리기능의 역사적 발달을 고찰하면서 우리는 고등심리기능들 사이 관계가 한때는 사람들 간의 실제 관계였음을 발견한다. 즉 집단적, 사회적 행동 형태는 발달 과정에서 개인적 적응 방식, 행동과 생각의 개인적 형태가 된다.

16-1-8] 모든 복잡한 고등행동형태는 바로 이러한 발달 경로를 보인다. 지금 한 사람에게서 결합되어 있으며 우리가 복잡하고 고등한 내적 심리 기능의 단일한 전체적 구조라고 생각하는 것은, 발달 역사상 한때 각각의 사람들 사이에 퍼져 있던 각각의 기능들로부터 형성된 것이다. 간단히 말해 고등심리기능은 집단적, 사회적 행동 형태에서 생겨난다.

16-1-9] 우리는 세 가지 간단한 예를 통해 이 기본 법칙을 설명할수 있을 것이다. 볼드윈, 리냐노, 피아제와 같은 여러 저자들은 어린이의 논리적 생각이 어린이 집단에서 논쟁이 어떻게 출현하고 발달하는지에 비례해 발달한다는 것을 보여 주었다. 다른 어린이와의 협력 과정을 통해서만 어린이 자신의 논리적 생각 기능이 발달한다. 우리가 이미 인용한 피아제의 명제는 협력만이 어린이의 논리 발달로 이어진다고 말한다. 자신의 연구에서 이 저자는 발달하는 협력에 기반하여 그리고 특히 실제 논쟁, 실제 토론의 출현과 관련하여, 어린이가 어떻게 처음으로 자신과 상대방에게 생각을 구체화하고, 입증하고, 확인하고, 검증할 필요에 직면하게 되는지 단계별로 추적할 수 있었다. 나아가 그는 어린이

집단에서 일어나는 논쟁, 충돌이 논리적 생각을 일깨우는 원동력일 뿐
아니라 그 발생의 초기 형태라는 것을 발견했다. 초기 발달 단계를 지
배하며, 체계화와 연결의 부재로 특징지어지는 생각의 특성이 사라지는
것은 어린이 집단에서 논쟁이 나타나는 것과 일치한다.

*E. 리냐노(Eugenio Rignano, 1870~1930)는 이
탈리아의 생물학자, 철학자, 사회학자였다. 볼드윈
과 마찬가지로 그는 인간의 학습이 자녀에게 전
달되는 것처럼 보이며, 이것이 배우자의 선택에 영
향을 미치고 결과적으로 진화의 과정을 변화시킬
수 있다고 생각했다. 그는 볼드윈보다 더 나아가,
이후 '창발적 진화'라고 불리게 되리라고 주장했
다. 그는 의식과 문화가 순수한 다윈 이론의 틀 내에서는 설명될 수 없
다고 믿었지만, 본능에 의해 주어진 요소를 무작위로(의식), 의도적으
로(문화) 결합한 것으로 둘 모두를 설명할 수 있다고 생각했다. 그는 중
국 공산당을 창설한 리다자오와 이후 시진핑에게 큰 영향을 미쳤다.

16-1-10] 이러한 일치는 우연이 아니다. 바로 논쟁의 출현이 어린이
가 자신의 의견을 체계화하도록 이끈다. 자네는—마치 한 사람이 이전
에 타인에게 적용했던 행동의 형태와 방법들을 자신에게 반복했던 것
과 같이— 모든 숙고가 내면화된 논쟁의 결과라는 것을 보여 주었다.
피아제는 결론짓는다. "우리의 연구는 이러한 관점을 온전히 지지한다."

16-1-11] 이처럼 우리는 어린이의 논리적 숙고는 마치 자기 인격 내
부로 옮겨진 논쟁과 같으며, 집단적 행동 형태가 어린이 문화발달 과정
에서 인격 자체의 내적 행동 형태, 어린이 생각의 기본 수단이 된다는
것을 본다. 규칙에 기반을 둔 집단적 어린이 놀이 과정에서 발달하는
어린이의 자기통제나 의지적 자기조절 발달과 관련해서도 동일하게 말

할 수 있다. 자기 행동을 다른 이의 행동에 맞추어 어울리도록 하는 것을 배우며, 직접적 충동을 누르고 이런저런 놀이의 규칙에 자기 활동을 종속시키는 것을 배우는 어린이는 처음에는 이 모두를 전체 어린이 놀이 집단 속 한 모둠의 구성원으로서 성취한다. 이러한 규칙 준수, 직접적인 충동의 극복, 개인 행동과 집단 행동의 조화는 논쟁과 마찬가지로 처음에는 어린이들 사이에서 나타나는 행동 형태이며, 오직 이후에야 어린이 자신의 개인적 행동 형태가 된다.

16-1-12] 마지막으로, 사례를 계속 열거하는 대신, 우리는 문화적 발달 전체의 중심적이고 선도적 기능을 지적할 수 있다. 이 기능의 운명은 사회적 행동 형태로부터 개인적인 행동 형태로의 이러한 이행 법칙―이는 또한 고등행동형태의 사회적 발생 법칙이라 부를 수 있을 것이다―을 더없이 명확하게 입증해 줄 것이다. 즉 처음에는 연결의 수단, 의사소통의 수단, 집단적 행동의 조직 수단인 말이 이후에는 생각과 모든 고등심리기능의 기본 수단이 되며, 인격 형성의 기본 수단이 된다. 사회적 행동의 수단이자 개인적 생각의 수단으로서의 말의 통합은 우연일 수 없다. 그것은 우리가 이미 앞서 언급했던 것처럼 고등심리기능 구성의 기본적인 근본 법칙을 가리킨다.

16-1-13] P. 자네가 보여 주었듯이 그 발달 과정에서, 처음에 낱말은 대타적 명령이었고, 이후 기능의 변경은 낱말을 행위로부터 분리했다. 이는 명령 수단으로서 낱말의 독립적 발달과, 이 낱말에 종속된 행위의 독립적 발달을 초래했다. 맨 처음에 낱말은 행위와 연결되어 있어 그로부터 분리될 수 없다. 그 자체가 행위 형태 중 하나일 뿐이다. 의지적 기능이라고 칭할 수 있을, 낱말의 이 고대적 기능은 오늘날까지 남아 있다. 낱말은 명령이다. 낱말은 모든 형태로 명령을 나타내며, 낱말에 속하는 이러한 명령 기능과 지배 기능은 언어적 행동에서 지속적으로 구분되어야 한다. 이는 근본적 사실이다. 타인과의 관계에서 명령 기

능을 수행했다는 바로 그 이유 때문에, 낱말은 자기 자신과의 관계에서 동일한 기능을 수행하기 시작하고 자기 행동을 숙달하는 기본 수단이 된다.

A. 브루예(André Brouillet)의 「살페트리에르 병원에서 임상 수업」 (1887)은 몰입된 남자들이 있는 강의실 앞에 나와 옷섶이 헤쳐진 여성에게 최면을 거는 장 마르탱 샤르코를 보여 준다. 강의실에는 샤르코와 함께 일했고 이러한 모임에 종종 참석했을 프로이트와 자네도 있었겠다. 프로이트와 자네는 같은 강의실에서 시작했지만 매우 다른 직업적 경로를 택했다. 이 그림의 석판화를 자신의 유명한 소파 위에 걸어 두었던 프로이트는 부유한 고객을 대상으로 진료를 시작했다. 프로이트는 사회적 행동 발달 노선보다는 무의식적 행동의 생물학적, 특히 성적 발달 노선을 추적했다. 공중보건의이자 콜레주 드 프랑스의 교수였던 자네는 한 인간의 마음이 어떻게 다른 사람의 마음을 마비시키고 지배하게 되는지에 훨씬 더 흥미를 보였다.

자네는 타인 모방이 사회적 성향을 낳는다고 믿었다. 초기 인류의 사냥 무리는 소규모의 공동 모방자로 이루어져 있었다. 이들은 처음에는 사냥감을 모방하여 소리를 내며 사냥을 했고, 이후에는 서로를 모방하여 소리를 냈다. 어느 순간 연장자들은 실제 사냥은 하지 않고 그저 소리만 냈고, 이 소리들이 명령이 되어 연장자들은 주인이 되고 젊은 사냥꾼들은 그들에게 복종하게 되었다.

자네가 모든 낱말은 암시적 명령을 포함한다고 말할 때, 그것은 단지 낱말이 명령에서 비롯되었다는 의미가 아니다. 자네가 말하는 것은 모든 낱말이 '잘 들어!'라는 암시적 명령을 포함한다는 것이다. 모든 대화에서 말하는 사람과 듣는 사람의 지배적 역할이 번갈아 가며 이루어지기 때문에, 어떻게 언어가 사람들 간의 명령과 통제의 수단에서 자기 지시적 명령과 통제의 수단으로 이동하는지 쉽게 알 수 있다.

방의 뒷벽에 있는 그림 안의 그림에 주목해 보자. 그것은 경련으로 마비된 또 다른 젊은 여성 환자를 보여 준다. 샤르코는 심리학자가 아니라 신경학자였다. 최면에 대한 그의 관심은 무의식이나 언어의 사회적 기원이 아니라 보통 여성에게 나타나는 소위 '히스테리'라 불리는 신경 마비의 기제에 있었다.

Janet, P.(1912). Des tendances sociales et du langage(사회적 성향과 언어에 대하여). Annuaire du Collège de France, 12, 38-41.

16-1-14] 바로 여기서 낱말의 의지적 기능이 나타나며, 바로 이로 인해 낱말에 운동 반응이 종속되고, 바로 이로부터 행동에 대한 낱말의 지배가 나타난다. 이 모든 것 뒤에는 명령의 실제 기능이 있다. 다른 심리적 기능에 대한 낱말의 심리적 지배 뒤에는, 앞서 명령권자가 하급자에 대해 가졌던 지배가 있다. 이것이 자네의 전체 이론의 기본 아이디어다. 동일한 일반 명제는 다음과 같은 형태로 표현될 수 있을 것이다. 어린이 문화적 발달에서 모든 기능은 무대에 두 번, 두 측면에서 등장한다. 첫 번째는 사회적 측면이고 다음은 심리적 측면이다. 첫째는 사람들 사이 협력의 형태로 집단적, 심리적 범주로 나타나며, 그다음에는 개인 행동의 수단으로 심리적 범주로 나타난다. 이것은 모든 고등심리

기능의 구성에 대한 일반 법칙이다.

16-1-15] 이처럼 고등심리기능의 구조는 사람들 사이의 집단적 사회관계의 거푸집을 보여 준다. 그것은 개인 인격의 사회적 구조화의 기초를 형성하는, 인격으로 이행한 사회 질서의 내적 관계에 불과하다. 인간의 본성은 사회적이다. 그렇기 때문에 어린이의 사고력 발달에 외적, 내적 말의 사회화가 결정적 역할을 한다는 점에 주목해야 한다. 우리가 보았듯 동일한 과정이 어린이의 도덕성 발달에서 일어나며, 그 구성 법칙은 어린이의 논리 발달 법칙과 동일하다.

16-1-16] 이 관점으로, 잘 알려진 표현을 다르게 말하면 사람의 심리적 본성은 내부로 이행되어 인격의 기능, 구조의 역동적 부분이 된 사회적 관계의 총체라고 할 수 있다. 오래전 연구자들이 언급했듯이 사람들 사이 외적 사회관계의 이와 같은 내적 이행은 인격을 형성하는 기초를 구성한다. K. 마르크스는 말한다. "어떤 의미에서 사람은 상품과 비슷한 면이 있다. 그는 거울을 손에 쥔 채 태어나지 않고, '나는 나'로 충분하다는 피히테와 같은 철학자로 태어나지도 않았기에, 그는 다른 사람에게서 처음 스스로를 보고 인식하게 된다. 베드로는 자신과 같은 부류로서 바울과 스스로를 비교하며 인간으로서 자기정체성을 정립한다. 그와 동시에 바울은 바울로서의 인격 그대로 베드로에게 사람 속屬의 전형이 된다.

> 첫째 줄에 쓰인 '잘 알려진 표현'은 마르크스의 『포이어바흐에 관한 여섯 번째 테제』(1845)이다.
>
> "포이어바흐는 종교적 본질을 인간의 본질 속에 녹여 낸다. 그러나 인간의 본질은 각 개인에 내재된 추상이 아니다."
>
> "실제로 그것은 사회적 관계의 총체이다."
>
> "이 본질에 대한 비판을 시작하지 않는 포이어바흐는 결과적으로

다음과 같이 떠밀리게 된다. 역사적 과정에서 추상화하여 종교적 감정을 그 자체로 고정시키며, 추상화되고 고립된 인간 개인을 상정한다."

"따라서 본질은 속屬으로만, 많은 개인을 자연스럽게 뭉뚱그리는 내적이고 어리석은 일반성으로만 이해할 수 있다."

포이어바흐는 신이 인간을 창조한 것이 아니라 (환경과 자신의 본성과의 관계를 신 이외의 다른 방식으로 설명할 수 없는) 인간이 신을 창조했다고 주장한다. 따라서 인간이 신에게서 보는 것은 단지 자신의 본질이다(이는 제우스나 예수 같은 거의 모든 신이 인간처럼 보이는 이유를 설명한다). 그러나 마르크스는 포이어바흐를 다음과 같이 비판한다. "그는 인간의 본성은 각 개인에게서 발견되는 추상화된 '인간다움'이 아니라고 말한다. 그것은 사실 인간에게 신성한 영혼이 있다고 말하는 한 방법일 뿐이다. 대신 인간의 본성은 인간의 사회적 관계의 총체이다."

마르크스 초기 작품인『포이어바흐에 관한 테제』는 비고츠키를 마르크스의 후기 작품인『자본론』1권 각주 19로 이끈다. 마르크스는 인간 노동력에서 가치가 어떻게 발생하는지 논의해 왔지만, 가치는 인간 노동력 그 자체가 아니라 한 상품을 다른 상품과 교환할 수 있는 능력에서만 나타난다고 논한다. 이 각주에서 마르크스는 인간의 가치가 태어나면서 주어지는 것은 아니라고 말한다. 아기가 태어나자마자 거울을 보거나 이름 또는 1인칭 대명사로('나'는 '나'이다) 자신을 밝히지 않기 때문이다. 상품이 다른 상품이나 화폐로 교환될 때만 가치가 인식되는 것처럼 인간은 타인과의 '교환'을 통해서만 자신을 인식한다.

두 팔은 엇갈리지만 사실 서로 닿아 있지 않음을 주목하자(베드로 손목에 바울의 손그림자가 드리워져 있다). 그들은 아이처럼 다투는 듯하다. 베드로는 바울의 주장을 수긍하는 듯 시선을 아래로 두고 손가락은 바울 쪽을 가리킨다. 하지만 후광이 있고, 어렴풋하게 보여도 왼손에 천국 열쇠를 쥔 사람은 베드로이다.

엘 그레코(El Greco), 성 베드로와 성 바울(1590~1600?).

16-1-17] 이 두 번째 법칙과 연결된 세 번째 법칙은 외부에서 내부로의 기능 이행 법칙으로 공식화할 수 있다.

16-1-18] 이제 우리는 사회적 형태의 행동이 개인적 행동 체계로 이행하는 초기 단계가, 고등 형태의 행동은 처음에 외적 조작의 특성을 보인다는 사실과 필연적으로 연결되는 이유를 이해한다. 기억과 주의 기능은 그 발달 과정에서 먼저 외적 기호의 활용과 연결된 외적 조

작으로 구축된다. 왜 그런지는 분명하다.

16-1-19] 이미 언급했듯 결국 그것들은 원래 집단적 행동 형태, 사회적 연결 형태였다. 이 사회적 연결은 기호 없이 직접적 교류를 통해 실현될 수 없었고, 바로 이 사회적 수단은 여기서 개인적 행동 수단이 된다. 따라서 기호는 언제나 먼저 타인에게 영향을 미치는 수단이고 그 후에야 자신에게 영향을 미치는 수단이 된다. 타인을 통해 우리는 우리 자신이 된다. 이로부터 모든 내적인 고등 기능이 필연적으로 외적이었던 이유가 명백하다. 그러나 모든 외적 기능은 발달 과정에서 내면화되고 내적이 된다. 개인적 행동 형태가 되면서 그것은 긴 발달 과정에서 외적 조작의 특징을 잃어버리고 내적 조작이 된다.

16-1-20] 자네는 말한다. "어떻게 말이 내적인 것이 되었는지 이해하기 어렵다. 나는 이 문제가 너무 어려워서 기본적인 생각의 문제가 되며, 사람들은 이를 매우 느리게 해결하고 있다고 생각한다. 외적 말이 내적 말로 이행이 완료되기까지 수 세기의 진화가 필요했고, 자세히 살펴보면 지금도 내적 말을 숙달하지 못한 거대한 인간 집단이 있다." 자네는 모든 인간에게 발달된 내적 말이 존재한다는 생각을 깊은 환상이라고 부른다.

16-1-21] 우리는 이전 장 가운데 하나에서 유년기의 내적 말로의 이행을 설명했다. 우리는 어린이의 자기중심적 말이 외적 말에서 내적 말로 이행하는 과정에서 드러나는 형태이며, 어린이의 자기중심적 말은 외적 말과는 전혀 다른 심리적 기능을 수행하는, 자기 자신을 향한 말이라는 것을 보여 주었다. 이처럼 우리는 말이 생리학적으로 내적이기 전에 심리적으로 내적이 된다는 것을 보여 주었다.

러시아어 편집자들은 '이전 장'에 선집 2권 314~331쪽이라는 각주를 달았으며 영문판 편집자들 역시 선집 1권 71~76쪽이라는 각주를 달았다. 이 모두는 각 언어의 선집에 『생각과 말』이 포함된 부분이다. 즉, 편집자들은 비고츠키가 『생각과 말』을 언급하는 것으로 간주한다. 그러한 가능성은 적다. 이 원고가 출판된 당시 『생각과 말』은 출판되지 않았으며 자기중심적 말에 대한 피아제의 실험을 비고츠키가 재연한 연구(『생각과 말』 7장)도 아직 쓰이지 않았다. 따라서 여기서 비고츠키가 지적하는 부분은 이 책의 11장인 고등정신기능 발달(11-5-29~11-5-39)일 가능성이 훨씬 크다.

16-1-22] 이러한 외부에서 내부로의 추후 이행 과정에 대해 더 숙고하지 않아도, 우리는 이것이 모든 고등심리기능의 공통된 운명이라고 말할 수 있을 것이다. 그리고 우리는 바로 내부로의 이런 이행이 이행적 연령기에 그러한 기능 발달의 주요 내용을 이룬다는 것을 보았다. 긴 발달의 경로를 통해 기능은 외적 형태에서 내적 형태가 되고, 이 과정은 이행적 연령기에 완료된다.

16-1-23] 이와 관련하여, 이러한 기능들의 내적 특성의 형성과 매우 밀접하게 연결된 다음과 같은 계기도 있다. 고등심리기능은, 우리가 이미 반복적으로 언급했듯이, 자기 자신의 행동 숙달에 기반하고 있다. 우리는 이러한 자기행동숙달이 존재할 때야 비로소 인격 형성에 대해 말할 수 있다. 그러나 숙달은 그 전제 조건으로 자기 심리적 조작 구조를 의식에 반영하는 것, 언어적으로 반영하는 것을 전제한다. 왜냐하면 우리가 이미 앞에서 언급했듯이, 이 경우도 자유는 인식된 필연에 지나지 않기 때문이다. 이와 관련하여 우리는 언어가 의지로 변형된다고 말하는 자네에 동의할 수 있다. 그는 말한다. "우리가 의지라 일컫는 것은 말로 하는 행동에 지나지 않는다. 말이 없는 의지는 존재하지 않는다. 말은 때로는 숨겨진 형태로 때로는 열린 형태로 의지적 행위에 들어간다." 이렇게 인격 구성의 토대가 되는 의지도 실제로는 원래 사회적 행

동 형태인 것으로 밝혀졌다. 자네는 말한다. "모든 의지적 과정에는 말이 존재하며, 의지는 타인에 의한 것이든 자기 자신에 의한 것이든 말을 행위의 수행으로 바꾸는 것에 지나지 않는다. 개인의 행동은 사회적 행동과 동일하다. 행동 심리학의 가장 근본적인 법칙은, 우리가 타인에 대해 행동하는 것과 같은 방식으로 자기 자신에 대해 행동한다는 사실이다. 자기 자신에 대한 사회적 행동이 존재하며, 우리가 타인에 대한 명령 기능을 습득했다면, 자신에 대한 이 기능의 적용은 이미 본질적으로 동일한 과정을 나타낸다." 그러나 이미 말했듯이 자기 자신의 행위를 자신의 권위에 종속시키는 것은 필연적으로 이러한 행위에 대한 의식적 파악을 그 전제 조건으로 요구한다.

16-1-24] 우리는 자기성찰, 즉 자기 심리 조작에 대한 자각이 어린이에게 비교적 후에 나타나는 것을 보았다. 이런 자기 인식 과정이 어떻게 나타나는지 추적하면 그것이 고등행동형태 발달 역사에서 세 가지 단계를 거친다는 것을 알 수 있다. 처음에는 모든 고등행동형태가 외적 측면에서만 어린이에 의해 습득된다. 객관적인 측면에서 그것은 그 안에 이미 고등 기능의 모든 요소를 포함하지만, 주관적으로는 이것을 아직 깨닫지 못한 어린이 자신에게 순전히 자연적, 선천적 행동 방식이다. 타인들이 이러한 자연적 행동 형태에 특정한 사회적 내용을 채우는 덕분에, 그것은 대자적이 되기 전에 먼저 대타적으로 고등 기능의 의미를 획득한다.

16-1-25] 장기간에 걸친 발달 과정에서 마침내 어린이는 이 기능의 구조를 깨닫기 시작하고, 자신의 내적 조작을 통제하고 조절하기 시작한다.

16-1-26] 우리는 자기 기능에서의 이러한 발달 순서를 가장 간단한 사례에서 추적할 수 있다. 어린이의 최초의 가리키는 몸짓을 살펴보자. 이는 잡으려다 실패한 몸짓일 뿐이다. 어린이는 멀리 있는 대상에

손을 뻗지만 닿지 못하고 손은 대상을 향한 채로 뻗어 있다. 우리는 객관적 의미에서의 가리키는 동작을 본다. 어린이의 움직임은 잡는 움직임이 아니라 가리키는 움직임이다. 그것은 대상에 영향을 미치지 못한다. 그것은 주변 사람들에게만 영향을 미칠 수 있다. 그것은 객관적 측면에서 외부 세계를 향한 행위가 아니라 이미 어린이 주변의 사람들에게 사회적 작용을 하는 수단이다. 그러나 이는 오직 객관적 측면에서의 입장이다. 어린이 자신은 대상을 향해 뻗는다. 공중에 뻗어 있는 어린이의 손이 이 자세를 유지하는 것은 오직 대상의 최면적 힘 덕분이다. 가리키는 몸짓 발달에서 이 단계를 우리는 즉자적 몸짓 단계라고 부를 수 있을 것이다. 이후에 다음의 일이 일어난다. 어머니는 어린이에게 대상을 건네준다. 어린이보다 어머니에게 먼저 이 실패한 잡기 움직임은 가리키는 몸짓으로 변화되며 어머니가 그렇게 이해한 덕분에 객관적으로 이 움직임은 진정한 의미에서의 가리키는 몸짓으로 점차 변화한다. 이 단계를 대타적 가리키는 몸짓 단계라고 부를 수 있을 것이다. 훨씬 후에야 이 동작은 대자적 가리키는 몸짓, 즉 어린이 스스로가 의식하고 의도한 동작이 된다.

16-1-27] 이와 동일하게 어린이의 첫마디 말은 감정적인 울음에 지나지 않는다. 그것은 어린이가 표현의 수단으로 의식적으로 사용하기 훨씬 전에, 어린이의 이런저런 요구를 객관적으로 표현한다. 그러면 또다시 타자들이 어린이보다 먼저 어린이의 이런 감정적 말들을 특정한 내용으로 채운다. 이처럼 어린이 첫 낱말의 객관적 의미는 어린이 자신도 모르게 주위 사람들에 의해 만들어진다. 그런 후에야 그런 말들은 어린이에 의해 의도적이고 의식적으로 사용되는, 대자적 말로 변한다.

16-1-28] 우리는 조사 과정에서 기능들이 발달 중에 이 세 가지 기본 단계를 통과하는 일련의 전체적인 사례를 보았다. 우리는 어린이

의 말과 생각이 실행적 상황에서 어떻게 처음으로 그의 의도와는 별개로 객관적으로 마주치게 되는지, 이 두 활동 형태 간의 연결이 처음에 어떻게 **객관적으로 생겨나게 되는지**, 그리고 그 후에야 비로소 그것이 어떻게 어린이 자신에게 의미를 가진 연결이 되는지 보았다. 모든 심리 기능은 발달 중에 이 세 단계를 통과한다. 최고 단계에 올라갔을 때만, 그것은 본래의 의미에서 인격의 기능이 된다. 이렇게 우리는 청소년 인격의 역동적 구조에서 복잡한 규칙성이 어떻게 나타나는지 본다.

16-1-29] 일반적으로 인격이라고 불리는 것은 바로 이 시기에 발생하는 인간의 자기 인식일 뿐이다. 사람의 새로운 행동은 대자적 행동이 되며, 사람은 자신을 어떤 통일체로 인식한다. 이것은 전체 이행적 연령기의 최종 결과이자 중심점이다. 어린이와 청소년 인격의 차이는 심리적 작용에 대한 언어적 표현법의 특정한 차이를 통해 비유적으로 표현할 수 있을 것이다.

16-1-30] 알려진 바와 같이, 많은 연구자들이 다음과 같은 질문을 했다. 왜 우리는 인격의 특성이 (외적 과정이 아닌-K) 심리적 과정에 기인한다고 보는가? 우리는 "나는 생각한다"라고 해야 할까 아니면 "나에게 생각이 든다"라고 말해야 할까? 왜 행동의 과정을, 다른 모든 과정과의 연결로 인해 스스로 발생하는 자연적인 과정으로 간주하지 않고, 생각에 대해서는 우리가 "어둑어둑해지다" 또는 "밝아지다"와 같은 비인칭 동사와 다르게 말하는가? 알다시피, 그러한 표현은 많은 연구자들에게 유일한 과학적인 방법인 것처럼 보였고 특정 발달 단계에서는 실제로 그렇다. 우리가 "내게 꿈이 보인다"라고 말하는 것과 같이, 어린이는 "내게 생각이 든다"라고 말할 수도 있다. 어린이 생각의 흐름은 우리의 꿈만큼이나 비의지적이다. 그러나 포이어바흐의 유명한 표현에 따르면, 생각이 생각하지 않는다—사람이 생각한다.

엘 그레코, 다섯 번째 봉인의 해체(1608~1614).

　　요한묵시록에서 성 요한은 어린양의 이름으로 고난받은 자에게 흰 옷이 주어지는 환상을 보았다. 인류 역사에서 인간은 자신의 심리적 과정을 예언이나 계시 같은 외부에서 온 것으로 여겼다. 비고츠키가 지적했듯이 심리적 작용이 종종, 거의 완전히 우리 자신의 통제 밖에 있더라도 우리는 심리적 활동에 관한 어떤 환상도 가지지 않는다. 아마도 이것이 어린이가 처음에는 심리적 과정을 외적인 감정적 사건(예: 재미있다, 흥미롭다, 무섭다, 화를 내다)으로 여기나 이후에는 자신이 주체가 되는 내적인 합리적 행위(예: 생각한다, 내가 결정을 내린다)로 다루게 되는 이유일 것이다. 우리의 심리적 과정은 엘 그레코 그림에서 보이는 거친 날씨처럼 예측과 통제가 불가한 것으로 여겨졌다.

16-1-31] 이는 오직 청소년에 한해서만 적용된다. 심리적 작용들은 오직 인격에 대한 자기 인식, 인격의 숙달을 토대로 해서만 인격적 특성을 획득한다.

16-1-32] 흥미롭게도 이와 같은 용어 문제는 행위와 관련해서는 결코 일어날 수 없다. "나는 행동한다"라는 표현이 올바른지 의심하고, "나에게 행동이 나타난다"라고 말하려는 생각은 어느 누구의 머리에서도 떠오르지 않을 것이다. 우리가 스스로를 행동의 근원으로 느끼는 곳에서 우리는 우리 자신의 행위에 인격적 특성을 부여한다. 청소년은 자기 내적 조작에 대한 바로 이러한 숙달 단계에 올라선다.

2

16-2-1] 최근 이행적 연령기 교육학은 인격 발달 문제에 많은 관심을 기울였다. 슈프랑거가 이미 지적했듯 전체 연령기의 주요 특징 중 하나는 자신의 '자아'를 발견하는 것이다. 슈프랑거가 인격의 발견을 염두에 두고 있는 한, 우리가 볼 때 이는 잘못된 표현이다. 이행적 연령기에서의 인격 발달과 이 발달의 완성에 관해 말하는 것이 더 정확할 것이라고 본다. 슈프랑거는 어린이에게도 자신의 '자아'가 있다는 사실로 자신의 표현을 정당화한다. 하지만 어린이는 이 사실을 알지 못한다. 슈프랑거는 고유한 주의 전환, 내적 성찰, 즉 자기 자신을 향한 생각을 염두에 두고 있다. 자아성찰은 청소년기에서 발생하며 어린이에게는 불가능하다.

16-2-2] 최근에 부제만은 이행적 연령기의 성찰 및 그와 연관된 자기 인식 발달에 대한 조사를 위해 두 가지 특별한 연구를 수행했다. 우리는 이제 이 연구 결과를 잠깐 살펴보아야 한다. 그것이 이행적 연령

기 인격의 역동과 구조를 이해하는 데 풍부한 **사실적 자료**를 제공하기 때문이다.

*A. 부제만(Adolf Busemann, 1887~1967)은 사하로프 블록 실험(10장 참조)을 최초로 실시한 형태주의 심리학자인 N. 아흐의 제자로서, 교사 집안에서 나서 본인도 교사로 봉직했고 연구자와 교수로서 학계에 몸담았다. 그는 청소년이 쓴 글에서 동사와 형용사의 사용 비율을 비교 분석하는 방법을 개발하여 그 결과를 청소년의 지향성이 수동적-기술적인지 능동적-역동적인지 판가름하는 기준으로 사용했다. 사회주의 당원이었던 그는 1933년 나치가 집권하면서 교수직을 잃고 군에 징집되었다. 반히틀러 레지스탕스였던 딸과 동부전선에 참전했던 아들은 모두 전쟁에서 사망했다.

16-2-3] 부제만은 의식 자체는 원초적인(타고난 혹은 선천적인-K) 것이 아니라는 전적으로 바른 명제에서 시작한다. 유기체의 저차적 형태는 외부 환경과 상호작용하며, 유기체 자신과 상호작용하지 않는다. 자기 인식의 발달은 극도로 느리게 진행되며, 우리는 이미 원시 동물 형태에서 그 싹을 찾아야 한다. 엥겔스는 신경계 조직—이를 중심으로 몸의 나머지 부분이 구성된다—에 자의식의 출현을 위한 첫 발아가 이미 주어진다고 지적한다.

이 문단의 인용 출처는 F. 엥겔스의 『자연변증법』(1896/2001)이다. 이 책은 1926년 러시아와 독일에서 출판되었으며 비고츠키에게 큰 영향을 미쳤다. 다음은 엥겔스가 생물학에 대한 예비 노트에 쓴 짧은 글이다.

"척추동물. 그 본질적인 특징은 신경계를 중심으로 한 전신의 집단화이다. 이로써 자기-의식 등의 발달이 가능해진다. 다른 모든 동물에서 신경계는 부차적 문제이나, 여기서 그것은 전체 조직의 토대가 된다. 신경계는 어느 정도 발달하면(벌레의 머리 신경절의 후방 연장에 의해) 전신을 장악하고 자기 필요에 따라 신체를 조직한다."

16-2-4] 부제만이 유기체가 스스로와 갖는 가장 원시적 상호관계의 형태를 자기 인식의 생물학적 근원으로 간주하는 것은 매우 타당하다고 우리는 생각한다. 예를 들어, 딱정벌레 같은 곤충이 발로 날개를 조절할 때 다리들은 맞닿아 서로를 자극하며 곤충은 이를 외부 자극으로 지각한다. 나아가 일련의 생물학적 형태의 발달을 거쳐 이 과정은 자기 신체를 향하는 성찰—우리가 부제만을 따라 이 명칭을 외적 세계의 체험으로부터 자기 자신의 체험으로의 모든 전환으로 이해한다면—로 고양된다.

16-2-5] 저자가 정확히 지적한 바와 같이, 성찰 심리학은 현대 심리학의 광범위한 이론적 명제의 근본적인 수정을 요구한다. 인간을 자연적인 존재로 보는 심리학은 자기 인식의 발달 문제를 제기하지 않는다. 인간과 어린이의 역사적 발전을 고려할 때만, 우리는 이 문제의 정확한 수립에 도달한다.

16-2-6] 부제만은 어린이와 청소년의 자유 작문—여기에는 연구 대상이 성찰 혹은 자기 인식을 얼마나 숙달했는지 나타났다—을 토대로 성찰 및 그와 연결된 자기 인식 발달을 연구하는 것을 목표로 설정했다. 여기서 연구의 기본 결론으로 청소년의 환경과 자기 인식 사이의 밀접한 연결이 밝혀졌다.

16-2-7] 우리가 위에서 언급했던 것에 완전히 일치하게도, 부제만은 슈프랑거가 묘사한 청소년 인격의 삶의 형태가 청소년의 환경 중 특정 유형에만 관련된다는 것을 발견했다. 이를 다른 사회 계층에 전치하는 것은 사실에 의해 정당화되지 않는다. 이 구조를 프롤레타리아 청년

이나 농민 청년에 이동시키는 것은 전적으로 용납 불가한 것이다.

16-2-8] 부제만의 첫 번째 연구는 청소년이 속한 사회적 환경에 따라 청소년의 자기 인식과 인격의 발달과 구조에 엄청난 차이가 있음을 보여 주었다. 어린이와 청소년은 "나의 좋은 점과 나쁜 점", "나는 누구이며 어떤 사람이 되어야 하는가", "나는 나 자신에 만족할 수 있는가, 혹은 나 스스로 만족하는가"와 같은 주제로 글을 작성해야 했다. 여기서 저자는 이런저런 답변의 신뢰성이 아니라, 이러한 질문들에 대한 대답의 성격 자체에 관심이 있었고, 이를 통해 청소년의 자기 인식이 얼마나 발달했는지 또는 발달하지 못했는지 판단할 수 있었다.

16-2-9] 저자 자신의 말로 표현하면, 근본적인 사실은 사회적 지위와 성찰 간의 연결이다. 또 다른 근본적인 사실은 이 자기 인식의 과정은 한 번에 완전하게 나타나는 고정되고 안정된 능력이 아니라는 것이다. 이 과정은 긴 발달을 겪는데, 이는 이 발달의 정도를 구분할 수 있게 해 주고, 이런 점에서 각 사람을 서로 비교할 수 있게 해 주는 다양한 단계를 거친다. 이 자기 인식 기능의 발달은 여섯 가지의 서로 다른 측면으로 일어나며, 이로부터 청소년의 자기 인식 구조를 특징짓는 주요 계기가 기본적으로 형성된다.

16-2-10] 첫 번째 측면은 자신의 자아상의 단순한 성장과 증가이다. 청소년은 점점 더 자신을 인식하기 시작한다. 이 지식은 점점 더 타당해지고 (논리적-K) 연관성을 갖게 된다. 자기 자신에 대한 완전히 순진한 무지함과, 사춘기가 끝날 무렵의 청소년들에게서 종종 나타나는 풍부하고 심오한 지식 사이에는 많은 중간 단계들이 있다.

16-2-11] 자기 인식 발달에서의 두 번째 측면은 이 과정을 외부로부터 내부로 이끈다. 부제만은 말한다. "처음에 어린이는 자신의 신체만을 안다. 12세에서 15세가 되어서야 다른 사람들에게도 내면세계가 존재한다는 인식이 나타난다. 자아상은 내면으로 이동한다. 처음에 그것

은 꿈과 느낌을 포함한다." 중요한 것은 이러한 측면의 발달이 첫 번째 측면에서의 자기 인식 성장과 평행하게 나아가지 않는다는 사실이다. 아래 제시된 표에서 우리는 이행적 연령기 시작에 나타나는 이러한 외부로부터 내부로의 이행의 성장과, 이 과정의 환경에 대한 의존성을 본다. 우리는 농촌 어린이가 외적 자기 인식 단계에 훨씬 더 길게 갇혀 있음을 본다.

엘 그레코, 회심자 막달라 마리아, 1585.

「다섯 번째 봉인의 해제」(16-1-31 글상자 참조)와 비교해 보자. 앞에서는 자기 인식조차 외부에서의 계시로 그려졌지만, 여기서는 환경에 대한 의식조차 내부 세계의 반향이다. 마리아의 머리 위 구름 부분이 겸손한 내면의 면류관을 암시하는 반면, 머리카락 대신 나뭇잎으로 장식된 바위가 필멸의 두개골과 무척 닮았음에 주목하자.

부제만의 첫 번째 발달 방향은 비고츠키가 11장(11-1 참조)과 다른 곳에서 논의한 '기능의 상향 이동'과 유사하다. 비고츠키가 지적했듯 신체에 대한 의식은 우리나 딱정벌레나 같지만, 청소년기가 근대 인류의 신형성이듯, 자기 인식은 청소년기의 신형성이다. 한편으로, 『계시록』에서 사도 요한이 그랬듯, 오직 외부로부터만 자아를 인식하는 것이 가능하다. 사도 요한의 환상은 자기의 생각이 아닌 타자의 판단에 의지한 객관적인 것이었다. 다른 한편으로, 마리아의 자아는 지각이 아니라 기억, 그리고 무엇보다 생각과 자신의 판단에 달려 있다. 따라서 이 두 번째 차원은 실제로 비고츠키가 11장(11-5 참조)에서 논의한 '외적 기능의 내부 전이' 법칙과 동일하다.

부제만은 분명 시골 어린이가 생활 조건(예를 들어, 밭일을 위한 강한 신체의 필요성)에 따라 외적 자기 인식 단계에서 지체된다고 생각한다. 마찬가지로, 소녀들이 복종 도덕의 단계에서 더 자주 지체된다는 부제만의 진술(16-2-15)은 그들의 사회적 조건에 기인한 것으로 보인다. 그런데 부제만의 데이터는 이 진술과 완전히 모순된다. 부제만은 (엘 그레코의 작품처럼) 소녀들 내면의 도덕적 사고가 더 풍부하고 일찍 나타남을 보여 준다(16-3-13~20 참조).

이 문단과 관련된 표는 분명히 러시아어 선집에서 〈표 15〉로 병합된, 저자본의 〈표 8〉과 〈표 9〉이다. 하지만 저자본이든 선집본이든 모두 여기에 〈표 8〉과 〈표 9〉를 넣지 않았다. 저자본에서는 이 문단 아래에 도덕적 판단에 관한 〈표 12〉가 삽입되어 있다. 러시아어 선집에서는 〈표 5〉를 삽입했는데, 이는 〈표 12〉와 거의 같은 표로, 열과 행이 바뀐 정도의 차이뿐이다. 아래 표는 러시아어 선집의 〈표 15〉를 기반으로 한다.

〈표 15〉 부제만의 연구에서 인용(러시아어 선집, 저자본에서는 〈표 8〉과 〈표 9〉)

환경	작문에서 자신의 몸에 대해 언급한 비율		성 (느낌만)	작문에서 자신의 감정에 대해 언급한 비율	
	9~11세	12~14세		9~11세	12~14세
시골	63.2%	40.8%	남	20%	18%
			여	16%	29%
도시	15.5%	4.7%	남	28%	38%
			여	20%	52%

16-2-12] 자기 인식 발달의 세 번째 측면은 자기 인식의 통합이다. 청소년은 점점 더 자신을 하나의 통일체로 의식하기 시작한다. 개별적 특성은 자기 인식 속에서 점점 더 성격의 특성이 된다. 그는 자신을 무언가 전체적인 것으로 지각하기 시작하고, 자신의 개별적 표현 각각을 이 전체의 일부로 지각하기 시작한다. 여기서 우리는 연령과 사회적 환경에 따라 어린이가 점차적으로 통과하게 되는, 서로 질적으로 다른 일련의 전체 단계를 관찰한다.

16-2-13] 자기 인식 발달에서 네 번째 측면은 주위 세계로부터 자기 인격을 구분 짓는 것, 인격의 차이와 고유함을 의식하는 것에 있다. 이 측면으로 자기 인식이 극단적으로 발달하면 종종 이행기를 특징짓는 고립, 고통스러운 단절의 체험으로 이어진다.

16-2-14] 발달의 다섯 번째 노선은 어린이와 청소년들이 자신의 인격을 평가하기 위해 적용하기 시작하는, 정신적 판단 척도로의 전환으로 이루어진다. 그들은 이 척도를 객관적인 문화에서 가지고 오며 단순히 생물학에 기반하지 않는다. 부제만은 말한다. "11살까지 아이는 강함과 약함, 건강과 아픔, 아름다움과 못생김의 척도로 자기 자신을 판단한다. 14세에서 15세 사이의 시골 청소년들은 종종 이러한 생물학적 자기 평가의 단계에 머무른다. 그러나 복잡한 사회관계와 더불어 발달

은 매우 빠르게 진행된다. 무게중심은 이러저러한 행동 능력으로 옮겨
진다. 신체적 미덕과 아름다움이 전부인 '지크프리트 도덕'의 단계 뒤
에, 어린이의 정신적 도덕 발달이 이어진다. 어린이는 어른들의 존중을
얻어낼 수 있는 이런저런 일을 할 수 있다는 것에 자부심을 느낀다."

O. 폰 리히터(Otto von Richter), 바그너의 '지크프리트'에서 이모를 만나는 지크프리트,
1892.

   소비에트 편집자들은 여기에 '내적, 도덕적 기준'이라는 각주를 덧붙
인다. 그러나 여기에 포함된 의미는 그보다 큰 것으로 보인다. '지크프
리트적 도덕성'은 뛰어난 외모뿐 아니라 (종종 소년들과 연관 지어지는) 폭
력적, 근친상간적 충동을 시사한다. 지크프리트는 바그너의 오페라 〈니
벨룽겐의 반지〉에서 두 번째 밤에 해당하는 작품 제목이다. 여기서 주
인공들은 단지 잘생겼다는 이유로 온갖 행동을 한다. 지그문트는 처남
을 죽이고 쌍둥이 동생을 겁탈하여 지크프리트를 낳았다. 지크프리트
는 자신을 길러 준 미메를 죽이고 반지를 지키던 자신의 할아버지 알
베리히를 모욕하고 때리며 이모이자 고모인 브륀힐데와 잠자리를 갖는
다. 바그너에게 영감을 주었던 니체는 다시 바그너의 작품에(음악이 아
닌 내포된 도덕성에) 깊은 인상을 받는다.

〈표 12〉 도덕적 인격에 대한 판단 빈도(부제만의 자료에서 인용)

성	환경	11세	12세	13세	14세
남	교육받지 않은 노동자	0	5	13	6
	교육받은 노동자, 하급 직원	0	4	11	7
	중간급 직원, 공무원, 독립 공예가, 소농, 소상인	0	17	22	9
여	교육받지 않은 노동자	10	40	51	53
	교육받은 노동자, 하급 직원	25	39	44	83
	중간급 직원, 공무원, 독립 공예가, 소농, 소상인	100	45	73	31

16-2-15] "너는 우리에게 순종해야 한다"라는 공식을 점점 더 내세우는 성인들의 영향하에, 어린이는 '성인이 그에게 무엇을 원하는가'에 의해 결정되는 평가 단계에 들어선다. 소위 잘 양육된 어린이는 모두 이 단계를 거친다. 많은 어린이, 특히 소녀들이 이러한 순종 도덕의 단계에서 멈춘다. 발달의 다음 단계는 집단적 도덕으로 이어지며, 17세 전후의 청소년만이 도달하되 모두가 도달하는 것은 아니다.

16-2-16] 청소년의 자기 인식과 인격 발달의 여섯 번째이자 마지막 노선은 개인 간 차이와 변이의 확대로 이루어진다.

16-2-17] 이런 점에서 성찰은 다른 모든 기능의 운명을 공유한다. 발달이 지속되는 한에서 기질 발달이 더 성숙해지고, 환경의 영향이 더 길어질수록 사람들은 점점 서로와 덜 닮게 된다. 10세까지, 우리는 도시 어린이와 농촌 어린이의 자기 인식에서 사소한 차이만 발견한다. 11~12세에 이런 구분이 더 뚜렷해지지만, 이행적 연령기에 들어서야 환경의 차이가 인격 구조에서 다양한 유형의 완전한 표현으로 이어진다.

3

16-3-1] 부제만의 모든 연구에서 가장 중요한 성과는 이행적 연령기에 관한 성찰을 특징짓는 세 가지 계기의 확립이다.

16-3-2] 첫 번째 계기는 청소년의 성찰과 그에 토대하는 자기 인식이 이 연구들에 비추어 발달의 관점에서 제시된다는 사실이다. 자기 인식의 출현은 삶에서의 의식의 현상으로서뿐 아니라, 발달의 모든 선행하는 역사에 의해 생물적, 사회적으로 훨씬 더 광범위하게 다져진, 준비된 계기로 간주된다. 슈프랑거가 그랬듯이 이 복잡한 문제를 단순히 체험의 측면, 의식 분석의 측면에서 현상학적으로 접근하는 대신 우리는 청소년 자기 인식 발달의 진정한 경로를 객관적으로 비추어 볼 가능성을 얻는다.

16-3-3] 합당한 근거에 따라 부제만은 다음과 같이 말한다. 성찰의 근원은 동물 세계에서 깊이 있게 추적되어야 하고, 그것의 생물학적 토대는 외적 세계에 대한 반영뿐 아니라 유기체의 자기-반영과, 이로부터 나타나는 유기체와 그 자신 간의 상호관계가 있는 곳 어디에서나 주어진다. 슈프랑거는 이행적 연령기의 이런 변화를 자기 자신인 '나'에 대한 발견, 내면으로의 시선 돌림, 순전히 영적인 사건으로 묘사한다. 이런 식으로 그는 청소년의 인격 형성을 최초이고 독립적이며 일차적인 것으로 보고, 이로부터 마치 뿌리에서 나오듯이 이 연령기를 특징짓는 모든 후속 변화들을 이끌어 낸다. 그러나 사실 우리 앞에는 일차적인 것도 아니고 독립적인 것도 아닌, 가장 마지막 중 하나이자, 이행적 연령기의 특징을 이루는 변화 사슬 중 아마도 맨 마지막 연결 고리가 있다.

16-3-4] 우리는 이미 앞에서 신경계 조직 자체가 자기 인식의 가능성을 포함하고 있음을 지적했다. 나아가 우리는 자기 인식의 출현을 이끄는 심리적이고 사회적인 변화의 긴 경로를 추적하고자 했다. 이렇게

우리는 순수한 정신적 질서가 순간적으로 또는 갑작스럽게 발견되는 일은 없음을 보았다. 우리는, 청소년의 모든 심리적 생활이 자연적 필연에 따라 어떻게 재구성되는지를, 그리하여 자기 인식의 출현은 선행하는 모든 발달 과정의 산물일 뿐임을 보았다. 이것이 핵심이자 본질이다.

16-3-5] 자기 인식은 단지 청소년의 심리가 겪는 모든 재구조화 중 마지막이자 최고 단계일 뿐이다. 이미 말했듯이 우리에게 자기 인식의 형성은 앞선 단계로부터 불가피하게 출현하는, 인격 발달의 특정한 역사적 단계에 지나지 않는다. 이렇게 자기 인식은 청소년 심리의 일차적 사실이 아니라 파생적 사실이며 발견이 아닌 장기간의 발달을 통해 나타나는 것이다. 이런 의미에서 자기 인식의 출현은 의식적 존재의 발달 과정 중 특정한 계기일 뿐이다. 잘 알려진 바와 같이 이 계기는 의식이 모종의 두드러지는 역할을 하기 시작하는 모든 발달 과정에 내재되어 있다.

16-3-6] 이 개념은 우리가 이미 헤겔 철학에서 발견한 발달의 도식과 일치한다. 물자체를 발달의 대상이 아닌 형이상학적 실체로 보는 칸트와는 달리, 헤겔에게 '자체'라는 개념은 사물 발달의 최초 계기 혹은 단계를 의미할 뿐이다. 바로 이러한 관점에서 헤겔은 배아를 즉자적 식물로, 어린이를 즉자적 인간으로 간주했다. 헤겔은 말한다. "만물의 본질은 처음에 즉자적이다." 데보린은 말한다. "이러한 문제 설정에서 가장 흥미로운 점은 헤겔이 사물의 인식 가능성을 사물의 발달과, 혹은 더 일반적인 표현을 사용한다면 사물의 운동 및 변화와 불가분의 관계가 있다고 본 것이다. 이 관점에서 헤겔은 우리에게 '대자적 존재'를 가장 가깝게 보여 주는 사례가 '나'라고 매우 타당하게 지적했다. "인간은 스스로를 '나'라고 인식한다는 점에서 동물과 다르며 따라서 일반적으로 자연과 구분된다고 말할 수 있다."

16-3-7] 이처럼 자기 인식을 발달의 측면에서 이해하는 것은, 이행

적 연령기에 대한 이 의미상 중심적 사실로의 형이상학적 접근으로부터 우리를 해방시킨다.

*A. M. 데보린 요페(Абрáм Моисéевич Дебóрин Иóффе, 1881~1963). 스위스에서 철학을 공부하고 러시아 혁명에 참여했다. 혁명 이후 철학 교수가 되었고 소련 공산당 주요 이론 학술지의 편집자를 역임했다. 변증법과 사회과학을 강조한 헤겔주의 마르크스주의자의 선두주자였다. 선배인 Л. 악셀로드는 마하주의 마르크스주의자로 유물론과 자연과학을 강조했다.

비고츠키는 두 그룹 가운데 어디도 속하지 않았다. 그는 스피노자에 대한 데보린의 유물론적 일원론자로서의 해석을 좋아했지만, 헤겔주의 마르크스주의자는 단지 마르크스를 인용함으로써 마르크스적 사회과학을 창조한다는 이유로 비판했다. 그는 심리학을 자연과학으로 바라본 악셀로드의 관점을 좋아했지만 마하주의는 환원론적이라는 이유로 비판했다. 1931년에 스탈린도 두 그룹 모두를 비판했다. 그는 이제부터 모든 과학은 사회과학이든 자연과학이든 환원론적이어야 하며 스탈린을 인용해야 한다고 천명했다. 비고츠키는 저작 어디에서도 스탈린을 인용하지 않는다(다만 그는 트로츠키를 인용한 바 있으며 이는 매우 위험한 일이었다).

16-3-8] (발달로 자기 인식을 표현하는 첫 번째 계기 이후-K) 이런 과정에 실제로 접근할 수 있도록 하는 두 번째 계기는 부제만의 연구에서 밝혀낸 청소년의 자기 인식 발달과 사회적 발달 간의 연결에 있다. 부제만은 슈프랑거가 청소년 심리 창조의 시작점에 두었던 '나'에 대한 발견을 위아래로 완전히 뒤집는다. 그는 슈프랑거가 그린 전체적인 묘사는 단지 특정한 사회적 유형의 청소년에게만 상응할 뿐이라고 지적하

며 그것('나'의 발견-K)을 청소년 심리 발달의 출발에서 정점으로 밀어 둔다. 이 모습을 프롤레타리아와 농민 청년에게 전치하는 것은 심각한 오류일 수 있다고 그는 말한다.

16-3-9] 최근에 부제만은 환경과 청소년의 자기 인식 간의 관계를 다시 해명하기 위한 연구를 수행했다. 그의 이전 연구에 대해 그는 도시와 농촌 어린이 간의, 그리고 고등학교, 중학교, 초등학교 학생 간의 자기 인식의 차이가 사회적 지위의 영향이 아니라, 단순히 다양한 학교 유형의 교육적 작용에 기원한다는 반론을 제기할 수 있을 것이라고 말한다. 그의 새로운 연구 결과는 이 반론을 논박한다. 다시 대규모로 수집된 자료가 처리되어 다음과 같이 네 무리로 나뉘었다.

16-3-10] 1. 자신의 인격이 아닌, 어린이가 살고 있는 조건 묘사. 이것은 "나는 나 자신에게 만족할 수 있는가?"라는 주제에 대해 완전히 순진한 관계를 맺고 있다는 증거로 간주되었다.

2. 자신의 신체에 대한 서술. 이 역시 주어진 질문에 대한 원시적 반응으로 간주된다.

3. 도덕적 능력의 의미에서의 자기 평가.

4. 진정한 도덕적 특성에 대한 자기 평가(복종 도덕 혹은 집단 도덕과 동일하게 관련하여).

16-3-11] 전체 연구 결과는 세 집단으로 나뉜다. a) 비훈련 노동자 b) 훈련된 노동자 및 하급 사무원, c) 중간관리자 및 관료, 자영 기능공, 소규모 자영농과 상인. 아래 표는 이러한 세 사회 집단으로부터 받은 응답 분포 결과를 보여 준다. 저자의 표현에 따르면 이 표에서 사회 집단별로 어린이의 자기 인식 차이가 명확히 구별된다. 이 어린이들은 같은 학교를 다녔기 때문에 이 차이를 다른 유형의 학교 교육만으로 설명할 수는 없다.

<표 13>

사회적 집단		A	B	C
성별	소년	66%	53%	43%
	소녀	21%	15%	13%

순진한 답변만 계상(16-3-10의 범주 1과 2의 합)되어 합계가 100이 되지 않는다. 합계는 〈표 14〉를 참조.

<표 14>

성별		소년			소녀		
사회적 집단		A	B	C	A	B	C
언급된 주제	삶의 환경	40%	34%	25%	18%	11%	13%
	신체	26%	19%	18%	3%	4%	0%
	역량	27%	40%	42%	33%	41%	33%
	도덕성	7%	7%	15%	46%	43%	53%
총합		100%	100%	100%	100%	100%	100%

출처: Busemann, A.(1925). Kollektive Selbsterziehung in Kindheit und Jugend.
—Zeitschrift fur die padagogische Psychologie, No 5, 102-123.

16-3-12] 부제만이 확립한 **사실** 자체, 즉 청소년의 사회적 지위과 그의 자기 인식 발달 사이의 밀접한 관계는 우리가 볼 때 이론적으로 전혀 논쟁의 여지가 없다. 그러나 우리가 볼 때 사실적 자료의 해석은 매우 **그릇되어** 가장 단순한 분석으로도 이 오류를 충분히 발견할 수 있다.

16-3-13] 만약 우리가 사회적 지위에 따른 청소년의 자기 인식 단계에서의 차이를 성별에 따른 동일한 차이와 비교한다면 이 영역에서 성별의 차이가 사회적 차이를 얼마나 능가하는지에 놀라게 될 것이다. 예를 들어 A 집단에서 미발달된 자기 인식을 보여 주는 순진한 답변을 하는 집단(소년-K)은 C집단의 이런 답변 비율보다 오직 1.5배 많은 반면, 동일한 집단(즉, A 집단-K)의 소녀들보다 3배 이상 많다. 우리는 모

든 집단에서 동일한 결과를 보게 된다. 이 사실을 우연이라고 할 수 있을까? 우리는 그렇게 생각하지 않는다. 성별에 따른 자기 인식 발달의 차이는 어린이의 사회적 계층 차이보다 훨씬 더 중요한 것으로 밝혀졌다.

16-3-14] 이를 설명하기 위해 부제만은 우리 의견으로는 극도로 지지하기 어려운 이론을 구축한다. 그는 말한다. "분명 소녀는 도덕적 자기 인식의 의미에서 불리한 사회-경제적 조건에서도 성숙하는 반면, 소년은 이를 위해 특별히 유리한 가정 환경 조건이나 특별히 강력한 학교의 영향을 필요로 한다." 그는 프롤레타리아 여성 청년과 관련하여 오래전부터 이미 알려져 있던 사실, 즉 그들이 자신의 심리적 형태에서 분명히, 최고의 사회적 조건에서 발견되는 청년 유형에 접근한다는 데에서 이 사실을 확인한다.

16-3-15] 소녀들은 내적 이행과 인격의 여성화와 관련된 모든 것에서 동일하게 앞선다. 특히 유리한 환경의 모든 영향, 예를 들어 고급 학교 출석은 이러한 측면에서 소년들을 여성 유형에 근접할 수 있도록 해 줄 뿐이다. 부제만은 말한다. "문화화된 사람의 유형, 특히 지적으로 높은 단계에 있는 사람은 남성형에서 여성형으로의 이행 선상에 있다. 우리 문화는 기원상 남성적이지만 그 발달의 심리적 방향에서 여성화를 추구한다."

16-3-16] 사전에 구성된 어떤 도식에 획득한 사실을 끼워 맞추려는 욕구에 속박된, 이보다 더 그릇된 설명은 생각하기 힘들다. 사실 부제만의 오류는 그가 청소년의 자기 인식 출현의 문제에서 발달의 관점과 사회적 조건화의 관점을 끝까지 견지할 수 없었다는 사실에 있다. 이 때문에 그는 두 개의 핵심적 사실을 감지하지 못한다.

16-3-17] 첫째, 소녀가 성적 성숙에서—결과적으로 심리적 발달에서도— 소년보다 앞서 이 시기에 도달하며, 따라서 더 높은 비율로 소

녀가 소년보다 더 높은 발달 단계에 일찍 도달한다는 사실이다. 이처럼 남성 유형에 대한 여성 유형의 우월성이 아니라, 더 이른 성적 성숙, 발달 속도와 발달 주기가 있을 뿐이라는 사실을 여기서 확인한다. 이는 상이한 사회적 계층의 어린이들 사이에서도 동일한 유형의 차이, 즉 속도와 주기에서의 양적 차이가 존재한다는 사실과도 절묘하게 일치한다. 자기 인식 발달은 주로 인격의 사회문화적 발달의 결과이기 때문에, 환경 문화의 차이가 자기 인식 발달 속도에도 직접적인 영향을 미친다는 것은 분명하다. 불리한 사회문화적 조건에서 살고 있는 어린이에게서 이러한 고등한 인격 기능 발달 속도의 지연을 우리는 실제로 목도한다. 그리고 상이한 사회적 집단의 어린이들 간의 이러한 차이가 소년 소녀 간의 차이의 절반이라는 것은 완전히 이해할 만하다.

> 서로 다른 사회 집단 간의 차이가 성별 간 차이의 절반에 불과하다는 것은 어째서 완전히 이해할 만한가? 우리는 그것을 비고츠키가 아래 4절에서 구분하는 1차적(무조건적 본능), 2차적(조건적 습관과 기능), 3차적(자기성찰과 의식적 파악) 특성과 상응하는 세 가지 방식으로 설명할 수 있다.
>
> 첫째, 성별 간 차이는 일차적이며 생물학적으로 주어진 것이기 때문에, 사회 집단 간의 차이보다 훨씬 더 확실하게 측정된다. 부제만은 때로는 (예컨대 '도시'와 '시골' 청소년에 대한 비교에서) 서로 다른 계급들을 한데 묶고, 때로는 (예컨대 교육받은 노동자와 교육받지 못한 노동자와 같은) 매우 투박한 기준으로 그들을 분리한다.
>
> 둘째, 어린이의 자기 인식은 종종 부모로부터 이차적이고 조건적인 역할로 학습된다. 여기서도 어린이는 자신의 계급적 소속보다 부모의 성별을 먼저 알아차릴 가능성이 크다. 많은 어린이가 실제로 자신의 부모가 일하는 것을 전혀 보지 못하며, (예컨대 농부와 같이) 설령 볼 수 있다 하더라도 자신의 성역할만큼 명확히 자신의 계급적 위치를 이해하지는 못할 것이다.

셋째, 어린이의 자기 인식은—(거울에 비친) 외모에 대한 그리고 (마음속) 행위에 대한— 성찰(반영, reflection)의 산물이다. 학교에서, 특히 모든 학생이 일반적으로 동일한 계급적 배경을 가진 학교의 맥락에서, 청소년은 계급적 위치보다 성별화된 행위에 대해 비판적으로 성찰할 가능성이 훨씬 크다. 그리고 소녀들은, 현재의 주어진 계통발생적, 사회발생적 조건을 고려할 때 소년보다 외모와 행위에 대해 비판적으로 성찰할 가능성이 더 크다.

카라바조, 웅덩이 앞의 나르키소스, 1600년경.

그림에서 카라바조는 웅덩이에 비친 제 모습을 사랑하게 된 청소년 나르키소스가 파문에 흩어진 제 반영을 껴안을 수 없어 우는 모습을 보여 준다. 그림에서는 나르키소스의 외모만 반영될 뿐 내면은 반영되지 않는다. 이렇게 어린이의 계급적 위치는 어린이의 반영된 생각으로부터 종종 감춰진다. 하지만 어린이의 성별은 그리 쉽게 감춰지지 않는다.

16-3-18] 그러나 이것이 환경과 자기 인식의 내적 연결에 대한 부제만의 주장을 거부해야 함을 의미하는 것은 결코 아니다. 전혀 그렇지 않다. 그러나 이러한 연결을 부제만이 모색했던 곳에서 찾아서는 안 된다. 성장의 양적 지연, 발달 속도의 지연, 더 이른 단계에서의 지체가 아니라, 이 차이는 다른 유형, 자기 인식의 다른 구조에 놓여 있다. 부제만이 발견한 양적 차이들은 우리가 추구하는 환경과 자기 인식 사이의 연결에서 가장 본질적인 것이 아니다.

〈표 15〉 부제만의 보고서

자신의 몸을 언급하는 비율(%)			
	연령대	9~11세	12~14세
시골		63.2	40.8
도시		15.5	4.7
자신의 감정을 언급하는 비율(%)			
시골	소년	20	18
	소녀	16	29
도시	소년	28	38
	소녀	20	52

16-3-19] 자기 인식 발달의 의미에서 청소년 노동자는 단순히 더 이른 발달 단계에 지체되어 있는 부르주아 청소년이 아니라, 자기 인식의 구조와 역동에서 **상이한, 다른 유형의 인격 발달 유형을 가진 청소년**이

다. 여기서의 차이는 소년과 소녀 사이에 놓인 차이의 측면에 있지 않다. 그러므로 이 차이점들의 근원을, 청소년들의 물질적 건강(성숙-K)의 정도가 아니라 그들의 계급적 소속에서 찾을 필요가 있다. 따라서 계급 소속의 유형에서 상이한 10대들을 하나의 집단으로 묶는 것—부제만은 이것을 허용한다—은 잘못된 것으로 보인다.

16-3-20] 연령의 측면에서 사회적 환경의 영향을 고려할 때도 그는 동일한 실수를 한다.

16-3-21] 위에서 제시된 표가 보여 주듯 환경에서 비롯되는 영향은 매우 일찍 작용하기 시작하지만 여기서도, 이러한 환경의 영향, 연령기의 영향은 소년과 소녀 사이에 존재하는 차이에 비하면 사소한 것으로 드러난다. 이는 부제만이 발견한 차이가 무엇보다—알려진 바와 같이 소녀가 소년을 능가하는— 발달 속도의 차이임을 다시 한번 확신하게 해 준다. 이는 핵심적인 사실로, 부제만이 획득한 모든 결과는 이에 비추어 이해되어야 한다.

> 저자본에서는 **16-3-21**에서 절이 끝난다.

16-3-22] 그럼에도 그의 주요 결론은 우리에게 올바르게 보인다. 그는 말한다. "자기 인식 발달은 정신생활의 다른 어떤 측면도 필적할 수 없을 만큼 환경의 문화적 내용에 의존한다." 그리고 부제만이 청소년의 자기 인식의 특성을 청소년이 속한 사회 집단의 필수적 욕구로부터 이끌어 내려고 할 때, 그는 사실적으로는 엄청난 실수를 하지만(구조, 역동 그리고 심지어 성별과 같은 내적 요인에 대한 부제만의 간과-K), 방법론적으로는 완전히 올바른 연구 경로를 수립한다. "모든 삶이 육체노동과 물질적 필요의 분위기 속에서 이루어지며, 어떤 기술도 배우지 않은 청소년이, 자기 자신을 신체와 외적 조건의 합이라는 관점에서 고찰하는

것은 당연한 일이다."

16-3-23] 훈련된 노동자의 자녀들 사이에는 이미 다른 관점이 지배적이다. 여기서 기술에 토대한 자기 평가의 비율이 얼마나 높게 증가하는지 주목할 필요가 있다. 이러한 점에서 그들은 심지어 그다음 집단의 어린이들을 능가한다. 부제만은 말한다. "숙련 노동자인 경우 기술이 가장 중요하다." 그러므로 자녀들은 이러한 자기 평가의 계기를 외부에서 내부로 전치된, 개인적인 것이 된 사회적 기준으로부터, 자기 인식의 계기로 변환된 집단적 계기로부터 습득하게 된다. 마지막으로 세 번째 집단의 자녀들도 자기 평가에서 자기 가족의 도덕적 수준을 반영한다.

〈표 16〉 자아상의 내면화 정도(부제만의 자료에서 인용)

			나이	9	10	11	12	13	14	15	16	17
No. 1	전체 학교	도시	소년	30	41	50	95	89	80	79	77	74
			소녀	–	45	52	83	96	92	90	92	–
No. 2	고급(사립-K) 학교		소년	36	23	19	26	30	58	52	60	61
			소녀	43	50	79	72	100	96	90	100	–
No. 3	공립 국민학교		소년	25	36	37	50	49	42	–	–	–
			소녀	80	67	53	69	52	60	–	–	–
No. 4	공립 국민학교	시골	소년	20	30	24	16	19	37	–	–	–
			소녀	16	27	22	26	50	69	–	–	–

전체 응답 중 인격의 내적 계기에 대한 응답의 백분율.

16-3-24] 부제만은 말한다. "일반적으로 어린이가 자신의 존재와 활동을 의식하는 특징과 방식은 부모가 자기 자신을 어떻게 바라보고 평가하는지에 따라 크게 좌우된다고 말할 수 있다." 어른의 가치 척도가 어린이 자신의 척도가 된다. 부제만은 모든 것이 선하게 되기 위해서는, 인식과 성찰을 통해서 이루어져야 한다는 편견으로부터 우리가 벗

어나야 한다는 지적으로 결론 맺는다. 그는 말한다. "오른손이 하는 일을 왼손이 모를 때 가장 높은 봉우리가 솟아오르는 것은 윤리의 영역에서뿐만이 아니다. 무의식적 인간의 완전성이 존재한다."

16-3-25] (의식의-K) 제한성에 대한 이러한 찬가는 궁극적으로 저자의 기본적 입장의 오류를 드러낸다. 질적 분석의 경로를 취하고, 상이한 사회적 환경에 있는 청소년 사이에 존재하는 질적 차이가 실제 무엇으로 이루어져 있는지 드러내는 대신, 우리 저자는 한 단계에서 다른 단계로의 이행 지연을 언급하는 것으로 만족한다. 그러나 핵심은 발달 과정 자체의 경로에서 자기 인식의 **단계가 아닌 유형**이라는 것이 명백하다. 어떤 측면에서, 예를 들어 사회 계급의 측면에서 자기 인격에 대해 일찍 자각한다는 의미에서, 청소년 노동자는 물론 부르주아 청소년보다 먼저 더 높은 단계의 자기 인식에 다다른다. 다른 측면에서 그는 뒤처진다. 그러나 발달의 경로가 전혀 비교 불가하고 질적으로 다른 곡선을 그린다면, 뒤처지고 앞섬에 대해 일반적으로 말할 수 없다.

4

16-4-1] 부제만의 연구에 포함되어 있으며, 자기 인식에 대한 형이상학적 접근으로부터 우리를 자유롭게 해 주는 세 번째 계기는 여기서 자기 인식이 분석에 저항하는 어떤 형이상학적 실체로 간주되지 않는다는 사실이다. 발달(16-3-1 참조-K)과 사회적 조건화(16-3-8 참조-K)의 관점과 나란히 자기 인식에 대한 경험적 분석이라는 세 번째 관점이 도입된다. 자기 인식을 발달의 측면에서 특징짓는, 위에서 지적하고 열거했던 여섯 가지 계기는 인격에 대한 그러한 경험적 분석의 최초 시도를 이룬다. 아래 제시된 곡선에는 내적 평가 기준의 습득이라는 의미에서

자기 인식 발달의 경로가 그려져 있다. 여기서 우리는 성적 성숙기에 곡선이 급격히 상승하는 것을 뚜렷이 볼 수 있다.

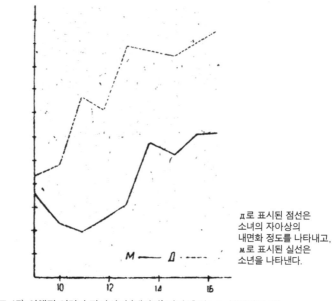

Д로 표시된 점선은 소녀의 자아상의 내면화 정도를 나타내고, M로 표시된 실선은 소년을 나타낸다.

〈표 17〉 이행적 연령기 자아상의 '내면화' 발달(출처: A. 부제만의 책)

16-4-2] 부제만의 가장 큰 장점은 청소년 발달에서의 이 새로운 계기, 이 새로운 단계를 청소년 성숙에서의 질적으로 독특한 시대로 인식했다는 것이다. 그는 매우 타당하게 말한다. "성찰은 주체(자기 형성)에 획기적인 방식으로 영향을 미칠 수 있다는 점에 유념하자." 이에 토대하여 성찰은 개인차 심리에 큰 의미를 지닌다. 1차적인 개인적 인격 기질의 조건(성향, 선천성)과 2차적인 인격 형성의 조건(주변 환경, 후천적 특성)과 함께, 여기서 **3차적 조건**(성찰, 자기 형성)이 대두된다.

16-4-3] 부제만은 당연히 다음과 같이 질문한다. 스턴이 확립한 수렴 원칙은 주어진 인격과 그것을 구성하는 의식 사이의 관계에서도 적용되는가? 다시 말해, 문제는 인격의 자기 인식에 토대하여 생겨나는

이 3차적 특성 집단의 독립성에 있다. 우리는 이 특성 집단의 발달을 수렴 원칙에 근거하여 생각할 수 있을까? 다시 말해 이 영역의 발달 과정은 2차적 특성의 형성에서와 동일한 원칙에 따라, 선천적 성향과 환경적 영향의 상호작용에 기반하여 진행되는가? 이 문제를 제기하는 것만으로도 이에 대한 부정적 답을 하기에 충분하다고 우리는 생각한다. 여기서, 발달의 드라마 속에 새로운 등장인물, 질적으로 새로운 요인 곧, 청소년 자신의 인격이 나타난다. 우리 앞에는 이 인격의 매우 복잡한 구조가 있다.

16-4-4] 부제만은 이 발달에서 여섯 개의 영역을 구분 짓는다. 이 각각의 측면들은 다른 속도로 발달할 수 있으므로 인격은 각 발달 단계에서—이러한 기본 여섯 계기의 상이한 상호관계와 상이한 구조로 만들어지는— 매우 다른 형태로 나타낼 수 있다. 부제만은 말한다. "이 때문에 매우 다양한 형태가 가능하다. 자신에 대해 풍부히 알고 있음에도 스스로의 자기 평가에 영적 차원이 어느 정도 비중 있게 포함되어 있지 않은 사람들이 있다. 반면에, 모호한 자기 인식이 이러한 척도에 의해 작동될 수도 있다. 따라서 여기서 사태는 얼핏 보았을 때 생각했던 것보다 훨씬 복잡해 보인다."

16-4-5] 부제만으로 하여금 청소년 심리 발달의 일반 주기에서 성찰의 중요성을 올바르게 평가할 수 있도록 해 주는 것은 바로, 자기 인식에 도달하는 청소년이 다다르는 단계의 질적 고유성에 대한 이해이다.

16-4-6] 심리적 삶 전체에 관한 성찰의 중요성을 고찰하면, 우리는 비성찰적이고 천진한 인격 구조와 성찰적인 인격 구조 사이에 심오한 차이가 있음을 분명히 알아볼 수 있다. 물론 자기 인식 과정은 천진함과 성찰 사이의 엄밀한 경계가 존재하지 않는, 연속적인 과정임이 사실이다. 그러나 다른 한편으로, 어린이의 배타성은 청소년의 냉담함과 강

하고 명백하게 구별된다.

16-4-7] '천진하다'는 낱말은 다른 의미로 사용되기도 하기 때문에, 부제만은 편협하고, 자기도취적이거나, 전혀 성찰로 분기되지 않는 정신적 삶을 나타내는 새로운 용어, 심시키아(симпсихия, sympsychia)를 도입한다. 이 용어로 그는 원시적 정신의 통합적 태세와 활동성을 의미하는데, 놀이에 완전히 몰두한 어린이를 그 예로 들 수 있다. 자신을 책망하고, 결정에 앞서 망설이며, 스스로의 감정에 비추어 자신을 관찰하는 청소년은 그 반대의 예이다. 이런 분열된 상태를 부제만은 디압시키아(диапсихия, diapsychia)라고 부르는데 이는 발달된 의식의 성찰이 갖는 특성이다. 그는 말한다. "청소년은 행위하는 '나'와 성찰하는 또 다른 '나'로 내적으로 분화된다."

16-4-8] 그러나 성찰의 영향은 인격 자체 안의 내적 변화로만 끝나지 않는다. 자기 인식의 출현과 연결하여 청소년은 다른 사람을 무한히 더 깊고 넓게 이해할 수 있게 된다. 인격의 형성을 이끄는 사회적 발달 자체가 자기 인식에서 스스로의 미래 발달의 지지대를 획득한다.

16-4-9] 여기서 우리는 인격의 구조와 역동과 관련된 모든 문제 중 가장 어렵고 복잡한 마지막 문제에 직면하게 되었다. 우리는 자기 인식의 출현이 새로운 발달 원리로의, 즉 3차적 특성 형성으로의 이행을 의미한다는 것을 보았다. 우리는 이미 우리가 청소년의 심리적 발달을 특징짓는 변화로 앞에서 지적한 변화들이 이 새로운 발달 측면을 가리킨다는 것을 기억한다. 우리는 그것을 행동과 생각의 문화적 발달이라 지칭했다. 우리는 이 연령기의 기억, 주의, 생각의 발달이, 유전적 성향이 특정한 환경 조건에서 실현되는 과정에서 나타나는 이 성향의 단순 전개가 아님을 보았다.

16-4-10] 우리는 자기 인식으로의 이행, 이 과정의 내적 숙달로의 이행이 이행적 연령기의 이러한 기능 발달의 진정한 내용임을 보았다.

만약 우리가 이 새로운 유형의 발달이 무엇으로 이루어져 있는지 좀 더 상세하게 규정하려 시도했다면, 아마 그것은 무엇보다 다양한 기능 간의 새로운 연결과 관계, 새로운 구조적 연결로 이루어져 있음을 보았을 것이다. 만약 어린이가 일반적으로 타인들이 어떻게 기억을 숙달하는지 알지 못한다면, 이 어린이는 그 과정을 숙달하지 못할 것이다. 고등심리기능의 사회발생 과정에서, 각 과정 간의 새로운 유형의 연결과 관계에 토대한 이 3차적 기능이 형성된다. 우리는, 예를 들어, 기억 발달이 무엇보다 기억과 생각 사이에서 생성되는 새로운 관계에서 비롯된다는 것을 보았다. 우리는 어린이에게 생각하는 것은 기억하는 것을 의미한다면, 청소년에게 기억하는 것은 생각하는 것을 의미한다고 말한 바 있다. 동일한 적응 문제는 다른 방식으로 해결된다. 기능은 서로 새롭고 복잡한 관계를 맺는다. 이는 지각, 주의, 행동에도 동일하게 적용된다.

16-4-11] 이 모든 새로운, 기능 간 연결과 상호관계의 유형은 그 토대로서 성찰, 즉 청소년들의 의식 속에 스스로의 과정을 반영하는 것을 전제로 한다. 우리는 그러한 성찰의 토대 위에서만 청소년들의 논리적 사고가 나타난다는 것을 기억한다. 각각의 개별적인 행동에서 인격의 참여는 이행적 연령기의 심리적 기능의 특징이 된다. 어린이는 "내게 생각된다"라거나 "내게 기억난다"라고 말할 수 있지만, 청소년은 "나는 생각한다"라거나 "나는 기억한다"라고 말할 것이다. G. 폴리처의 올바른 표현에 따르면, 일하는 것은 근육이 아니라 사람이다. 거의 같은 방식으로, 무언가를 떠올리는 것은 기억이 아니라 사람이 하는 것이라고 말할 수 있을 것이다.

*G. 폴리처(Georges Politzer, 1903~1942)는 헝가리 혁명가이다. 비엔나에서 프로이트와 S. 페렌치를 만나 심리학자가 되어 파리에 정착하였다. 그는 노동자 대학에서 철학을 가르쳤고, 인격을 최소 단위로 하

는 구체적 인본주의 심리학을 주창했다. 그는 잘 알려지지 않았지만 비고츠키에게 큰 영향을 미쳤다. 오늘날 그는 독일 침략에 저항한 의사義士 가운데 하나로 널리 알려져 있으며, 전인격의 구체적 심리학을 창시했다는 점에서도 중요한 인물이다.

체포 직후, 고문과 처형을 당하기 전
G. 폴리처의 모습.

16-4-12] 이것은 기능들이 인격을 통해 서로 새로운 연결에 진입했다는 것을 의미한다. 이 새로운 연결에는, 3차적인 고등한 기능에는 신비하거나 초자연적인 것이 전혀 없다. 왜냐하면 우리가 보았듯이 그 구성의 법칙은, 그것이 한때는 사람들 간의 관계였던 것이 인격으로 전이된 심리적 관계라는 사실로 이루어져 있기 때문이다. 바로 이 때문에 부제만이 말한 디압시키아, 즉 행위하는 '나'와 성찰하는 '나' 사이의 구분은 사회적 관계의 인격 내 투영일 뿐이다. 자기 인식은 내면으로 전이된 사회적 의식이다.

16-4-13] 우리는 인격에 고유한, 개별 기능들 간의 새로운 이 3차 연결이 어떻게 일어나는지, 바로 이 유형과 관련하여 인격이 어떻게 구체화되고 적절히 서술되는지, 그리고 이 유형과 관련하여 인격을 특징짓는 기질(일차적 특성)과 후천적 경험(이차적 특성)이 모두 어떻게 지양된 범주, 하위 기관이 되는지 간단한 예시를 통해 보일 수 있을 것이다. 가장 원시적인 발달 단계에서 인격을 특징짓는 이 연결은 우리가 익숙한 연결과 질적으로 매우 다르므로, 이들의 비교 연구는 이 연결의 본

성과 형성 유형이 무엇인지를 가장 잘 드러낸다. 이 연구는, 각 기능들 간의 특정한 관계를 특징지으며, 새로운 심리적 체계가 되는, 우리에게 익숙한 인격의 연결이 항구적이고 원래부터 있었으며 당연한 것이 아니라 발달의 특정 단계와 형태를 특징짓는 역사적 형성일 뿐임을 드러낸다.

16-4-14] 여기에 우리가 원시적 정신에 대해 레비-브륄의 책에서 차용한 실례가 있다. 원시적 인간의 삶에서 꿈은 우리와 완전히 다른 역할을 한다. 꿈과 다른 심리 과정의 관계, 따라서 인격의 일반적 구조에서 꿈의 기능적 가치는 완전히 다르다. 최초의 꿈은, 무엇이든 따라야 하는 거의 모든 곳의 안내자이자, 틀림없는 조언자, 그리고 때로는 그 명령에 이의를 제기하지 못하는 지배자이기도 했다. 따라서 어려운 상황에서 이 조언자가 말을 하게 하고, 이 지배자에게 조언을 구하고, 그의 명령을 들으려 하는 것보다 더 자연스러운 일이 어디 있겠는가? 바로 여기 그러한 경우의 전형적인 사례가 있다. "한 부족의 족장이 작별 인사를 한다. 우리가 그에게 아들을 학교에 보내야 한다고 주장하자, 그는 '그것에 대해 꿈을 꿔 보겠다'라고 대답한다. 그는 마골롤로의 족장들이 꿈에 따라 행동하는 경우가 매우 많다고 우리에게 설명한다."

16-4-15] 매우 타당하게, 레비-브륄은 이 원시 부족 지도자의 대답은 그의 심리상태를 온전히 반영한 것이라고 말한다. 유럽인들은 "나는 이에 대해 생각해 보겠다"라고 응답할 것이다. 마골롤로의 지도자는 "나는 이에 대해 꿈을 꿀 것이다"라고 응답한다.

16-4-16] 이처럼 우리는 이 원시적인 인간에게서 꿈을 꾸는 것이, 우리의 행동에서 생각이 하는 것과 같은 기능을 함을 본다. 물론 꿈의 법칙은 동일하다. 하지만 꿈을 믿고 꿈의 지배를 받는 사람과 꿈을 믿지 않는 사람에게서 꿈의 **역할**은 같지 않다. 따라서 이러한 개별 기능들 간의 연결에서 구현되는 인격 구조는 다양해진다. 이런 이유로 우리

는 "나는 꿈을 꾼다"라고 하지만 카피르는 "나는 꿈을 본다"라고 하는 것이다.

마골롤로는 현재 짐바브웨에 있지만, 그것은 말라위 사람들을 가리키기도 하고 우간다에서는 흔한 성씨이기도 하다. **16-4-14~16**는 다음 책에서 느슨하게 인용되었다.

Lévy-Bruhl, L.(1923). Primitive Mentality(원시적 정신). London: George Allen and Unwin, p. 169.

레비-브륄은 선교사 더프 맥도널드의 이야기를 인용하고 있다. '카피르'라는 말은 흑인을 경멸하는 인종차별적 용어로 레비-브륄의 책에서 널리 사용되는데, 특히 선교사들이 말할 때 사용된다. 아랍어인 이 말은 노예로 팔릴 수 있는 이교도를 언급할 때 사용된다.

맥도널드는 '카피르'의 추장이 둘러대고 있다고 생각하고, 추장이 자기가 원하는 꿈을 꾸게 하려는 바람으로 선물을 제공한다. 그러나 레비-브륄은 마골롤로 사람들의 신념 체계 때문에 추장의 견해가 상당히 자연스럽다고 설명한다. 전통적으로 꿈을 통해 조상들의 조언을 얻을 수 있다는 이 신념 체계는 실제로 한국인과 중국인은 물론 심지어 비고츠키 자신과 같은 러시아 유태인들과도 매우 유사하다. 비고츠키는 러시아어 표현인 Мне снится(나는 꿈을 꾼다)가 실제로 1인칭을 여격(러시아어 Мне, 나에게)으로 나타낸다는 것을 지적한다. 직역하면 "나에게 꿈이 일어난다"가 된다. 이 문장에서는 꿈이 주어의 역할을 한다. 따라서 '카피르'의 다음 표현은 실제로 더 과학적이다. Я вижу сновидение(나는 꿈을 본다).

우리는 비고츠키가 논의하고 있는 변화, 즉 꿈이 조상으로부터 온 객관적인 언어적 메시지라는 믿음에서 꿈은 정신 작용일 뿐이라는 믿음으로의 변화를 예술작품에서 추적할 수 있다. 중세의 그림에서 꿈을 꾸는 사람은 잠든 모습으로 나타나며, 실제 사건으로 묘사되는 자신의 꿈을 보고 있지도 않다. 현대의 그림은 때로는 우리에게 꿈을 꾸는 사람이 아니라 꿈을 보여 주며(달리), 때로는 꿈이 아니라 꿈을 꾸는 사

람을 보여 준다(피카소). 조르주 드 라 투르Georges de La Tour가 1650년
에 그린 이 그림은 둘 다를 보여 준다. 성 요셉은 결혼을 마치기도 전
에 임신한 약혼녀 마리아와 공개적으로 이혼해야 하는지 걱정하면서
졸고 있다. 꿈이 요셉에게 와서 그렇게 하지 말라고 설득한다. 꿈은 깨
어 있는 것과 자는 것, 객관적인 언어적 사건과 순전히 주관적인 정신
적 사건 사이의 바로 그 경계 위에 있다.

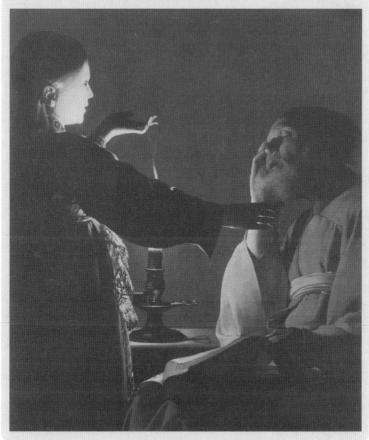

16-4-17] 이 사례에서 나타나는 행동 기제는 3차 특성의 전형이며,
이 사례에서 꿈꾸기와 관련하여 우리가 보는 것은 사실 모든 결정 기능

과 연관되어 있다. 현대인의 생각을 살펴보자. 어떤 이에게—스피노자에 게서와 같이— 생각은 정념의 지배자이고, 다른 이들—프로이트가 기술한, 자폐적이거나 스스로에게 갇혀 있는 이들—에게 생각은 정념의 노예이다. 그러나 자폐적 생각과 철학적 생각의 차이는 생각의 법칙이 아닌 **역할**, 즉 인격 전체 구조에서 생각이 지니는 기능적 의미에 있다.

16-4-18] 심리적 기능은 사회적 삶의 다른 국면마다 그 계층 구조를 바꾼다. 그러므로 인격 장애는 개별 기능의 역할, 전체 기능 체계의 위계가 변한다는 사실에서 가장 잘 나타난다. 우리와 정신질환자의 차이는 섬망이 아니라, 그가 우리와 달리 섬망을 믿고 복종한다는 것이다. 성찰을 토대로, 스스로의 과정에 대한 자기 인식을 토대로 새로운 집합, 기능들 사이의 새로운 연결이 발생하는데, 자기 인식을 토대로 발생하며 인격 구조를 특징짓는 이러한 연결을, 우리는 3차적 특성이라고 부른다. 이런 종류의 모든 연결의 원시 유형, 원형은 우리가 카피르의 꿈으로 묘사했던 유형이다. 이러저러한 내적 신념, 이러저러한 윤리적 규범, 이러저러한 행위 원칙, 이 모든 것은 바로 이러한 유형의 연결을 통해 인격으로 구현된다. 자신의 신념을 따르고 이런 확신에 비추어 숙고하기 전에는 복잡하고 의심스러운 어떤 행동을 하려고 하지 않는 사람은, 선교사가 카피르족에게 제시한 의심스럽고 복잡한 제안을 결정하기 전에 카피르족이 동원한 것과 본질적으로 동일한 유형과 구조의 기제를 활성화한다. 우리는 이 기제를 **심리 체계**라고 부른다.

16-4-19] 이행적 연령기는 이 3차적 연결, 이러한 카피르의 꿈 유형의 기제가 형성되는 시기이다. 이와 함께 우리가 위에서 이미 지적했던 외적 과정에서 내적 과정으로의 이행 법칙이 작용한다. 크레치머의 정의에 따르면 발달 역사에서 관찰되는 기본 법칙 중 하나는 외적 반응에서 내적 반응으로의 이행 법칙이다. 그는 말한다. "더 고등한 생명체에서 선택의 특성을 가진 반응이 점점 외부에서 내부로 이행한다는

사실은 매우 중요하다. 그것은 주변적 운동기관에서 훨씬 덜 전개되고, 반대로 중앙신경기관에서 훨씬 더 전개된다. 새로운 자극은 대부분 이미 눈에 띄는 시도 동작의 폭풍을 일으키지 않고 눈에 보이지 않는 심리적 상태를 차례로 기관 내에 일으키며, 그 최종 결과는 이미 형성된 합목적적 운동이다. 이처럼 시도는 이제 이미 운동 자체라기보다는 마치 운동의 배아에 기반하여 일어나는 것과 같다. 이러한 중앙신경기관에서의 생리적 선택 작용은 의식의 과정과 연결된다. 우리는 이를 의지적 과정이라고 부른다."

16-4-20] 이 법칙은 우리가 위에서 언급한 새로운 유형의 기제에 대해 유효하다. 이 기제들 또한 처음에는 특정한 외적 조작, 외적 행동 형태로 나타나다가, 후에 인격의 내적 생각과 활동 형태가 된다.

5

16-5-1] 슈프랑거는 이행적 연령기 인격의 구조와 역학을 이해하는 데 실질적으로 중요한 한 가지 흥미로운 사실에 처음으로 주목했다. 그는 말한다. "우리 삶에서 성적 성숙기만큼 망각되는 시기는 없다. 우리 기억에서 이 시기 내적 삶의 진정한 리듬에서 보존되는 것은 다른 모든 연령기 단계의 내적 삶에서 보존되는 것보다 훨씬 적다." 이것은 정말 놀라운 사실이다. 우리는 심리학자들이 일반적으로 인격의 통일성 혹은 정체성이라고 부르는 것의 토대에 기억이 놓여 있다는 것을 안다. 기억은 자기 인식의 기초를 구성한다. 기억의 공백은 일반적으로 한 상태에서 다른 상태로의 전환, 인격의 한 구조에서 다른 구조로의 전환을 의미한다. 따라서 이는 우리가 스스로의 병적 상태와 꿈을 잘 기억하지 못한다는 사실로 특징지어진다. 그러나 이러한 기억의 공백에는 두 가

지 다른 설명이 있을 수 있다.

> 대부분의 사람들에게 삶 가운데 사춘기만큼 기억에 남는 시기는 없다. 중학생 때 처음으로 인생을 함께하는 친구를 만나기도 하고, 고등학생 때 첫사랑을 하기도 하며, 처음으로 일을 해서 수입을 얻기도 한다. 중년의 필립 라킨조차도 한밤중 화장실에 가려고 잠자리에서 일어나 커튼 사이로 바라본 달에서 젊은 시절을 떠올린다.
>
> … 젊음의 힘과 고통을 상기시키네,
> 내 젊음은 다시 올 수 없으나, 다른 이들에게는
> 어딘가에 젊음이 줄지 않고 남아 있음을. (슬픈 발걸음, 1974)
>
> 슈프랑거가 청소년기만큼 잊기 쉬운 시기는 없다고 한 이유는 무엇일까? 이어지는 문단들은 비고츠키가 단순히 슈프랑거를 인용했을 뿐 아니라 그에 동의하며, 나아가 이를 이 책의 전체적 결론으로 삼고자 한다는 것을 분명히 보여 준다. 여기서 비고츠키는 혹시 무엇을 의도하고자 했을까?
>
> 슈프랑거가 보존되지 않는다고 한 것은 내적 삶의 진정한 리듬이다. 비고츠키는 청소년기를 말 못 하는 유아기에 비유한다. 유아들은 생각을 말로 보존할 수 있는 방도가 없다. 물론 학령기 어린이들은 이를 능숙하게 한다. 그러나 비고츠키가 11장의 기억에 대한 절에서 지적했듯이 학령기 어린이들은 기억을 통해 생각하는 경향이 있다. 어린이들에게 조부모를 정의하라고 요구하면 그들은 자신의 조부모에 대한 기억을 말하기 시작할 것이다.
>
> 반면, 청소년들은 생각을 통해 기억하는 경향이 있다. 청소년들에게 조부모를 정의하라고 요구하면 그들은 할아버지를 뜻하는지 할머니를 뜻하는지, 친가 쪽인지 외가 쪽인지 반문할 것이다. 우리가 기억하지 못하는 것은 바로 이러한 '생각하기 위한 기억'으로부터 '기억하기 위한 생각'으로 내적으로 이행하는 자아이다. 내적 삶에서 이러한 리듬의 변화를 우리가 기억하지 못하는 것은 우리가 기억하고자 하는 내적 인격이 아직 기억의 주체로서의 인격이 되지 못했기 때문이다.

*P. 브뤼헐(Pieter Brueghel), 달 그림자에 오줌 누는 남자, 1558.

브뤼헐은 플랑드르 속담을 주제로 종종 그림을 그렸다. '달에 오줌을 눈다'라는 속담은 이룰 수 없는 헛된 노력을 뜻한다. 완숙한 성인의 인격과 동반자 관계, 직업적 지위를 얻고자 하는 청소년의 노력이 헛된 것일까, 아니면 젊음의 힘과 고통을 기억하고자 하는 중년 남자의 노력이 헛된 것일까?

16-5-2] 예를 들어, 유아기 기억상실증을 예로 든다면, 그것은 무엇보다 이 시기 기억이 아직 단어, 말과 연결되지 않아서 우리의 기억과는 다른 방식으로 작동한다는 사실과 연결되어 있음을 알 수 있다. 그러나 다른 한편으로, 우리는 유아기의 완전히 다른 인격 구조가 인격 발달에서 지속성과 연속성의 불가능성을 초래한다는 것을 알 수 있다.

16-5-3] 우리는 이행적 연령기에 이와 동일한 것을 다른 형태로 보

게 된다. 여기서 다시 기억상실증이 나타난다. 이행적 연령기를 떠나면서 우리는 그것을 잊는다. 이것은 우리가 다른 인격 구조, 개별 기능들 간의 다른 연결 체계로 이행하고 있다는 증거이며, 여기에서 발달은 단순한 방식이 아니라 아주 복잡하고 뒤얽힌 곡선을 따라 발생한다. 청소년 인격 구조에서 안정적이며, 최종적이고, 움직이지 않는 것은 없다. 그 속의 모든 것이 **이행**적이다. 모든 것은 흘러간다. 이것이 청소년 인격의 전체 구조와 역동에서 알파이자 오메가이다. 이것은 이행적 연령기 전체 아동학에서도 알파이자 오메가이다.

● 참고 문헌

1. Л. С. 비고츠키. Экспериментальное и клиническое исследование высши
   х психологических функций в их развитии и распаде(발달과 붕괴에서 고
   등심리기능의 실험적 임상적 연구). М. 1931. Печатается.

아래 질문에 대한 답을 기술하고 이유를 설명하시오.

1. 전문적 직업 발달이 거치는 기본 단계는 무엇인가? 청소년의 사회
   적 발달과 심리적 형성 사이의 연결은 무엇으로 이루어져 있는가?

2. 농촌 청소년이나 부르주아 청소년과 비교할 때 노동자 청소년에서
   성숙의 위기의 경로가 갖는 특징은 무엇인가?

3. 고등심리기능 발달과 인격 형성의 기본 법칙은 무엇인가? 이행적
   연령기 인격 발달의 기본 측면은 무엇인가? 청소년 인격 구조에서
   3차적 연결은 무엇이며 이것은 어떻게 나타나는가?

● 청소년 인격의 역동과 구조

저자 판본, 즉 비고츠키 생전에 출판된 통신교육 강좌에서, 『청소년 아동학』의 마지막 장인 이 장은 완전하지 않다. 우리는 16장 본문 맨 앞 '수업 내용'에 있는 5개 절 목록을 통해 이를 알 수 있다. 약속한 대로 비고츠키는 실제로 인격 구성의 기본 법칙으로 시작하며, 두 번째 절에서는 발달의 기본 노선, 즉 반성과 성찰로 나아간다. 비고츠키가 '발달 노선'을 『청소년 아동학』의 첫 번째 부분에서 사용한 느슨하고 일반적인 방식, 즉 단지 자연적 노선과 문화적 노선을 구별하는 것으로 사용하는 것이 아님에 주목하자. 여기서 그는 자신의 가장 성숙한 저작에서 사용한 것과 똑같은 방식으로, 즉 인격의 신형성을 이끄는, 연령에 고유한 발달 노선으로 그 용어를 사용하고 있다. 인격의 역동적 구조와 연결된 사회적 환경에 대한 논의를 약속한 세 번째 절 또한, 그가 어린이와 환경을 관련짓는 역동적 구조로 정의한 개념인, 자신의 성숙한 '발달의 사회적 상황'에 매우 가까운 개념을 사용하는 것으로 보인다. 그러나 3절은 인격의 신형성, 예컨대 반성과 성찰에 의해 일어나는 자기 인식으로 이어지는 대신, 부제만의 자료에 관한 토론으로 갑자기 끝난다. 비고츠키가 제3의 연결이라 부른 신형성, 즉 자기 인식에 대한 4절과 위기적 시기의 기억상실에 대한 5절은 저자 판본에서 완전히 빠져 있다.

그러나 누락된 단락들은 러시아어 선집에 존재하며 우리는 이 번역본에 그것을 추가했다. '연령의 문제'(『연령과 위기』 참조)에 훨씬 더 완전하게 제시된 비고츠키의 구조와 역동에 대한 개념과 더불어, 누락된 자료는 비고츠키가 내준 과제를 우리가 완료할 수 있게 도와준다. 이 장에 대한 전체 개요에 더하여 우리는 발달의 사회적 상황, 발달의 중심 노선과 주변 노선, 이행적 연령기의 신형성에 대한 기초 이론적 명제를 훨씬 더 정확하게 이해할 수 있다. 그러나 비고츠키는 쉽게 가는 스승이 아니었고, 이 통신강좌는 수강하기에 만만하지 않았다. 수강생들은 이 연구 앞 장에서, 이행적 시기에 일어나는 인격의 여러 측면 및 기능 발달과 관련된 데이터와 함께, 구체적인 사실적 근거와 증거, 설명을 제시하도록 요청받았다(후자에 대해서는 D. Kellogg(2017), Thinking of feeling: some ruminations on the development of narrative sensitivity in children[느낌에 대한 생각: 어린이의 이야기 감수성 발달에 관한 몇 가지 반추] 참조. 전자에 대해서는 아래 개요에서 제시된 앞 장의 예시 참조).

I. 인격 구성의 기본 법칙. 이 절에서 비고츠키는 이제까지의 책 전체를 요약하고, 인격 구성의 세 가지 기본 법칙을 제시하고 그 예를 들며, 세 단계의 일반적 구조를 간단히 설명하고, 의지의 형성이 특히 생각의 영역에서 청소년 인격의 구조와 역동의 토대가 된다고 주장한다.

A. 역동은 구조를 설명한다. 비고츠키는 역동 및 구조가 함께 설명되어야지 개별적으로 서술되어서는 안 된다고 주장한다[3]. 이것은 그가 예외 없이 모든 장에서 따랐던 기본적인 발생적 방법을 일반화한 것일 뿐이다[1~2]. 5장에서 내분비 변화의 역동은 신체의 구조를 설명했고, 6장과 7장에서 성적 성숙의 역동은 성적 행동과 심리의 구조를 설명했으며, 9장의 흥미의 역동은 10장의 개념 구조의 형성을 설명했고, 11장과 12장에서 창조적 활동의 역동은 상상력과 고등정신기능 일반을 설명했다. 이 모두는 직업 선택과 사회적 행동, 그리고 13, 14장에서 논의되는 특정한 계급 심리 구조로 이어진다. 각각의 경우 기능의 역동적 변화가 구조의 변화를 설명한다.

B. 인격 형성의 세 가지 법칙: 이 방법을 청소년 인격의 역동과 구조에 적용하면서 비고츠키는 세 가지 일반적인 법칙을 규정한다.

   i. 천성에서 문화로. 청소년 인격과 같은 고등정신기능은 직접적이고, 선천적이며, 자연적으로 주어진 기본 기능이거나 완전히 새롭고, 관념적이며, 영적으로 부여된 것이 아니다. 다만, 그것들은 기초 기능의 매개되고 문화화된 조합이다[4~5]. 비고츠키는 기호로써 예시를 제시한다. 기호는 지각, 주의, 기억 및 실행적 사고와 같은 기초적인 기능으로 구성되어 있지만 계통발생 및 개체발생 모두에서 강력한 새로운 구조를 생성한다[6].

   ii. 기능들 사이 관계는 한때 사람들 사이 관계였다. 비고츠키는 사람 간의 노동 분업이 고등정신기능들 사이 분업의 진짜 원천이라고 말한다[7~8]. 그는 세 가지 예를 제시한다[7~8].

      a. 피아제 등은 논리적 사고가 논쟁과 집단 의사결정을 통해 집단행동에서 비롯된다는 것을 입증했다[9~11].

      b. 규칙 기반 게임 또한 기초적 충동을 생각, 의지, 자기 인식에 종속시키는 아이의 능력에 집단적 기원이 있음을 보여 준다[11].

      c. 생각 자체는 말에 기원을 두고 있다[12~14].

      비고츠키는 상품들이 거래를 통해 매개되는 다른 상품들과의 경제적 관계의 조화를 통해서만 자신의 진정한 가치를 실현하는 것처럼, 인간은 타인과의 사회적 관계의 조화를 통해서만 자신의 가치를 발견한다고 결론짓는다[16].

   iii. 밖에서 안으로. 비고츠키는 고등 형태의 주의와 고등 형태의 기억은 처음에는 외적, 대인관계적, 사회적 기능으로서 기호를 통해 구성된다고 말한다. 그러나 거래가 상품을 통해 이루어진다고 말하는 것과 거래는 상품들로 이루어진다고 말하는 것이 같지 않은 것과 마찬가지로, 고등 기능이 기호를 통해 이루어진다고 말하는 것과 고등 기능은 기호로 이루어졌다고 말하는 것은 같지 않다. 거래와 마찬가지로, 고등 기능은 실제로 사회적, 문화적, 대인관계적 연결—예컨대 명령, 통제 및 커뮤니케이션을 통해 구성된다. 이러한 이유로 고등 기능은 내적으로 이동될 수 있다. 아이들은 지휘관이나 부하, 통제자나 통제를 받는 자,

발표자나 청중 모두가 될 수 있다[17~19].

C. 인격 형성의 3단계: 즉자적, 대타적, 대자적. 비고츠키는 인격의 토대인 의지를 말의 내적 전환에 위치시킨다. 인격을 구성하는 모든 고등 기능들은 이러한 경로를 따른다. 비고츠키는 가리키는 동작을 예시로 든다. 아기는 손을 뻗는다(즉자적). 엄마는 이것을 다른 사람에 대한 지시적 의미로 해석한다(대타적). 아기는 원하는 것을 의지적으로 가리킬 수 있게 된다(대자적)[26]. 비고츠키는 바로 이러한 방식으로 낱말의 의미가 대자적으로 획득된다고 말한다.

D. 자기 인식. 의지가 인격 구성의 토대이기는 하지만 그것이 인격의 최고지점을 나타내는 것은 아니다. 예컨대 (의지가 아닌) 자유는 성교육의 핵심 개념이다. 이 최고지점은 청소년이 (자유의지 자체를 포함하여) 스스로의 정신 과정을 온전히 의식할 수 있게 되어야만 도달할 수 있다[29~32].

II. 발달 노선으로서의 성찰과 신형성으로서의 자기 인식. 이상하게도 비고츠키는 일반 해부학적, 성적, 사회문화적 성숙에 관한 이전 연구에 대해 언급하지 않는다. 대신 그는 슈프랑거의 이론을 비판적으로 고찰한다. 그런 후 그는 성찰이 중심 발달 노선이며 또한 자기 인식이 신형성임을 보여 주는 부제만의 연구를 고찰한다.

A. 인격은 발견인가 발명인가? 슈프랑거는 청소년기의 '나'는 발견이라고 주장하며 그것이 선재적임을 함축한다. 비고츠키는 '나'는 창조되는 것이라고 주장하며 슈프랑거를 거부한다. 고등심리기능의 내적 전이가 유년기에는 발생할 수 없기 때문이다[1].

B. 인격은 생물학적 뿌리를 갖고 있는가? 비고츠키는 부제만의 연구로 돌아간다. 그는 인격의 생물학적 뿌리가 아주 길며 이는 동물의 세계까지 확장된다는 것에 동의한다[2~4].

C. 인격은 인간 고유의 역사적인 뿌리도 갖고 있다. 비고츠키는 생물학적 뿌리가 인간 인격을 전적으로 설명할 수 있다는 생각을 거부한다[5~6]. 슈프랑거 자신도 인정한 바에 따르면 청소년 인격에 대한 그의 '발견'은 특정한 부르주아 유형에 국한되며, 농민이나 노동자 청소년에게 적용될 수 없다[7]. 그러나 모든 청소년의 인격은 발달하는 것이다[8].

D. 인격 발달의 여섯 가지 측면. 부제만은 인격 발달의 여섯 가지 서로 다른 지향과 측면을 열거한다.
   i. 자아상의 발달[10].

ii. 정신 과정의 발달. 부제만은 농민의 자녀가 도시의 어린이보다 더 늦게 발달한다고 주장한다[11].

iii. 통합적 전체의 발달. 부제만은 서로 다른 내적 과정의 발견은 하나의 전체의 일부로 인식되어야 한다고 말한다[12].

iv. 자기-의식의 발달. 부제만은 자아와 환경 사이에 분명한 경계를 긋는 것은 소외를 초래할 수 있다고 말한다[13].

v. 윤리적 가치의 발달. 부제만은 여기서 우리가, 선의 유일한 기준은 아름다움이라는, '지크프리트 윤리'에 대한 명백한 거부를 본다고 말한다. 그러나 이러한 발달 측면에는 기술과 성취에 대한 자부심, 특히 소녀에게 있어 의무감 또한 포함된다[14~15].

vi. 개체화의 발달. 부제만은 열 살까지는 어린이들이 매우 비슷하지만, 십 대에 이르러서는 개인 간 차이가 표준이라고 말한다[16~17].

III. 탈선. 이 절에서 비고츠키는 부제만의 경험적 데이터를 제시하고 비판하는 것을 계속한다.

A. 비고츠키는 언변이 훌륭한 교수다. 그런 교수들은 흔히 논점을 벗어나곤 한다. 이 장은 비고츠키가 언급했던 의도에서 여러 방식으로 벗어난다. 이 장은 비고츠키가 개요에서 제시했던 세 번째 제목, 즉 인격 구조에서 3차 연결이 형성되는 시대로 청소년 발달에서 자기-인식의 단계를 기술하지 않는다. 그 자료는 다음의 4장[4-12~4-19]에 나온다. 대신 비고츠키는 인격 형성에 미치는 사회적 환경의 영향에 대한 부제만의 데이터를 계속 설명한다. 그러나 비고츠키가 살았을 때 출판된 저자 판본은 부제만의 데이터를 나열하는 것으로 갑자기 끝난다. 러시아어 비고츠키 선집에 포함되어 있는, 그의 해석에 대한 비판을 다룬 결론조차도 포함되지 않는다. 결국 비고츠키는 부제만의 결과를 특징 짓는 세 가지 계기를 탐색할 것이라고 말하면서 시작한다[1]. 그러나 사실 이 장은 이 계기 중 두 개만 다룬다. 세 번째 계기는 다음의 4장에서 시작하며, 저자 판본에는 포함되어 있지 않다.

B. 첫 번째 계기는 성찰과 자기 인식이 발달적 현상이라는 것이다. 비고츠키가 의미하는 바는 그것이 원시적(1차적)인 것이 아니라는 것이다. 즉, 그것은 연구자에게 현상적으로 주어지는 것도 청소년에 의해 갑자기 발견되는 것도 아니라는 점이다. 대신 비고츠키는 그것이 이차적이라고 말한다. 즉, 조건적이며, 파생적이고 긴 선역사적, 계통발생적, 사회발생적, 개체발생적인 것에 토대하고 있다는 것이다[2-5]. 비고츠키는 이 계기가 부제만을, 의식이 선험적으로 주어진다는 칸트로부터 분리시키고, 대신 의식이 '즉자적', '대타적', '대자적'인 것으로 발달한다는 헤겔과 일치시킨다고 지적한다.

C. 두 번째 계기는 성찰과 자기 인식이 사회적 현상이라는 것이다. 비고츠키는 슈프
랑거의 탐구를 농민과 노동자 청소년에게 단순히 대입하는 것은 정당화될 수 없
다는 부제만에 동의한다[8, 2-7 참고]. 그러나 부제만은 농민과 노동자 청소년 간
의 차이가 그들이 다니는 학교의 차이로 설명 가능하다고 가정한다. 비고츠키는
이를 강하게 거부하면서 학생의 자기 평가에 대한 부제만의 두 번째 연구를 지적
한다.

D. 비고츠키는 부제만의 방법을 지지하고, 그의 결론을 수용하지만 두 가지 측면에
서 그의 결론에 동의하지 않는다.

  i. 비고츠키는 같은 학교에서 이성 간 차이가 매우 두드러진다고 지적한다. 소녀들
  은 같은 또래의 소년들보다 훨씬 더 발달된 윤리와 자기 인식을 가지는 경향이
  있다. 이를 두고 부제만은 여학생들이 순종적이기 때문이라 주장하는 반면, 비
  고츠키는 여학생이 성적 성숙을 먼저 겪기 때문이라고 말한다.

  ii. 비고츠키는 부제만이 외모에서 윤리적 판단에 이르기까지 단일 척도로만 청소
  년의 발달이나 지연의 정도를 판단한다고 지적한다. 부제만은 질적으로 다른
  청소년 유형이 있다는 가능성은 고려하지 않는다. 부제만은 자기 인식의 발달
  을 기술하거나 설명하는 대신, "왼손이 하는 일을 오른손이 알지 못하는" 무의
  식을 윤리적인 생각이나 기타 다른 생각에서 가장 고등한 형태라고 부르며 무
  의식에 대한 찬가를 부른다[25].

IV. 이전 절에서 비고츠키는 부제만이 슈프랑거의 유심론에서 슈프랑거의 '나의 발견'
을 떼어 내는 두 가지 계기를 확립했다. 첫 번째 계기는 인격의 계통 발생적 발달이었
다. 두 번째 계기는 발달의 사회적, 문화적 조건화였다. 비고츠키는 이제 전자가 본능과
유전, 즉 무조건적 발달을 제공하는 반면, 후자는 환경과 후천적 특성, 즉 조건적 발달
을 제공한다고 말한다. 하지만, 자기 자신의 행동에 대한 자기의식self-consciousness, 자
기 인식self-awareness, 숙달이라는 세 번째 계기가 있다.

A. 3차 특성. 비고츠키는 이 세 번째 계기가 첫 번째, 두 번째 계기와 동일한 원리, 즉
타고난 본능과 학습된 기술의 '수렴'으로 설명될 수 있는지 묻는다. 그는 그럴 수
없다고 답한다. 본능이나 기술은 우리가 자기 인식에서 볼 수 있는 엄청난 개인
간 차이를 설명할 수 없다[1~5].

B. 3차 특성의 발달. 하지만 이와 같은 개인 간 차이 자체는 (본능과 기술이 그렇듯) 3차
특성도 시간이 지남에 따라 발달함을 나타낸다. 성찰과 자기 형성은 새로운 기관
에 기반한 완전히 새로운 기능이 아니라 심리적 체계, 즉 기능 간 관계이다. 그리고
이러한 발달 자체는 이들이 문화적, 역사적이며 그 기원이 생물학적이지 않음을 나
타낸다[6~10].

C. 카피르인의 꿈. 비고츠키는 레비-브륄의 연구 사례에서 이러한 사회 발생을 보여 준다. 선교사는 마그롤로 추장이 그의 아들을 기독교 학교에 보내기를 원한다. 추장은 꿈에서 계시를 보겠다고 얼버무린다. 비고츠키는 전 세계 사람이 꿈을 꾸지만, 꿈의 의미(꿈꾸는 사람에게 의미하는 바)는 크게 다를 수 있다고 주장한다. 마찬가지로 환각이나 섬망은 전 세계 사람에게 동일하지만, 그 의미는 건강한 사람과 건강하지 못한 사람에 따라 다르다. 발달하는 것은 심리적 현상 그 자체가 아니라 그것이 갖는 의의와 의미이다.

D. 심리적 체계. 비고츠키는 일반화한다. 청소년기의 3차 연결이 완전히 새로운 것은 아니지만, 그것이 청소년기에 갖는 의미와, 그것이 내면으로의 이행 법칙을 통해 청소년의 인격에 통합된다는 사실은 완전히 새롭고, 청소년의 자기 인식에 궁극적으로 수반되는 자기 숙달을 설명한다[15~20].

V. 청소년기 '기억상실증?'

A. 슈프랑거는 우리가 청소년기 내면의 삶을 기억하지 못한다고 말한다. 비고츠키는 이를 있는 그대로 받아들여 '청소년기 기억상실증'을 병적 상태와 꿈을 잊는 우리 능력을 연관시킨다.

B. 비고츠키는 두 가지 가능한 설명을 제안한다.
i. 하나는 유아 기억상실증(단어가 아직 발달하지 않았기 때문에)과 마찬가지로 언어와 생각 사이의 연결이 끊어진다는 것이다. 청소년기에는 복합체적 낱말의 의미에서 개념적 낱말의 의미로 전환이 있으며, 이는 기억상실증으로 이어질 수 있다.
ii. 다른 하나는 청소년기에는 전혀 다른 인격 구조가 있다는 점이다. 비고츠키는 복합체적 생각에서 개념적 생각으로, 단순하고 비매개적 인격에서 복잡하고 매개된 인격으로의 전환이 이행적 연령기의 시작과 끝이라고 결론짓는다.

비고츠키 연구회(http://cafe.daum.net/vygotskyans)

교육의 본질을 고민하고 진정한 교육적 혁신을 위해 비고츠키를 연구하는 모임, 비고츠키 원전을 번역하고 현장 연구를 통한 논문을 지속적으로 발표해 오고 있다. 진지하고 성실한 학문적 접근을 통해 비고츠키 사상을 이해하고자 하는 이라면 누구나 함께할 수 있다. 『인격과 세계관』의 번역에 참여한 회원은 다음과 같다.

데이비드 켈로그 David Kellogg 맥쿼리대학교 언어학 박사. 상명대학교 영어교육과 교수. 비고츠키 한국어 선집 공동 번역 작업에 참여하였습니다. *Applied Linguistics, Modern Language Journal, Language Teaching Research, Mind Culture & Activity* 등의 해외 유수 학술지에 지속적으로 논문을 게재해 오고 있으며 동시에 다수의 국제 학술지 리뷰어로 활동하고 있습니다. 비고츠키 연구의 권위자로 인정받고 있습니다.

김용호 서울교육대학교와 교육대학원을 졸업하고 한국교원대학교에서 교육학 박사학위를 받았습니다. 서울북한산초등학교에서 근무하고 있습니다. 『생각과 말』을 시작으로 비고츠키 한국어 선집 번역에 참여해 오고 있습니다. 켈로그 교수님과 함께 외국어 학습과 어린이 발달 일반의 관계를 공부해 왔습니다.

이두표 서울에 있는 개봉중학교 과학 교사로 서울대학교 물리교육과와 대학원 과학교육과를 졸업하였습니다. 2010년 여름 비고츠키를 처음 만난 후 그 매력에 푹 빠져 꾸준히 비고츠키를 공부하고 있습니다.

이태은 진주교육대학교를 졸업하고 포항제철초등학교 교사로 근무하고 있습니다. 켈로그 교수님과 비고츠키 연구회를 통해 비고츠키를 접하고 공부했습니다.

이한길 진주교육대학교 졸업 후 경남, 충북, 경북에서 교사 생활을 했고, 현재 포항제철초등학교 교사로 있습니다. 한동대학교 교육대학원에서 일반사회교육 석사 학위를 받고, 파리8대학(IED)에서 교육철학을, 한국교원대학교에서 문화콘텐츠교육을 배웠습니다. 어린이의 성장을 깊이 이해하고자 비고츠키를 공부 중입니다.

위하나 캐나다 University of Guelph-Humber 졸업 후 캐나다 유치원, 건국대학교 언어교육원 영어 강사, 서울 자유 발도르프 영어 교사로 재직했습니다. 한국외국어대학교 Tesol 대학원을 졸업하고 현재 University of Regina 유아교육과에서 연구조교로 박사과정을 밟으며 비고츠키 유아교육으로 논문을 쓰고 있습니다. 학사과정부터 비고츠키에 관심이 많았고 한국외국어대학교에서 켈로그 교수님과 인연이 닿아서 비고츠키 연구회에 참여하여 같이 비고츠키를 연구하게 되었습니다.

한희정 청주교육대학교와 한국교원대학교를 졸업하고, 경희대학교에서 비고츠키 아동학에 대한 실행연구로 박사 학위를 받았습니다. 현재 서울삼양초등학교에 근무하며 어린이의 성장과 발달을 돕는 교육과정-수업-평가라는 고민에 대한 답을 찾아가고 있습니다.

이 외 본문 번역 및 검토에 참여한 회원은 다음과 같다.
남기택, 하승현, 통밀빵, 로울영, 클레망틴, 새우깡, 코코, 최영미, 이미영, 썬그리샤.

*비고츠키 연구회와 함께 번역, 연구 작업에 동참하고 싶으신 분들은 iron_lung@hanmail.net으로 문의해 주시기 바랍니다.

삶의 행복을 꿈꾸는 교육은 어디에서 오는가?

● **교육혁명을 앞당기는 배움책 이야기** 혁신교육의 철학과 잉걸진 미래를 만나다!

대전환 시대 변혁의 교육학
진보교육연구소 교육과정연구모임 지음 | 400쪽 | 값 23,000원

백워드로 설계하고 피드백으로 완성하는
성장중심평가
이형빈·김성수 지음 | 356쪽 | 값 19,000원

교육의 미래와 학교혁신
마크 터커 지음 | 전국교원양성대학교 총장협의회 옮김
332쪽 | 값 19,000원

우리 교육, 거장에게 묻다
표혜빈 외 지음 | 272쪽 | 값 17,000원

남도 임진의병의 기억을 걷다
김남철 지음 | 288쪽 | 값 18,000원

교사에게 강요된 침묵
설진성 지음 | 296쪽 | 값 18,000원

프레이리에게 변혁의 길을 묻다
심성보 지음 | 672쪽 | 값 33,000원

마을, 그 깊은 이야기 샘
문재현 외 지음 | 404쪽 | 값 23,000원

다시, 혁신학교!
성기신 외 지음 | 300쪽 | 값 18,000원

비난받는 교사
다이애나 폴레비치 지음 | 유성상 외 옮김 | 404쪽 | 값 23,000원

왜 체 게바라인가
송필경 지음 | 320쪽 | 값 19,000원

한국교육운동의 역사와 전망
하성환 지음 | 308쪽 | 값 18,000원

풀무의 삶과 배움
김현자 지음 | 352쪽 | 값 20,000원

철학이 있는 교실살이
이성우 지음 | 272쪽 | 값 17,000원

비고츠키 아동학과 글쓰기 교육
한희정 지음 | 300쪽 | 값 18,000원

왜 지속가능한 디지털 공동체인가
현광일 지음 | 280쪽 | 값 17,000원

참된 삶과 교육에 관한
생각 줍기